Just *go*

치앙마이
빠이 · 치앙라이 · 치앙칸

김주영 지음

시공사

CONTENTS
목차

프롤로그	5
저스트고 이렇게 보세요	6
동남아시아 전도	8
태국 북부 지도	10

태국 북부 추천 여행 일정
Best Plan For Northern Thailand

란나 왕조 유산을 따라가는 역사 여행	12
또 다른 일상으로 떠나는 쉼표 여행	13
욕심쟁이를 위한 여행 일정	14
태국 북부 주요 지역을 빠르게 돌아보는 여행 일정	15

치앙마이 프리뷰
Chiang Mai Preview

이것만은 꼭 해보기

오토바이 로망스, 바이크 라이딩	18
코끼리와 함께 교감하기	20
태국 북부에서 즐기는 특별한 물놀이	21
배우는 여행, 요리부터 무에타이까지	22
화려한 여행의 정점, 태국 북부의 축제	23
란나 왕국의 유산, 다양한 양식의 사원들	24
메마른 감성을 촉촉하게, 감성 충전	
카페 놀이	25
온몸으로 느끼는 휴식, 마사지 & 스파	26
도시의 감각을 채우다, 예술마을	27
매일매일 색다른 맛, 시장 순례	28
이게 바로 치앙마이 스타일, 길거리 문화	29
세계가 인정한 맛, 식도락 투어	30
치앙마이의 달콤함, 디저트 맛보기	31

이것만은 꼭 먹어보기

태국 북부의 맛, 란나 푸드	32
난리다 난리! 치앙마이 국수 열전	36

이것만은 꼭 사기

추천 쇼핑 리스트	38

치앙마이
Chiang Mai 40

치앙마이 한눈에 보기	42
베스트 오브 치앙마이	44
치앙마이 최고의 명소	46
치앙마이 최고의 액티비티 & 투어	50
치앙마이 최고의 원데이 클래스	54
치앙마이 가는 법	60
치앙마이 시내교통	64
올드 시티	65
님만해민 & 산티땀	103
반캉왓	111
펭귄 빌리지	119
삥 강 & 나이트 바자	149
치앙마이 외곽	177

빠이
Pai 194

매홍손 236

치앙라이
Chiang Rai 240

치앙칸
Chiang Khan 276

태국 기초 정보
Basic Information

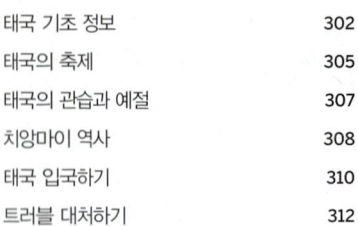

태국 기초 정보	302
태국의 축제	305
태국의 관습과 예절	307
치앙마이 역사	308
태국 입국하기	310
트러블 대처하기	312

치앙마이 여행 준비
Prepare to Travel

여권과 비자	316
여행자 보험	318
각종 증명서	319
숙소 선택	320
환전과 여행 경비	322
공항 가는 법	324
출국 수속	326
외국에서 전화하기	328
유용한 어플리케이션	330
태국어 회화	331
인덱스	336

치앙마이 미니 지도책
Chiang Mai Mini Map Book

태국 북부 추천 일정	2
치앙마이 주요 명소 찾아보기	6
동남아시아 전도	22
태국 북부 지도	24
치앙마이 전도	26
치앙마이 바이크 라이딩 & 사원 순례 지도	28
올드 시티 지도	30
님만해민 중심부 지도	32
반캉왓 지도	33
삥 강 & 나이트 바자 지도	35
치앙마이 외곽 지도	36
빠이 전도	38
빠이 중심부 지도	40
매홍손 가는 길 지도 & 골든 트라이앵글	41
치앙라이 전도	42
치앙칸 중심부 지도	44
태국 여행 회화	45

PROLOGUE
프롤로그

대학 졸업 후 평범한 오피스 레이디로 살다가 29살의 나이로 방송작가로 전업했다. 〈KBS 스페셜〉, 〈시사투나잇〉, 〈무한지대 큐〉를 거치며 작가로서 빛을 볼 무렵 모든 걸 내던지고 돌연 뉴욕으로 떠났다. 2년 8개월의 뉴욕 생활 후 귀국, 쿠팡에서 콘텐츠 기획 및 제작팀을 거쳐 쟌슨빌 소시지의 홍보팀장으로 일했다. 결국 2015년 〈트루 뉴욕, 브루클린〉을 출간하며 여행작가의 삶을 선언한다. 지금은? 말레이시아 랑카위에서 다시는 여행 가이드 북은 쓰지 않겠다며 지켜지지 못할 다짐을 하며 3년째 긴 여행 중이다.

고대 란나 왕국의 수도이자 북방의 장미라는 거창한 수식어를 떼내도 좋을 만큼 치앙마이는 멋진 도시였다. 골목 하나하나를 걷고 그 모퉁이를 돌며 만났던 치앙마이는 고대와 현대의 교차점, 키치와 클래식의 조화, 차와 커피 향의 공존, 새로움으로 과거를 이어가는 세계 어디서도 볼 수 없는 독보적인 분위기를 내뿜는다. 더불어 은둔자들의 천국 빠이, 굴곡의 땅 치앙라이, 마지막으로 굳이 꾸역꾸역 북부로 넣어 소개하고 싶었던 치앙칸까지 태국 북부의 묘한 매력을 당신도 느껴보길 바란다. 마지막으로 이 책이 나오기까지 가장 든든한 지원군이었던 김윤정님과 Andrew Middleton님에게 특별한 감사를 전한다.

고마운 분들
나의 가족 홍영찬님, 이지은님, 홍광표님, 김태규님,
길 위의 인연 김홍국님, 우유님, 윤기영님, 박관성님, 김홍동님, 최재혁님,
늘 응원해주시는 홍지경님, 이진주님, 양화선님, 김수진님, 최윤경님, 안주식님,
김경원님, Allan & Nia, 정근호님, 정혜진님, 지관후님, 손주경님

INTRODUCTORY REMARKS
저스트고 이렇게 보세요

● 이 책에 실린 모든 정보는 2017년 1월까지 수집한 정보를 기준으로 했으며, 이후 변동될 가능성이 있습니다. 특히 교통편의 운행 일정과 요금, 관광명소와 상업 시설의 영업 시간 및 입장료, 물가 등은 현지 사정에 따라 수시로 변동될 수 있으므로 여행 계획을 세우기 위한 가이드로 활용하시고, 여행 전 홈페이지를 통해 검색하거나 현지에서 다시 한번 확인하시길 바랍니다. 변경된 내용이 있다면 저스트고 편집부나 저자에게 연락 주시면 적극 반영하겠습니다.
편집부 jey@sigongsa.com
저자 kami0815@naver.com

● 이 책에 소개하고 있는 지명이나 상점 이름, 회화 등에 표기한 태국어와 영어는 국립국어원의 외래어표기법에 최대한 따랐습니다. 태국어에는 성조가 있어서 표기와는 조금 다르게 들릴 수도 있습니다.

● 관광명소에는 추천 별점이 있습니다. 추천도에 따라 별 1~3개로 표시했습니다.

● 상업시설에는 저자가 추천하는 식당, 상점, 마사지 숍, 클럽·바 등을 소개합니다. 이름 옆에 '강추' 표시가 있는 곳은 저자가 강력히 추천하는 곳입니다. 여행 계획을 세우는 데 참고하시기 바랍니다.

● 숙소시설은 저렴한 게스트하우스부터 세련된 부티크 호텔과 합리적인 시티 호텔, 세계적 명성의 최고급 호텔에 이르기까지 다양한 예산별 숙소를 지역별로 보기 쉽게 소개합니다. 숙박비는 예약 경로나 방법, 여행 시기, 각종 숙박 플랜 등에 따라 달라지니 유의하시기 바랍니다.

● 이 책에 표기된 교통수단의 소요시간은 평균 시간이며, 도로가 막히는 시간에는 좀 더 소요될 수 있습니다. 택시의 경우 그에 따라 요금도 올라갈 수 있습니다.

● 태국의 통화는 바트(B)이며, 100B는 약 3400원(2018년 8월 기준) 입니다. 환율은 수시로 변동되므로 여행 전 확인은 필수입니다.

● 지도에 사용한 기호

●	관광 명소	N	나이트라이프(바)	▲	사원	✈	공항
●	일반 건물	M	스파	▲	산	🏫	학교
R	레스토랑	H	호텔	♨	온천	✚	병원
S	숍	113	고속도로	🚌	버스 터미널 / 정류장	ⓤ	우체국

● 지도 보는 법

휴대지도 ●-E
테두리가 분홍색인 휴대지도 앞면의 E구역에 찾고자 하는 명소가 있습니다.

map p.27-G
별책부록인 지도책 27쪽 G구역에 찾고자 하는 명소가 있습니다.

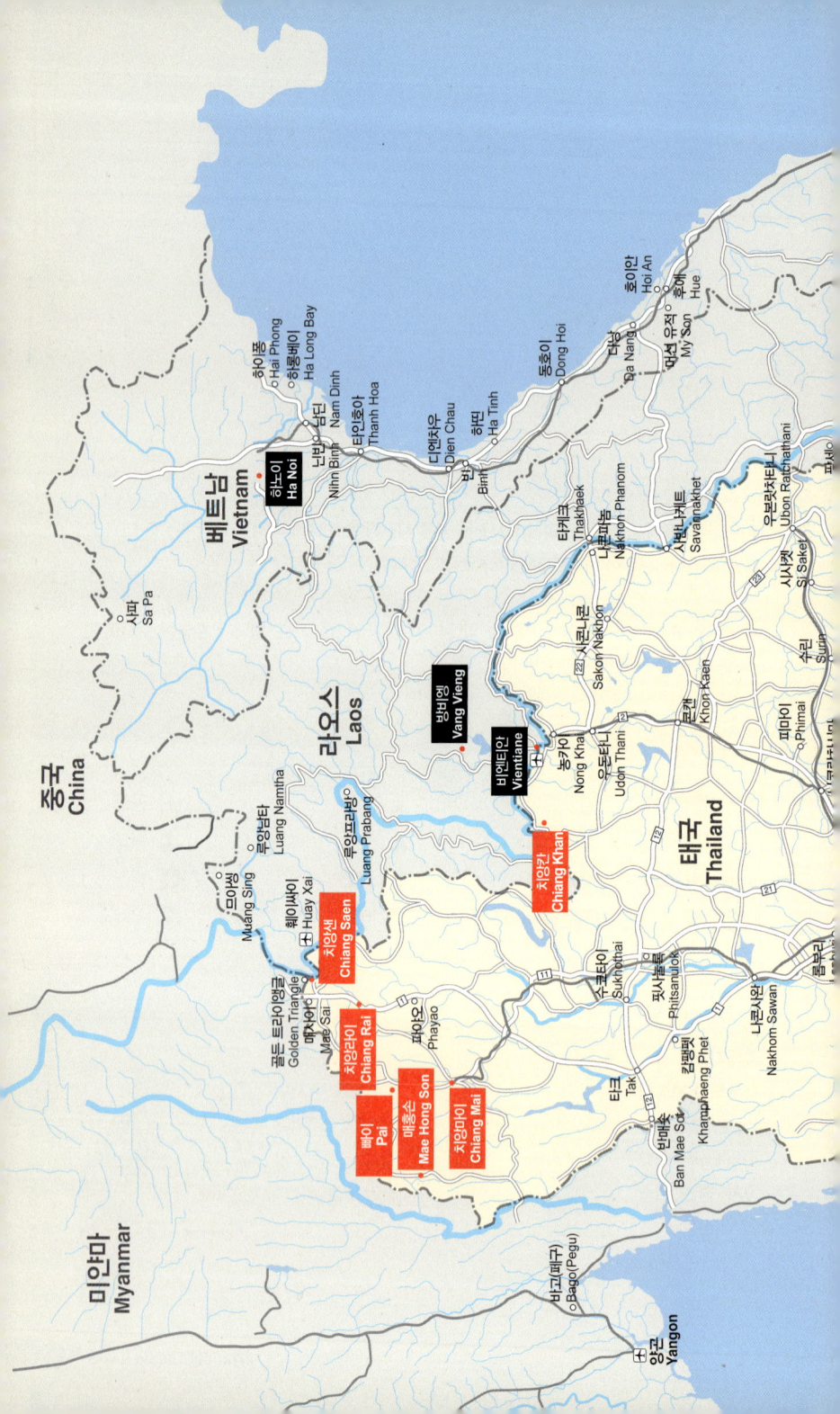

동남아시아 전도
0
150km
N
캄보디아
Cambodia
베트남
Vietnam
말레이시아
타이 만
Gulf of Thailand
방콕 만
Bight of Bang Kok
메콩 강
Song Mekong
방콕
Bang Kok
깐차나부리
Kanchanaburi
Nakhon Pathom
촌부리
Chon Buri
파타야
Pattaya
라용
Rayong
찬타부리
Chanthaburi
아란야쁘라텟
Aranya Prathet
펫차부리
Phetchaburi
차암
Cha-am
후아인
Hua Hin
프라추압키리칸
Prachuap Khiri Khan
방사판야이
Bang Saphan Yai
춤폰
Chumphon
라농
Ranong
수랏타니
Surat Thani
꼬사무이
Ko Samui
팡가
Pang-nga
나콘시탐마랏
Nakhon Si Thammarat
끄라비
Krabi
푸껫
Ko Phuket
송클라
Song Khla
핫야이
Hat Yai
파타니
Pattani
랑카위 섬
Lang Kawi
코타바루
Kota Bharu
페낭 섬
Penang
시소폰
Sisophon
앙코르와트
Angkor Wat
씨엠립
Siem Reap
바탐방
Battambang
푸르사트
Pursat
콤퐁톰
Kopong Thom
스퉁트렝
Stung Treng
크라티에
Kratie
캄퐁참
Lampong Cham
콤퐁츠낭
Kompong Chhnang
프놈펜
Phnom Penh
타케오
Takeo
시아누크빌
Sihanoukville
푸꾸옥 섬
Dao Phu Quoc
차우독
Chau Doc
롱수옌
Long Xuyen
락자
Rach Gia
깐토
Can Tho
빈롱
Vinh Long
속짱
Soc Trabg
미토
My Tho
꾸찌 터널
Cu Chi Tunnels
떠이닌
Tay Ninh
호치민
Ho Chi Minh
붕따우
Vung Tau
판티엣
Phan Thiet
무이네
Mui Ne
달랏
Dalat
나짱
Nha Trang
꾸이논
Quy Nhon

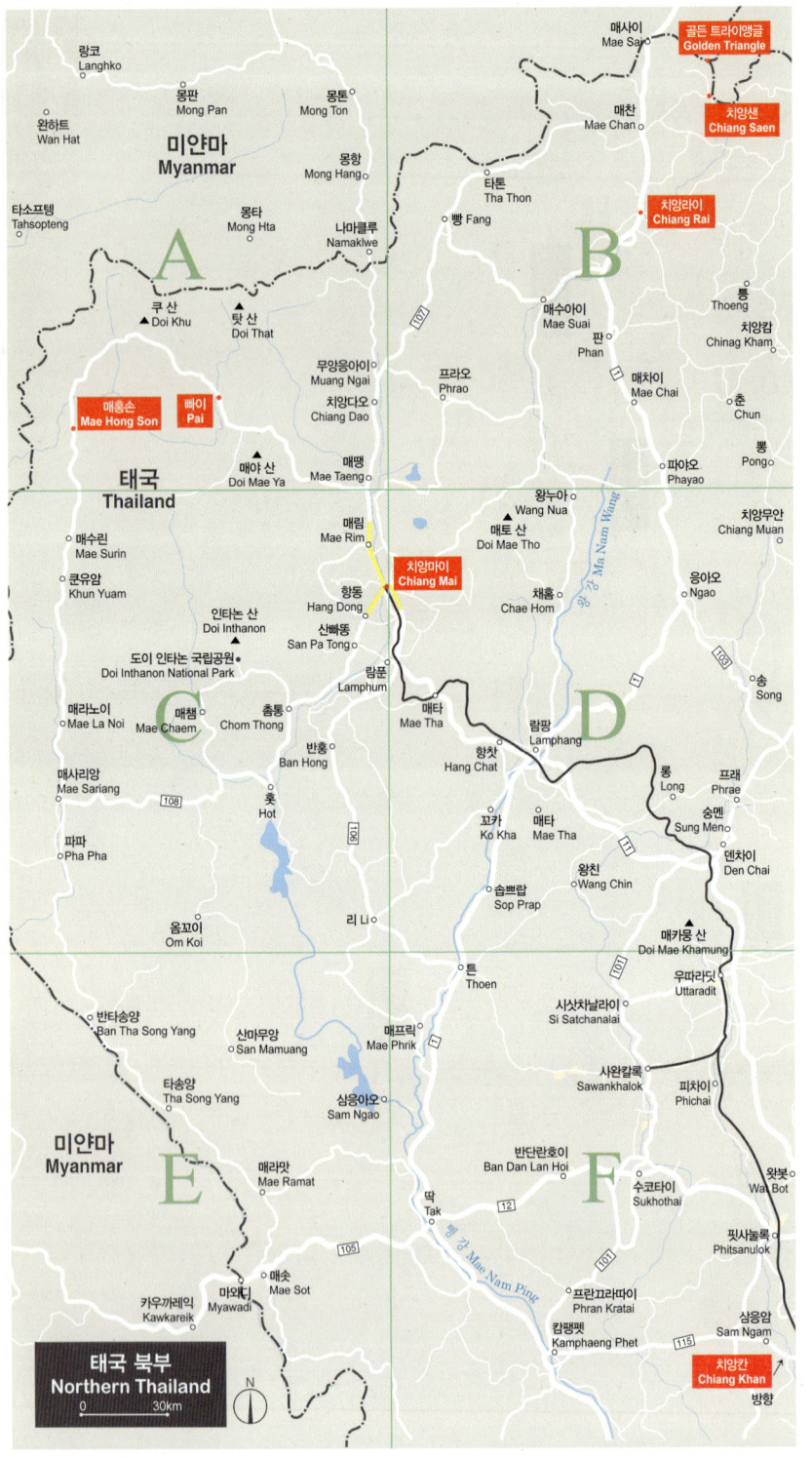

Best Plan For Northern Thailand

태국 북부 추천 여행 일정

치앙마이를 중심으로 태국 북부 지역 일정을 짤 때는 이동 시간을 고려해야 한다. 특히 치앙마이~한국 비행시간은 가는 날과 오는 날 각각 하루가 소요될 수도 있다. 치앙마이 근교까지 돌아보고 싶다면 최소 4박 5일 이상 머물러야 한다.

― Best Plan For Northern Thailand ―

란나 왕조 유산을 따라가는 역사 여행

**치앙마이 - 치앙라이
4박 5일**

란나 왕조 유적과 태국의 굴곡진 근현대사 현장을 찾아가보자. 역사에 관심이 많은 여행자나, 많은 시간을 낼 수 없는 여행자에게 추천하는 일정이다.

여행 일차	도시	여행 일정
1일 차	치앙마이 → 치앙라이 비행기 35분 / 버스 3시간	태국 북부를 효율적으로 돌아보기 위해 치앙마이에 도착하자마자 바로 치앙라이로 이동한다.
2일 차	치앙라이	도이 매살롱과 초위 퐁 차 농장, 도이뚱 로열 빌라와 골든 트라이 앵글 등 태국의 근현대사를 따라가보자.
3일 차	치앙라이 → 치앙마이 비행기 35분 / 버스 3시간	이른 아침 왓롱 쿤과 치앙라이 시내의 유명 사원을 돌아본 후 오후 늦게 치앙마이로 출발한다.
4일 차	치앙마이	오전에는 올드 시티의 주요 사원과 타패 게이트 등 란나 왕조 유적을 관광한다. 저녁에는 나이트 바자에서 쇼핑을 즐긴다.
5일 차	치앙마이 → 인천	님만해민과 반캉왓의 카페와 갤러리, 마야 라이프스타일 쇼핑 센터에서 시간을 보낸다. 저녁 늦게 인천으로 출국한다.

버마 건축 양식의
올드 시티의 왓 체디루앙

- 여행 일정이 여유롭지 않으므로 지역간 이동 시 항공편을 이용한다.
- 치앙마이 체류 시 주말이 끼어 있다면 나이트 바자보다 토요일 야시장이나 일요일 야시장을 돌아보는 것도 좋다. 숙소와 가까운 장소를 선택하는 것이 요령이다.
- 왓 롱쿤은 아침부터 관광객들로 북새통을 이룬다. 가능하면 이른 새벽에 찾을 것을 권한다. 여유롭게 감상할 수 있을 뿐 아니라 오전에 치앙라이 시티 투어 트램을 이용할 시간을 벌 수 있다.

또 다른 일상으로 떠나는 쉼표 여행

치앙마이 - 빠이 9박 10일

치열한 도시의 삶에서 벗어나 자연의 속에서 여유롭게 쉬고 싶은 사람들을 위한 여행 일정. 추천 식당과 카페를 돌아보며, 치앙마이와 빠이가 가진 느림의 미학을 느껴보자.

여행 일차	도시	여행 일정
1일 차	치앙마이	오후에 도착한다. 저녁을 먹고 숙소에서 휴식을 취한다.
2일 차	치앙마이	자전거를 타고 올드 시티의 주요 사원 둘러보자. 오후에는 왓 프라탓 도이수텝에서 일몰을 감상한다.
3일 차	치앙마이 외곽	훼이뚱따오 호수 공원에서 한가로운 시간을 보낸 뒤 몬쨈에서 일몰을 감상한다.
4일 차	치앙마이	님만해민과 반캉왓의 카페를 돌아본다. 저녁에는 야시장 쇼핑 또는 칸똑 쇼를 관람한다.
5일 차	치앙마이 외곽	1일 투어로 도이 인타논 국립공원과 고산족 마을을 돌아본다.
6일 차	치앙마이 → 빠이 비행기 30분 / 버스 4시간	치앙마이에서 오전에 출발하면 점심쯤 빠이에 도착한다. 여행자 거리를 둘러보고, 왓 프라탓 매옌에서 일몰을 감상한다.
7일 차	빠이	아침 일찍 윤라이 전망대에서 일출을 보고 싸이 능암 온천에 들른다. 저녁에는 바에서 라이브 공연을 관람한다.
8일 차	빠이 외곽	이사라 카페에서 반나절을 보내고, 빠이 핫스프링 스파 리조트에서 휴식을 취한다. 오후에는 빠이 캐넌 일몰을 구경한다.
9일 차	빠이 외곽	바이크를 타고 외곽을 돌아본다. 돌아오면서 반짜보 언덕 전망대에 들러 운해를 바라보며 하루를 마무리 한다.
10일 차	빠이 → 인천	출발 시간에 맞춰 빠이에서 출발한다. 아야 서비스를 이용하면 치앙마이 공항 앞에서 하차할 수 있다.

- 치앙마이~빠이 항공편은 반드시 사전에 예매해야 한다.
- 치앙마이~빠이 버스편은 도로 상태가 좋지 않다. 차 멀미를 할 수 있으니 이동 전 과식을 피하고, 멀미 약을 복용할 것을 권한다.
- 오토바이를 타고 이동하는 전제하에 추천한 일정이다. 오토바이 운전을 할 수 없는 사람들은 여행사 투어 상품이나, 운전 기사가 포함된 차량 렌트를 이용하자.
- 빠이는 송태우나 툭툭이 많지 않아 투어 프로그램이 다양하다. 여행자 거리에 있는 여행사들의 투어 가격과 코스를 꼼꼼히 비교해보고 본인에게 맞는 투어 프로그램을 선택하자.

— Best Plan For Northern Thailand —

치앙라이-치앙마이-빠이
9박 10일

욕심쟁이를 위한 여행 일정

볼 건 다 봐야겠다는 욕심쟁이 여행자들을 위한 추천 일정이다. 여행자들이 강력 추천하는 명소를 중심으로 한 지역당 짧은 시간 체류하므로 체력이 따르지 못하면 고난의 길이 될 수 있다.

여행 일차	도시	여행 일정
1일 차	치앙마이 → 치앙라이 비행기 35분 / 버스 3시간	치앙마이에 도착하자마자 바로 치앙라이로 이동한다.
2일 차	치앙라이	도이 매살롱과 초위 퐁 차 농장, 도이뚱 로열 빌라와 골든 트라이 앵글 등 태국 근현대사의 역사적 현장을 따라가보자.
3일 차	치앙라이 → 치앙마이 비행기 35분 / 버스 3시간	새벽에 왓 롱쿤을 관광한 후 치앙라이 시내의 유명한 사원들을 돌아본 후 오후 늦게 치앙마이로 출발한다.
4일 차	치앙마이	낮에는 올드 시티를 산책하고 밤에는 야시장에서 아이쇼핑을 즐겨보자.
5일 차	치앙마이	투어를 활용해 도이 인타논 국립공원과 왓 프라탓 도이수텝, 도이푸이 몽족 마을을 관광한다.
6일 차	치앙마이 → 빠이 비행기 30분 / 버스 4시간	오전에는 님만해민과 반캉왓에서 시간을 보낸 후 오후 4시쯤 빠이로 이동한다.
7일 차	빠이	윤라이 전망대와 싸이 능핫 온천, 빠이 캐년을 돌아본다.
8일 차	빠이	이사라 카페에서 휴식을 취한 후, 빠이 핫스프링 스파 리조트에서 온천욕과 수영 즐긴다.
9일 차	빠이	아침에 반짜보 언덕 전망대에서 운해를 구경하고 오후에는 삥 강 주변 레스토랑에서 여유로운 시간을 보낸다.
10일 차	빠이 → 인천	야야 서비스를 이용해 치앙마이 공항까지 바로 간다.

TIP · 치앙라이와 빠이에서는 운전 기사가 포함된 차를 렌트할 수 있다. 외곽으로 나갈 때 활용하자. 차량 1대에 4인까지 이용할 수 있어 동행이 있을 경우 유리하다.

태국 북부 주요 지역을 빠르게 돌아보는 여행 일정

치앙마이 - 치앙라이 - 치앙칸 - 치앙마이 13박 14일

빠이에 큰 미련이 없는 여행자에게 추천한다. 란나 왕조 유적지와 태국 근현대사의 주요 명소들은 물론 치앙칸 강변의 고즈넉함까지 모두 즐길 수 있는 일정이다.

여행 일차	도시	여행 일정
1일 차	치앙마이	첫 날은 무리하지 않고 휴식을 취한다.
2일 차	치앙마이	자전거를 대여해 올드 시티의 사원들을 돌아본다.
3일 차	치앙마이 외곽	훼이뚱따오 호수 공원과 몬잼을 관광한다.
4일 차	치앙마이	님만해민과 반캉왓의 세련된 숍과 카페를 방문한다. 저녁에는 야시장을 둘러보거나 칸똑 쇼를 관람한다.
5일 차	치앙마이 외곽	1일 투어를 활용해 치앙마이 외곽의 관광명소를 방문한다.
6일 차	치앙마이	타패 로드의 예쁜 숍들과 와로롯 시장, 야시장에서 쇼핑을 즐긴 후 TCDC 디자인 아트 센터에 들러 치앙마이 예술의 현주소를 알아본다.
7일 차	치앙마이 → 치앙라이 비행기 35분 / 버스 3시간	오전에 치앙라이로 출발한다. 왓 롱쿤, 싱하 파크, 나이트 바자 관광을 즐긴다.
8일 차	치앙라이	도이 매살롱, 초위 퐁 차 농장, 도이뚱 로열 빌라, 골든 트라이앵글 등 태국의 근현대사를 엿볼 수 있는 관광지들을 돌아본다.
9일 차	치앙라이 → 치앙칸 야간 버스 11시간	시티 투어 트램을 타고 치앙라이의 명소들을 구경한다. 강변에서 점심을 먹은 후 치앙칸으로 출발한다.
10일 차	치앙칸	이른 아침 치앙칸에 도착한다. 숙소에서 짐을 푼 후 강변과 여행자 거리인 차이콩 로드를 둘러보자.
11일 차	치앙칸	전날의 여독을 풀고 느지막이 일어나 강변을 산책하며 하루를 보낸다. 저녁에는 조스 비어에서 치앙칸의 수제 맥주 맛에 빠져본다.
12일 차	치앙칸	푸톡 산에서 일출을 본 뒤 아침 시장을 찾아 아침 식사를 맛본다. 오후에는 캥쿳쿠 유원지를 방문한다.
13일 차	치앙칸 → 치앙마이 야간 버스 9시간 30분	이른 새벽 승려들의 탁 밧 감상 후, 숙소에 와서 단잠을 청한다. 오후에는 강변 카페에서 온전히 휴식을 즐긴다.
14일 차	치앙마이 → 인천	인천으로 출국한다.

- 치앙라이에서 치앙칸으로 가기 위해서는 러이에서 환승해야 한다.
- 치앙칸에 이른 아침 도착하게 되므로 얼리 체크인이 가능한 숙소를 예약하는 것이 좋다.
- 일정에 여유가 있다면 14일째 치앙마이에 도착한 후 하루 정도 휴식 후 귀국할 것을 추천한다.
- 위 일정 중 마지막 날 치앙마이에서 휴식 후 빠이로 향하면 총 19일 일정을 만들 수 있다.

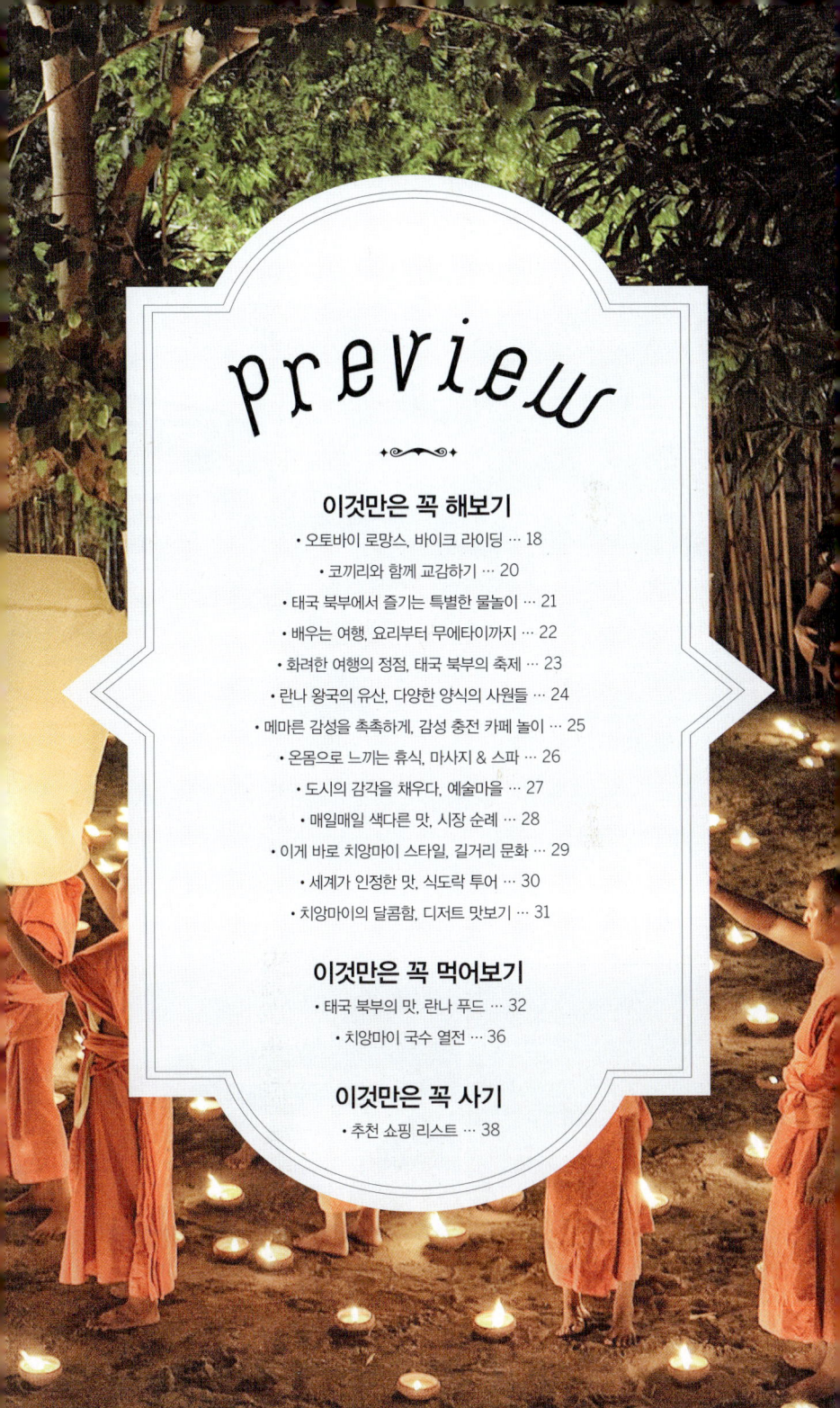

preview

이것만은 꼭 해보기
- 오토바이 로망스, 바이크 라이딩 … 18
- 코끼리와 함께 교감하기 … 20
- 태국 북부에서 즐기는 특별한 물놀이 … 21
- 배우는 여행, 요리부터 무에타이까지 … 22
- 화려한 여행의 정점, 태국 북부의 축제 … 23
- 란나 왕국의 유산, 다양한 양식의 사원들 … 24
- 메마른 감성을 촉촉하게, 감성 충전 카페 놀이 … 25
- 온몸으로 느끼는 휴식, 마사지 & 스파 … 26
- 도시의 감각을 채우다, 예술마을 … 27
- 매일매일 색다른 맛, 시장 순례 … 28
- 이게 바로 치앙마이 스타일, 길거리 문화 … 29
- 세계가 인정한 맛, 식도락 투어 … 30
- 치앙마이의 달콤함, 디저트 맛보기 … 31

이것만은 꼭 먹어보기
- 태국 북부의 맛, 란나 푸드 … 32
- 치앙마이 국수 열전 … 36

이것만은 꼭 사기
- 추천 쇼핑 리스트 … 38

\ PREVIEW /

이것만은 꼭 해보기
Things You Must Do

빠이 외곽의 온천으로 향하는 길

왓 프라탓 도이캄에서 바라본 치앙마이

치앙마이 외곽 매림의 훼이뚱따오 호수 공원

1
Things You Must Do
오토바이 로망스, 바이크 라이딩

오토바이를 타고 도심에서 조금만 벗어나도 소담스레 이어지는 담장, 초록으로 뒤덮인 들판, 유유히 흐르는 강물, 잔뜩 우거져 터널을 이룬 아름드리나무 숲길 등 매력이 가득한 치앙마이를 만날 수 있다. 도로 상태도 좋아 라이더들의 사랑을 한 몸에 받는 곳. 감각적인 인테리어의 카페와 맛집은 물론 자동차로는 갈 수 없는 숨은 명소도 바이크 라이딩을 추천하는 이유다. 도심을 벗어나면 차량이 많지 않아 안전하게 라이딩을 즐길 수 있다.

바이크 라이딩, 여유와 자유로움을 만끽할 수 있는 가장 드라마틱한 방법이 아닐까. 단! 안정장비 착용은 필수. 오토바이에 익숙지 않은 운전자라면 숙련자와 동행할 것을 추천한다.

치앙마이의 들판을 오토바이를 타고 달려보자.

2 Things You Must Do
코끼리와 함께 걸으며 교감하기

코끼리 등에 올라타는 게 아니라 함께 걸으며 교감하는 특별한 여행. 코끼리 탑승 투어의 잔인함이 널리 알려지면서 코끼리 보호센터에서 운영하는 다양한 자원봉사 프로그램이 인기를 끌고 있다.

투어로 인해 다치고 병든 코끼리들을 구조, 보호하는 센터에서 제공하는 프로그램이다. 코끼리와 함께 자연 속에서 목욕하고 먹이를 주며 정글을 산책하는 경험이 가능한데, 짧게는 하루부터 길게는 일주일까지 봉사에 참여할 수 있다. 참가비가 따로 있지만 코끼리 구조와 치료, 보호에 사용된다니 기부도 할 겸 한번 시도해보는 것이 어떨까?

Plus Info
코끼리 훈련 과정, 알고 있나요?

코끼리 등에 사람을 태우기 위해 이뤄지는 훈련의 가혹함은 상상을 뛰어넘는다. 한마디로 자의식이 강한 코끼리의 의지를 박탈하는 과정이다. 사지를 나무에 묶어 결박하거나 좁은 대나무 창살 방에 가두기도 하고, 음식이나 물을 통제해 의지를 박탈한다. 이렇게 해도 의지가 꺾이지 않으면 한쪽 눈을 멀게 하거나 관절을 부러뜨리기도 한다. 2016년 캄보디아에서 무리한 일정과 굶주림으로 투어 도중 코끼리가 사망하는 사건이 벌어진 것을 계기로 코끼리 탑승 투어의 문제점이 회자되며 이를 저지하기 위한 인터넷 서명 운동이 활발히 벌어지는 등 세계적 이슈가 되었다.

+ + + + +

❶ 코끼리와 교감하는 시간을 가져보자 ❷ 코끼리를 깨끗이 씻겨주는 프로그램도 있다.

3 Things You Must Do
태국 북부에서 즐기는 특별한 물놀이

바다가 없다고 실망하기엔 이르다. 울창한 숲속에 자리 잡은 노천 온천에서의 온천욕과 아찔한 절벽 아래로 몸을 던지는 다이빙 등 바다가 없는 태국 북부의 물놀이는 더 없이 중독적이다.

이열치열 더위 속 온천욕이 선사하는 뜻밖의 시원함과 절벽 아래로 떨어지는 아찔한 매력은 단연코 바다가 없는 태국 북부에서 즐길 수 있는 최고의 물놀이다. 얼음 동동 띄운 음료수와 온천물에 삶은 달걀로 물놀이의 허기를 달래는 즐거움도 놓치지 말자.

❶ 숲속에 있는 사이 능암 온천 ❷ 치앙마이의 다이빙 명소, 치앙마이 그랜드 캐년 ❸, ❹ 우기에 진면목을 드러내는 머빵 폭포

4 Things You Must Do
배우는 여행, 요리부터 무에타이까지

해외여행의 빼놓을 수 없는 즐거움을 꼽으라면 낯선 현지 문화를 현지인에게 배워보는 것이 아닐까. 눈으로만 보지 말고 손으로 직접 만들고 온몸을 던져 경험하는 여행을 원한다면 치앙마이만한 곳이 또 없다.

태국 전통 음식을 만들어보고, 익스트림 스포츠인 무에타이를 익히고, 마사지로 일상의 피로를 푸는 것은 물론, 간단한 기념품을 만들어 보는 도예까지 치앙마이에선 다양한 문화 체험이 가능하다. 하루 또는 며칠 등 수업 일정도 다양하니 각자의 여행 스케줄에 맞춰 신청할 수 있다. 평소 해보지 못한 낯선 무언가에 도전해 나만의 알찬 여행을 만들어보자.

❶ 샹그릴라 호텔의 무에타이 클래스 ❷ 반캉왓 예술마을에서 진행되는 드로잉 수업 ❸ 원데이 클래스로 가장 인기인 쿠킹 스쿨

5 Things You Must Do
화려한 여행의 정점, 태국 북부의 축제

태국은 1년 내내 다양한 축제가 줄을 잇는다. 란나 시대의 전통을 잇는 우산 축제, 왕실에서 주관하는 꽃 축제, 예술가들이 참여하는 아트 축제 등 주제도 내용도 다양하다. 그중 새해맞이 축제인 송끄란과 물의 신에게 축복을 비는 러이끄라통은 이 축제에 참여하기 위해 해마다 태국을 찾는 사람이 있을 만큼 대표적인 축제다.

젊은 예술가들이 중심이 되어 열리는 치앙다오의 히피 캠프는 전 세계에서 모여든 여행자들과 함께 음악, 미술, 춤 등 다양한 문화예술 행사를 공유할 수 있는 축제다.

❶ 11월에 열리는 러이끄라통 축제는 치앙마이에서 가장 중요하고 화려한 축제다. ❷ 방콕보다 버라이어티하고 흥겨운 치앙마이의 송끄란 축제 ❸ 외국인들이 주축이 되어 만들어 낸 히피 캠프

6 Things You Must Do
란나 왕국의 유산, 다양한 양식의 사원들

태국 북부 지역은 란나 왕국의 비호 아래 불교문화와 예술이 화려하게 꽃 피운 곳이다. 불교의 전성기를 누린 란나 왕국의 유적지답게 크고 작은 사원이 곳곳에 자리 잡고 있어 불교문화의 중심지라 해도 과언이 아니다.

끊임없이 새로운 모습으로 거듭나고 있는 불교 예술을 감상하는 것도 큰 즐거움이다. 특히 치앙마이의 올드 시티에는 다양한 양식의 크고 작은 사원들이 모여 있어 거대한 박물관을 방불케 한다. '북방의 장미'라 불리며 화려함을 자랑하던 란나 왕국부터 이어져 지금도 생생하게 살아 숨쉬고 있는 불교 예술의 숨결을 느껴보자.

❶ 란나 왕조의 찬란한 불교문화를 엿볼 수 있는 유물들이 즐비하다. ❷ '눈꽃 사원'이라고도 불리는 치앙라이의 왓 롱쿤 ❸ 신비로운 사원 왓 파랏

❶

❷

❸

7 Things You Must Do
메마른 감성을 촉촉하게, 감성 충전 카페 놀이

태국 북부 지역에서 생산되는 질 좋은 원두와 북부 특유의 세련된 감각으로 단장한 다양한 카페들이 치앙마이 여행의 매력을 더해준다. 새로운 트렌드를 주도하는 치앙마이의 님만해민 지역은 물론 치앙마이 외곽의 반캉왓과 치앙라이, 빠이 모두 신선한 콘셉트의 카페가 점점 늘어나고 있다.

천혜의 자연 경관과 맛 좋은 커피, 톡톡 튀는 감성이 잘 어우러진 카페 순례로 메말랐던 감성과 여유로움을 충전해보자.

❶ 메콩 강의 서정이 물씬한 치앙라이의 멜트 인 유어 마우스 카페 ❷ 커피 맛과 분위기가 모두 좋은 반캉왓 예술마을에 위치한 더 올드 치앙마이 카페 앤 에스프레소의 카페라테 ❸ 빠이에서 독특한 콘셉트로 인기 있는 더 컨테이너 앳 카페

8 Things You Must Do
온몸으로 느끼는 휴식, 마사지 & 스파

태국 여행에서 마사지는 선택이 아닌 필수다. 커피 한 잔 값만 투자해도 꽤 수준 높은 마사지를 받을 수 있다. 한국에서라면 엄두도 못 내겠지만, 치앙마이에서는 1일 1마사지도 가능하다. 마사지 받으러 태국에 간다는 말이 우스갯소리가 아니라는 말씀. 길거리에서 받는 저렴한 발 마사지부터 2~3시간의 럭셔리한 코스까지 다양한 마사지를 즐길 수 있다. 물론 어떤 마사지인가에 따라 가격도 천차만별이다. 여행지에서 누리는 호사, 어떻게 즐길지는 당신의 선택에 달려 있다.

❶ 샹그릴라 호텔의 치 스파 ❷ 대부분의 스파 숍에서는 마사지 전 족욕을 제공한다. ❸ 자연친화적인 치앙마이의 마사지 & 스파 숍 ❹ 차와 다과도 마사지의 또 하나의 즐거움이다.

9 Things You Must Do

도시의 감각을 채우다, 예술마을

치앙마이 예술 대학을 졸업한 젊은 예술가들과 살인적인 방콕의 물가를 견디지 못한 신진 예술가들이 모여 크고 작은 예술마을을 만들어가고 있다. 이런 예술마을은 각기 독특하고 감각적인 분위기를 내며 여행자들의 명소로 입소문이 나고 있다.

카페, 레스토랑, 갤러리와 미용실, 소품 가게 등이 모여 있는 반캉왓, 공방과 자전거 수리점, 디자이너 작업실 등이 눈에 띄는 펭귄 빌리지는 그중에서도 주목받는 곳이다. 직접 재배한 유기농 채소, 손수 만든 빵과 쿠키, 잼 등을 파는 벼룩시장이나 한밤의 영화 상영회 등 다채로운 이벤트도 예술마을을 찾게 만드는 이유다.

❶, ❷ 치앙마이의 대표적인 예술마을 반캉왓 ❸, ❹ 골목골목 위치한 다양한 콘셉트를 가진 예술 카페들

10 Things You Must Do

매일매일 색다른 맛, 시장 순례

매일 문을 여는 상설시장부터 주말에만 서는 정기시장, 아침과 저녁에만 반짝 문을 여는 아침 시장과 야시장까지 치앙마이에는 다채로운 볼거리로 여행자들의 쇼핑 욕구를 자극하는 시장이 많다.

대규모 야시장인 나이트 바자가 명물로 꼽히지만, 현지인들의 생활을 엿볼 수 있는 와로롯 시장과 아침 시장을 구경하는 재미도 그에 못지않다. 먹거리에 대한 관심이 높아지면서 유기농 채소 시장과 수제 빵을 파는 먹거리 플리마켓도 꼭 들러보자. 매일매일 다른 시장에서 색다른 재미를 찾아보자.

❶ 야시장에서 만날 수 있는 길거리 악사 ❷, ❸ 다양한 길거리 음식으로 허기진 배를 달래보자. ❹ 손수 그림을 그려 만드는 다양한 공예품도 판매한다.

11 Things You Must Do
이게 바로 치앙마이 스타일, 길거리 문화

한낮의 더위가 물러간 밤거리는 낮과는 전혀 다른 모습으로 변신한다. 치앙마이에는 야시장은 물론 밤에만 문을 여는 노점을 찾는 재미가 쏠쏠하다. 든든하게 저녁 한 끼를 해결하거나, 맥주 한 잔에 어울릴 만한 야식을 사기에도 좋다.

직접 그린 그림이나 소품을 파는 길거리 상점에서 눈요기를 하거나 길거리에서 발 마사지를 받아보는 건 어떨까. 하루 일과를 마무리하는 현지인들과 밤을 만끽하려는 여행자들이 함께 만들어내는 밤의 길거리 문화에 동참해보자.

❶ 화려한 공연을 관람하는 것은 필수 코스다. ❷ 열대 과일로 만드는 맛있는 과일 주스 ❸ 태국 느낌이 물씬 나는 귀여운 소품들 ❹ 작품을 완성하고 있는 거리의 예술가

12

Things You Must Do

세계가 인정한 맛, 식도락 투어

어느 나라를 가도 맛볼 수 있을 만큼 태국 음식의 명성은 이미 세계적이다. 세계 4대 요리로 꼽힐 정도이니 현지에서 맛보는 것은 선택이 아닌 필수다. 한국보다 저렴한 가격에 제대로 된 태국 요리를 먹을 수 있으니 금상첨화다.

태국 특유의 향신료와 코코넛, 고추, 레몬그라스, 커리 등 생소한 재료들이 만들어내는 태국 특유의 맛은 중독성이 강하다. 5가지 맛이 나는 똠얌꿍과 망고나 파파야로 만드는 태국식 샐러드 솜땀, 북부식 커리 국수인 카오쏘이 등 중독성 강한 요리들이 여행자들의 침샘을 자극한다.

❶ 서민적인 밥상부터 고급진 한 상까지 다양한 버전의 태국 음식을 만나보자. ❷ 태국 북부에 갔다면 꼭 먹어야 할 음식 카오쏘이
❸ 노천에서 즐기는 솜땀을 곁들인 닭구이와 맥주 한 잔

13 Things You Must Do
치앙마이의 달콤함, 디저트 맛보기

무더운 날씨를 이겨낼 수 있는 달콤함, 치앙마이 디저트의 특징이다. 태국 어디서나 맛볼 수 있는 망고 찰밥, 코코넛 아이스크림, 바나나 튀김 같은 주전부리와 신선한 열대 과일로 만드는 과일 주스는 더위를 잊을 만큼 맛있다.

달콤함만으로는 어딘지 아쉽다면 돼지껍질이나 말린 밥을 튀겨낸 과자인 캡무로 고소함을 더해보자. 싱싱한 열대 과일로 맛을 낸 다양한 케이크와 푸딩도 치앙마이 여행의 별미 중 하나다.

❶ 당근 케이크로 유명한 올드 시티 펀 포레스트 카페 ❷ 쉽게 접할 수 있는 대표 간식 망고 찰밥 ❸ 유러피언들의 입맛을 사로잡은 러스틱 앤 블루의 브런치 메뉴 ❹ 레오 카페의 귀여운 팬케이크

\ PREVIEW /

이것만은 꼭 먹어보기
Things You Must Eat

치앙마이의 맛, 란나 푸드 Taste Of Chiang Mai, Lanna Food

태국 북부는 산과 평야를 끼고 있어 풍부한 농산물과 고랭지 채소, 육류를 바탕으로 한 음식 문화가 발달했다. 또 남부와 달리 설탕과 코코넛 우유를 적게 사용해 덜 달고, 덜 기름진 것이 특징이다. 향신채를 다양하게 사용해 처음 접하는 사람은 부담스러울 수 있다.

카오쏘이
Khao Soi

태국 북부에서 꼭 맛봐야 할 음식. 신선한 쌀과 달걀로 만드는 북부식 커리 국수다.
커리 국물에 삶은 달걀면과 그 위에 튀긴 달걀면을 넣어 먹는다. 밀가루로 만드는 남부의 달걀면(바미면)과 달리 카오쏘이는 쌀가루로 만든 수타면을 사용한다.

찜쭘
Jimjum

찜쭘은 '담그다', '찍다'라는 뜻의 합성어로 태국식 샤브샤브라 할 수 있다. 숯불 위에 도자기 냄비를 올리고 육수를 끓여 고기와 채소를 익혀 먹는다. 보통 고기나 해산물, 채소, 달걀로 구성된 세트로 판매된다. 다 먹고 남은 국물에 밥을 끓여 죽처럼 먹어도 맛있다.

싸이크록 / 싸이우아 / 무여
Sai Krok / Sai ua / Moo Yor

태국 북부식 소시지인 싸이크록, 싸이우아, 무여. 그중 돼지고기에 쥐똥고추를 넣어 매운맛이 강한 싸이우아는 태국 북부 지역을 대표하는 간식이다.
돼지고기나 소고기 기름, 마늘과 찰밥을 넣어 발효, 건조 과정을 거치는 싸이크록은 먹거리가 풍족하지 않았던 이싼 지역에서 시작됐다. 기본적으로 모두 신맛이 강하며, 마늘 또는 매운 소스와 곁들여 먹는다. 분홍색을 띠는 무여는 신맛이 덜해 먹기 편하며, 주로 샐러드로 먹는다.

똠쌥
Tom Saep

'맛있게 맵다'는 의미를 가진 똠쌥은 끝 맛이 매콤하고 시큼한 맛이 난다. 닭고기와 각종 내장을 넣고 끓인 육수에 돼지고기나 소고기를 넣어 먹는다.
1가지 음식에 다양한 맛을 내는 음식으로 고수에 거부감이 없다면 꼭 맛보도록 하자.

남똑무
Nam Tok Moo

숯불에 구운 돼지고기를 고춧가루, 다진 샬롯과 마늘, 라임 주스, 생선 소스를 넣은 양념에 버무려 낸다. 고기에서 느껴지는 숯불 향과 매콤 새콤한 양념이 식욕을 돋운다.
태국 북동부 요리로 찹쌀 밥과 먹으면 한 끼 식사로도 손색이 없다. 볶음밥을 넣기도 한다.

깽항래
Kaeng Hangle

태국 북부는 미얀마와 인접해 있어 비슷한 음식이 많은데, 그중 하나가 바로 깽항래다. 현지에서는 '버미스 포크 커리(Burmese Pork Curry)'라고 부른다. 돼지고기에 코코넛 밀크, 레몬그라스, 새우 페이스트, 태국 된장 소스, 마늘, 생강, 커리 등을 넣어 맛을 낸다.
소고기를 사용하는 경우도 있으며, 한국의 돼지갈비찜과 비슷해 우리 입맛에도 잘 맞는다.

랍카이 / 랍무
Laab Kai / Lap Moo

태국의 대표 샐러드 랍. 닭고기를 넣으면 랍카이, 돼지고기를 넣으면 랍무가 된다. 랍은 원래 생고기에 선지를 넣고 다져 양념한 것이었는데, 요즘에는 물에 데친 갈은 닭고기나 돼지고기에 채소와 양념을 곁들여 먹는다.
양념은 볶은 쌀가루와 라임즙, 튀긴 닭고기껍질, 고춧가루, 민트, 고수, 샬롯 등이 들어가 매운 맛이 강하다.

카놈촉
Khanom Chok

태국의 설날과 불교 행사에 먹는 명절 음식이다. 찹쌀가루 반죽에 다진 땅콩이나 참깨, 익힌 콩 또는 녹두로 만든 소에 속을 채운 것을 바나나 잎에 싸서 쪄내는데, 쫄깃하고 달콤 짭짤한 맛이 난다.
4월의 송끄란 축제 기간 동안 시장에 가면 쉽게 볼 수 있다.

카오람
Khao Lam

쌀을 수확하는 건기에 많이 먹는다. 소금으로 불린 찹쌀을 대나무 속에 채워 불에 굽는다. 대나무와 코코넛 향이 어우러진 찹쌀 밥은 독특한 풍미를 지닌다.
예로부터 태국 북부 지역 사람들은 승려들에게 직접 만든 카오람을 공양하는 풍습이 있다.

카오탠
Khao Taen

태국 북부 사람들의 신년맞이 음식. 익힌 쌀을 동그란 모양을 내 꾸덕하게 말려 튀겨낸다. 단맛을 내기 위해 밥에 설탕을 넣는데, 설탕보다는 수박 주스를 넣은 것이 풍미가 좋다.
바삭하고 고소한 맛으로 인기 있는 간식거리다. 포장된 제품도 많아 선물용으로 구입해도 손색이 없다.

끄라봉
Krabong

쌀가루와 코코넛 우유, 커리 소스, 설탕과 소금을 넣은 반죽에 채 썬 호박과 강판에 간 코코넛을 넣고 튀긴다. 취향에 따라 바나나 꽃, 그린 파파야, 말린 새우 등을 넣기도 한다.
튀김과 함께 식초와 설탕, 소금, 매운 고추를 넣고 끓인 소스와 함께 먹는다. 현지식 식당에서 맛볼 수 있다.

칸똑
Khantoke

칸똑은 태국 북부의 전통적인 식문화를 말한다. 짧은 다리가 여러 개 있는 작고 둥근 나무 테이블인 칸(Khan)에 여러 가지 반찬을 올려놓고 밥을 먹는 것이다. 다양한 고기와 채소 등에 2~3가지 소스를 내는 것이 일반적이다. 태국의 전통무용을 감상하면서 칸똑 저녁 식사를 할 수 있는 프로그램이 치앙마이의 대표 관광상품이다.

어더브므앙
Hors d'oeuvre Muang

란나 음식이라기 보다는 태국 북부 음식이라 말하는 게 더 정확하다. 프랑스인들의 영향을 받은 손님 접대용 음식이다.
갖가지 채소와 태국 소시지인 싸이크록과 싸이우아, 무여, 돼지껍질 튀김인 캡무를 한 접시에 담아낸다.

캡무
Khaep mu

태국 전역에서 만날 수 있는 국민 간식. 돼지껍질을 먹기 좋은 크기로 잘라 간장에 살짝 절여 삶은 후 물기를 제거하고 기름으로 튀겨낸다. 바삭하고 고소한 맛이다.
간식으로도 먹지만 다른 음식에 고명으로도 많이 사용한다.

남픽눔 / 남픽엉
Namphrik Num / Namphrik Ong

태국 북부 지역 사람들이 즐겨 먹는 소스다. 매운 맛을 기본으로 남픽눔은 초록색, 남픽엉은 붉은색을 띤다. 남픽엉보다는 남픽눔이 더 맵다. 둘 다 고추를 기본으로 하는데 남픽엉은 다진 돼지고기와 말린 토마토, 채 썬 오이, 라임즙이 들어가 신맛이 강하다.

치앙마이 국수 열전 Chiang Mai Noodles

중국과 베트남, 라오스, 미얀마 등 다양한 나라의 문화가 혼재되어 있는 태국은 면 요리 문화 또한 다채롭다. 치앙마이에서 태국의 여러 가지 국수를 맛보는 국수 순례를 해보는 건 어떨까? 국수를 좋아하는 사람이라면 한국에서는 맛볼 수 없는 치앙마이의 맛과 멋에 흠뻑 빠져들 것이다. 태국 북부 지역의 토속 음식인 카오쏘이를 시작으로 소고기를 오랫동안 끓여 부드러운 고기와 걸쭉한 국물의 국수가 매력인 꾸에이띠여우, 내 마음대로 토핑을 골라 먹는 국수까지 향연이 펼쳐진다. 치앙마이 역사의 맛이 국수 한 그릇에 담겨있다고 해도 과언이 아니다.

카오피악
Khao Piak

치앙마이보다는 이싼 지역이라고 일컫는 동북부에서 더 많이 먹는 끈적끈적한 쌀국수.

꾸에이띠여우
Kuayatiaw

간단하게 한 끼를 때울 수 있는 쌀국수. 맑은 국물 외에도 똠얌, 비빔 국수도 있다.

얌운센
Yum Wunsen

익힌 당면에 신선한 채소와 라임즙, 다진 고추, 액젓을 넣고 버무려 먹는 에피타이저 국수.

끼여우
Kheow

완탕 라면으로 국물과 함께 먹기도 하고 국물 없이 비빔으로 나오기도 한다.

탐쑤아
Tam Sua

파파야를 채 썰어 만드는 태국식 샐러드인 쏨땀에 소면을 넣어 비벼 나오는 국수.

카놈찐남야
Kanom Jeen Nam Ya

향과 맛이 강한 국수로 간 생선에 갖가지 향신료를 넣은 커리 국물을 육수로 사용한다.

팟타이
Pad Thai

대표적인 태국 국수로 타마린 소스, 말린 새우, 라임즙, 땅콩가루를 넣어 만든다. 달콤새콤한 맛이 우리 입맛에도 잘 맞는다.

파키마오
Pad Kee Mao

'술취한 국수'라는 뜻을 가진 국수로 해장용으로 먹는다. 바질과 고추를 넣고 볶아 매운 맛이 강하다.

국수 면 고르기

면			조리형태			
종류	굵기	국물	볶음	비빔	기타	
꾸에이띠여우 (쌀국수)	센야이 : 넓은 면	남싸이, 남똑, 똠얌, 옌타포, 느으뚠, 무뚠 등	팟씨유, 팟타이, 팟키마오, 꾸아까이	꾸에이띠여우행	미끄럽 (튀김면)	
	센렉 : 좁은 면					
	센미 : 가는 면					
바미 (밀국수)	바미 : 생라면	바미남, 바미끼여우, 카오쏘이	팟미, 팟마마, 미팟혹끼엔	바미행, 얌마마	–	
	미쑤아 : 굵은면					
	마마 : 인스턴트 라면					
	끼여우 : 완탕(만두)					
꾸어이잡(끈적 국수)		꾸어이잡, 꾸어이잡유안	–	–	–	
카놈찐(쌀소면)		카놈찐 남야, 카놈찐 남응이우	–	탐쑤아	–	
운센(당면)		–	팟운센	얌운센	옵운센	

* 보통 조리 형태에 따라 면의 종류가 결정되지만, 주문 시 면의 종류나 굵기를 선택하기도 한다.

\ PREVIEW /
이것만은 꼭 사기
Must Have Items

손재주 넘치는 치앙마이, 수공예품

나이트 바자와 주말 야시장에서 쉽게 구입할 수 있다. 손으로 만든 인형과 의류, 악세서리와 패션소품, 인테리어 장식품들까지 다양하다. 고산족이 짠 직물이나 의류, 이니셜을 새겨주는 열쇠고리가 인기 있다. 저렴하면서도 큰 부피를 차지하지 않는 것도 장점이다.

아기자기한 소품들이 많다.

태국의 손맛이 담긴 아로마 & 스파 제품

오일부터 스크럽, 각종 세안제, 화장품까지 다양한 스파 제품을 만날 수 있다. 주말 야시장에는 천연 과일이나 작물들로 만든 팩을 팔기도 한다. 인증된 제품을 구입하고 싶다면 허브 베이직이나 마야 라이프스타일 쇼핑센터, 유명 스파의 브랜드 상품을 구입한다.

허브 베이직의 귀여운 스파 제품

치앙마이 빈티지를 담자, 의류 및 액세서리

치앙마이 여행을 자랑하고 싶다면 주말 야시장이나 나이트 바자에서 파는 치앙마이 로고나 그림이 그려진 셔츠를 사 입자. 야시장에서는 여행 중 간편히 입을 수 있는 의류 정도만 구입하고 한국에 없는 예쁜 옷과 액세서리는 디자이너 숍을 찾아가자. 주인의 세련된 감각과 히피 감성을 제대로 느낄 수 있을 것이다.

태국 느낌이 물씬 풍기는 액세서리를 구매해보자.

한국에 가면 그리울거야,
주전부리

치앙마이 편의점에서 판매하는 과자와 음료는 그야말로 신세계다. 요즘 인기 있는 두유, 일본의 바나나 빵을 카피한 다양한 빵 종류, 그리고 김과자까지! 그 중에서도 전통 간식인 카오탠과 캡무는 꼭 한국까지 가져가야 할 간식이다.

한국에는 없는 맛있는 과자가 많다.

이미 우리나라에서도 유명한 와코루 속옷

매일 매일 할인가,
브랜드 속옷

마야 라이프스타일 쇼핑센터, 갓 수안깨우, 센트럴 페스티벌 등에서 브랜드 속옷을 저렴하게 구입할 수 있다. 특히 와코루 속옷은 한국보다 훨씬 저렴한 가격으로 살 수 있어 여성 여행자들의 필수 쇼핑 아이템으로 손꼽힌다. 헌 속옷을 입고 가 새 속옷으로 바꿔 입는 것도 방법이다.

향긋한 차 한 모금,
커피와 차

태국 북부는 커피와 차의 도시로 유명하다. 원두는 일요일 야시장 또는 팜 스토리 하우스, 폰가네스 에스프레소 등에서 구입할 수 있다. 차는 와로롯 시장 내 차 판매점을 추천한다. 차 종류도 다양하고 소량으로 포장 판매도 해 선택의 폭이 넓다.

요즘 단연 인기,
헤어팩

태국에서 꼭 사와야 할 품목으로 꼽히는 헤어 제품. 특히 선실크의 극손상 모발을 위한 헤어팩이 인기 있다.
한국에서 판매하지 않고 기능이 좋다는 평이다. 해외 직구나 공동 구매 사이트를 통해 판매가 이루어지고 있을 정도니, 치앙마이 여행에서 꼭 구입해야 하는 물건이다.

Chiang mai
치앙마이

고대 왕국의 전통을 잇는 젊은 감각의 도시

'북방의 장미'라 불리는 태국 제2의 도시 치앙마이. 치앙마이는 태국 북부의 기름진 땅과 온후한 기후를 배경으로 번성했던 란나 왕국(Lanna Kingdom, 1296~1768)의 수도였다. 골목골목 빼곡히 자리 잡은 사원, 올드 시티를 둘러싼 성곽과 해자 등 도시 전체에 산재하는 고대 왕국의 흔적에서 방콕과는 또 다른 역사적 깊이를 마주할 수 있다.

새로운 도시 '뉴 시티(New City)'라는 뜻과 걸맞게 님만해민 지역을 중심으로 갤러리와 숍이 속속 문을 열면서 태국의 어느 도시보다 젊고 세련된 감각을 선보이며 문화 중심지로 떠오르고 있다. 성곽을 사이에 두고 만나는 고도(古都)의 자부심과 새로운 감각의 도시 치앙마이는 화려한 전통 축제, 다채로운 고산족의 삶, 북부의 아름다운 자연이 더해져 태국에서 가장 매력적인 여행지로 손꼽힌다.

치앙마이 한눈에 보기

올드 시티를 둘러싼 해자를 중심으로 동서남북으로 펼쳐진 치앙마이는 제각각 서로 다른 특색을 지녔다. 올드 시티가 중앙에서 란나 왕국의 문화 유산을 지켜가고 있다면, 서쪽 님만해민은 그 유산을 토대로 예술의 중심지로 새롭게 거듭나고 있다. 삥 강을 중심으로 한 동남쪽은 다양한 레스토랑과 갤러리, 나이트 바자로 상업 지구를 담당한다. 북쪽과 외곽으로 이어지는 빼어난 자연은 전 세계 여행자들을 유혹한다.

매림 & 항동

라이더들에게 사랑 받고 있는 치앙마이 외곽 지역. 고급 리조트에서 여유를 즐기거나 초록색 들판과 울창한 숲길을 따라 치앙마이의 또 다른 매력을 느낄 수 있다.

왓 프라탓 도이수텝

란나 왕국의 화려한 불교 미술과 건축 양식을 보여주는 대표적인 건축물로 태국에서 가장 유명한 사원 중 하나다. 해발 1,053m에 달하는 산 허리에 자리해 치앙마이 전경을 한눈에 볼 수 있다.

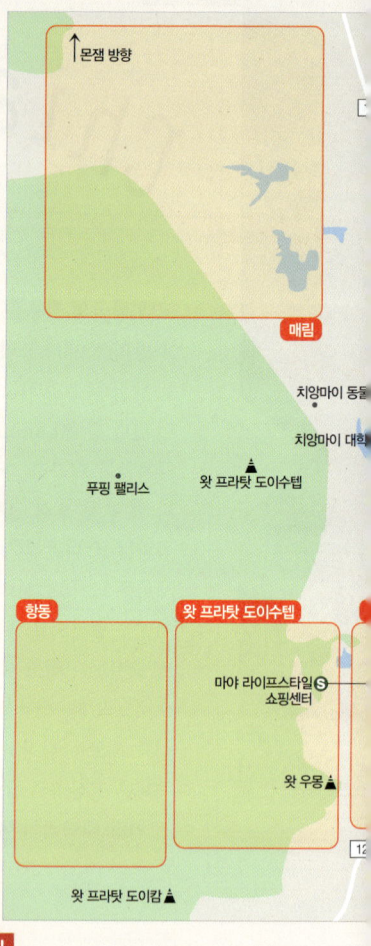

수텝 & 님만해민

태국의 최신 트렌드를 엿볼 수 있는 핫 스폿. 갤러리와 디자이너 숍이 밀집한 예술마을, 독특한 콘셉트의 카페와 레스토랑, 예술적 색채가 물씬한 부티크 호텔 등 치앙마이의 트렌드를 이끌고 있다.

창푸악 & 산티땀

저렴한 물가, 낮은 숙박비로 외국인 장기 체류자가 많은 지역. 싸고 맛있는 음식점과 카페가 속속 문을 열고 있다. 정보에 밝은 여행자들 사이에서 빠르게 입소문을 타고 있다.

삥 강 & 나이트 바자

유명 레스토랑과 고급 호텔이 들어선 삥 강 주변. 낮에는 현지인의 생활을 엿볼 수 있는 와로롯 시장이, 밤이면 쇼핑을 즐기려는 사람들로 불야성을 이루는 나이트 바자가 열린다.

올드 시티 & 하이 야

성곽과 해자 안쪽으로 크고 작은 사원이 빼곡히 자리 잡은 올드 시티. 과거 란나 왕국의 수도이자 현재 북부 문화의 중심지로서의 매력을 두루 갖추고 있다. 여행자들이 가장 먼저 찾는 곳이기도 하다.

Best of Chiang Mai
베스트 오브 치앙마이

**고즈넉한 산책,
올드 시티 사원 순례**
란나 왕국의 영화를 한눈에 보여주는 사원들이 즐비한 올드 시티는 어느 골목으로 들어서도 결국 사원으로 이어진다. 다양한 의미가 담긴 치앙마이 사원 속에서 란나 왕국의 흔적을 찾아보자.

**배우는 여행,
무엇이든 배워보기**
요리와 그림, 무에타이, 마사지 등 단기 코스 또는 하루 만에 태국 문화를 체험할 수 있는 다양한 수업이 운영되고 있다. 자신의 취향에 맞는 1가지를 선택해 배우는 여행을 만들어보는 건 어떨까?

치앙마이를 그대 품 안에, 도이수텝 전망대
황금빛으로 빛나는 체디로 유명한 도이수텝에 들렀다면 치앙마이 시내가 한눈에 내려다 보이는 사원 내 전망대는 절대 놓쳐서는 안 될 볼거리다.

만 원의 행복, 1일 1마사지

서민형부터 최고급형까지 다양한 수준의 마사지 서비스를 즐길 수 있는 치앙마이. 하루 1만 원이면 괜찮은 수준의 마사지를 받을 수 있다.

치앙마이를 가장 완벽하게 즐기는 방법, 오토바이로 외곽 돌아보기

고풍스러운 올드 시티, 새로운 감성의 님만해민, 낭만적인 강변도 좋지만 치앙마이를 좀 더 가깝게 느끼고 싶다면 오토바이로 외곽을 돌아보자. 치앙마이 캐년, 몬잼 등 비경을 만날 수 있다.

1일 5식 무죄, 치앙마이 먹방 투어

맛있는 먹거리가 즐비한 치앙마이. 태국 북부 지역의 전통 음식, 외국인 이민자들의 유러피언 식당, 이색적인 길거리 음식이 여행자들을 유혹한다. 매 끼 다른 스타일의 음식으로 먹방 투어를 즐겨보자.

쇼핑의 꽃, 선데이 마켓

매일 밤을 밝히는 거대한 규모의 나이트 바자보다는 일주일에 한 번 올드 시티의 리차담넌 로드에서 열리는 선데이 마켓에 가보자. 비교적 저렴한 가격의 개성 있는 수공예품을 만날 수 있다.

The Best Attraction
치앙마이 최고의 명소

치앙마이를 한 눈에 볼 수 있는 도이수텝 전망대

왓 프라탓 도이수텝
Wat Phra That Doi Suthep

나가 2마리가 서 있는 도이수텝 입구

아름다운 전설이 깃든 북부 최고의 사원

치앙마이 관광의 필수 코스로 꼽힌다. 사원 입구를 지키는 거대한 2마리의 나가(Naga)를 따라 300여 개의 계단을 올라가거나 케이블카를 타고 단번에 사원까지 갈 수 있다. 사원에 들어서면 신발을 벗어야 한다.

해발 1,035m 산 위에 도이수텝을 지은데는 전설이 있다. 수코타이에서 온 스님 쑤나마 테라(Sunama Thera)가 란나의 왕을 만난다. 이때 마법이라도 부린 듯 유골이 두 조각으로 나뉘자, 작은 조각은 왓 수안독에, 큰 조각은 새로 짓는 절에 모시기로 한다. 이에 왕은 신성한 흰 코끼리에게 절터를 찾으라고 명한다. 부처의 사리를 등에 모신 흰 코끼리는 수텝 산을 오르다 멈춰 크게 3번 울더니 숨을 거둔다. 왕은 그 자리에 부처의 유골을 모신 황금의 탑을 세웠는데, 그것이 지금의 도이수텝이다. 체디와 함께 사원을 둘러싼 33개의 종, 한눈에 전경을 볼 수 있는 전망대도 빼놓지 말자.

주소 Wat Phra That Doi Suthep Rd., Srivijaya Suthep Mueang **전화** +66 53 295 002
오픈 일출~17:00 **휴무** 연중무휴
요금 입장료 30B, 케이블카 20B(카드 사용 불가)
교통 치앙마이 대학교 앞에서 출발하는 썽태우 이용(1인 50B). 최소 인원 6명이 모여야 출발한다. 썽태우를 대절할 경우 왕복 800B 정도.
map p.26-A, 휴대지도 ●-A

Plus Info

도이수텝과 도이푸이 몽족 마을, 푸핑 팰리스 등 인근 관광지와 묶음 일정을 제공하는 여행사의 1일 투어 프로그램을 이용하는 것도 방법. 최근 도이수텝과 왓 우몽 2곳을 묶은 야간 투어(1인 600B)도 생겼다.

✦ ✦ ✦ ✦ ✦

왓 프라탓 도이캄
Wat Phra That Doi Kham

식인 거인과 부처의 머리카락

687년에 지어진 왓 프라탓 도이캄은 도이수텝, 왓 수안독과 함께 부처의 사리가 안치된 사원 중 하나로 재미있는 전설이 있다.

도이캄에는 2명의 식인 거인이 살았는데, 부처가 두 거인을 설득해 식인을 멈추게 했다. 이후 두 거인이 불교로 귀의하자 부처는 두 거인에게 자신의 머리카락을 주었다고 한다. 그것을 체디에 안치하고 세운 사원이 바로 이곳이다. 체디보다 유명한 것은 높이 17m의 앉아 있는 불상(The Earth to Witness Mudra)과 소원을 들어준다는 불상 루앙포툰 자이(Luang Por Tun Jai)다.

소원이 이루어지면 감사와 경배의 뜻으로 재스민 목걸이를 바치는 풍습이 있어, 불상 앞은 재스민 꽃과 기도하는 사람들로 가득하다. 거대한 금빛 나가상이 양쪽을 감싼 계단을 따라 올라가면 나오는 전망대도 꼭 둘러볼 것.

주소 Doi Suthep - Pui National Park, Mu Ban Chiang Mai Lake Land Rd.
전화 +66 89 981 7259
오픈 06:00~18:00 **휴무** 연중무휴 **요금** 무료
교통 왓 수안독 게이트에서 13km 정도 떨어져 있다. 동행을 모아 송태우를 이용한다. 왕복 500~800B.
map p.36-J

왓 파랏
Wat Pha Lat

코끼리가 쉬어가던 숲속 사원

바위 위 사원이라는 뜻을 가진 사원으로 도이수텝으로 가는 길 옆 숲속에 숨어 있다. 나무 사이로 내려다보이는 시내 전경과 불당 옆을 흐르는 작은 천과 폭포가 사원의 신비로운 매력을 더한다.

도이수텝의 터를 찾기 위해 수텝 산을 오르던 흰 코끼리가 절터를 찾고 죽었다는 소식을 들은 란나 왕국의 쿠에나 왕은 코끼리가 쉬어갈 수 있도록 도이수텝으로 향하는 길목에 3개의 사원을 지으라고 명한다. 그중 하나가 왓 파랏이다.

도이수텝과 같은 시기에 건축된 왕실 사원이지만 이곳을 아는 사람은 많지 않다. 지붕과 기둥만 남은 사원을 1934년 부유한 버마 목재상이 재건했다. 버마의 건축 양식을 띤 것은 바로 그 때문이다. 새로운 사원은 폭포 앞에 있는데, 그 앞에 작은 다리를 놓아 개천을 건널 수 있게 만들었다. 다리 가운데 서면 양옆으로 옛 사원과 새로 지은 사원을 모두 볼 수 있다. 도이수텝을 먼저 보고 내려오는 길에 둘러볼 것을 추천한다.

주소 Highway 1004
오픈 06:00~18:00 **휴무** 연중무휴
요금 무료
교통 타패 게이트에서 송태우(6인 이상, 50B)를 타고 치앙마이 동물원에서 내린 후 다시 도이수텝으로 가는 송태우(6인 이상, 편도 40B)를 타고 왓 파랏에서 내린다. 약 1시간 소요.
map p.36-F

> **Plus Info**
>
> 등산 경험이 많은 사람이라면 왓 파랏에서 왓 프라탓 도이수텝까지 산행이 가능하다. 왓 파랏 내 개천을 따라 1시간 정도 소요된다. 단, 우기에는 위험하므로 산행을 자제해야 한다.

도이 인타논 국립공원
Doi Inthanon National Park

고 푸미폰 전 국왕과 왕비의 60주년 생일을 기념해 세운 체디와 정원

야생동물의 보고, 태국의 지붕

해발 2,565m, 면적 482㎢의 태국에서 가장 높은 산으로 '태국의 지붕'으로 불린다. 히말라야 산맥의 일부로, 고도가 높아 1년 내내 습하고 춥다(평균 기온 10~12℃).

이 산의 이름은 치앙마이의 마지막 왕 인타위차야논(Inthawichayanon)의 이름에서 유래했다. 태국 북부의 숲을 지키고 싶어 한 왕의 유언에 따라 유골을 숲에 안치하고 도이루앙 숲에 도이 인타논이라 변명(變名, 1896년)하고 국립공원으로 지정(1954년) 했다. 이른 아침 도이 인타논 정상에서 바라보는 일출도 놓치지 말 것. 태국에서 벚꽃이 만개하는 1~2월은 도이 인타논이 가장 아름다운 시기이며, 우기인 6~9월에는 공원 안의 수많은 폭포가 제각각 그 아름다움을 뽐낸다.

362종의 조류와 65종의 포유류가 서식하는 야생동물의 보고이기도 하다. 고 푸미폰 전 국왕과 왕비의 60주년 생일을 기념해 지은 산 정상에 있는 2개의 체디와 정원. 국립공원 안에 삶의 터전을 마련한 고산족 몽족과 카렌족 등도 도이 인타논을 찾아야 할 이유다.

주소 Luang Soi 2 Ban Luang, Chom Thong District, Chiang Mai **전화** +66 53 355 728
입장료 공원 성인 300B, 어린이 150B / 체디 50B
교통 택시 이용 시 왕복 3000B. 송태우를 탈 경우 치앙마이에서 촘통(Chom Thong)으로 이동 후 다시 촘통에서 도이 인타논으로 가는 송태우로 환승한다. 여행사 1일 투어(투어 시간 08:00~18:00, 요금 1500~5000B)는 가이드, 입장료, 점심 식사, 픽업·드롭 서비스가 포함되며 주요 포인트를 하루에 돌아볼 수 있다. 인원이나 코스에 따라 비용 차이가 있다. 일출을 보고 싶다면 오토바이나 렌터카를 이용한다.
홈페이지 www.thainationalparks.com
map p.26-D

칸똑 디너쇼
Khantoke Dinner Show

온몸으로 만나는 란나 왕국의 문화

태국 북부의 음식과 예술 문화를 한번에 느낄 수 있는 관광상품. '칸똑'은 북부 사람들의 밥상으로 '칸'은 그릇, '똑'은 원형의 나무 상(床)을 뜻한다. 우리네 밥상처럼 여러 가지 음식을 한 상에 내오는 음식 문화를 보여준다. 이 쇼는 '칸똑'이라는 북부식 식사와 함께 다양한 전통 무용을 즐길 수 있다. 식사와 기념 촬영, 공연 순으로 진행되며 공연은 실내와 실외로 구성된다. 실내 공연이 화려하고 전문적이라면, 실외 공연은 고산족이 보여주는 소박하고 즐거운 무대다. 인터넷이나 숙소 카운터에서 예약할 수 있으며, 저녁 식사(현지식과 차가 제공되며 그 외는 유료), 전통 공연, 왕복 교통편이 제공된다. 쇼는 3시간 정도 진행된다.

오픈 07:00~22:00
휴무 연중무휴
요금 600~800B
홈페이지 www.oldchiangmai.com,
www.khumkhantoke.com

도이푸이 몽족 마을
DoiPui Tribal Village

고산족의 삶과 커피 한 잔의 여유

치앙마이에서 고산족을 가장 쉽게 만날 수 있는 곳. 해발 1,676m에 자리 잡은 이 마을은 도이수텝과 가까워 함께 둘러보기 좋다. 몽족의 생활을 엿볼 수 있는 박물관과 몽족이 직접 만든 전통의상, 모자, 가방, 벨트 등 수공예품을 판매하는 상점도 있다. 산 정상에는 아름답게 가꾼 정원과 북부 지역에서 생산하는 맛 좋은 아라비카 커피를 마시며 수려한 전망을 즐길 수 있는 카페가 있다.

겨울과 건기로 접어드는 1~2월은 히말라야 야생 체리 꽃 또는 벚꽃이 만개해 주위가 온통 분홍빛으로 물들어 가장 아름다운 시기다.

주소 Suthep Mueang Chiang Mai District
전화 +66 86 730 7723
오픈 08:00~17:00 **휴무** 연중무휴
요금 도이푸이 몽족 마을 10B, 폭포 10B
교통 개인적으로 찾아가기 어려우므로 여행사 투어 프로그램을 추천한다. 송태우 1일 대절할 경우 도이푸이 몽족 마을 – 도이푸이 전망대 – 왓 프라탓 도이수텝을 코스로 1000~1200B. 투어의 경우 왓 프라탓 도이수텝과 연계한 반일 투어로 진행된다. 가격은 500~550B 정도.
map p.26-D, 휴대지도 ●-D

푸핑 팰리스
Bhu Ping Palace

태국 왕족의 겨울 별장

공식 명칭은 프라탐낙 푸핑(Phra Tamnak Bhu Phing). 1961년 손님들을 맞기 위한 왕실 별장으로 지었다. 왕족이 머무르지 않을 때는 건물 내부를 제외한 정원을 일반에 공개한다. 쭉쭉 뻗은 대나무와 색색의 장미꽃, 커다란 분수 등 잘 꾸민 정원이 아름답다. 특히 장미 정원인 수안 수와리(Suan Suwaree)는 꼭 둘러볼 것. 정원이 꽤 넓으니 편한 신발을 준비하자. 거동이 불편하거나 더위에 지쳤다면 버기카(Byggy Car)를 타고 정원을 돌아볼 수도 있다.

푸핑 팰리스는 '레운 무(Reun Mu_Group of Houses)'라 불리는 태국 북부 양식으로, 사원보다 복장을 철저하게 제한한다. 긴 바지와 어깨가 드러나지 않는 옷을 입어야 한다. 복장을 갖추지 못했다면 입구에서 옷을 빌릴 수 있다. 꽃이 가장 많이 피는 11~2월이 방문하기 가장 좋은 시기다.

주소 Doi Buak Ha, Tambon Suthep, Muang District
전화 +66 53 223065
오픈 08:30~16:30(11:30~13:00에는 티켓 구입 및 입장 불가)
휴무 1~3월(왕족의 별장 방문 기간)
요금 50B, 버기카 이용 시 300B(1~3인 요금 동일)
교통 치앙마이 대학교 앞에서 출발하는 송태우(최소 인원 6명, 1인 50B)를 이용한다. 또는 도이수텝과 도이푸이 몽족 마을, 푸핑 팰리스 등 인근 관광지와 묶음 일정을 제공하는 여행사의 투어 프로그램을 이용하는 것도 하나의 방법.
홈페이지 www.bhubingpalace.org
map p.26-D, 휴대지도 ●-D

The Best Activity & Tour
치앙마이 최고의 액티비티 & 투어

치앙마이에서 즐기는 바이크 라이딩

바이크 라이딩
Bike Riding

치앙마이의 또 다른 매력, 라이딩 로망스
외곽 지역인 매림과 항동까지 이어지는 도로는 라이딩 코스로 사랑받고 있다. 도로 사정이 좋지 않은 인근 라오스, 미얀마와 달리 치앙마이는 도로가 잘 정비되어 있어 바이크 라이딩에 적합하다. 시내에서는 만나기 어려운 현지 사람들을 가까이에서 만날 수 있다. 아름드리나무가 늘어선 길을 따라 달리는 청량감도 바이크 라이딩이 즐거워지는 이유다. 외곽 곳곳에 숨어 있는 카페를 찾아가는 재미도 쏠쏠하다. 매사 강(Mae Sa River)을 끼고 달리는 길, 몬잼 산 중턱 차 밭 사이를 달리는 길, 매림의 크고 작은 마을 골목 라이딩 등 분위기도, 느낌도 다른 제각각의 길들이 드라이브의 맛을 살린다. 역사적 명승지가 밀집한 올드 시티와 다른 매력을 느끼고 싶다면 바이크 라이딩만한 것이 없다. 단, 현지 사정에 익숙한 숙련자와 동행하는 것이 좋다. 안전장비 착용은 필수.

map p.28, 29

집라인
Zip Line

천혜의 자연을 가르는 맛!

치앙마이 외곽의 산악 지형과 천혜의 자연을 활용한 투어로 여행사나 호텔, 게스트하우스에서 예약할 수 있다. 울창한 숲속, 나무와 나무 사이에 연결된 집라인을 따라 숲을 가르는 짜릿함을 만끽하며 태국 북부의 자연을 온몸으로 느낄 수 있다. 짧게는 20회, 길게는 40회 이상 나무를 통과한다.

보통 집라인 투어는 폭포 수영, 산악 트레킹, 코끼리 라이딩, 래프팅 등과 연계해 구성된다. 집라인을 운영하는 회사마다 다양한 투어 패키지를 제공하므로 가격(1500~3500B)과 구성을 꼼꼼히 따져보고 결정할 것. 보험이 적용되는지, 안전장비를 잘 갖추고 있는지도 꼭 확인하자. 대부분의 투어 상품은 숙소 앞 픽업·드롭이 포함되며 투어 시간에 따라 물과 식사를 제공한다. 집라인 투어를 할 때는 운동화, 긴소매의 옷과 바지, 모기 퇴치제를 꼭 챙겨갈 것.

집라인 투어 여행사 홈페이지
www.ziplinechiangmai.com
www.eagletrackchiangmai.com
www.treetopasia.com/thailand-holiday/chiang-mai
www.dragonflightchiangmai.com
www.treetopasia.com/thailand-holiday/chiang-mai

Plus Info

- 투어 상품 구성과 일정(당일/1박)에 따라 비용이 달라진다.
- 다양한 규모의 집라인 운영 업체가 즐비하다. 그중 플라이트 오브 더 기본은 방콕과 파타야 등에도 분사가 있는 크고 체계적인 프로그램을 운영하는 곳으로 가격대가 높지만 이용할 만하다.
- 이글트랙 치앙마이는 단 한 건의 사고도 없이 안전하게 운영(2017년 6월 기준)되고 있을 뿐 아니라 가격도 플라이트 오브 더 기본에 비해 저렴한 편이다. 나나네 게스트하우스와 우유 게스트하우스 등 한인 게스트하우스에서 예약 가능하다.

천혜의 자연에서 즐기는 집라인

코끼리와 함께하는 다양한 프로그램이 준비되어 있다.

코끼리 자연공원
Elephant Nature Park

코끼리와 함께 호흡하는 평화로운 시간

코끼리 트레킹은 태국을 대표하는 투어 상품이지만, 훈련 과정의 잔인함 때문에 전 세계적으로 비난 받고 있다. 이에 새로운 대안으로 코끼리의 생태를 직접 체험하고 자연의 소중함을 느낄 수 있는 프로그램이 인기를 얻고 있다.
철창 속에 갇힌 코끼리를 관람하는 것이 아니라 직접 먹이를 주고 함께 목욕할 수 있는 친자연적 프로그램이 바로 그것. 치앙마이뿐 아니라 가깝게는 태국의 칸차나부리(Kanchanaburi)나 수린(Surin), 멀리는 캄보디아에서 구조된 코끼리들을 보호하고 치료하는 데 기여하는 프로그램으로 의미도 깊다. 반나절의 짧은 투어부터 일주일에서 한 달에 이르는 자원봉사까지 다양한 프로그램을 운영한다. 수익금은 코끼리의 보호와 구조에 쓰인다. 워터 슈즈 및 실내화, 자외선 차단제, 모기 퇴치제, 수건 등을 준비해 가야 한다. 숙소 앞 픽업·드롭 서비스 및 점심 식사, 가이드 등이 프로그램에 포함되어 있다. 예약은 치앙마이 시내 사무소(1 Ratmakka Rd., Phra Sing / 07:00~17:00) 또는 코끼리 자연공원 홈페이지에서 가능.

주소 09/2 Sridom Chai Rd., Kuet Chang, Mae Taeng District
전화 +66 53 272 855
오픈 07:40~17:30(1일 기준) / 1박 2일, 2박 3일, 일주일, 한 달 등 프로그램이 다양함
요금 2500~1만 5000B
홈페이지 www.elephantnaturepark.org
map p.36-B

산악 오토바이 투어
ATV Tours

산 속을 달리는 짜릿함

오토바이보다 안정적인 산악 사륜 오토바이인 ATV 투어 상품. ATV를 타고 치앙마이의 자연을 만끽할 수 있다. 치앙마이의 시골은 물론 고산족 마을, 전망대, 숲속을 누빌 수 있다. 포장도로를 달리며 누구나 무난하게 즐길 수 있는 3~4시간으로 구성된 코스부터 숙련자만 가능한 1일 코스까지 즐길 수 있다. 자신의 실력과 일정에 맞게 선택할 것.

ATV의 상태와 투어 코스, 소요시간에 따라 비용이 달라진다. 집라인, 래프팅 등 다른 프로그램과 연계한 투어 상품을 추천한다. 투어 상품에 숙소 앞 픽업·드롭 서비스 및 보험, 음료, 점심 식사(1일 투어)가 포함되어 있다. 긴 소매 상의, 선글라스, 자외선 차단제, 운동화 등을 챙겨가야 한다.

소요시간 3~4시간 코스 1일 2회 운영 07:50~12:00, 13:00~18:00 / 1일 코스 08:00~17:00
요금 3시간 코스 1인 1950~2800B / 1일 코스 1인 150cc 4950B, 450cc 6950B / 복합 투어 3000~5000B
홈페이지 www.allchiangmaitours.com, www.8adventures.com

정글 번지점프
Jungle Bungy Jump

치앙마이를 한눈에 보는 가장 역동적인 방법

치앙마이 액티비티의 장점은 자연 속에서 즐길 수 있다는 것이다. 정글 번지점프도 다르지 않다. 치앙마이의 자연이 자칫 평범할 수 있는 액티비티를 더욱 특별하게 만들어준다. 안전사고에 노출된 액티비티인 만큼 전문 업체를 선택하는 것이 좋다. X센터(X-Center)에서 운영하는 프로그램은 뉴질랜드 번지점프협회에 정식 등록되어 있다. 점프대의 높이는 50m, 투어 상품에 숙소 앞 픽업·드롭 서비스 및 인증서, 티셔츠, DVD 등이 포함되어 있다.

요금 2000B(티셔츠, DVD 중 택 1), 2300B(티셔츠, DVD 증정)
소요시간 09:30~, 13:00~(1일 2회 운영, 픽업 시간 포함)
교통 치앙마이 시내에서 차로 25분, 매림 지역에 위치.
홈페이지 www.chiangmai-xcentre.com

The Best One Day Class
치앙마이 최고의 원데이 클래스

엘리펀트 푸푸페이퍼 파크
Elephant PooPooPaper Park

친환경 종이 만들기

코끼리 배설물로 종이를 만드는 체험을 하는 곳이다. 잘 말린 코끼리 배설물은 냄새가 나지 않고 섬유질이 많아 좋은 종이 재료가 된다. 친환경과 재활용에 대한 관심이 높아진 요즘, 2가지 가치를 체험하는 좋은 시간이 될 것이다.
8개의 건물을 돌아보며 코끼리 똥으로 종이 만드는 과정과 의미를 배우게 된다. 잘 말린 코끼리 배설물에서 나는 향긋한 풀 내음을 맡는 것으로 시작되는 수업은 섬유질을 걸러내고 끓이고 염색해 색색의 종이를 만들어 노트나 부채 등 기념품까지 직접 제작할 수 있도록 구성되어 있다. 표백제를 넣지 않고 콩으로 만든 잉크로 색을 내는 과정은 한층 의미를 더한다. 특히 아이들이 좋아해 가족 단위 여행객들에게 인기 있다.

주소 87 Moo 10, T. Maeram, Amphur Maerim, Chiang Mai
전화 +66 53 299 565
오픈 09:00~17:30 **휴무** 연중무휴
요금 100B(5세 이하 무료). 나나네 게스트하우스 투어 (cafe.naver.com/nananehostel) 1100B
교통 치앙마이 올드 시티 북쪽에서 20km 정도 떨어진 타이거 킹덤 바로 옆에 있다. 송태우 왕복 이용 시 500~1000B, 툭툭 왕복 이용 시 300~500B.
홈페이지 www.poopooperpark.com
map p.36-B

다양한 색상의 종이를 만들 수 있다

쿠킹 스쿨
Cooking School

직접 만들어보는 태국 북부 음식

맛의 천국 태국에서는 요리 교실을 쉽게 만날 수 있다. 직접 만든 음식을 맛볼 수 있어 특히 인기가 많다. 대부분의 요리 교실은 재래시장 장보기로 시작된다. 오전, 오후로 나뉘는 반일 프로그램과 하루 종일 진행하는 종일 프로그램이 있으니 일정에 맞게 선택하자. 종일 프로그램의 경우, 현지 농장을 방문하기도 한다. 재료의 특징과 맛을 알아보는 것을 시작으로 태국식 샐러드 쏨땀, 북부 대표 국수 카오쏘이, 코코넛 우유를 넣어 끓이는 그

린 커리 등의 소스, 디저트를 포함해 총 5~6가지 음식을 만든다. 자신이 만든 요리를 다른 수강생과 나눠 먹고 사진도 찍으며 친구를 사귈 수 있는 기회가 되기도 한다.

추천 쿠킹 스쿨

Tomyumthai Cooking School

가정집에 마련된 요리 교실. 수업은 장보기로 시작해 개인 조리대에서 4~6가지 요리를 만들고 시식하는 것으로 끝난다. 레시피 북과 차 또는 음료, 숙소 앞 픽업·드롭 서비스를 제공한다.

주소 1-4 Choroen Phathet Rd., Soi 12, T.Chang Khlan A.Muang 전화 +66 83 577 9515, +66 82 761 1152 수업시간 09:00~14:00, 17:00~22:00 수업료 800B 교통 샹그릴라 호텔에서 Chang Khlan Rd. 왼쪽으로 350m 걷다가 우회전한다. 삼거리에서 다시 우회전. 홈페이지 www.tomyumthaicooking.com map p.27-K

Basil Cookery School

수업은 장보기, 개인 조리대에서 7가지 요리 만들기, 시식 순으로 진행된다. 레시피 북과 차를 제공하며 올드 시티 내 숙소 앞 픽업·드롭 서비스를 제공한다. 실내에서 진행해 시원하게 수업을 받을 수 있다.

주소 22/4 Siri Mangalajarn Rd. Soi 5, T.Suthep, A.Muang 전화 +66 83 320 7693 수업시간 09:00~15:00, 16:00~20:30 수업료 1000B 교통 Nimmanahaemin Rd. 에서 Nimman Soi 13로 걷다가 큰 길에서 길을 건넌다. 오른쪽 Siri mangkalajarn Soi 5 끝에 위치. 홈페이지 www.basil-cookery.com map p.26-E

Thai Farm Cooking School

현지 농작물을 수업에 사용한다. 수업은 장보기, 6가지 요리 만들기 및 시식으로 구성된다. 컬러 레시피 북과 차 또는 음료, 올드 시티 내 숙소 앞 픽업·드롭 서비스를 제공한다.

주소 Moon Muang Rd. Soi 9, Mueang Chiang Mai District 전화 +66 81 288 5989, +66 87 174 9285 수업시간 08:30~17:00 수업료 1300B 교통 타패 게이트에서 Moon Muang Rd.로 걷다가 Moon Muang Rd. Lane 8에서 좌회전한다. 길 끝에서 우회전 후 60m 직진. 홈페이지 www.thaifarmcooking.com map p.30-D

Zabb E Lee Thai Cooking School

접근성이 좋고 수업료도 합리적인 곳이다. 수업은 장보기, 6가지 요리 만들기, 시식으로 진행된다. 창푸악 게이트 근처의 숙소 앞 픽업·드롭 서비스와 레시피 북, 차와 음료를 제공한다.

주소 6 Sriphoom, Soi 8 T.Sriphoom 전화 +66 93 267 9572, +66 93 267 9573 수업시간 08:20~14:00, 15:40~21:00 수업료 900B 교통 창푸악 게이트를 등지고 Sri Poom Rd. 오른쪽 돈자이 바이크 숍(Donjai Bicycle Shop)을 지나 왼쪽 골목. 1번째 골목에서 우회전 후 길 맞은 편. 홈페이지 www.zabbeleecooking.com map p.30-B

무에타이 클래스
Muay Thai Class

태국의 전통 무술 무에타이를 배워보자.

온몸이 무기다, 태국의 맨손 전통 무예

현지 문화를 피부로 느끼고 배우는 여행을 선호하는 사람들에게 태국에서 무에타이를 배우는 것은 분명 색다른 경험일 것이다. 천년의 역사를 가진 태국의 전통 무술 무에타이는 세계적으로 인지도가 높은 스포츠다. 영화 <옹박>의 박진감 넘치는 액션에서 그 매력을 짐작할 수 있다.

팔은 창, 주먹은 도끼, 팔꿈치는 칼의 역할로 신체의 모든 부분을 무기로 사용해 도구 없이 연마할 수 있는 무예로 우리의 태권도와 비슷하다. 짧게는 몇 시간에서 길게는 한 달 이상 코스가 있다. 한국에서 무에타이를 배워봤다면 적극 추천한다. 수준별 단체 강습이나 개별 수업이 있다. 보통 수업은 오전과 저녁 시간으로 나뉘어 진행한다. 전문 무에타이 도장에서도 여행자를 위한 단기 수업을 진행해 선택의 폭이 넓다. 샹그릴라, 포시즌스의 헬스클럽에서도 무에타이 클래스를 운영한다.

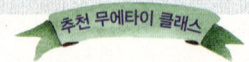

추천 무에타이 클래스

Team Quest Thailand
무에타이뿐 아니라 다양한 태국 전통 무예 클래스가 있어 선택의 폭이 넓으며, 숙박 시설도 운영한다.

주소 114-3 Moo. 1 T.Phadad A.Muang **전화** +66 08 60 911 536 **수업시간** 08:00~10:00, 16:00~18:00 **수업료** 350B(1일 1세션), 2500B(일주일), 8000B(1개월), 2만1000B(3개월), 600B(개인 강좌 1세션) **교통** 센트럴 플라자 치앙마이에서 도보 8분. **이메일** teamquestthailand@gmail.com **홈페이지** www.tqmmathailand.com map p.36-J

Chiangmai Muay Thai Gym
무에타이 전용 도장으로 올드 시티 내 창푸악 게이트 근처에 자리 잡고 있다. 세션 단위로 수강할 수 있어 기간에 구애 받지 않고 수업을 들을 수 있다.

주소 76 Viengkaew Rd., Sripoom, Muang **전화** +66 95 915 7488 **수업시간** 08:00~10:00, 14:00~18:00 **수업료** 1세션 390B, 5세션 1700B, 10세션 3300B, 24세션 7000B, 개인 수업 1시간 1000B **교통** Prapokkloa Rd.를 따라 4분 정도 걷다가 우회전 후 도보 550m. **홈페이지** www.facebook.com/Chiangmai.Muay.Thai.Gym map p.30-B

Por Silaphai Gym
성수기와 비수기의 수강료가 달라 비수기(4월 16일~10월 15일)를 활용하는 것이 현명하다. 올드 시티에서 조금 떨어져 있어 숙박 시설을 함께 이용하면 좋다. 1일 4회 수업을 진행하는 것도 장점.

주소 4 Viang Ping Rd., Tambon Chanag Klan, Amphor Meung **전화** +66 82 274 2160 **수업시간** 07:30~09:30, 10:00~12:00, 13:00~15:00, 15:30~17:30 **수업료** 1세션 900B(비수기 700B), 일주일 3200B(비수기 2500B), 1개월 9500B(비수기 8000B) **교통** 올드 시티 외곽 센트럴 치앙마이 메모리얼 병원에서 도보 12분. **이메일** silaphaigym@gmail.com **홈페이지** www.silaphaigym.com map p.27-K

타이 마사지 클래스
Thai Massage Class

장기체류자에게 권하는 수업

태국은 그야말로 마사지의 천국이다. 오랜 전통을 바탕으로 한 뛰어난 기술과 저렴한 가격으로 태국을 여행하는 사람이라면 한 번쯤 들르게 된다. 마사지를 받을 기회뿐 아니라 마사지를 배울 수 있는 기회도 많다. 태국 현지인에게는 직업교육이 되고 외국인 여행자에게는 문화를 체험할 수 있는 시간이 된다. 단, 제대로 배우려면 각 과정당 30시간 정도의 수업을 수료해야 한다.

체험 위주의 1일 또는 3일 정도의 단기 코스가 있지만 수업료가 비싸 추천하기 어렵다. 1일 체험 후 정식 수강을 결정하는 것도 방법이다. 총 4~5단계로 교육이 이루어진다. 하루 수업은 오전 9시부터 오후 3~4시까지 진행되는데, 이론과 실기를 병행한다.

외국인을 대상으로 한 수업은 대게 영어로 진행되지만, 일본인 수강자가 많아 일본어 수업을 하는 곳도 있다. 모두 시범을 중심으로 진행되니 언어에 대한 부분은 크게 걱정하지 않아도 된다. 일정 수준의 시험을 통과해야 다음 단계가 진행되며, 시험 통과 시 단계마다 수료증을 준다.

정부에서 인가한 프로그램도 있다.

추천 타이 마사지 클래스

ITM - International Training Massage School
총 5단계로 이루어져 있다. 강사 과정 등 세분화된 수업과 란나 전통 마사지 수업을 진행한다. 정부 인가 교육 시설로 짜임새 있는 구성이 장점이다.

주소 59-9 Chang Puek Rd., Soi 4, T. Sri Phum, A. Muang **전화** +66 53 218 632, +66 83 763 1002 **수업시간 및 수업료** 초급 5500B, 중급 5,500B, 고급 6500B(09:00~16:00, 5일 동안 30시간 이수) / 초급 단기(09:00~16:00, 3일 동안 18시간 이수) 4200B / 란나 타이(중급 이수자에 한함, 16:30~19:30, 5일 동안 15시간 이수) 5500B / 자격증 수업(분기별로 시작, 11주 390시간 이수) 8만 8000B **교통** 창푸악 게이트 북쪽 107 도로를 따라 500m, 왼쪽 Chang Phuak Soi 4에서 좌회전 한다. 모라꼿(Morakot)을 지나 1번째 골목. **이메일** itm@itmthaimassage.com **홈페이지** www.itmthaimassage.com **map** p.26-B

Thai Massage Shivagakomarpaj
1962년에 문을 열어 50여 년의 역사와 전통을 자랑하는 마사지 학교. 항공권과 숙소를 포함한 코스를 운영한다. 초급 과정부터 고급, 오일 마사지와 허브 볼 등의 수업을 진행한다.

주소 238-1 Wuolai Rd. **전화** +66 53 20 1663 **수업시간 및 수업료** 마사지 코스 1/2 5000B, 테라피 코스 1/2 6000B(09:00~16:00, 5일 동안 30시간 이수) / 아로마 오일 코스(09:00~16:00, 6일 동안 30시간 이수) 6000B **교통** 올드 시티 남쪽 Thipanet Rd.를 따라 걷다가 우회전한다. 도보 20분. **이메일** info@thaimassageschool.ac.th **홈페이지** www.thaimassageschool.ac.th **map** p.26-J

치앙마이 여행 정보

여행 시기
태국 북쪽에 위치한 치앙마이는 남쪽 지방에 비해 온도가 낮은 편이지만, 건기에 속하는 3~5월은 최고 기온이 40℃를 오르내릴 정도로 더위가 기승을 부린다. 비가 내리기 시작하는 6월부터 더위가 한풀 꺾이기 시작해 8~9월까지 많은 양의 비가 내린다.
날씨를 기준으로 여행 적기는 비가 적게 내리고 날씨가 선선한 11~2월이다. 연말연시와 맞물리는 최고 성수기이기도 하다. 여름휴가 시즌이 시작되기 전인 6~7월 중순까지는 비수기로 알뜰한 여행을 할 수 있다.

여행 기간
인천에서 치앙마이까지 직항 소요시간은 6시간 30분, 방콕을 경유하면 그 이상이 걸린다. 한국~치앙마이 왕복을 각 하루씩으로 계산해 일정을 짜는 것이 좋다.
역사 유적에 관심이 많다면 올드 시티의 사원을 돌아보는 것만으로도 하루가 꼬박 걸린다. 왓 프라탓 도이수텝이나 도이 인타논 국립공원 등의 명소는 교통이 불편해 1일 투어를 이용하는 것이 효율적이다. 쇼핑과 맛집, 나이트라이프를 즐기고 싶다면 최소 4박 이상의 일정을 잡아야 한다.

시차
치앙마이는 한국보다 2시간 느리다. 한국이 오후 4시라면, 치앙마이는 오후 2시다.

영업시간
관공서 및 은행은 평일 08:00~17:00, 토·일요일, 공휴일은 휴무다. 우체국은 번화가의 노점상은 저녁 무렵부터 자정까지, 로컬 식당은 11:00~23:00까지가 일반적이다.

로컬 식당이나 카페의 경우 영업시간과 휴일이 일정하게 정해져 있지 않다. 방문 전 홈페이지 등을 통해 휴무일을 꼭 확인할 것.

관광

란나 왕국의 수도답게 볼거리, 즐길거리가 풍부하다. 왓 프라탓 도이수텝, 도이 인타논 국립공원, 도이푸이 몽족 마을, 푸핑 팰리스, 치앙마이 캐년 등은 빼놓을 수 없는 볼거리다. 문화와 예술에 관심이 많다면 반캉왓 예술마을, 펭귄 빌리지, 님만해민을 추천한다. 올드 시티 내 크고 작은 사원들도 놓쳐서는 안 될 필수 코스다.

음식

태국 북부에서만 맛볼 수 있는 칸똑

1일 5식이 기본이라는 말이 있을 정도로 치앙마이는 다채로운 미식의 도시다. 고기로 육수를 내는 쌀국수, 한국처럼 밥과 반찬이 나오는 한 상 차림 칸똑, 도자기 솥에 채소와 고기를 데쳐 먹는 찜쭘, 튀긴 달걀면을 얹어 내는 커리 국수 카오쏘이, 간 고기와 찹쌀 밥을 넣어 만드는 태국식 소시지인 싸이우아 등 태국 북부를 대표하는 다양한 음식을 즐겨보자. 또 유럽, 일본 등 이민자들도 많아 저렴한 가격으로 세계 각국의 음식을 맛볼 수 있는 것도 치앙마이의 큰 매력이다.

쇼핑

거대한 규모의 나이트 바자와 주말에 서는 야시장들은 여행자들이 치앙마이를 찾는 이유 중 하나로 손꼽힌다.
님만해민의 디자이너 숍과 반캉왓, 펭귄 빌리지 등 예술마을에서 만나는 수공예 숍도 쇼퍼홀릭의 마음을 사로잡기에 충분하다. 여기에 센트럴 페스티벌, 마야 라이프스타일 쇼핑센터 등의 대형 쇼핑몰까지 가세해 다양한 쇼핑 문화를 즐길 수 있다.

숙박

세계적인 리조트는 물론 개성 만점인 부티크 호텔, 다양한 가격대의 호스텔과 게스트하우스 등 선택의 폭이 넓다.
밤늦게까지 유흥을 즐기고 싶다면 창모이, 창클란 지역이, 쇼핑과 갤러리 등 치앙마이의 트랜드를 피부로 느끼고 싶다면 님만해민 지역이 제격이다. 역사적 명승지에 관심이 많거나 치앙마이에 처음 온 여행자라면 올드 시티에 숙소를 구하는 것이 좋다. 장기 체류를 원한다면 물가가 저렴한 산티땀 지역에 장기 렌트를 하는 것이 체류비를 절감하는 데 도움이 된다.

> **TIP** 거리 산책 시 알아두면 좋은 단어
>
> · 타논 Thanon
> 큰길, 또는 큰 도로를 가리킨다. 현지 도로 표시에서는 Th.라고 표기한다.
>
> · 소이 Soi
> 타논에서 옆으로 뻗어 있는 골목길. 끝은 대부분 막다른 곳이다.
>
>

치앙마이 가는 법

치앙마이로 가는 방법은 크게 2가지다. 인천에서 치앙마이까지 직항을 이용하거나 방콕을 경유해 가는 방법이다. 직항편의 경우 5시간 정도 소요되며, 방콕을 경유하면 이동 수단에 따라 소요시간이 달라진다.

한국~치앙마이 항공편

▶▶ **직항편**

한국에서 치앙마이까지 직항노선을 가진 공항은 인천공항 뿐이며, 항공사는 델타항공과 대한항공이 있다. 델타항공과 대한항공의 치앙마이 노선은 공동으로 운항한다. 인천에서 치앙마이까지는 약 5시간 소요된다.
도착 후 'International' 사인을 따라가 입국 수속을 거치면 끝. 가장 간편하지만 가장 비싼 방법이기도 하다. 비수기에도 항공권 가격이 60만 원 미만으로 떨어지지 않는다.

인천공항 www.airport.kr
치앙마이 공항 www.chiangmaiairportonline.com

▶▶ **방콕 경유, 국내선 항공편 환승**

인천에서 방콕까지 이동한 후 방콕에서 국내선으로 환승하는 방법. 인천과 김해, 제주공항에서 방콕행 비행기를 탈 수 있다. 방콕을 경유해 국내선으로 환승하는 방법은 2가지다. 국제선 항공사와 동종 항공사를 연계하거나 다른 항공사의 항공편을 선택하는 것. 환승과 대기 시간을 감수하면 직항보다 유연한 항공 스케줄 선택과 경제성을 누릴 수 있다.

• **최종 목적지를 치앙마이로 발권**

동종 항공사의 국제선과 국내선을 연계한 노선을 이용하는 경우로, 짐은 치앙마이에서 찾는다. 방콕 수완나품 공항에서 환승할 경우, 출국장 안에 있는 입국심사장을 통과한다.
비행기에서 내려 'Transit / Transfer' 사인을 따라가면 트랜스퍼 카운터(Transfer Counter)가 나온다. 카운터를 지나 패스포트 컨트롤(Passport Control)이라 쓰인 곳에서 입국심사가 진행된다. 입국심사 후 연계 항공편을 모니터에서 확인하고 탑승구로 이동하면 된다. 치앙마이에 도착한 후에는 별도의 입국심사 없이 짐만 찾으면 된다.
에어아시아를 이용했다면 방콕 경유 시 돈므앙 공항을 이용한다. 돈므앙 공항에 내린 후 정식 입국심사를 받고 짐을 찾은 후 다시 해당 항공사의 카운터를 찾아 치앙마이행 항공권을 발권한다. 인천~방콕 비행기가 연착되어도 방콕~치앙마이 간 항공권이 보존된다는 이점이 있다.

• **방콕과 치앙마이 항공권을 각각 발권**

인천~방콕 국제선과 방콕~치앙마이 국내선을 별도로 발권하는 경우. 인천공항에서 출발할 때 항공권에 표기된 최종 목적지는 방콕이다. 방콕 공항에서 정식 입국심사를 받고 짐을 찾은 후 국내선 체크인과 발권을 하고 짐을 붙인 후 국내선 출발(Domestic Departure) 구역으로 이동한다.
태국 국내선 저가항공은 주로 돈므앙 공항을

이용한다. 수완나품과 돈므앙 중 어느 공항으로 입국을 하는지 확인 후 방콕~치앙마이 노선 시간을 결정하자. 수완나품 공항에서 돈므앙 공항까지는 1시간 간격으로 운영되는 무료 셔틀을 이용할 수 있다.

입국심사와 짐을 찾고 붙이는 과정 등을 따져 환승 대기시간을 결정한다. 같은 공항을 이용하더라도 최소 4시간 이상 차이를 두는 것이 바람직하다. 항공편의 연착, 지연 가능성도 감안하자. 각각 발권했으므로 국제선 비행기가 연착되어 국내선 비행기를 놓쳐도 보상받을 수 없다. 방콕에서 치앙마이까지 비행 시간은 1시간 정도 소요된다.

방콕~치앙마이 육로 이동

방콕에서 치앙마이까지는 버스나 기차로 갈 수 있지만, 10시간 이상 소요되므로 여행 기간이 짧다면 추천하지 않는다. 성수기를 제외한 기간에는 저가항공사의 프로모션 상품이 많아 오히려 항공권이 저렴할 때도 있다. 버스나 기차를 알아보기 전에 방콕 내 국내선 저가항공사의 항공권 가격을 미리 확인하자.

▶▶ 기차로 이동하기

방콕 후알람퐁 기차역에서 치앙마이까지는 12~14시간 소요된다. 낮 시간에 기차를 이용한다면 하루 종일 기차 안에서 시간을 보내야 하므로 1일 숙박과 교통편을 동시에 해결할 수 있는 야간 기차를 추천한다.

방콕~치앙마이 열차는 하루 5회 운행하며 시간대가 다양하다. 야간 열차로 이동한다면 1등 침대 칸이나 에어컨이 딸린 2등 침대 칸을 이용할 것. 침대 칸은 2층 구조로 1층이 이동도 편하고 공간도 비교적 넓지만 요금이 150~200B 정도 비싸다.

2016년 11월에는 중국 신형 기차 운행을 시작했다. 9·10번 열차로 객실 내 TV, 와이파이, CCTV를 갖췄다. 표는 기차역이나 여행사를 통해 구매할 수 있다.

태국 철도청 www.railway.co.th

• 기차 운행표

거리	열차 번호	| 방콕 → 치앙마이				
	열차 번호	7	109	9	13	51
	시설 구분	DRC	s, 2, 3, R	1, S, R	1, S, R	S, s, 2, 3, R
0km	출발 시간	08:30	13:45	18:10	19:35	22:00
751km	도착 시간	19:30	04:05	07:15	08:40	12:10

거리		치앙마이 → 방콕				
	열차 번호	102	8	52	14	10
	시설 구분	2, 3, R	DRC	S, s, 2, 3, R	1, S, R	1, S, R
0km	출발 시간	06:30	08:50	15:30	17:00	18:00
751km	도착 시간	21:10	19:25	05:25	06:15	06:50

**시설 구분 및 가격
1=1등석 침대칸(1253~1453B), S=2등석 침대칸 & 에어컨(751~881B), s=2등석 침대칸 & 선풍기(491~581B)
2=2등석 좌석(391~641B), R=레스토랑, 3=3등석(271B)
DRC=디젤 레일 익스프레스와 2등석 에어컨, 식사 포함, 침대칸 없음

▶▶ 버스로 이동하기

치앙마이 버스터미널 앞

방콕 북부 터미널, 나콘차이 서비스 센터, 카오산 로드 등에서 출발한다. 방콕에서 치앙마이까지 약 10시간 소요. 대부분 버스는 방콕 북부 터미널에서 출발한다(동부나 남부터미널에는 치앙마이행 버스가 없다). 정부가 운영하는 999번 버스를 비롯해 솜밧 투어, 찬 투어, 니콘차이 등의 버스 회사가 있다. 이른 아침부터 버스가 있지만, 대부분의 버스는 밤 7시 이후에 출발한다. 야간 슬리핑 버스는 식사와 물, 침구가 제공되는데, 버스 컨디션이나 종류에 따라 요금이 다르다.

혼자라면 따로 떨어져 있는 1인석을 예약할 것. 극성수기를 제외한 기간에는 버스터미널에서 쉽게 표를 살 수 있다. 여행사의 예약 대행 서비스, 온라인 예약 서비스를 이용해도 된다. 최근 한국인들이 많이 이용하는 버스 회사는 나콘차이로 온라인 예약이 가능하며, 시설과 서비스가 좋다는 평가를 받고 있다.

방콕의 카오산 로드에서 출발하는 여행자 버스는 요금은 저렴하지만 버스가 낡았고 교통사고나 도난 사고가 빈번하게 발생해 추천하기 어렵다.

• 나콘차이 버스

방콕~치앙마이 노선을 운행하는 나콘차이 버스

방콕에서 출발하는 치앙마이행 나콘차이 버스는 자사 서비스 센터에서 출발해 북부 터미널에 정차하거나 북부 터미널에 들르지 않는 경우도 있으니, 버스표를 구매 할 때는 승차장이 어딘지, 북부 터미널에 정차하는지에 대해 반드시 확인해야 한다.

나콘차이 버스 예약 www.nakhonchaiair.com
니콘차이 버스 www.nca.co.th

• 나콘차이 버스 운행표

방콕 → 치앙마이			
출발	도착	버스 타입	요금
09:30	19:20	골드 클래스 32석	골드 클래스 365B 퍼스트 클래스 487B
10:00	19:36	퍼스트 클래스 30석	
19:30	다음 날 05:04	골드 클래스 32석	
20:00	다음 날 05:00	골드 클래스 32석	
20:20	다음 날 05:05	퍼스트 클래스 30석	
20:30	다음 날 06:20	골드 클래스(VIP) 32석	
21:00	다음 날 06:00	골드 클래스(VIP) 32석	
21:30	다음 날 06:15	퍼스트 클래스 30석	
21:45	다음 날 07:35	골드 클래스(VIP) 32석	
22:30	다음 날 07:15	퍼스트 클래스 30석	
23:15	다음 날 08:15	골드 클래스(VIP) 32석	

치앙마이 → 방콕			
출발	도착	버스 타입	요금
09:20	18:52	골드 클래스(VIP) 32석	골드 클래스 569B 퍼스트 클래스 759B
10:08	19:35	퍼스드 클래스 30석	
19:10	다음 날 04:42	골드 클래스(VIP) 32석	
19:35	19:35	골드 클래스(VIP) 32석	
20:05	20:05	골드 클래스(VIP) 32석	
20:53	20:53	골드 클래스(VIP) 32석	
21:08	21:08	골드 클래스(VIP) 32석	
21:28	21:28	퍼스트 클래스 30석	
21:53	21:53	골드 클래스(VIP) 32석	
22:18	22:18	퍼스트 클래스 30석	
22:38	22:38	퍼스트 클래스 30석	

공항에서 치앙마이 시내로 이동하기

치앙마이 국제공항에서 시내로 이동하는 방법은 택시가 가장 보편적이다. 여행사나 호텔 픽업 서비스, 공공 송태우를 이용할 수도 있다. 치앙마이 여행이 처음이라면 우버나 택시를 추천한다.

택시 Taxi
공항에서 이용할 수 있는 택시는 미터택시와 공항택시가 있다. 국제선, 국내선 모두 짐을 찾아 나오면 맞은편에 'Taxi Meter, Airport Tax'라고 쓰인 부스가 있다. 1번 게이트 앞에도 택시 부스가 있다.
올드 시티까지는 160B, 님만해민까지는 180B, 삥 강까지는 180~200B 정도. 밤 12시 전후로는 원래 요금보다 20B 정도 더 받을 뿐 아니라 택시가 많지 않다. 늦은 시간 공항에 도착한다면 숙소의 픽업 서비스를 신청해두는 것이 좋다.

우버 Uber
올드 시티, 님만해민, 삥 강 지역 모두 150B로 동일한 요금이 적용된다. 공항에서 태국 심카드를 교체한 후 태국 전화번호로 우버 애플리케이션을 처음 이용하면 할인 받을 수 있다.

공공 송태우
Chiangmai Public Transport
정해진 노선을 이용하는 송태우로 요금이 15B다. 운영 시간이 정해져 있지만 잘 지켜지지 않는다.
올드 시티는 4·14번, 님만해민 4번, 삥 강은 14번을 이용한다. 공항 1층 3번 게이트 앞에 송태우 정류장이 있다.
공공 송태우 www.chiangmaibus.org

송태우 Songtaew, 툭툭 TukTuk
흥정만 잘하면 50~100B 정도의 요금으로 시내까지 이동할 수 있지만 공항에서 송태우나 툭툭을 잡는 것 자체가 쉽지 않다. 늦은 밤이나 이른 아침에는 택시와 비슷한 요금을 요구하기도 한다.
짐이 많은 경우라면 공간이 넉넉하지 않아 추천하지 않는다.

렌터카 Rent a Car
공항 도착층에는 각종 렌터카 회사의 부스가 늘어서 있다. 소형 기준 1일 1000B 정도. 단, 태국은 운전석 및 차선이 한국과 반대이며, 도로에 오토바이가 많아 운전 시 조심해야 한다. 공항 렌트 부스 외에 한인 여행사에서도 차량 대여가 가능하다.

치앙마이 시내 교통

올드 시티와 님만해민, 삥 강 지역은 송태우를 이용하는 것이 가장 쉽다. 그러나 인원수와 목적지에 따라 소요시간이 천차만별. 거리를 가늠해보고 도보로 이동하는 것이 좋을 때도 있다. 아침, 저녁 현지인들의 출근 시간을 피해 이동하는 것도 요령이다.

송태우 Songtaew

트럭 짐칸에 지붕과 벽을 얹어 개조한 붉은색 차로 정해진 노선 없이 목적지가 비슷한 사람들을 태우고 내려주다 보니 가까운 거리도 한참 돌아가는 일이 부지기수다. 내릴 때는 천장의 벨을 누르고 운전 기사에게 요금을 건넨다. 치앙마이 시내 지역은 대부분 20B, 님만해민에서 삥 강까지 40B 정도.

툭툭 Tuk Tuk

오토바이 뒤에 바퀴 2개가 달린 좌석을 달아 개조한 것으로 운전석과 승객 좌석 사이에 지붕만 있어 매연에 취약하다. 매번 요금을 흥정해야 하고 밤에는 바가지가 심하다. 시내 안쪽이나 가까운 거리는 50B, 시내를 조금만 벗어나면 100B를 호가한다.

공공 송태우 Chiang Mai Public Transport

일종의 시내버스로 도입한 지 오래되었지만, 이용자는 그리 많지 않았다. 그런데 2015년 8월 대대적인 정비를 시작해 노선을 늘리고 또 스마트폰 애플리케이션(Cmtransit) 서비스를 시작하는 등 적극적인 개선에 나섰다. 이를 통해 운행 노선은 물론 예상 정차 시간, 가까운 정류장을 확인할 수 있다. 일부 노선은 송태우로, 일부 노선은 에어컨 버스로 운영된다. 가격도 15B로 시내 교통 중 가장 저렴하다.

홈페이지 www.chiangmaibus.org

오토바이 렌트 Rent a Bike

치앙마이는 대중교통으로 오가기 불편한 지역이 많다. 이런 문제를 해결하는 방법이 바로 오토바이 렌트. 오토바이 렌트 시 국제운전면허증과 여권은 필수다. 그러나 무조건 여권을 맡기라는 곳은 피할 것. 배기량과 모델, 연식에 따라 1일 렌트 비용이 달라지며, 5일 이상 렌트할 경우 좀 더 저렴하다. 200cc 미만 오토바이를 24시간 대여할 경우 250B 정도.

자전거 렌트 Rent a Bicycle

숙소 근처를 돌아보거나 단거리 이동 시 유용하다. 보통 오토바이 렌털 숍에서 자전거도 대여해준다. 하루 80~100B 정도. 호텔 등의 숙소에서 무료 대여해주는 경우도 있다.

Plus Info

국제운전면허증으로 오토바이를 빌릴 수 있을까?

결론만 말하면 가능하다. 하지만 문제는 대여 여부가 아니다. 해외에서 국제운전면허증을 사용할 경우에는 해당 국가의 법을 적용받는다. 한국에서는 자동차 면허증을 소지한 경우 125cc 이하의 오토바이 운전이 합법이지만, 태국은 자동차면허로는 오토바이 렌트 및 운전이 불가능하다. 그러나 치앙마이 내 대부분의 렌털 숍은 국제운전면허증만 제시하면 렌트해준다.

최근 태국 경찰들이 단속에 적극 나서고 있으니 여행 중 불미스러운 일을 피하고 싶다면 한국에서 오토바이 면허를 꼭 취득하기 바란다.

OLD CITY
올드 시티

찬란한 역사의 힘이 살아 숨쉬다

올드 시티를 둘러싼 성곽과 5개의 프라투(성문), 그 안으로 이어지는 돌길을 따라 번영했던 란나 왕국의 면모가 곳곳에 남아 있다. 지역 전체가 란나 왕국의 역사를 보여주는 거대한 박물관이라 해도 부족하지 않다. 개발이 제한되어 여행객들이 밀려드는데도 고즈넉함을 잃지 않은 것도 올드 시티만의 매력이다. 성곽 안 동북부 지역은 배낭여행자들을 상대로 하는 크고 작은 숙소와 카페, 식당이 밀집해 또 다른 분위기를 자아낸다.

고색창연한 역사 유물 속에서 오늘을 살아가는 현지인, 평일의 고요함은 온데간데없고 세계 곳곳에서 모여든 여행자들로 북새통을 이루는 일요일 야시장. 극과 극을 오가는 올드 시티에선 세상 어디에도 없는 묘한 시간 여행을 경험하게 된다.

올드 시티 한눈에 보기

'북방의 장미'라 불리던 치앙마이의 정수는 올드 시티에서 시작된다. 올드 시티는 이른 아침부터 늦은 밤까지 독특한 매력을 내뿜는다. 사각형의 성곽 안 사원들을 순례하며 란나 왕국의 영광을 느껴보자. 또 크고 작은 레스토랑과 카페들을 따라 식도락 여행을 즐겨보자.

창푸악 게이트

북쪽의 창푸악 게이트는 밤이 되면 더욱 분주해진다. 성문 주변이 저녁 장사를 하는 노점들로 가득 채워지고, 늦은 밤까지 노스 게이트의 라이브 공연이 거리를 메운다. 출출한 배를 저렴한 길거리 음식으로 넉넉히 채우고 맥주 한 병 값으로 멋진 공연을 볼 수 있다.

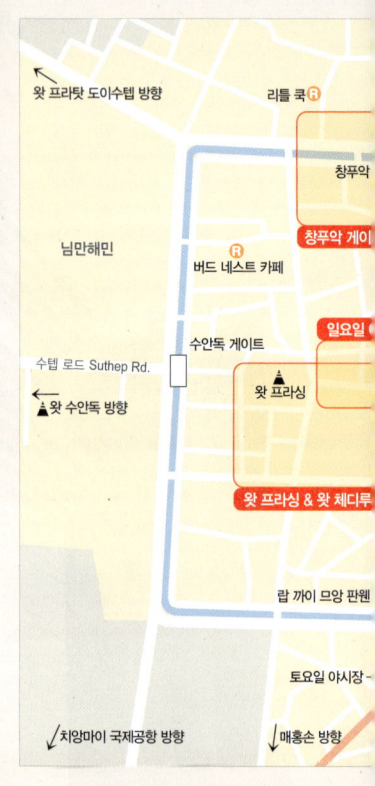

왓 프라싱 & 왓 체디루앙

올드 시티 내의 수많은 사원 중 꼭 가봐야 할 사원을 꼽으라면 단연 왓 프라싱과 왓 체디루앙이다. 란나 왕국의 왕실 사원으로 오랜 역사와 다채로운 이야기가 전해지는 곳으로 가장 많은 관광객이 찾는 사원이다.

일요일 야시장

왓 프라싱과 타패 게이트를 잇는 라차담넌 로드는 일요일이 되면 길 양쪽과 중앙선까지 3겹으로 노점이 빽빽이 들어선다. 나이트 바자에서는 볼 수 없는 독특한 수공예품을 사려는 사람들로 발 디딜 틈이 없을 정도다. 일요일이 아니라도 다양한 숍이 밀집된 곳으로 쇼핑족에게는 빼놓을 수 없는 핫 스폿이다.

타패 게이트

올드 시티의 성곽 5개의 성문 중 가장 잘 보존된 타패 게이트는 올드 시티의 중심이자 치앙마이의 상징이다. 가장 번화한 지역으로 식당, 숙소, 각종 편의 시설이 몰려 있다. 손님을 기다리는 썽태우, 툭툭이 가장 많은 지역이기도 하다. 송끄란 축제 기간에는 공연과 함께 대규모의 물놀이가 펼쳐진다.

여행자 거리

라차담넌 로드에서 라차담넌 로드 소이 5길을 따라 걸어 올라가면 배낭여행자를 상대로 하는 저렴한 게스트하우스가 밀집되어 있는 여행자 거리가 나온다. 골목골목 이국적인 분위기의 식당, 옷가게, 카페, 레스토랑 등이 숨어 있다.

올드 시티 가는 법

올드 시티는 치앙마이 중심에 자리 잡고 있다. 공항은 성곽 밖 남쪽, 버스터미널은 북쪽, 기차역은 동쪽에 있다. 올드 시티로 향하는 대중교통 수단은 송태우, 툭툭, 택시가 있다. 송태우와 툭툭은 흥정이 기본이다. 요금만 생각한다면 다른 사람과 합승할 수 있는 송태우가 경제적이다.

공항을 제외한 버스터미널과 기차역에서는 택시를 잡기 어렵다. 공공 송태우를 이용하면 1회 15B 정도로 이동할 수 있다. 노선과 배차 시간은 홈페이지(www.chiangmaibus.org)나 애플리케이션(Cmtransit)에서 확인할 수 있다.

공항

치앙마이 국제공항

통 기다리지 않고 목적지까지 바로 갈 수 있다며 100~150B을 요구하는데, 조금 기다려 합승하면 타패 게이트까지 20~40B 정도면 갈 수 있다.
툭툭도 서 있는 것보다 큰길로 나가 잡으면 50~60B 정도에서 흥정이 가능하다. 공공 송태우의 경우 2, 14번을 이용한다.

공항에서 올드 시티까지는 약 3km, 차로 10~15분 거리다. 타패 게이트를 기준으로 택시비는 160B다. 공항 1층 북쪽 끝으로 가면 택시 카운터가 있다. 목적지를 말하면 택시 기사를 배정받게 된다. 택시비는 기사에게 지불한다.
가장 저렴한 방법은 공공 송태우 4, 14번을 이용하는 것이다. 늦은 시간에는 송태우나 툭툭은 물론 택시도 잡기 어려우니 밤늦게 도착한다면 숙소의 픽업 서비스를 이용하는 것이 현명하다.

기차역

치앙마이 기차역

기차역은 타패 게이트에서 타패 로드(Tha Phae Road)를 따라 삥 강 방향 직선거리 3km 정도로, 걸어서 30~40분 정도 걸린다. 열차가 들어오는 시간에 맞춰 송태우와 툭툭이 모여든다. 올드 시티까지 멀지 않아 송태우도 20B면 갈 수 있다.
공공 송태우를 이용할 경우, 28번 노선이 타패 게이트까지 이어진다. 단, 기차역 앞 공공 송태우는 오전 7시 15분 이후부터 오후 5시까지만 운행하므로 참고할 것.

버스터미널

치앙마이 인접 도시를 제외한 방콕이나 다른 도시에서 들어오는 버스는 삥 강 건너편 아케이드 버스터미널(터미널 2와 터미널 3로 나뉜다)로 들어온다. 버스터미널에서부터 타패 게이트까지 거리는 4.5km 정도로 멀지 않다. 터미널 3 쪽으로 가면 송태우들이 서 있다. 보

다른 지역에서 이동하기

여행자들이 많이 이용하는 송태우

다른 지역에서 올드 시티로 갈 때 역시 송태우를 이용하는 것이 편리하다. 삥 강과 님만해민, 산티땀 등의 지역에서 올드 시티까지 20B가 기본이다. 외국인 여행자에게 바가지를 씌우는 경우도 있으니 주의할 것.

툭툭은 여행자들이 많이 이용하므로 항상 비싸게 부르는 경향이 있다. 거리와 상관없이 무조건 1인당 50B 정도 받으려 하므로 툭툭보다는 송태우를 이용하는 것을 추천한다.

올드 시티 내 이동하기

성곽 내 정방형의 올드 시티는 동서남북 간 직선거리가 2km 밖에 되지 않는다. 도로도 잘 정비되어 있어 걸어 다니기 좋다. 굳이 교통수단을 이용하기보다는 골목골목을 누비는 재미를 누려보자.

역시 올드 시티 내에서도 송태우는 기본 20B다. 올드 시티를 관통하는 2, 4, 14, 28, 29번 버스(승차 1회 15B)를 이용하는 것도 방법이다. 좀 더 자유롭고 편한 이동수단을 원한다면 자전거나 오토바이를 추천한다. 시내는 물론 숙소에서 쉽게 대여할 수 있다. 오토바이는 1일 200~250B, 자전거는 50~150B 정도(24시간 기준).

TIP 치앙마이 공공 송태우 애플리케이션

오래전부터 운영되어 왔지만 유명무실했던 치앙마이 버스인 공공 송태우가 2016년부터 정류장 표지판 세우기를 시작으로 홈페이지 개설, 애플리케이션 서비스 개시 등 활성화에 힘쓰고 있다.

공항과 철도역, 버스터미널을 비롯해 치앙마이 곳곳을 연결하는 노선을 1회 단돈 15B면 이용할 수 있다. 홈페이지(www.chiangmaibus.org)의 경우 노선도와 정류장이 태국어로만 표기되어 있어 알아보기 어렵다. 이러한 불편함은 스마트폰 애플리케이션을 이용하면 해소할 수 있다. 여행자들에게는 2, 4, 14(B1), 28번 (B2)이 유용하니 기억해 둘 것.

치앙마이 버스 애플리케이션 이용하기

1. CMTRANSIT 애플리케이션 설치하기
2. 위치 서비스 활성화하기
3. 을 눌러 목적지의 해당 버스 노선 확인하기
4. 을 눌러 노선에 해당하는 가장 가까운 정류장과 현재 운행 버스 확인하기
5. 을 누르거나 정류장과 운행 버스를 눌러 대기 시간 확인하기

치앙마이 버스 가이드 애플리케이션

버스 운행 정보를 실시간으로 알 수 있다.

치앙마이 버스정류장

Best Plan For
★ Old Town ★
올드 시티 추천 일정

Culture & History day

란나 왕국의 문화와 역사를 따라 걷기

버드 네스트 카페(p.83)에서 브런치 즐기기

▼

태국 왕실 사원인 왓 프라싱(p.71) 둘러보기

▼

왓 체디루앙(p.72)과 왓 판타오(p.74) 관광하기

▼

호언펜(p.76)에서 태국 북부 요리 맛보기

▼

타패 게이트(p.73) 산책하기

▼

폰가니스 에스프레소(p.85)의 진한 커피를 마시며 휴식 갖기

▼

릴라 마사지(p.89)에서 정통 타이 마사지 받기

▼

쿠킹 스쿨(p.55) 참여 또는 칸똑 디너쇼(p.48) 관람

Emotional & Healing day

치앙마이 감성 힐링

블루 다이아몬드(p.80)에서 유기농 음식으로 아침 먹기

▼

자전거를 대여해 올드 시티 돌아보기

▼

팜 스토리 하우스(p.75)의 유기농 현지식 경험하기

▼

디자이너 편집숍 나나이로(p.93) 구경하기

▼

유러피언 감성이 물씬 풍기는 펀 포레스트 카페(p.84)에서 달콤한 케이크 맛보기

▼

자연친화적인 파 란나 스파(p.90)에서 힐링 타임 즐기기

▼

리틀 쿡(p.81)에서 현지인들과 뒤섞여 저녁 먹기

▼

매일매일 새로운 라이브 공연이 열리는 노스 게이트 재즈 코옵(p.87)에서 맥주 마시기

Most Hot Weekend

화려하게 혹은 뜨겁게

쪽 솜펫(p.75)의 현지식으로 아침 시작하기

▼

치앙마이의 인기 숍인 레인보 워터(p.91), 진저 앤 더 하우스 숍(p.92), 허브 베이직(p.92)에서 쇼핑 즐기기

▼

그래프 테이블(p.81)에서 점심으로 생면 파스타 맛보기

▼

프라놈 헬스 마사지(p.90)에서 1일 1마사지 실천하기

▼

야시장(p.91)에서 가족과 친구들에게 선물할 기념품 사기

▼

럿 롯 레스토랑(p.80)에서 이싼 요리로 허기진 배 달래기

▼

조 인 옐로(p.87)에서 광란의 밤 보내기

올드 시티 관광 *Sightseeing*

전통 란나 양식의 사원을 만날 수 있다.

왓 프라싱
Wat Phra Singh ★★★

사자 불상을 모시는 란나 왕조의 사원

란나 양식을 대표하는 사원. 1345년 멩라이 왕조의 파유 왕이 아버지의 유골을 안치하기 위한 체디(탑)를 세우며 건립한 왕실 사원이다. 원래 이름은 왓 리치앙프라(Wat Li Chiang Phra)였으나 1367년 프라싱(사자 모양의 불상)을 안치하면서 왓 프라싱으로 이름을 바꿨다. 현재 남아 있는 불상이 사자 모양이 아닌 이유를 두고 부처의 별칭인 사자에서 유래한 것으로 보기도 하고, 1922년 사자 모양 불상이 도난당했다는 설도 있다.

현재의 프라싱은 새해 복을 기리는 의미로 새해 축제인 송끄란 기간에만 공개한다. 사원은 체디를 중심으로 프라싱을 위한 라이 캄(Viharn Lai Kham), 거대한 불상 프라 차오텅 티(Phra Chao Thong Ti)가 있는 위한 루앙(Viharn Luang), 승려들이 계를 받는 우보솟(본당) 등으로 이루어져 있다. 특히 프라싱이 있는 라이 캄의 내부 벽에 그려진 란나 시대의 생활을 보여주는 풍속화가 유명하다. 그 밖에 경전 도서관인 호트라이(Ho Trai)와 크고 작은 법당이 본당 뒤에 있다.

주소 2 Rd., Samla, Phra Sing, Muang District
전화 +66 53 277 273
오픈 05:30~20:00 **휴무** 연중무휴
요금 무료
교통 올드 시티는 서쪽 Rachadamnoen Rd.가 끝나는 지점에 위치. 또는 타패 게이트를 등지고 올드 시티 안쪽 Rachadamnoen Rd.를 따라 도보 15분.
map p.30-F, 휴대지도 ●-F

왓 프라싱의 상징인 거대한 황금빛 체디

왓 체디루앙
Wat Chedi Luang

역사의 단면, 거대한 사리탑

버마 양식의 사원

란나 시대에 만든 가장 큰 건축물로 추정되는 체디루앙(사리 탑)이 있는 이곳은 태국 북부의 어떤 사원보다 강렬한 인상을 준다. 프라깨우(에메랄드 불상)를 모시기 위해 1441년에 건립했는데, 건축 당시 높이가 90m에 달했다고 한다. 지금은 1545년에 일어난 대지진으로 소실되어 60m만 남아 있다. 프라깨우는 1475년까지 탑의 동쪽에 안치되어 있다가 루앙프라방을 거쳐 현재 방콕의 왓 프라깨우로 옮겨 보존하고 있다. 지진, 미얀마와의 전쟁, 도시화 과정을 거치며 폐허가 되어버린 사원은 1990년 유네스코와 일본 정부의 지원 아래 일부 복원되었다. 허물어진 상부, 금불상으로 대체된 프라깨우의 자리, 대부분 소실된 사면을 장식한 코끼리의 흔적이 순탄치 않은 치앙마이 역사의 단면을 보여주는 듯하다.

주소 103 Rd., King Prajadhipok Phra Singh, Muang District
전화 +66 53 276 140
오픈 06:00~18:00 휴무 연중무휴 요금 무료
교통 타패 게이트에서 올드 시티 안쪽으로 Rachadamnoen Rd.를 따라 걷는다. 2번째 큰 사거리에서 길을 건넌 후 왼쪽으로 걸어가다가 왓 판타오를 지나면 바로.
map p.31-G, 휴대지도 ●-F

왓 치앙만
Wat Chiang Man

치앙마이 역사의 시작

이 사원에는 수식어가 여러 개 붙는다. 치앙마이에서 가장 오래된 사원, 란나 왕조의 첫 사원, 비를 부르고 재앙을 막아주는 사원 등이 바로 그것이다. 란나 왕조와 시작을 함께한 역사적인 사원으로 가장 오래된 건축물은 창롬 체디(Chang Lom Chedi)다. 사면의 기단을 15마리의 코끼리가 떠받치고 있어 코끼리 체디라고도 한다.

입구 오른쪽 불당에는 비를 부른다는 불상 프라실라(Phra Sila)와 재앙을 막아준다는 프라새탕카마니(Phra Sae Tang Khamani)가 있다. 프라실라는 2500년 전 스리랑카에서 만든 것으로 추정되는 부조 비석으로, 서 있는 부처가 묘사되어 있다. 또 다른 불상인 프라새탕카마니는 1800년 전 석영 크리스털로 만든 10cm 크기의 작은 불상이다. 8세기 하리푼차이(Haripunchai, 태국 북부 람푼 지역의 왕조)의 여왕인 차마 테위(Chama Thewi)의 소유였는데, 13세기 말 멩라이 왕조가 하리푼차이를 포위하고 불태울 때 파괴되지 않고 유일하게 남아 있는 불상이라고 한다.

주소 Ratchapakhinai Rd., Tambon Si Phum, Muang District
오픈 06:00~18:00 휴무 연중무휴
요금 무료
교통 창푸악 게이트에서 도보 5분. 또는 타패 게이트에서 올드 시티 안쪽으로 걷다가 Ratchapakhinai Rd.가 나오면 우회전해 도보 10분.
map p.31-C, 휴대지도 ●-F

타패 게이트(프라투 타패)
Thapae Gate(Pratu Tha Pae)

신구(新舊)의 통로가 된 뗏목 선착장

'프라투'는 문을, '타패'는 선착장을 의미한다. 외세의 침략에서 도시를 보호하기 위해 해자를 쌓고 그 위에 성벽을 쌓은 뒤 5개의 문을 만들었는데 그중 하나가 삥 강 선착장 앞에 만든 타패 게이트다. 다른 문에 비해 보존 상태가 좋고 규모도 크다. 거의 남아 있지 않은 성벽을 일부 재건해 치앙마이의 대표 건축물로 각광받고 있다.

타패 게이트를 기준으로 올드 시티 안으로 뻗은 라차담넌 로드와 삥 강을 향해 뻗은 타패 로드는 치앙마이 중심가를 관통해 여행자들에게 이정표 역할을 한다. 타패 게이트 앞 광장은 치앙마이의 주요 행사가 열리는 장소로, 4월의 송끄란과 11월의 이펭 축제 모두 이곳에서 시작된다.

주소 Pratu Tha Phae Park, Si Phum, Mueang Chiang Mai District 전화 +66 81 023 7730
교통 올드 시티 동쪽 Ratchapakhinai Rd.와 Moon Muang Rd.가 만나는 교차로에 위치.
map p.31-H, 휴대지도 ●-G

삼왕 동상
Three King's Monument

북방의 장미를 만들어낸 3명의 왕

고대 태국 북부를 지배하던 세 왕의 동상. 가운데는 란나 왕국을 세운 멩라이 왕(King Mengrai of Lanna), 왼쪽은 파야오 왕국의 음암므앙 왕(King Ngam Muang of Payao), 오른쪽은 수코타이 왕국의 람캄팽 왕(King Ramkamhaeng of Sukothai)이다. 멩라이 왕이 수도를 정할 때 도움을 준 두 나라 왕과의 우정과 동맹을 기념

하기 위해 1296년(멩라이 왕 재위 4년)에 동상을 세웠다고 한다.

란나 왕국의 수도를 찾던 멩라이 왕은 치앙마이에서 늑대 무리를 쫓는 2마리의 흰 사슴 꿈을 꾸고, 두 왕과 함께 치앙마이를 수도로 설계했다고 전해진다. 세 왕은 동맹 관계를 맺고 고대 태국 북부 역사상 가장 찬란한 시기를 만들어냈다. 지금도 현지 사람들은 세 왕의 동맹 덕분에 치앙마이가 북방의 장미라 불리며 현재의 모습으로 남아 있을 수 있었다고 믿어 삼왕 동상 앞에서 감사와 복을 비는 모습을 쉽게 볼 수 있다.

주소 Three King's Monument, Si Phum, Mueang 전화 +66 96 551 7294
교통 타패 게이트에서 Rachadamnoen Rd.를 따라 올드 시티 안으로 직진하다가 Phra Pokklao Rd.가 나오면 우회전 후 약 3분 정도 직진한다. 또는 창푸악 게이트에서 Phra Pokklao Rd.를 따라 올드 시티 안으로 10분 정도 걸어 내려간다.
map p.31-G, 휴대지도 ●-F

왓 판타오
Wat Phan Tao ★★★

왕궁에서 법당이 된 목조건물

화려한 왓 체디루앙 옆에 있는 수수한 목조 사원인 왓 판타오는 역사적 의미, 볼거리 면에서 빼놓지 말아야 할 사원 중 하나다. 왓 판타오는 '천 개의 가마'라는 뜻으로 예전에 이곳에 불상을 만드는 가마가 있었던 것에서 유래했다.

티크목의 독특한 목조 불당은 마호트라 프라텟(Mahotra Prathet) 왕 궁전의 일부였다. 왕의 서거 후 사용되지 않다가 1875년 철거해 법당으로 재건축했다. 법당 입구 위쪽의 금색과 유리 조각으로 만든 공작과 개가 왕궁의 일부였음을 보여준다. 공작은 란나 왕조의 상징이고, 공작 아래 웅크린 개는 점성학에 따라 왕궁의 주인인 마호트라 프라텟 왕을 의미한다. 불당 뒤편에는 나무 아래 안치된 불상을 중심으로 연못과 어우러진 작은 정원이 있다. 1~2월에는 꽃이 만발하고 5월의 위사카 부차 축제(Visakha Bucha Festival)와 11월의 러이끄라통 기간이 되면 수백 개의 기름 램프를 밝혀 환상적 분위기를 자아낸다.

주소 Phra Pokklao Rd., Phra Sing
전화 +66 53 814 689
오픈 06:00~17:00 **휴무** 연중무휴
요금 무료
교통 타패 게이트에서 올드 시티 안쪽으로 Ratchapa-khinai Rd.를 따라 걷는다. 2번째 큰 사거리를 만나면 길을 건넌 후 왼쪽으로 가면 바로.
map p.31-G, 휴대지도 ●-F

왓 수안독
Wat Suan Dok ★★

부처의 황금 사리탑이 있는 꽃의 사원

꽃의 사원이라는 의미의 왓 수안독에는 높이 48m에 이르는 황금빛 체디가 있다. 란나 왕조의 쿠에나 왕 시절 스리랑카의 불교를 전하러 고승 쑤마나 테라가 가지고 온 부처의 유골과 왕족의 유골을 모시기 위한 절이다. 사원을 지을 당시 쿠에나 왕이 람푼의 사원에 머물던 쑤마나 테라를 불러들인다. 쑤마나 테라가 왕을 알현하는 자리에서 갑자기 유골이 두 조각으로 부러졌고 그중 작은 조각을 모신 곳이 왓 수안독의 황금 체디다.

왕실 유골을 모신 수십 개에 이르는 순백의 체디들, 법당 안의 높이 5m의 거대한 좌상과 입상, 부처의 전생이 그려진 벽화 등 절에 얽힌 재미있는 이야기만큼이나 볼거리가 많다. 해 질 무렵 석양과 주변의 조명을 받아 은은하게 빛나는 체디는 또 다른 감동으로 다가온다.

부처의 사리를 보관하는 황금빛 체디

주소 139 Suthep Rd., Tambon Suthep
전화 +66 53 278 304
오픈 06:00~22:00 **휴무** 연중무휴 **요금** 무료
교통 수안독 게이트에서 Suthep Rd.를 따라 도보 8분.
map p.26-E, 휴대지도 ●-E

🍽 올드 시티 맛집

Restaurant

팜 스토리 하우스
Farm Story House

직접 키워 요리하는 유기농 현지식

농장에서 직접 재배한 유기농 식자재로 음식을 만드는 레스토랑 & 카페. 올드 시티에서 단연 독보적인 콘셉트의 식당이다. 간단하게 먹을 수 있는 토스트와 샌드위치 같은 서양식 아침 식사를 내기도 하지만 팜 스토리가 선보이는 음식은 태국 북부식 집밥이다. 특히 소수민족인 카렌족의 매운 소스로 만드는 볶음류와 유기농 찹쌀로 짓는 밥은 부담 없이 먹을 수 있다.

테이블이 10개 밖에 없는 작은 규모이지만, 감각적인 인테리어가 돋보이는 레스토랑이다. 로컬 원두를 사용한 핸드드립 커피를 마실 수 있는 것도 이곳만의 매력. 직접 만들어 파는 유기농 비누와 차, 커피를 포장 판매해 기념품을 사기에도 좋다. 추천 메뉴는 스터 프라이드 비프 바질(Stir Fried Beef Basil, 110B).

스터 프라이드 비프 바질

주소 7 Rachadamnoen Rd., Soi 5
전화 +66 86 345 4161
오픈 월·금~일요일 09:00~19:00, 화~목요일 11:00~19:00 **휴무** 부정기 휴무
예산 100~140B(카드 사용 불가)
교통 타패 게이트에서 Rachadamonen Rd.를 따라 오른쪽으로 걷다가 Soi 5가 나오면 우회전 후 도보 5분.
map p.31-G, 휴대지도 ●-F

쭉 솜펫
Jok Sompet

누구나 좋아하는 30년 전통의 맛

창푸악 게이트 근처의 쭉 솜펫은 치앙마이에서 흔치 않은 식당이다. 들고 나는 부침이 많은 올드 시티에서 30년 넘는 역사를 자랑한다. 가게 이름의 쭉(Jok)은 죽을 의미하는 태국 말이다. 쭉 솜펫은 작은 죽집으로 시작해 여러 종류의 식사와 음료, 디저트를 파는 큰 식당으로 성장했다.

매일 이곳을 찾는 현지인들과 세계 각국에서 찾아오는 여행자가 함께 어우러져 식사하는 모습을 볼 수 있는 보기 드문 곳이기도 하다. 30년간 꾸준히 인기를 얻은 죽(30B)을 비롯해 딤섬(25~50B), 닭다리 덮밥(110B)이 맛있다.

주소 51 Sri Phum Rd. **전화** +66 53 210 649
오픈 24시간 **휴무** 부정기 휴무
예산 20~130B(카드 사용 불가)
교통 창푸악 게이트에서 Sri Phum Rd.를 따라 삥 강 쪽으로 도보 5분.
map p.31-C, 휴대지도 ●-F

매콤한 소스와 튀긴 바질을 올려주는 닭다리 덮밥

흐언 펜
Huen Phen

대표 메뉴인 카오쏘이

란나의 전통을 잇는 태국 북부 음식 전문점

올드 시티에서 가장 유명한 식당. 40년 넘게 대를 이어 란나식 음식을 만들고 있다. 밖에서 보이는 것보다 훨씬 규모가 큰 식당으로 여러 번 확장 공사를 한 흔적이 남아 있다. 태국 북부의 대표 음식인 카오쏘이(Khao Soi, 40B), 카오니아우(Khao Ngiaw, 20B)를 맛볼 수 있다. 칸똑의 경우 2인이 먹을 수 있는 세트 (350B)로 판매한다. 맛도 좋지만 정통 태국 북부 음식을 합리적인 가격에 맛볼 수 있다는 것이 가장 큰 장점이다.

주소 112 Thanon Ratchamanka Phra Sing
전화 +66 53 281 610
오픈 08:30~16:00, 17:00~22:00
휴무 부정기 휴무
예산 50~100B(카드 사용 가능)
교통 타패 게이트에서 Moon Muang Rd.를 따라 남쪽으로 걷다가 Ratchamaka Rd.가 나오면 우회전 후 800m 직진한다. 도보 15분.
map p.30-J, 휴대지도 ●-F

레스토랑 한 쪽의 스낵 및 포장 코너

랍 까이 므앙 판웬
Lap Kai Muang Panwaen

태국식 구이 전문점

진짜 태국 음식을 먹고 싶은 여행자에게 추천한다. 올드 시티 남쪽, 치앙마이 소방서 근처에 위치한 이곳은 현지인이 즐겨 찾는 식당이다. 내부 한가운데를 관통하는 아름드리 나무와 태국 전통 방식의 입구가 독특하다. 찹쌀과 고기를 넣어 만드는 태국식 소시지인 싸이우아, 양념을 발라 바나나 잎에 싸서 구운 생선, 숯불에 구운 매운 양념 닭고기 등 태국 사람들이 흔히 즐겨 먹는 구이를 맛볼 수 있다. 외국인 여행자를 상대로 하는 식당보다 향신료가 강해 부담스러울 수도 있다.

주소 Bumrung Buri 3, Tambon Phra Sing
전화 +66 53 814 743
오픈 10:00~21:30
휴무 부정기 휴무
예산 40~70B(카드 사용 불가)
교통 치앙마이 게이트 성곽 안쪽에서 왓 프라싱 방향으로 걷다가 Bumrung Buri Rd. Lane3에서 우회전해 도보 2분.
map p.30-J, 휴대지도 ●-J

식당 입구 한 쪽에서 익어가는 각종 구이들

롯이얌 비프 누들
Rote Yiam Beef Noodle

대표 메뉴, 소고기 국수

40년 전통을 자랑하는 소고기 국수

진한 소고기 육수에 부드러운 소고기 고명을 얹은 쌀국수로 유명한 롯이얌은 40여 년 전에 문을 열었다. 오래된 만큼 단골도 많지만 태국 총리의 방문으로 더욱 유명해졌다. 맛집답게 메뉴도 단출하다. 3종류의 소고기 국수와 1가지의 커리 국수가 전부. 국수는 면의 굵기를 선택할 수 있는데 두꺼운 면은 센야이, 중간 면은 센렉, 얇은 면은 센미라고 한다. 국수와 함께 곁들여 먹는 코코넛 밀크도 별미. 이른 새벽에 영업을 시작해 오후 4~5시면 문을 닫는다.

주소 257 Moonmuang Rd., T.Sriphum Muang
전화 +66 53 210 697
오픈 08:30~17:00 **휴무** 부정기 휴무
예산 50B(카드 사용 불가)
교통 타패 게이트에서 Mun Mueang Rd.를 따라 북쪽으로 750m 직진한다. 도보 10분.
map p.31-D, 휴대지도 ●-G

싸이롬쩌이
Sailomjoy

다양한 아침 식사를 맛볼 수 있는 맛집

여행자를 상대로 하는 지도, 대부분의 여행책자에 소개되는 유명 식당 중 하나다. 타패 게이트와 가까워 접근성도 좋다. 오전 7시부터 영업을 시작해 아침 식사를 위해 찾는 여행자들로 이른 시간부터 붐빈다. 단, 오후 4시면 문을 닫으니 시간을 확인한 뒤 방문할 것. 웨스턴 스타일의 아침 식사 메뉴부터, 대표적인 태국 음식인 팟타이와 쏨땀, 팟카파오 무쌉(돼지고기 덮밥) 등을 주문할 수 있다. 최근 중국인 관광객이 늘면서 중국식 메뉴도 다양해졌다. 유명세만큼 청결 상태나 서비스, 맛 등 장점이 많은 식당이지만 비슷한 수준의 다른 로컬 식당에 비해 조금 비싼 것이 흠이다.

주소 319 Mun Mueang Rd., Mueang Chiang Mai District
전화 +66 53 209 017
오픈 07:30~16:00
휴무 부정기 휴무
예산 100B~(카드 사용 불가)
교통 타패 게이트에서 왓 프라싱 방향 Ratchamaka Rd. 초입 왼쪽의 블랙 캐넌 바로 옆.
map p.31-H, 휴대지도 ●-G

관광객들이 아침 식사로 많이 찾는 연두부탕

베스트 망고 스티키 라이스
Best Mango Sticky Rice

싱싱한 망고와 향긋한 코코넛의 조화

태국의 대표 디저트로 꼽히는 망고 찰밥. 이 집은 망고와 코코넛의 조화가 절묘한 곳으로 처음 망고 찰밥을 맛보는 사람도 반할 정도다. 여행 관련 신문이나 책자에도 심심치 않게 소개되는 명소다.

불린 찹쌀에 코코넛 밀크와 소금을 넣어 밥을 짓고, 싱싱한 망고를 썰어 곁들인다. 태국 사람들은 보통 디저트나 간식으로 먹지만 한 끼 식사로도 충분하다. 두리안 찰쌀 밥도 판매하며, 노점이지만 앉아서 먹을 수도 있다.

주소 77/1 Ratvithi Rd., Sripoom
오픈 10:00~16:00
휴무 부정기 휴무
예산 40~60B(카드 사용 불가)
교통 타패 게이트에서 왓 프라싱 방향으로 걷다가 큰 사거리가 나오면 Rachadamnoen Rd.로 우회전 후 300m 정도 직진한다. Ratvithi Rd.가 나오면 좌회전해 도보 1분.
map p.31-G, 휴대지도 ●-F

사앗
Sa-Ard

30년 전통의 국숫집

파란색 간판을 기억해두면 찾기 쉽다

문을 연 지 30년이 넘은 국숫집으로 삼왕 동상 주변에 빼곡히 들어선 현지 식당 사이에서 오랜 전통과 맛으로 터줏대감과도 같은 곳이다. 어묵 국수, 똠양 국수 등 다양한 국수를 판매한다. 주변에 수제 요구르트 집, 하이난식 닭고기 덮밥 집 등이 있다. 저렴한 국수를 판매하는 주변의 비슷한 식당들은 관광객이 많이 늘었지만 사앗만큼은 여전히 현지인 단골이 많다.

주소 33-35 Inthawarorot Rd.
전화 +66 53 327 267
오픈 07:00~18:00
휴무 부정기 휴무
예산 60B~(카드 사용 불가)
교통 타패 게이트에서 왓 프라싱 방향으로 10분 정도 직진한다. Prapokkloa Rd.가 나오면 우회전해 삼왕 동상이 나올 때까지 걷다가 Inthawarorot Rd.로 좌회전해 도보 2분.
map p.31-G, 휴대지도 ●-F

꾸어이잡 남콘 삼까삿
Guay Jab Nam Khon Sam Kaset

시원하고 구수한 일품 육수, 태국식 순대 국밥

태국식 순대 국밥

돼지고기를 기름에 튀기고, 돼지 내장에 간 돼지고기를 채워 익힌 태국식 순대를 듬뿍 넣어 끓인 칼칼하고 담백한 국수가 이 집의 대표 메뉴. 고수를 빼고 태국식 고추 다대기를 넣어 영락없는 한국의 순댓국 맛이다. 이름도 꾸어이잡(Guay Jab, 60~80B). 돌돌 만 특이한 모양의 국수 때문에 붙은 이름이다. 국물에 밥(밥 추가5B)을 말아 먹어도 좋다. 튀긴 삼겹살에 달콤한 소스를 얹어 밥과 함께 내는 카오무크랍(khao Moo Krob, 60~80B)도 인기.

주소 257 Moonmuang Rd. T.Sriphum Muang
전화 +66 53 210 697
오픈 08:30~17:00
휴무 부정기 휴무
예산 50B(카드 사용 불가)
교통 타패 게이트에서 Mun Mueang Rd.를 따라 북쪽으로 750m 직진한다. 도보 10분.
map p.31-G, 휴대지도 ●-F

땡 능
Tang Nueng

템푸라 치킨

학교 앞 숨은 맛집

커다란 나무에 가려져 있어 아는 사람이 아니면 몇 번을 지나쳐도 알아채기 어려운 곳에 위치해 있지만, 솔솔 풍기는 맛있는 냄새가 여행자들의 발길을 사로잡는다. 내부도 아기자기하게 꾸몄다.

인근 학교 학생들이 단골이다 보니 30~50B의 저렴한 가격, 넉넉한 양, 맛까지 3박자를 모두 갖췄다. 추천 메뉴는 바삭하게 튀긴 닭고기와 바질 소스, 밥이 나오는 뎀푸라 치킨(Tempura Chicken)이다. 달걀프라이를 추가할 수 있다.

주소 9 Singharach Rd.
전화 +66 53 225 854
오픈 08:30~20:30
휴무 부정기 휴무
예산 35~80B(카드 사용 불가)
교통 왓 프라싱을 등지고 Singharat Rd.를 따라 왼쪽으로 300m.
map p.30-F, 휴대지도 ●-F

칸자나
Kanjana

엄마와 딸이 만드는 태국 가정식

1997년 문을 연 칸자나는 모녀가 운영하는 태국 가정식 식당으로 게스트하우스도 함께 운영한다. 태국 북부 지역의 전통 음식이 주 메뉴다. 그중에서도 똠얌꿍과 그린 커리, 카오쏘이가 추천할 만하다. 특히 칸자나의 카오쏘이는 올드 시티에서도 손꼽히는 맛이다. 가족이 운영하는 작은 식당이다 보니 바쁜 시간대에는 음식 나오는 속도가 느리다. 다른 로컬 식당에 비해 가격이 비싼 편.

주소 7-1 Rachadamnone Rd., Soi 5
전화 +66 53 418 368
오픈 09:00~21:00 휴무 토요일
예산 60~120B(카드 사용 불가)
교통 타패 게이트에서 Rachadamonen Rd. 오른쪽으로 걷다가 Soi 5에서 우회전 후 도보 5분.
map p.31-G, 휴대지도 ●-F

더 레스토랑 라차만카
The Restaurant Rachamankha

태국 음식 이런 맛도 있다!
타이야이(Tai-Yai)

태국 북부의 전성기인 란나 시대를 느껴보고 싶다면 이곳으로 가자. 란나 양식으로 꾸민 외관과 중국식을 가미한 내부가 고풍스럽다.

태국 음식 외에도 타이야이라 불리는 태국과 미얀마 요리를 접목한 음식이 유명하다. 재료 본연의 맛을 살리는 타이야이는 태국 음식과 다른 맛이라 신선한 경험이 될 것이다. 식사 후 라이브러리와 뮤지엄을 둘러보는 것도 잊지 말자.

주소 6 Rachamankha 9, Phra Singh
전화 +66 53 904 111
오픈 11:00~15:00, 18:00~22:00 휴무 부정기 휴무
예산 250B~
교통 왓 프라싱 맞은편 왼쪽 길 큰 사거리에서 우회전한다. 라차만카 호텔 내 위치.
홈페이지 www.rachamankha.com
map p.30-F, 휴대지도 ●-F

럿 롯 레스토랑
Lert-Ros Restaurant

숯불로 요리하는 이싼 음식 전문점

레몬그라스와 소금으로 맛을 낸 틸라피아 구이

점심 때가 되면 좁은 골목길에 숯불에 올려진 생선과 고기, 바나나 잎에 싼 갖가지 음식이 익어가는 냄새가 진동한다. 이싼 푸드를 선보이는 레스토랑 럿 롯이 문을 열었다는 뜻이다. 길거리에 내놓은 드럼통 화로에서 주인 할아버지가 솜씨 좋게 구워내는 구이가 이곳의 주메뉴다. 그중에서도 고소하고 담백한 불맛과 레몬그라스 향이 어우러진 붉은 생선 틸라피아 구이가 단연 인기. 생선 크기에 따라 가격이 다르다. 파파야 샐러드와 찹쌀 밥을 곁들여 먹으면 좋다. 한국의 돼지갈비와 비슷한 돼지고기 구이도 맛있다. 주위에 게스트하우스와 오토바이 렌털 숍, 카페가 모여 있어 식사를 마친 후 둘러봐도 좋다.

주소 Rachadamnoen Rd., Soi 1
오픈 12:00~21:00
휴무 부정기 휴무
예산 30~160B(카드 사용 불가)
교통 타패 게이트를 등지고 오른쪽의 더 커피 클럽을 끼고 우회전해 골목을 따라 약 100m.
map p.31-H, 휴대지도 ●-G

블루 다이아몬드 브렉퍼스트 클럽
Blue Diamond Breakfast Club

잘 먹고 잘 사는 법의 교과서 같은 식당

프렌치토스트와 각종 과일, 메이플 시럽, 음료가 포함된 아침 메뉴

올드 시티의 고즈넉함과는 또 다른 여유로움으로 머물고 싶어지는 곳. 초록빛 나뭇가지들이 둘러싼 입구를 지나면 싱그러운 정원 사이사이에 놓인 테이블이 눈에 들어온다. 자연친화적으로 꾸민 내부만큼 메뉴도 베지테리언, 글루텐 프리, 유기농 등 세계적인 건강 먹거리 트렌드를 반영하고 있다. 웨스턴식 아침 식사부터 태국 현지 음식까지 다양한 식사 메뉴를 주문 가능하다.

오믈렛과 빵, 커피가 함께 나오는 아침 메뉴는 95~115B 정도. 쌀가루와 오트밀 가루를 사용한 글루텐 프리 베이커리 코너와 다양한 종류의 머핀이 특히 인기 있다. 건강한 재료로 만든 한 끼 식사와 로컬 원두로 내린 커피 한 잔으로 하루를 시작해보자.

주소 35/1 Moon Muang Rd., Soi 9
전화 +66 53 217 120
오픈 07:30~21:30
휴무 일요일
예산 35~120B(카드 사용 불가)
교통 타패 게이트 안쪽 Moon Muang Rd.를 따라 오른쪽 방향으로 550m 직진 후, Moon Muang Rd. Lane 7로 좌회전, 220m 정도 걷다가 Moon Muang 7A로 우회전 후 도보 1분.
홈페이지 www.facebook.com/BlueDiamondTheBreakfastClubCmTh
map p.31-D, 휴대지도 ●-G

입식 테이블도 마련되어 있다.

리틀 쿡
Little Cook

태국 전통 소스를 가미한 돼지고기 스테이크

스트리트 아티스트 주인장이 여는 반짝 식당

스트리트 아티스트 콥(Kob)과 파트너가 운영하는 작은 식당. 로컬 식자재로 만든 웨스턴식 메뉴로 유명하다. 신선한 맛을 위해 30분 거리의 농장을 찾아가 직접 식자재를 공수해오는 수고로움을 마다하지 않는다. 그래서인지 리틀 쿡에서 가장 돋보이는 메뉴는 신선한 채소와 과일로 만드는 샐러드와 주스다.

태국 소스를 가미한 돼지고기 스테이크(350B), 와규로 만든 소고기 스테이크(400B)도 간판 메뉴. 분위기와 맛 모두 흠잡을 데 없지만 밤 6시부터 9시까지만 장사하니 시간 체크는 필수.

주소 248-70 Manee Nopparat Rd.
전화 +66 85 714 1189
오픈 18:00~21:00 휴무 일요일
예산 120~400B(카드 사용 불가)
교통 창푸악 게이트 Manee Napparal Rd. 왼쪽으로 5분 정도 걷는다. 올드 타이 커피를 지나 우회전 후 직진.
map p.30-B

그래프 테이블
Graph Table

생면 파스타와 숙성 반죽 피자

수제면으로 만든 바질페스토 파스타

치앙마이 남쪽 도시 람푼의 농장에서 유기농 식자재를 직접 공수하고, 자연 방사로 키운 닭이 낳은 달걀을 사용한다. 주문과 동시에 면을 뽑아 만드는 파스타와 저온에서 자연 발효한 반죽으로 만드는 피자도 유명하다.

공동 오너이자 셰프인 빼 씨(Ms. Pae)는 2011년 이탈리아 셰프에게 전수받은 레시피를 시작으로 수년간 연구해 자신만의 레시피를 완성했다.

주소 8-3 Moonmuang Lane 6, T.Sriphoom
전화 +66 86 567 3330
오픈 09:00~17:00 휴무 부정기 휴무
예산 브런치 150~280B, 파스타 160~195B, 피자 180~280B(카드 사용 불가)
교통 타패 게이트 Moon Muang Rd. 북쪽으로 직진한다. 횡단보도와 작은 다리가 만나는 곳을 지나 바로 왼쪽 Moon Muang Rd. Lane 6로 좌회전.
홈페이지 www.graphdream.com/table
map p.31-H, 휴대지도 ●-G

라폰타나
La Fontana

이탈리아 셰프가 선보이는 본토의 맛

올드 시티의 이탈리아 레스토랑 중 첫 손에 꼽히는 곳이다. 이탈리아 오너 셰프의 레시피로 이탈리아 본토 맛을 선보이는 것이 이 집의 가장 큰 특징이다.

화덕에서 바로 구운 피자에 곁들이는 이탈리아 와인은 신의 한 수라고 할 수 있다. 이민자 또는 장기 체류 중인 외국인 손님에게 특히 인기가 높다.

주소 39/7-8 Ratchamankha Rd. T.Prasingh
전화 +66 53 207 091
오픈 11:30~22:30 휴무 화요일(성수기에는 연중무휴)
예산 피자 110~260B, 메인 요리 260~520B, 하우스 와인 1잔 110B
교통 타패 게이트 Moon Muang Rd. 남쪽 150m 지점인 Ratchamanka Rd. Soi2로 우회전 후 골목 끝에서 다시 좌회전한다. 도보 7분.
홈페이지 www.lafontanachiangmai.com
map p.31-L, 휴대지도 ●-G

바이 핸드 피자 카페
By Hand Pizza Café

베이컨과 양파, 생바질을 얹은 기본 피자

화덕에서 굽는 치앙마이표 아티잔 피자

생 효모종으로 자연 발효한 반죽, 현지에서 생산된 모차렐라 치즈, 수제 토마토 소스, 표백하지 않은 밀가루, 400℃의 화덕. 아티잔 피자를 만나려면 이 모든 것을 갖춰야 한다.

오후 5시가 되면 피자에 맥주 한 잔 즐기려는 여행자들로 북적인다. 총 26가지 피자를 선보이는데 토핑도 선택할 수 있다. 유럽이나 미주 여행객이 많아 베지테리언과 비건 메뉴도 준비되어 있다. 정통 이탈리아 피자 집과 비교해도 손색없는 맛이다.

주소 25 Moon Muang Soi 7 **전화** +66 910 710 003
오픈 17:00~22:30 **휴무** 일요일
예산 피자 160~335B, 와인 ~500B, 음료 50B(카드 사용 불가)
교통 타패 게이트 Moon Muang Rd. 북쪽으로 직진한다. 왼쪽 Moon Muang Rd., Lane 7에서 좌회전한다. 도보 10분.
map p.31-D, 휴대지도 ●-F

지라솔레
Girasole

얇고 바삭한 홈메이드 피자

여러 여행 책자에도 소개될 만큼 탄탄한 맛집이다. 싱싱한 모차렐라 치즈, 올리브, 선드라이드 토마토, 리코타 치즈, 바질, 오레가노, 허브 등 총 32가지 토핑을 갖추고 있어 다양한 피자를 맛볼 수 있다.

부드러운 리코타 치즈와 시금치를 올린 뽀빠이 피자, 토마토 소스와 바질 향이 좋은 마르게리타 피자를 추천한다.

주소 71 Ratchadamnoen Rd.
전화 +66 53 276 388
오픈 월~토요일 07:30~23:00, 일요일 11:00~23:00
휴무 부정기 휴무 **예산** 90~260B
교통 타패 게이트에서 Rachadamnoen Rd.를 따라 걷다가 와위 커피에서 좌회전한다. 도보 8분.
홈페이지 www.facebook.com/Girasole-260929133929172 map p.31-G, 휴대지도 ●-F

고한야
Gohanya

구성 좋고 저렴한 세트 메뉴

배낭여행자들 사이에서 저렴한 일식당으로 입소문이 자자하다. 사시미나 스시보다는 일본식 된장국과 구이, 튀김으로 구성된 세트 메뉴와 우동, 라멘, 커리 등이 주요 메뉴다. 특히 양이 넉넉하고 구성도 좋은 100B 대의 저렴한 세트 메뉴가 인기 있다.

고품격 일식보다는 생존형 일식이라는 표현이 맞겠다. 태국 음식이 익숙지 않은 여행자에게 추천할 만하다.

주소 9 MoonMuang Rd., Soi 7 Sripoom
전화 +66 89 266 1363
오픈 11:30~22:00
휴무 부정기 휴무
예산 소바 45~75B, 세트 메뉴 95~180B
교통 타패 게이트 Moon Muang Rd.를 따라 걷는다. 네스 카페와 진저 앤 카페 사이 골목에 위치.
map p.31-D, 휴대지도 ●-G

클레이 스튜디오
Clay Studio Coffee in the Garden

불교 예술 갤러리 안의 카페

사방에 놓여 있는 다양한 불상과 짙은 녹음으로 신비로운 분위기를 자아내는 레스토랑 겸 카페. 1990년 가족과 살던 집을 개조해 쇼룸과 작업실을 만들고 2000년대 초반 꽃나무와 자신의 작품으로 가득 채운 정원을 개방해 카페를 열었다.

주인인 수티퐁 마이완(Suthipong Maiwan)은 클레이 아티스트로, 1981년 첫 작품을 만든 이후 태국 전역은 물론 캄보디아와 인도네시아를 돌며 불교 점토 예술을 공부했다.

정원을 둘러싼 벽의 부조, 한쪽에 자리 잡은 폭포와 작은 연못, 나무로 만든 테이블과 의자가 마치 한 몸처럼 어울린다. 정원에 마련된 실외 카페이지만 울창한 녹음과 폭포가 더위를 식혀준다. 차 한 잔과 함께 휴식을 취하기에도, 분위기 있는 식당으로도 손색없다.

주소 36 Prapokklao Soi 2
전화 +66 53 278 187
오픈 08:00~18:00
휴무 부정기 휴무
예산 식사 75~105B, 음료 45~100B(카드 사용 불가)
교통 치앙마이 게이트에서 도보 3분.
홈페이지 www.claystudiocm.com
map p.31-K, 휴대지도 -J

버드 네스트 카페
Birds Nest Cafe

디지털 노마드족의 안식처

저렴한 체류비와 일하기 좋은 인프라를 갖춘 치앙마이에는 자유롭게 일하면서 여행하는 디지털 노마드족이 유난히 많다. 그들이 입이 모아 칭찬하는 카페가 바로 이곳. 무료 와이파이와 콘센트를 제공하는 데다 맛 좋은 커피와 식사가 있기 때문이다.

카페 주인이 일본과 유럽에 체류했던 경험을 바탕으로 스낵과 서양식 아침 식사, 파스타와 샌드위치 등의 메뉴를 선보인다. 추천 메뉴는 바질 페스토와 모차렐라 치즈를 넣은 샌드위치, 구운 버섯과 가지, 양파를 넣은 샐러드다.

바질페스토 치즈 샌드위치

커피, 스무디, 과일 주스, 라씨(인도식 요구르트)도 주문할 수 있다.

복층 구조로 입식과 좌식 모두 갖췄다. 더위를 식히기 위해 내뿜는 수증기와 쉴 새 없이 돌아가는 선풍기 덕분에 에어컨이 없는 오픈 구조인데도 청량함을 느낄 수 있다.

주소 11 Singharat Soi 3
전화 +66 89 429 2467
오픈 08:30~18:00 휴무 부정기 휴무
예산 식사 50~150B, 음료 45~70B(카드 사용 불가)
교통 수안독 게이트를 등지고 Arak Rd. 왼쪽으로 걷는다. 아크 바 앤 호스텔을 끼고 우회전 후 도보 2분.
홈페이지 www.facebook.com/birdsnestcafe
map p.30-B, 휴대지도 ●-F

그래프 카페
Graph Café

커피의 모든 것, 핸드드립부터 콜드브루까지

그래프 테이블의 오너가 운영하는 카페로 규모는 작은 편. 핸드드립, 에스프레소, 콜드브루 등 커피만으로 승부한다. 다른 로컬 카페와 달리 연유와 설탕을 빼달라고 말하지 않아도 되는 것은 물론 밸런스가 훌륭한 카페라테를 마실 수 있다.
온스로 구분해 용량을 나눠 팔기도 한다. 에스프레소를 기본으로 하는 커피 모두 맛이 좋지만, 찬 물에 장시간 우려내는 3가지 맛의 콜드브루가 간판 메뉴다. 테이크아웃용으로 예쁜 병에 담아 판매하므로 선물용으로도 좋다.

주소 25/1 Rajvithi Lane 1, T.Sriphoom
전화 +66 86 567 3330
오픈 09:00~17:00 **휴무** 부정기 휴무
예산 50~85B(카드 사용 불가)
교통 타패 게이트 Mun Mueang Rd. 북쪽으로 걷는다. Ratvithi Lane 1 Alley로 좌회전 후 도보 3분.
홈페이지 www.graphdream.com
map p.31-H, 휴대지도 ●-G

펀 포레스트 카페
Fern Forest Café

카페라테와 당근 케이크

유러피언 감성의 케이크 하우스

정원에 놓인 테이블과 의자, 순백의 저택이 눈길을 사로잡는다. 도이사켓 원두로 만든 커피, 홈메이드 파이와 케이크 등 디저트 메뉴로 유명세가 대단하다. 그중 당근 케이크(Carrot Cake, 95B), 코코넛크림 파이(Coconut Cream Pie, 90B), 크리스피 바나나 플리터 위드 아이스(Crispy Banana Fritters with Ice, 125B)가 단연 인기가 있다.

주소 54/ Singharat 1 Alley **전화** +66 80 496 9090
오픈 08:30~20:30 **휴무** 부정기 휴무
예산 식사 100~200B, 디저트 90~135B, 커피 70~100B(카드 사용 불가)
교통 창푸악 게이트를 등지고 Sri Poom Rd. 왼쪽으로 10분 정도 걷는다. Singharat Rd.에서 좌회전 후 도보 5분.
홈페이지 www.facebook.com/FernForestCafe
map p.30-B, 휴대지도 ●-F

더 하이드아웃
The Hideout

5성급 호텔 셰프의 샌드위치 전문점

에어컨도 없고 가격이 비싼데도 늘 손님들로 붐비는 곳이다. 베이글, 식빵, 바게트 중 원하는 빵 종류를 고를 수 있다. 치앙마이 소시지와 토마토, 마요네즈가 들어간 더 하이드아웃(The Hideout, 130B), 베이컨과 햄, 치킨, 체다 치즈, 아보카도 등이 들어간 갓 파더(God Father, 150B)가 특히 인기 있다. 달걀과 빵, 베이컨 등 간단한 구성의 아침 메뉴도 먹을 만하다.

주소 95/10 Soi Sithiwongse
전화 +66 81 960 3889
오픈 08:00~17:00 **휴무** 월요일
예산 샌드위치 75~150B, 브렉퍼스트 세트 145B, 음료 40B, 셰이크 50B, 스무디 60B
교통 타패 게이트 Chaiyapoom Rd.를 따라 걷다가 우회전 후 도보 2분.
홈페이지 www.thehideoutcm.com
map p.31-D, 휴대지도 ●-G

폰가네스 에스프레소
Ponganes Espresso

저력 있는 호주 스타일 카페

2011년 작은 골목에 문을 연 폰가네스 에스프레소는 2015년 자리를 옮기며 커피를 즐기기 좋은 공간으로 거듭났다. 깐깐하게 고른 원두를 직접 로스팅해 커피를 만든 것이 이 집의 성공 비결. 재개장하면서 호주 멜버른이 연상되도록 인테리어를 했다.

날달한 태국식 커피도 즐길 수 있지만 주 메뉴는 쌉싸래하면서 고소한 맛이 나는 호주식 커피다. 원두는 콜롬비아와 코스타리카 등 미국 원두를 30%, 태국의 로컬 원두를 70% 사용한다. 커피를 좋아하는 사람이라면 월·화·목·금요일 하루 2번 3인을 정원으로 진행하는 워크숍(참가비 3490B)에 참가해보는 것도 좋은 경험이 될 것이다.

주소 133/5 Ratchapakinai Rd.
전화 +66 87 727 2980
오픈 10:00~16:30 **휴무** 수요일
예산 커피 25~50B, 로스트 원두(250g) 560B(카드 사용 불가)
교통 타패 게이트에서 Rachadamnoen Rd.를 따라 걷는다. 왓 섬포우를 끼고 우회전 후 도보 4분.
홈페이지 www.facebook.com/ponganesespressobar
map p.31-G, 휴대지도 ●-F

베이글 하우스 카페
Bagel House Café

매일 아침 구워내는 뉴욕 베이글 전문점

매일 아침 직접 구워낸 10가지 맛의 베이글을 판매하는 뉴욕 스타일의 카페. 베이글 샌드위치나 커피, 음료와 함께 구성된 세트 메뉴를 즐길 수 있다. 베이글 1개 40B, 2개를 사면 개당 35B다. 잼이나 크림치즈, 버터는 따로 사야 한다. 내부 인테리어는 뉴욕 브루클린의 로프트 양식을 차용했다. 너무 큰 기대를 하지만 않는다면 즐거운 한 끼 식사를 할 수 있을 것이다.

브렉퍼스트 세트

주소 1, 8 Moon Muang Rd. Lane 2, Tambon Si Phum **전화** +66 91 632 3688
오픈 08:15~17:00 **휴무** 부정기 휴무
예산 세트(음료 포함) 90~160B, 샌드위치 90~150B, 음료 40~60B(카드 사용 불가)
교통 타패 게이트 Moon Muang Rd.를 따라 걷는다. 진저 앤 카페를 지나 좌회전 후 도보 1분.
홈페이지 www.facebook.com/BagelHouseTravelCafe
map p.31-D, 휴대지도 ●-G

비지 시스트 카페
Vigie Sist Café

맛보다는 분위기, 전통 예술 카페

란나 양식으로 꾸민 내부가 이색적이다. 주방과 연결된 바 아래 그려진 태국 민속화와 오래된 골동품이 매력을 더한다. 카페 한쪽에 피아노가 놓여 있어 작은 연주회가 열리기도 한다. 태국의 대표 원두 브랜드인 도이창 원두로 내린 신선한 커피와 직접 구운 빵과 쿠키, 케이크가 주 메뉴. 특히 블루베리 치즈 케이크와 토피 케이크, 브라우니가 인기 있다.

주소 200/3 Rachapakinai Rd.
전화 +66 61 793 6551
오픈 08:00~20:00 **휴무** 부정기 휴무
예산 50~100B
교통 타패 게이트에서 Rachadamnoen Rd.를 따라 걷는다. 왓 섬포우를 끼고 우회전 후 도보 8분.
홈페이지 www.vigiesist.com
map p.31-C, 휴대지도 ●-F

창푸악 먹거리 노점상
카우보이 아줌마를 아시나요?

족발 덮밥 카오카무

매일 밤 치앙마이의 창푸악 게이트 앞에는 먹거리 노점이 들어선다. 외국인 여행자들은 물론 현지인들까지 저녁 한 끼를 해결하기 위해 모여든 사람들로 북적인다. 다양한 먹거리를 맛보기에도 이만한 곳이 없다. 예전에 비해 가격이 많이 올랐다고 하지만 여전히 저렴하다.

한국인 여행자들에게 단연 인기 있는 집은 바로 카우보이 아줌마의 족발 덮밥 '카오카무'다. 원래 노점 이름은 〈카우카무 창푸악〉이지만 이렇게 부르는 사람은 거의 없다. 주인 아주머니가 쓰고 있는 카우보이 모자가 상징이 되어 다들 '카우보이 아줌마'네로 부른다. 갖은 약재와 향신채를 넣고 삶은 족발을 밥에 얹고 그 위에 자작하게 국물을 끼 얹는다. 하루에 커다란 양철통에 족발만 6~7통을 끓여낼 만큼 엄청난 양이 팔려나갈 정도로 인기가 높다. 작은 그릇은 30B, 큰 그릇은 50B 정도.

올드 시티 나이트라이프

Night life

노스 게이트 재즈 코옵
North Gate Jazz Co-Op

매일 다른 공연을 보여주는 라이브 바

저녁 10시, 창푸악 게이트의 해자 안쪽에 사람들로 문전 성시를 이루는 노스 게이트 재즈 코옵. 본격적인 공연은 10시에 시작된다. 이미 치앙마이의 명소로 자리 잡은 이곳은 매일 밤 라이브 공연이 이어진다. 요일마다 다른 장르와 팀으로 공연이 꾸려지는데, 펑크와 레게는 물론 일렉트로닉과 블루스, 라틴 음악까지 그 폭도 넓다. 화요일에는 누구나 참가할 수 있는 오픈 마이크가 진행돼 각국에서 모여든 젊은이들의 공연을 만날 수 있다. 간간이 방콕이나 아시아에서 인지도 있는 공연자를 초대해 특별 공연을 열기도 한다. 이곳을 방문할 예정이라면 페이스북을 꼭 확인할 것.

주소 95/1-2 Sri Phum Rd. **전화** +66 81 765 5246
오픈 19:00~24:00 **휴무** 부정기 휴무
예산 맥주 60B~, 와인 90B~, 칵테일 100B(카드 사용 불가)
교통 창푸악 게이트에서 올드 시티 방향 길 건너 맞은편으로 도보 3분.
홈페이지 www.facebook.com/northgate.jazzcoop
map p.31-C, 휴대지도 ●-F

조 인 옐로
Zoe In Yellow

밤을 울리는 가장 뜨거운 바 앤 클럽

올드 시티에서 가장 뜨거운 밤을 보낼 수 있는 곳. 라이브 바와 클럽이 몰려 있는 라차윗티 로드는 매일 밤 사람들로 북적인다. 낮에는 고즈넉하기 이를 데 없던 이 일대는 해가 지면서 완전히 다른 분위기로 탈바꿈한다. 오픈 스타일 바로 다른 카페에서 흘러나오는 음악과 경쟁이라도 하듯 엄청난 크기로 울려댄다. 몇 미터 밖에서도 들릴 정도. 드레스 코드는 없다. 각자 마음가는 대로 술을 마시거나 춤을 추면서 놀면 된다. 세계 각국에서 온 여행자들이 모이는 장소로 다양한 국적의 술친구를 만들 수도 있다. 짐을 보관해주지 않으니 귀중품은 소지하지 않는 것이 좋다.

주소 40/12 Th. Ratwithi **전화** +66 84 222 9388
오픈 17:00~12:00 **휴무** 부정기 휴무
예산 칵테일 130~150B, 맥주 60~120B, 샘쏨 세트 350~700B(카드 사용 불가)
교통 타패 게이트 Mun Mueang Rd. 북쪽으로 걷다가 Ratvithi Rd.에서 좌회전 후 도보 4분.
홈페이지 www.facebook.com/yellowbarchiangmai
map p.31-G, 휴대지도 ●-F

THC 루프톱 바
THC Rooftop Bar

올드 시티와 도이수텝 산이 한눈에

향정신성 화학물질을 의미하는 THC. 그러나 치앙마이의 'THC'는 정신을 놓고 놀아도 된다는 의미일 뿐 약물이 오가는 곳은 아니다. 올드 시티의 야경을 한눈에 볼 수 있고, 멀리 도이수텝 산을 마주하고 있어 전망이 좋기로 유명하다. 나무로 꾸민 3채의 집과 연결해놓은 듯한 낮고 작은 나무 테이블, 바닥에 깔린 태국식 매트가 전통 분위기를 물씬 풍긴다. 드럼과 베이스를 기본으로 하는 레게 음악이 선사하는 반전 매력을 즐겨보자. 타패 게이트 바깥쪽 맥도널드 위층에 있는데, 입구를 찾기가 쉽지 않다. 화려한 그라피티 옆 나무 계단을 찾을 것! 나무 계단 위에서 꽝꽝 울려대는 레게 음악이 들려오면 거기가 바로 THC 입구다.

주소 19/4-5 Kotchasarn Rd.
오픈 18:00~24:00 **휴무** 부정기 휴무
예산 칵테일 100~150B, 맥주 60~120B(카드 사용 불가)
교통 타패 게이트에서 올드 시티 반대 방향 길 건너 맥도널드 위층. 도보 3분.
홈페이지 www.facebook.com/THC-Rooftop-Bar-Chiang-Mai-191131537601248
map p.31-H, 휴대지도 ●-G

루츠 록 레게
Roots Rock Reggae

뜨거운 열기의 레게 댄스 바

에어컨이 가동하는데도 라이브 공연을 온몸으로 즐기는 사람들의 열기로 가득하다. 가게 이름처럼 주요 공연은 레게다. 사람들이 본격적으로 북적이는 밤 10시 이후면 홀 중앙의 테이블이 치워지고 바에서 클럽으로 본격 단장한다.

술병을 들고 실내외를 오가며 춤추는 사람들

속에 휘말리다 보면 자신도 모르게 어깨를 들썩이는 경험을 하게 될 것이다. 음료는 선불.

주소 40/12, Ratvithi Rd., Muang
전화 +66 81 992 9079
오픈 19:00~01:00 **휴무** 부정기 휴무
예산 맥주 60~120B, 샘쏭 세트 320~600B(카드 사용 불가)
교통 타패 게이트 Mun Mueang Rd. 북쪽으로 걷다가 Ratvithi Rd.에서 좌회전 후 조 인 옐로를 끼고 우회전한다.
홈페이지 www.rootsrockreggaecm.wordpress.com, www.facebook.com/RootsRockReggaeCM
map p.31-G, 휴대지도 ●-F

올드 시티 마사지

릴라 마사지
Lila Massage

군더더기 없는 서비스와 가격

치앙마이는 재소자의 사회 복귀와 일자리 창출을 위해 노력하는 도시로 유명하다. 이의 일환으로 수감자들이 직원으로 일하는 숍이 많다. 이곳도 바로 그런 곳 중 하나. 치앙마이 여자 교도소 소장이던 주인장은 은퇴한 뒤 교도소에서 출소했지만 사회적 편견으로 인해 취업하는 데 어려움을 여성들과 마사지 숍을 오픈했다. 그리고 4년 만에 총 5개의 숍을 둔 마사지업계의 강자로 떠올랐다.

시설과 서비스 모두 거품 없이 운영한다. 수준 높은 마사지를 다른 숍의 절반 가격에 누릴 수 있을 정도. 추천 코스는 발과 전신, 타이 허브 볼 케어로 2시간 진행되는 릴라 타이 컴플릿 마사지. 다른 스파에서 1시간에 400B를 주고 마사지를 받는 것보다 경제적일 뿐 아니라 만족도도 높다.

주소 86/88 Ratchadamnoen Rd.
전화 +66 53 327 243
오픈 10:00~22:00
휴무 연중무휴
예산 타이 마사지 200B~, 릴라 타이 컴플릿 마사지 550B
교통 왓 프라싱에서 Rachadamnoen Rd.를 따라 약 도보 5분.
홈페이지 www.chiangmaithaimassage.com
map p.31-G, 휴대지도 ●-F

센스 마사지 앤 스파
Sense Massage and Spa

호텔보다 저렴하게, 호텔만큼 깔끔하게

2015년 문을 열어 깨끗한 내부와 세련된 시설이 장점이다. 치앙마이에서 흔히 볼 수 있는 마사지 숍보다 고급스럽지만 비슷한 수준의 가격에 부담 없이 이용할 수 있다.

가장 인기 있는 마사지는 타이 전통 마사지와 요가 마사지(1시간 400B). 타이 전통 마사지에 요가 동작을 가미한 것이다. 서비스 교육이 잘되어 있어 기분 좋은 시간을 보낼 수 있다. 단, 기와 혈을 누르는 강한 마사지를 선호하는 사람이라면 실망할 수도 있다.

주소 23/1 Arak Rd.
전화 +66 86 394 5550
오픈 13:00~23:00 휴무 연중무휴
예산 타이 마사지 300B, 센스 시그니처 요가 마사지 400B, 패키지 1000~2800B
교통 수안독 게이트를 등지고 Arak Rd. 왼쪽으로 도보 4분.
홈페이지 www.facebook.com/Sense-MassageSpa-1166630653366710
map p.30-A, 휴대지도 ●-F

파 란나 스파
Fah Lanna Spa

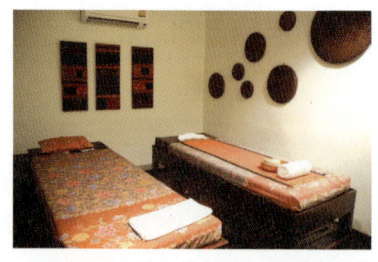

란나의 정신과 아름다움을 계승한 스파

자연친화적이면서 전통을 계승한 인테리어에서 고급스러움을 느낄 수 있다. 이곳은 수익금의 일부를 북부 지역 고산족과 아이들을 위한 자선사업에 쓰고 있다. 친근하면서도 품격 있는 서비스가 인상적이다. 규모도 큰 편이어서 족욕실, 티 룸, 마사지 룸이 각각 나뉘어 있다. 발 마사지부터 코스까지 다양한 서비스를 갖춘 것도 큰 장점. 특히 란나 왕국의 전통 마사지인 톡센 마사지를 받을 수 있는 몇 안 되는 스파이기도 하다. 마사지 외에도 손발과 얼굴 관리, 왁싱 등 미용 전반에 관한 서비스를 받을 수 있다. 이곳에서 사용되는 제품은 모두 자체 브랜드로 구매도 가능하다. 올드 시티에 머무는 사람들에겐 무료로 픽업·드롭 서비스를 제공한다. 나이트 바자에도 지점이 있다.

주소 57, 57/1 Wiang Kaew Rd. 전화 +66 53 416191
오픈 10:00~22:00 휴무 연중무휴
예산 기본 관리 600B~, 스파 패키지 1200~2500, 손발 관리 각각 450B
교통 타패 게이트 Mun Mueang Rd. 북쪽으로 걷다가 Ratvithi Rd.에서 좌회전 후 도보 4분.
홈페이지 www.fahlanna.com
map p.31-C, 휴대지도 ●-F

프라놈 헬스 마사지
Pranom Health Massage

시설보다는 실력

개방된 마사지 숍을 보면 처음엔 당황할 수도 있다. 바닥에 깔려 있는 총 8개의 매트리스, 4개의 발 마사지용 의자 머리 위에서 돌아가는 선풍기가 전부다. 서비스 품목도 타이 전통 마사지를 비롯해 발 마사지, 오일 마사지, 히브 볼 마사지 딱 4가지뿐이다.
이래저래 단출한 마사지 숍에 사람들이 줄지어 기다리는 이유는 딱 하나, 바로 실력이다. 시설은 낙후되었지만 만족도 높은 마사지를 받을 수 있다. 저렴한 가격도 한몫한다. 타이 전통 마사지와 발 마사지가 1시간 기준 180B으로 올드 시티에서 찾아보기 어려운 가격이다. 주머니가 가벼운 배낭여행자도 부담 없이 즐길 수 있다. 개인 룸이 아니어도 괜찮다면 적극 추천한다.

주소 13 Rachadamnoen Rd., Soi 4
전화 +66 53 273 211
오픈 10:00~22:00
휴무 연중무휴
예산 타이 마사지 180B, 발 마사지 180B, 오일 마사지 300B, 타이 허벌 마사지 300B
교통 타패 게이트에서 올드 시티 안쪽 Rachadamnoen Rd.를 따라 걷는다. 와위 커피에서 좌회전 후 지라솔 리스토란테 뒤편에 위치. 도보 8분.
홈페이지 www.facebook.com/Pranom-health-massage-495373263822558
map p.31-G, 휴대지도 ●-F

올드 시티 쇼핑

토요일 & 일요일 야시장
Saturday Market & Sunday Market

진정한 쇼핑 스폿은 여기!
토요일에는 치앙마이 게이트 인근 우아라이 로드를 따라, 일요일에는 왓 프라싱부터 타패 게이트에 이르는 라차담넌 로드를 따라 야시장이 들어선다. 수공예품과 예술품, 아이디어 상품 등 없는 것이 없다. 특히 수제 입욕제, 화장품, 비누 등은 기념품으로 좋다.

주말 야시장의 가장 큰 재미는 뭐니 뭐니 해도 길거리 음식. 태국 먹거리는 물론 스시까지 한 끼 식사를 저렴하게 해결할 수 있다. 전통의상을 입고 고사리손으로 춤추는 꼬마부터 교복을 입고 바이올린 켜는 악사까지 다채로운 퍼포먼스를 만날 수 있는 것도 이곳만의 재미.

쇼핑하다 지치면 길거리 발 마사지 숍을 이용하자. 떠밀려 다니고 싶지 않다면 저녁 7시 이후는 피할 것. 저녁 6시에는 울려 퍼지는 국가에 시장의 모든 사람들이 동작을 멈추는 진풍경을 볼 수 있다.

오픈 17:00~23:00 **휴무** 월~금요일
예산 먹거리 30B~, 의류 및 공예품 150B~
교통 토요일 야시장은 치앙마이 게이트에서 Wua Lai Rd.를 따라 남쪽으로 이어진다. / 일요일 야시장은 타패 게이트와 왓 프라싱을 잇는 Rachadamonen Rd.에서 열린다.
map 토요일 야시장 p.31-K, 휴대지도 ●-J
일요일 야시장 p.30-F, 휴대지도 ●-F

레인보 워터
Rainbow Water

북부 태국의 전통 예술과 만난 일본 감성
올드 시티 안은 개발이 제한돼 있어 큰 규모의 쇼핑몰이 없는 대신 독특함으로 무장한 작은 숍이 골목 여기저기에 숨어 있다.

이곳은 일본 도쿄에서 나고 자란 마이카가 운영하는 숍으로, 20년간 세계 곳곳을 다니며 받은 영감과 가치, 자연스러움(Natural), 단순함(Simple), 조용함(Gentle)이 반영된 제품을 판매한다. 특히 태국 북부의 수공예 작가들의 작품을 판매할 뿐 아니라 수익금을 재투자해 작가 발굴에 힘쓰고 있다.

판매되는 작품은 대부분 그녀가 디자인하고 제작한 것들로 작은 주얼리, 의류, 비치웨어, 속옷까지 다양하다. 고산족의 수공예품과 일본 감성이 조화를 이룬 작품으로 기념품을 사는 것도 좋을 듯하다.

주소 37/4 Moonmuang Rd., Soi 6, T.siripoom
전화 +66 93 141 1139
오픈 11:00~18:00 **휴무** 부정기 휴무
교통 왓 프라싱에서 Rachadamnoen Rd.를 따라 걷다가 2번째 사거리에서 좌회전한다. 도보 8분.
홈페이지 www.maikahandworks.com
map p.31-H, 휴대지도 ●-G

진저 앤 더 하우스 숍
Ginger & The House Shop

태국과 스칸디나비아 퓨전 스타일 라이프 숍

아시아와 스칸디나비안 스타일을 접목한 주방 의류나 식기, 액세서리, 가방, 아동용품까지 다양한 제품을 판매한다. 자체 디자인으로 만든 소량생산 제품으로 특별함을 더했다.
하루 종일 둘러봐도 지루하지 않을 만큼 방대한 규모를 자랑하지만, 매장 내부를 집처럼 꾸며놓아 보는 이의 부담을 덜어준다. 다른 사람의 살림살이를 구경하듯 돌아보는 재미가 쏠쏠하다. 쇼핑하다 지치면 함께 운영하는 카페에서 잠시 쉬어갈 수도 있다.

2002년 치앙마이에 문을 연 이후 방콕과 푸껫, 파타야 등에도 매장을 오픈했다. 현지인보다는 태국에 거주하는 외국인과 특별한 선물을 사려는 사람들이 많이 들른다.
주소 199 Moonmuang Rd.
전화 +66 53 418 263
오픈 11:00~22:00 **휴무** 부정기 휴무
교통 타패 게이트에서 Moon Muang Rd. 북쪽으로 도보 8분.
홈페이지 www.byginger.asia/index.php?route=common/home
map p.31-D, 휴대지도 ●-G

허브 베이직
Herb Basics

허브 제품의 모든 것

홈메이드 허브 제품 전문점으로, 총 7개 지점을 운영하고 있다. 모든 제품은 태국에서 생산한 재료로 만든다. 마사지에 사용하는 허브 오일과 허브 볼, 일상적으로 사용하는 비누나 보디샴푸, 각종 화장품까지 다양한 상품을 판매한다.
포장은 태국과 치앙마이를 상징하는 소품이

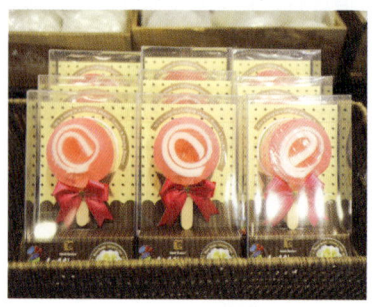

나 수공예품을 사용해 각별히 정성을 들인 표시가 난다. 부담스럽지 않은 소량 단위로 포장된 점도 여행자들에게는 매력적인 요소다. 지인들을 위한 선물을 사기에 좋은 곳.
주소 174 Prapokklao Rd.
전화 +66 53 326 595
오픈 월~토요일 09:00~18:00, 일요일 14:00~22:00
휴무 부정기 휴무
교통 왓 프라싱에서 Rachadamnoen Rd.를 따라 걷다가 2번째 사거리에서 좌회전한다. 도보 8분.
홈페이지 www.herbbasicschiangmai.com
map p.31-G

나나이로
Nanairo

일본 감성의 의류 잡화점

일본인 신야 사토(Shinya Sato)가 운영하는 의류 및 잡화점. 주인이 직접 디자인하고 제작한 제품을 판매해 다른 곳에서는 흔히 볼 수 없는 제품이 가득하다. 질 좋고 예쁜 디자인의 옷과 패션소품을 원한다면 둘러볼 만하다. 나나이로는 남성 의류 비중이 크고 메트로 섹슈얼한 의류도 많아 핏이 슬림한 옷을 선호하는 남성이라면 탐나는 옷이 많을 것이다. 의류 외에 모자나 가방, 머플러, 손지갑 등 독특한 디자인의 패션소품도 많다. 한 달에 한 번 앞마당에서 열리는 풀문 마켓은 벼룩시장과 함께 밴드 공연 등 이색적인 이벤트도 열린다. 페이스북을 통해 매달 날짜를 공지하니 참고할 것.

주소 29 Moon Muang Rd., Lane 6
전화 +66 86 908 3776
오픈 11:00~18:00 휴무 부정기 휴무
교통 타패 게이트에서 Moon Muang Rd. 북쪽으로 걷는다. Mun Mueang Rd. Lane 6에서 좌회전 후 직진.
홈페이지 www.facebook.com/Nanairo-chiangmai-1570347269888250
map p.31-H, 휴대지도 ●-G

켁코 북스
Gecko Books

책 마니아를 위한 중고 서점

2000년 문을 연 켁코 북스는 타패 게이트 근처에 2개의 가게를 운영한다. 영어, 일어 등 외국 서적이 주를 이룬다. 헌책을 판매하기도 하지만 상태 좋은 책을 사 들이기도 한다. 켁코 북스에서 구입한 서적을 3개월 이내 가지고 가면 구매한 가격의 50%에 되팔 수 있다. 물론 처음 구매할 때의 상태를 유지해야 한다.
책을 좋아하지만 배낭 무게 때문에 책 구매를 망설이던 여행자에게 추천한다. 홈페이지에서 판매하는 책 목록을 확인할 수 있다. 카드 결제가 안되므로 현금을 꼭 챙겨갈 것.

주소 본점 2/6 Chang Moi Kao Rd. / 분점 2 Ratchamanka Rd.
전화 본점 +66 91 745 6971, 분점 +66 85 041 6631
오픈 09:00~20:00 휴무 부정기 휴무
교통 본점 타패 게이트에서 Thapae Rd.로 길을 건넌 후, 왼쪽 2번째 골목. / 분점 타패 게이트에서 올드 시티 방향 길 건너로 좌회전 후 1번째 골목.
홈페이지 www.gekkobooks.com, www.facebook.com/GeckoBooksChiangMai
map p.31-H, 휴대지도 ●-G

올드 시티 숙소

타마린 빌리지
Tarmained Villiage
4성급

란나 디럭스룸

전통 양식과 현대적인 편리함을 절묘하게 결합시킨 부티크 호텔. 태국 휴양지인 끄라비에서 최고로 꼽히는 라야바디 리조트와 같은 계열의 호텔이다. 200년 된 커다란 타마린 나무로 둘러싸인 40개의 객실과 작은 수영장도 아름답다. 높은 담장 덕분에 올드 시티가 아닌 다른 장소에 있는 것처럼 느껴진다. 태국 북부 지역의 고산족이 만든 수공예품과 전통미가 물씬 풍기는 나무 가구, 은은하고 고풍스러운 색의 조합이 이 호텔을 더욱 특색 있게 만든다. 작은 호텔이지만 밀착형 서비스로 좋은 평가를 받고 있다. 특히 서양 여행자 사이에서 인기가 높아 성수기에는 예약이 불가능할 정도. 부대시설로는 스파와 레스토랑이 있다.

주소 50/1 Rajdamnoen Rd.
전화 +66 53 418 896
요금 5600~1만 1000B
교통 타패 게이트에서 왓 프라싱 방향으로 Racha-damnoen Rd.를 따라 1번째 사거리 오른쪽에 위치.
홈페이지 www.tamarindvillage.com/index.php
map p.31-G, 휴대지도 ●-F

더 라차만카
The Rachamanka
5성급

2층 갤러리

'왕의 길'이라는 이름의 5성급 부티크 호텔. 란나 왕국의 이미지를 차용한 내부 인테리어로 유명하다. 태국은 물론 미얀마와 라오스, 중국에서 들여온 앤티크 가구와 소품이 고풍스러운 아름다움을 더한다. 화려하기보다는 단정하고 소박함 속의 세련됨이 객실은 물론 호텔 곳곳에서 묻어난다.

동양 예술에 푹 빠진 미국인 건축가 아버지와 아들이 이 호텔의 주인이다. 이들의 고미술 사랑을 엿볼 수 있는 서재와 작은 갤러리는 라차만카의 백미다. 직사각형 모양

의 작은 수영장과 각각 1개의 레스토랑과 바를 운영하고 있다. 안타까운 점은, 라차만카가 유명해지면서 숙박비가 점점 올라 배낭여행자는 엄두도 낼 수 없는 숙소가 되었다는 것. 특별한 여행을 원하는 커플이나 가족여행객에게 추천한다.

주소 6 Rachamankha 9, Phra Singh
전화 +66 53 904 111
요금 8000~2만B
교통 수안독 게이트 Arak Rd. 남쪽으로 걷다가 Samlan Rd. Soi1에서 좌회전 후 사거리에서 다시 우회전 후 도보 2분.
홈페이지 www.rachamankha.com
map p.30-F, 휴대지도 ●-F

보드히 셰린 호텔
Bodhi Serene Hotel

▲2베드룸 스위트

정사각형의 구조로 모든 객실이 정원을 향해 있어 아름다운 풍경을 감상할 수 있는 호텔. 방콕의 더 사일롬 셰린(The Silom Serene)을 시작으로 아유타야, 후아힌 등 총 6개의 부티크 호텔을 운영하는 셰린 그룹의 호텔 중 하나다. 치앙마이점은 2009년 오픈했으며 총 38개의 객실을 갖추고 있다.

'보리수'를 뜻하는 '보드히'라는 말처럼 정원

의 멋진 보리수 나무와 층층으로 만든 연못이 운치를 더한다. 작은 호텔이지만 수영장과 바, 레스토랑 등 편의시설을 잘 갖추고 있다. 고풍스러우면서도 모던하게 꾸민 객실 또한 물품을 꼼꼼하게 비치해 세심함이 돋보인다.

주소 110 Ratchaphakhinai Rd., Phra-sing
전화 +66 53 903 900 요금 3400~9000B
교통 타패 게이트에서 올드 시티 안쪽 Rachadamnoen Rd.를 따라 걷는다. 위왁 커피에서 좌회전 후 400m.
홈페이지 www.boutique-hotel-chiangmai.com, www.facebook.com/Bodhi-Serene-Chiang-Mai-Hotel-145253365552709
map p.31-K, 휴대지도 ●-F

원스 어폰 어 타임 부티크 홈
Once Upon A Time Boutique Home

슈페리어 더블룸

여행에서 만난 사람들, 하늘과 바다, 땅과 나무의 이야기를 담고 싶었다는 주인의 소망이 그대로 전해진다. 4가지 타입의 객실과 간단한 식사와 음료를 즐길 수 있는 카페도 운영한다.

주소 1 Samlarn Rd., Soi.6 전화 +66 539 041 99
요금 1800~2800B
교통 수안독 게이트에서 Arak Rd. 남쪽으로 걷다가 Samlarn Rd. 6에서 좌회전 후 도보 4분.
홈페이지 www.onceuponatimechiangmai.com
map p.30-J, 휴대지도 ●-J

2015년 문을 연 젊은 감각의 부티크 하우스. 내외관 모두 나무를 기본 재료로 꾸몄으며 작은 소품 하나하나 자연 그대로의 느낌을 살린 것이 특징이다. 시멘트와 타일을 사용했지만, 나무가 주는 특유의 편안함을 놓치지 않았다.

빌라 타패
Villa Thapae

올드 시티 중심에서 조금 벗어난 곳에 있는 호텔. 어디든 가기 편한 곳에 위치해 있지만 번잡스럽지 않아 인기 있다. 가볍고 키치한 외부와 달리 빈티지 스타일로 꾸민 무거운 톤의 객실이 매력적이다.

객실에서 바로 이어지는 아담한 크기의 수영장과 5인 이상 가족이 머물기 좋은 복층 스위트를 갖췄으며, 모든 객실에 발코니가 딸려 있다. 일반 호텔과 달리 공용 주방에서 간단한 취사가 가능한 것도 가족 단위 여행객이 많이 찾는 이유다. 예약 사이트보다 공식 홈페이지에서 예약하는 것이 훨씬 저렴하다.

주소 14 Kotchasarn Soi 2
전화 +66 53 283 263
요금 3000~7000B(홈페이지 예약 기준)
교통 타패 게이트에서 올드 시티 반대 방향으로 길을 건넌 후 우회전한다. 도보 5분.
홈페이지 www.villathapae.com
map p.31-L, 휴대지도 ●-G

---

99 더 갤러리 호텔
99 The Gallery Hotel

디럭스 더블

올드 시티에서 가장 유명한 사원 왓 프라싱 앞에 위치해 있다. 란나 양식의 디자인에 아트 갤러리를 연상시키는 내외부가 특징이다. 치앙마이의 부티크 호텔 열풍에 힘입어 문 연 호텔로 소수 객실에 밀착형 서비스를 제공한다. 단, 객실의 크기에 비해 숙박비가 다소 비싼게 단점이다. 올드 시티 중심에 위치해 이동이 쉽고, 수영장과 레스토랑 등 각종 부대시설을 잘 갖춰 관광과 쇼핑, 호텔 놀이를 모두 포기할 수 없는 여행객에게 안성맞춤인 곳이다.

주소 99 Intawaroroj Rd.
전화 +66 53 326 338
요금 2000~5000B
교통 왓 프라싱을 등지고 왼쪽으로 걷다 갈림길에서 오른쪽으로 길을 건넌다.
홈페이지 www.99thegalleryhotel.com
map p.30-F

Plus Info

대부분 치앙마이의 부티크 호텔과 게스트하우스에는 크고 작은 정원과 연못이 있다. 자연친화적인 조경의 아름다움을 만끽하려면 모기는 감수해야 한다. 태국뿐 아니라 동남아로 여행을 갈 때는 꼭 모기 퇴치제를 준비하자. 화학물질이 들어간 기성품은 인체에도 해롭다는 견해가 있으니 천연재료로 만든 모기 퇴치제 사용을 권장한다.

탄나티 부티크 호텔
Thannatee Boutique Hotel

올드 시티 해자 밖 남쪽에 위치한다. 22개의 객실은 모두 란나 양식과 앤티크, 빈티지를 접목해 꾸민 것이 특징이다. 호텔을 둘러싼 인공 폭포와 아담한 수영장이 로맨틱함을 더한다. 실제로 이곳을 찾는 고객 대부분은 커플 여행자다.

사전에 예약하면 공항에서 호텔까지 무료 픽업 서비스를 제공한다. 비슷한 가격대의 호텔에 비해 객실이 다소 작고, 호텔에서 운영하는 투어 상품의 가격이 지나치게 비싼 것은 단점이다.

주소 2/3-7 Rajchiangsan Rd.
전화 +66 53 274500
예산 1500~3000B
교통 올드 시티 외곽의 왓 다오우당(Wat Dao Wudang) 바로 앞에 위치.
홈페이지 www.thannateeboutiquehotel.com
map p.27-K

60 블루 하우스
60 Blue House

여성 여행자만을 위한 게스트하우스. 운영자인 타오(Tao) 여사의 노하우를 곳곳에서 느낄 수 있다. 큰 짐을 따로 보관할 수 있는 로커, 공용 화장실의 개인 물품을 따로 두고 사용할 수 있도록 만든 칸막이 선반, 언제든 이용 가능한 티 코너가 눈길을 끈다.
5개의 객실과 8개의 도미토리 베드를 운영한다. 도미토리의 경우, 모두 침대 옆에 개별 책상을 배치했다. 청결하고 저렴한 가격으로 장기 여행자나 올드 시티 안에서 머물고 싶은 여행자라면 추천할 만하다.
타오 여사가 운영하는 도이창 카페가 60 블루 하우스 정원과 바로 연결된다.

주소 32/34 Ratchapakinai Rd.
전화 +66 53 206 126, +66 86 919 2777
요금 도미토리 250B, 별도 객실 320~600B(카드 사용 불가)
교통 치앙마이 게이트에서 성곽 안쪽으로 걷다가 1번째 갈림길에서 Ratchapakinai Rd. 방향으로 우회전 후 도보 3분.
홈페이지 www.60bluehouse.com
map p.31-K, 휴대지도 ●-J

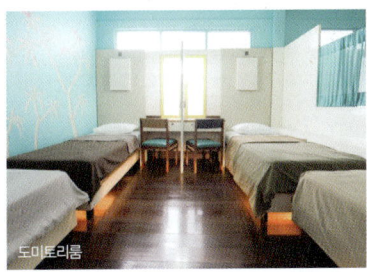

슬립 게스트하우스
Sleep Guesthouse

올드 시티에 위치한 이곳은 8개의 객실이 언제나 만실일 정도로 인기가 높다. 게스트하우스이지만 도미토리 없이 2인 기준의 더블룸과 트윈룸만 운영한다. 깔끔한 내부와 4가지 중 하나를 택할 수 있는 조식, 친절한 서비스가 인기 비결. 객실료가 저렴한 데다 올드 시티의 사원과 일요일 야시장으로의 이동성도 좋고, 각종 편의 시설과도 가깝다.
톡톡 튀는 아이디어로 꾸민 객실은 젊은 여행자들에게 인기 만점이다.

주소 26/1 Moon Muang Rd., Soi 7
전화 +66 89 635 9750
요금 스탠더드 1000B~(카드 사용 불가)
교통 타패 게이트에서 올드 시티 안쪽 Moon Muang Rd. 북쪽으로 직진한다. 왼쪽의 Moon Muang Rd. Lane 7에서 다시 좌회전. 도보 8분.
홈페이지 www.sleepguesthouse.com
map p.31-D, 휴대지도 ●-G

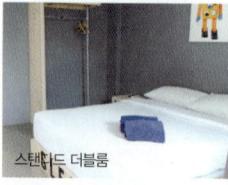
스탠다드 더블룸

반자이 가든 게스트하우스
Banjai Garden Guesthouse

배낭여행자들이 입을 모아 칭찬하는 게스트하우스. 주인이 프랑스어와 영어를 완벽히 구사해 서양 여행자들이 많이 찾는다.

7개의 객실과 마사지 숍을 운영하고 있다. 2개의 패밀리 객실과 5개의 더블룸은 에어컨 유무에 따라 가격이 달라진다. 2인 기준 팬 룸을 예약하면 저렴한 비용에 숙박을 해결할 수 있다. 합리적인 가격대와 위치만으로도 충분히 만족도가 높은 숙소다.

주소 43 Phrapokklao Rd., Soi 3
전화 +66 85 716 1635
요금 팬 더블 450B, 에어컨 더블 550~900B, 패밀리 1200~1400B(카드 사용 불가)
교통 타패 게이트에서 올드 시티 안쪽 Rachadamnoen Rd.를 따라 걷는다. 위왁 커피에서 좌회전 후 500m 직진하다가 사거리에서 우회전한다. 약 도보 13분.
홈페이지 www.banjai-garden.com
map p.31-K, 휴대지도 ●-J

올인원 게스트하우스
All in 1 Guesthouse

2인 기준 욕실이 딸려 있는 더블베드 또는 트윈베드로 20개 객실이 준비되어 있다. 뜨거운 물이 나오는 샤워시설, 에어컨, TV, 미니바를 이용할 수 있다. 모든 객실은 가격이 동일하며 숙박비에는 아침 식사와 와이파이 사용료가 포함되어 있다.

더블 에어컨룸

타패 게이트와 치앙마이 게이트 사이에 위치해 올드 시티를 관광하고 주말 야시장을 방문하기 좋다. 청결도나 서비스에 대한 평가가 좋다. 단, 18세 미만은 이용이 불가능하다.

주소 31/1 Moonmuang Rd., Soi 1-2
전화 +66 53 207133
요금 비수기 780B, 성수기 880B(카드 사용 불가)
교통 타패 게이트 Moon Muang Rd. 남쪽으로 350m 걷는다. Mun Mueang Rd. Lane 2에서 좌회전 후 도보 3분.
홈페이지 www.allin1gh.com
map p.31-L, 휴대지도 ●-K

톱 가든 부티크 게스트하우스
Top Garden Boutique Guesthouse

타패 게이트에서 올드 시티 바깥쪽으로 도보 10분 거리다. 올드 시티 안에 있는 같은 급의 게스트하우스보다 숙박료가 저렴하다. 에어컨이 비치된 더블룸이 550B 정도로 해자 안보다 100B 정도 싸다.

모든 객실에는 온수가 나오는 욕실이 딸려 있고, 와이파이, 조식 등을 기본 서비스로 제공한다. 걸어서 올드 시티를 돌아보기도 좋고 맛집이 밀집해 있는 문무앙 로드(Moon Muang Road)와도 가깝다. 로맨틱과는 거리가 멀지만, 합리적인 선택의 숙소가 될 것이다.

주소 13 Chaiyapoom Rd.,Soi 1
전화 +66 82 183 8598
요금 스탠더드 더블 팬 390B, 에어컨 550B, 딜럭스 더블·트윈 650B, 스위트 더블750B(카드 사용 불가)
교통 타패 게이트에서 북쪽으로 걸어 올라가다 3번째 다리에서 Chaiyapoom Rd.로 우회전 후 도보 3분.
홈페이지 www.topgarden-chiangmai.com
map p.31-D, 휴대지도 ●-G

스탠더드 더블룸

아마카 베드 앤 브렉퍼스트
Amaka Bed and Breakfast

주인장이 24살 때부터 35개국을 여행하며 느낀 것들을 토대로 문을 연 게스트하우스다. 호텔에 비해 가족적인 분위기이며, 영어와 독일어가 유창한 주인 덕분에 여행 정보를 얻기도 수월하다. 여행을 사랑하는 사람이 만든 곳답게 여행객을 배려한 객실과 서비스가 돋보인다. 카페도 함께 운영하며, 노스 게이트 재즈 바와도 가깝다.

객실은 단 4개뿐인데, 저렴한 가격, 맛있는 조식, 좋은 위치까지 갖춰 늘 만실이다. 성수기인 11~2월에 머물고 싶다면 예약은 필수. 18세 이상만 입실 가능하며, 오전 7시부터 오후 8시까지만 프런트 데스크를 운영하므로 이외의 시간에 체크인 또는 체크아웃을 할 예정이라면 미리 말해야 한다.

주소 248/33 Maneenopparat Rd.
전화 +66 88 250 6599
요금 1500~1800B
교통 창푸악 게이트에서 Manee Napparat Rd. 왼쪽으로 5분 정도 걷다가 올드 타이 커피를 지나 바로 우회전한다.
홈페이지 www.amakachiangmai.com
map p.30-R

아마카 디럭스 A

아마카 카페

반라오 셰누스
Baan Rao Chez Nous

가족 단위 여행자들에게 인기가 좋은 숙소. 3가지 타입의 객실을 운영한다. 에어컨이 없는 6인 기준 객실인 더 퍼스트 플로워 객실과 에어컨이 딸린 2개의 침실과 개별 욕실, 주방을 갖춘 4인 기준의 객실 더 콘도 객실, 별도 객실의 커다란 테라스가 딸린 에어컨 더블룸 객실을 이용할 수 있다.
대나무가 쭉 늘어선 입구와 이국적인 정원이 매력적이다. 정원에는 가족 단위의 여행객들을 배려해 넉넉한 크기의 테이블과 벤치, 쿠션을 마련해놓았다. 예약을 하려면 체크인·체크아웃 날짜와 원하는 객실, 체류 인원수를 이메일(david.alavoine@hotmail.fr)로 보내야 한다.

주소 43 Chang moi kao Rd.
전화 +66 93 283 5679
요금 더블룸 750B, 더 콘도 1200B, 더 퍼스트 플로워 1500B(카드 사용 불가)
교통 타패 게이트에서 Moon Muang Rd. 남쪽으로 걷다가 Mun Mueang Rd. Lane 2에서 좌회전 후 도보 3분.
홈페이지 www.facebook.com/baanrao.cheznous.5
map p.31-H

리틀 란나 카페 앤 프리미어 게스트하우스
Little Lanna Cafe & Premier Guesthouse

모던하고 깔끔한 숙소로 전통 가옥에서 흔히 볼 수 있는 작은 벌레나 모기에 예민한 여행자들이 특히 선호한다. 오픈한 지 얼마 되지 않아 내부 컨디션이 좋은 것도 장점. 단, 창문이 없는 객실에서는 곰팡이 냄새가 난다는 지적이 있으니 예약 시 객실의 창문 유무를 확인할 것.
침대의 크기와 개수에 따라 숙박비가 달라진다. 홈페이지보다 사전에 이메일(www.little-lannachiangmai.com)을 보내 예약하는 것이 더 저렴하다. 도이수텝으로 가는 송태우 정류장이 근처에 있고, 창푸악 게이트와도 가깝다.

주소 248/82-83 Maneenopparat Rd.
전화 +66 82 388 3993
요금 비수기 799~999B, 성수기 999~1199B
교통 창푸악 게이트에서 Manee Napparat Rd. 왼쪽으로 걷다가 올드 커피를 지나 우회전한 후 골목 끝.
홈페이지 www.littlelannachiangmai.com
map p.30-B

더 아락 베드 바 앤 호스텔
The Arak Bed Bar and Hostel

수안독 게이트 북쪽으로 450m, 왓 프라싱이 500m 정도 떨어져 있다. 님만해민도 걸어서 20~30분 정도면 갈 수 있다. 나무 느낌을 살리면서도 현대적 시설을 갖춘 곳으로 쾌적함을 추구하는 여행자에게 더할 나위 없이 좋은 곳이다.
개별 객실과 함께 도미토리도 운영한다. 대부분 숙박 예약 사이트에서 예약 대행을 하고 있다. 예약 사이트의 프로모션을 활용하면 저렴한 가격에 이용할 수 있다.

주소 21/1 Singharat Rd., Soi 3
전화 +66 53 326 045
요금 도미토리 400B, 더블룸 1000~1800B
교통 수안독 게이트를 등지고 Arak Rd.를 따라 왼쪽으로 도보 5분.
홈페이지 www.facebook.com/thearakhostel
map p.30-A, 휴대지도 ●-F

디럭스 발코니 마운틴뷰

에덴 워킹 스트리트 호스텔
Eden Walking Street Hostel

깔끔한 도미토리룸

거실에서도 편하게 휴식을 취할 수 있다.

별도의 객실 없이 도미토리만 운영하는 호스텔. 여성 전용, 혼성 도미토리를 운영하며 올드 시티 중심부에 위치해 있다. 2015년 문을 열어 현대적이고 쾌적한 내부가 장점이다. 일요일 야시장이 열리는 라차담넌 로드, 치앙마이의 대표적 사원 왓 프라싱이 도보로 5분 정도 걸린다.
다른 여행자들과 공간을 공유하므로 외국인 친구를 사귀기에도 더할 나위 없이 좋다. 홀로 여행하며 친구를 만들고 싶거나 주머니가 가벼운 배낭여행자에게 좋은 선택이 될 것.

주소 3/23 Samlarn St.
전화 +66 89 559 8974
요금 300~350B(카드 사용 불가)
교통 왓 프라싱을 등지고 남쪽으로 걷다가 1번째 왼쪽 골목으로 좌회전한다. 지붕이 얹어진 기둥이 있는 골목 안쪽.
홈페이지 www.facebook.com/Eden-Walking-Street-Hostel-Chiang-Mai-1524382201205367
map p.30-F, 휴대지도 ●-F

반 하니바
Baan Hanibah

성곽 북서쪽에 자리 잡은 반듯하고 아담한 게스트하우스. 회색 톤 인테리어가 모던한 1층과 원목으로 전통미를 살린 2층이 절묘한 조화를 이룬다. 게스트하우스라고는 하지만 전체적인 분위기와 객실의 고즈넉함이 웬만한 호텔 부럽지 않다.
1층은 리셉션과 레스토랑, 2층은 객실과 공동 거실로 되어 있다. 공동 거실에는 담소를 나누거나 정원을 바라보며 휴식을 취할 수 있도록 해먹과 태국식 매트가 준비되어 있다. 패밀리 객실은 야외 테라스가 있는 단독 방갈로로, 가족 단위 여행자들이 머물기 좋다.

주소 6 Moonmuang Rd., Soi 8
전화 +66 53 287 524
요금 싱글 1000B, 더블·트윈 1600B, 패밀리 2600B
교통 타패 게이트에서 Moon Muang Rd.를 따라 걷다가 진저 앤 카페를 지나 바로 좌회전.
홈페이지 www.baanhanibah.com
map p.31-D, 휴대지도 ●-G

1층 리셉션과 레스토랑

팍 치앙마이
Pak Chiang Mai

스탠다드룸

직원의 친절도나 조식, 청결 상태에 대한 만족도가 높다. 단, 전통 가옥이어서 물의 수압이 낮고 선불로 예약하지 않은 경우 체크아웃할 때 현금으로만 결제가 가능하다는 점은 아쉬운 부분이다.

주소 39/5 Phra Pok Klao 2 Rd.
전화 +66 53 814 733
요금 1800~3500B
교통 올드 시티 남쪽 치앙마이 게이트에서 도보 3분. 클레이 스튜디오 맞은편.
홈페이지 www.pakchiangmai.com
map p.31-K, 휴대지도 ●-J

입구에 들어서자마자 보이는 작은 연못과 비단잉어, 나무 아래 놓인 테이블, 마룻바닥 위에 놓인 태국식 소파가 조용히 휴식을 취하기 좋은 곳. 토요일 야시장이 열리는 치앙마이 게이트에서 400m 거리, 왓 프라싱과도 1km 정도 떨어져 있다. 걸어서 올드 시티를 돌아볼 계획이거나 주말 야시장에 관심이 많은 여행자라면 딱 좋은 위치한 숙소다.

여유로운 시간을 보낼 수 있는 마당

Plus Info

주머니가 가벼운 배낭여행자를 위한 추천 호스텔(도미토리)

• 코인시던스 허브 앤 호스텔 Coincidence Hub and Hostel
58 Intawarorot Rd. / +66 86 531 9955 / 260~300B(카드 사용 불가) / www.coincidencehostel.com / p.30-F

• B7 호스텔 B7 Hostel
172/3 Ratchamanka Rd. / +66 82 836 9878 / 170~250B(카드 사용 불가) / p.30-J

• 허그 호스텔 Hug Hostel
115/3 Sri Poom Rd. / +66 053 417 222 / 비수기 260~360B, 성수기 300~415B(카드 사용 불가) / www.hughostel.com / p.31-C

게스트하우스 예약 시 유의사항

• 치앙마이의 게스트하우스 중에는 온수가 나오지 않는 곳도 있다. 꼭 뜨거운 물로 샤워해야 한다면 예약 시 온수가 서비스에 포함되는지 확인해야 한다.
• 객실에 선풍기나 에어컨이 설치되었는지에 따라 숙박비가 달라진다. 11~2월은 기후가 선선한 편이니 더위를 많이 타는 사람이 아니라면 굳이 에어컨 룸을 이용하지 않아도 된다.
• 단독 객실이라도 가격이 저렴한 경우 대부분 욕실을 공동으로 사용한다. 욕실 사용에 까다로운 사람이라면 객실에 욕실이 딸려 있는지 반드시 확인해야 한다.
• 체크아웃 시 현금 결제만 가능하고 카드 사용이 불가한 곳이 많으니 예약 전 반드시 확인하자.

NIMMAN-HAEMIN & SANTITHAM

님만해민 & 산티땀

란나의 예술혼을 잇는 젊은 감성의 산실

인근 치앙마이 대학교 학생들과 방콕의 예술가들이 모여 드는, 최근 떠오르는 핫 플레이스. 젊은이들이 운영하는 개성 있는 카페와 레스토랑, 디자이너 숍이 모던하고 감각적인 분위기로 올드 시티의 고풍스러운 멋과는 다른 치앙마이의 또 다른 얼굴을 만날 수 있다. 올드 시티가 시간을 거슬러 란나 왕국의 예술혼을 만날 수 있는 장소라면, 님만해민은 오늘을 살아가는 태국의 젊은 감성을 가늠할 수 있는 곳이다.

산티땀은 저렴한 물가로 외국인 이민자와 장기 체류자 등이 터를 잡고 살아가는 주거 지역이다. 최근 이국적인 분위기가 주목 받으며 여행자들의 관심을 끌고 있다. 란나 왕국의 예술혼을 이어 오늘을 살아가는 젊은 치앙마이를 만나고 싶다면 님만해민과 산티땀으로 발길을 돌려보자.

🔹 님만해민 & 산티땀 한눈에 보기 🔹

카페 놀이를 좋아하는 여행자라면 이만한 곳도 없을 것이다. 작은 골목 사이에 독특한 콘셉트의 개성 있는 카페들이 즐비하다. 숨겨놓은 것처럼 자리 잡은 갤러리와 디자이너 숍은 보는 이의 눈을 즐겁게 한다. 주말 저녁이면 청춘들이 몰리는 마야 라이프스타일 쇼핑센터의 루프톱 바와 지금 가장 핫한 클럽 웜 업 카페도 님만해민 로드에 위치해 있다.

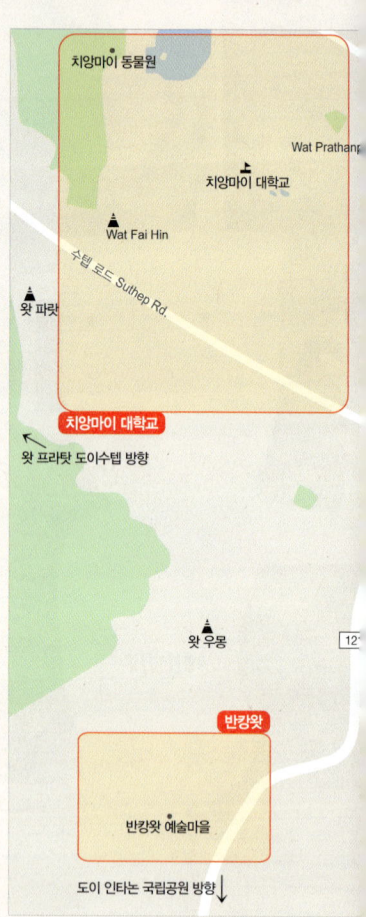

치앙마이 대학교

치앙마이 대학교는 정문과 후문, 곳곳에 마련된 입구 앞에 먹거리 시장과 카페가 몰려 있다. 학생들의 취향에 맞게 감각적이고 저렴한 것이 특징이다. 특히 치앙마이 대학교 정문 앞의 시장은 대학생들 사이에 무엇이 유행하는지 알 수 있는 곳이다. 저녁 시간에 맞춰 열리는 먹거리 시장은 종류도 많고 저렴해 학생들과 배낭여행객으로 늘 붐빈다.

산티땀

일본인 이민자가 많은 동네로 치앙마이에서 가장 맛있고 저렴한 일본 요리를 즐길 수 있다. 낮에는 산티땀 로컬 시장 주변의 식당과 카페가, 밤에는 꼬치구이 식당과 일본식 선술집들이 속속 문을 열어 저렴하고 맛있는 한 끼를 먹으려는 사람들로 북적인다.

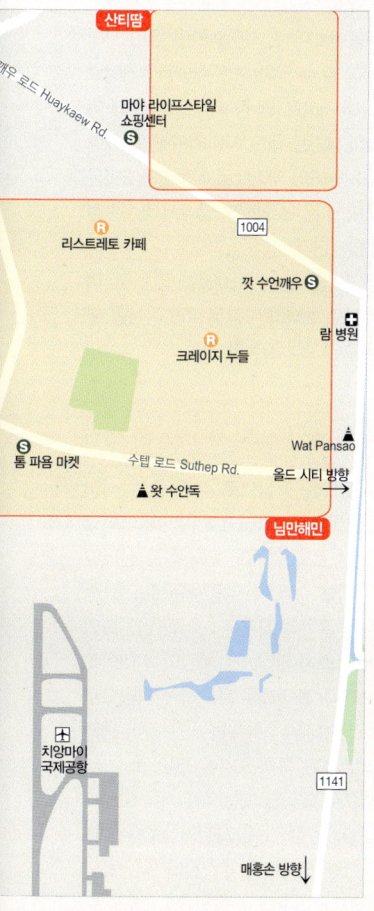

반캉왓

예술가들이 만든 예술마을. 생활용품이나 미술품을 파는 숍, 커피와 차, 식사를 할 수 있는 카페와 레스토랑, 1인 미용실, 디자이너 의상실과 갤러리, 한인 게스트하우스 등 작지만 없는 것이 없다. 요즘은 반캉왓 주변 지역까지 개성 있는 카페와 식당, 갤러리가 늘고 있다.

님만해민 & 산티땀 가는 법

님만해민은 올드 시티의 성곽 밖 왼쪽에 있다. 수안독 게이트에서 걸어갈 수 있지만 공항이나 기차역, 버스터미널에서 걸어가기에는 부담스럽다. 송태우와 툭툭, 택시 또는 공공 송태우 이용을 추천한다. 단, 님만해민 지역은 공공 송태우가 다니지만, 산티땀 지역은 다니지 않는다. 산티땀 지역은 님만해민 인근으로 이동해 송태우를 타거나, 처음부터 목적지까지 가는 송태우를 찾는 것이 좋다.

공항

공항에서 님만해민까지 가는 가장 쉬운 방법은 공항 택시(1인 180B)를 이용하는 것이다. 공항 1층 택시 카운터에서 목적지를 말하면 택시 기사를 배정해준다. 가장 저렴한 방법은 목적지가 비슷한 사람들과 함께 송태우를 타는 것이다. 인원에 따라 1인당 40~50B 정도로 가격이 달라지니 흥정의 묘를 발휘해보자. 그러나 공항 앞에서 송태우를 잡기란 쉽지 않다. 이럴 땐 공항과 님만해민 사이를 운행하는 공공 송태우 4번(15B)을 이용하는 것도 방법. 그러나 오후 4시 28분이면 차가 끊겨 늦은 시각 도착하는 사람에게는 무용지물이다. 치앙마이에 오기 전 예약한 숙소에서 픽업·드롭 서비스를 제공 하는지 알아볼 것.

*공공 송태우 4번 공항 정차 시간 07:33, 08:05, 08:30, 09:30, 10:31, 12:41, 13:44, 14:34, 15:37, 16:48

버스터미널 & 기차역

치앙마이 버스터미널

삥 강 건너편 버스터미널(아케이드)과 기차역 모두 님만해민과 7km 정도 떨어져 있다. 송태우 요금은 100~150B 정도 부른다. 물론 같은 방향으로 가는 사람과 함께 이동하면 40~50B에도 갈 수 있다. 공공 송태우의 경우 버스터미널에서는 2번을, 기차역에서는 28번을 탄다.

다른 지역으로 이동하기

님만해민 지역은 마야 라이프스타일 쇼핑센터 앞에서 공공 송태우 2, 4번을 타면 올드 시티까지 한 번에 갈 수 있다. 2번은 창푸악 게이트를 지나 타패 게이트, 삥 강 지역으로 갈 때 이용하면 좋다. 4번은 올드 시티의 수안독 게이트를 지나 치앙마이 게이트로 이동한다. 2번은 마야 라이프스타일 쇼핑센터 앞에서, 4번은 건너편에서 탑승한다.
가장 쉬운 방법은 송태우(20B)를 타는 것. 여행자를 상대로 호객하는 경우 50B 이상을 부르는 경우도 많으니 조심할 것.

님만해민 & 산티땀 내 이동하기

님만해민 로드를 중심으로 각종 숍과 식당이 밀집한 님만해민, 그리고 치앙마이 대학교 앞, 훼이깨우 로드 위쪽에 자리 잡은 산티땀으로 크게 나눌 수 있다. 님만해민 로드를 중심으로 작은 골목이 좌우로 이어진 님만해민은 걷기에 나쁘지 않다. 단, 치앙마이 대학교를 둘러보거나, 훼이깨우 로드나 산티땀으로 이동하려면 송태우나 툭툭을 타는 것이 편리하다(송태우 20B, 툭툭 50~100B).
다른 지역으로 이동할 때는 자전거나 오토바이 렌트(24시간 렌트 시 자전거 100~150B, 오토바이 250~300B)를 추천한다. 님만해민은 왓 프라탓 도이수텝, 반캉왓과도 접근성이 좋아 자가 이동수단이 있다면 더욱 다채로운 여행이 될 것이다.

Best Plan For
★ Nimmanhaemin & Santitham ★
님만해민 & 산티땀 추천 일정

Vintage Spirit

치앙마이 예술에 흠뻑 빠져보기

러스틱 앤 블루(p.129)에서 유기농 농산물로 만든 아침 식사 먹기

▼

예술마을 반캉왓(p.111) 둘러보기

▼

우위와엣 홈(p.112)에서 태국 북부식 뷔페 맛보기

▼

동굴 사원 왓 우몽(p.109) 관광하기

▼

예술가 부부가 꾸민 예쁜 공간인 페이퍼 스푼(p.115)에서 쇼핑 하기

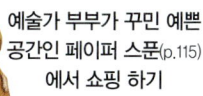

▼

무스 카츠(p.127)에서 일본식 돈가스로 저녁 식사 만끽하기

▼

비어 랩(p.135)에서 시원한 맥주로 하루 마무리하기

Focus on Nimman

님만해민 제대로 여행하기

시아 피시 누들(p.123) 또는 치킨 라이스 코이(p120)에서 아침 식사 즐기기

▼

타박 타박 님만해민(p.101) 산책하기

▼

에스에스1254327 카페 (p.130)에서 치앙마이 예술 감상하기

▼

아이베리 가든(p.127)에서 아이스크림 먹으며 잠시 휴식 취하기

▼

청 도이 로스트 치킨(p.120)에서 태국식 치맥 즐기기

▼

마야 라이프스타일 쇼핑센터(p.139)에서 태국의 최신 트렌드 엿보기

▼

마야 힐 루프톱 바(P.134) 또는 웜 업 카페(p.134)에서 치앙마이의 야경 바라보며 칵테일 마시기

Day Of Art

치앙마이의 트렌드 따라가보기

라몬 카페(p.128)에서 아침 시작하기

▼

치앙마이 대학교(p.110) 구경하기

▼

베어 풋 카페(p.127)의 수제 파스타로 굶주린 배 채우기

▼

예술인들의 마을 펭귄 빌리지(p.119) 둘러보기

▼

70개의 천사상이 있는 왓 쳇욧(p.108) 구경하기

▼

가가가 사카바(p.126)에서 일본식 꼬치구이와 생맥주 맛보기

▼

노스 게이트 재즈 코옵(p.87)에서 저녁 시간 즐기기

님만해민 & 산티땀 관광 *Sightseeing*

7개의 첨탑이 높게 뻗은 왓 쳇욧

왓 쳇욧
Wat Jet Yot
★★★

7개의 첨탑과 70개의 천사상

'7개의 첨탑'이라는 이름의 사원으로 독특한 양식이 눈에 띈다. 전형적인 란나 양식이 아닌 인도의 마하보디 사원(Mahabodhi Temple)을 모델로 했다고 전해진다. 란나 왕조의 전성기를 누린 9대왕 틸로카랏 왕(King Tilokarat) 때 건축했다. 불교 탄생 2000주년을 기념해 세계 불교 회의가 열린 곳이기도 하다.

이곳을 대표하는 불당인 위한 마하포(Viharn Maha Pho)는 지붕 위에 솟은 크고 작은 7개의 첨탑과 외벽에 조각된 70개의 천사상(Thewada)으로 유명하다. 모두 다른

자세로 정교하고 아름답게 조각된 천사상은 보는 이의 감탄을 자아낸다.
일부는 보존 상태가 좋지만, 손상되거나 소실된 것도 있어 안타깝다. 란나 왕국의 찬란한 문화 수준을 보여주는 걸작이다.

주소 Moo 2 Super Highway 69, Tambon Chang Phueak 전화 +66 53 224 802
오픈 06:00~18:00 휴무 연중무휴 요금 무료
교통 마야 라이프스타일 쇼핑센터에서 11번 도로를 따라 람팡(Lampang) 방향으로 도보 10분. 올드 시티에서 5~6km 정도 떨어져 있다. 송태우는 돌아가는 경우가 많아 최소 20~30분 소요.
map p.36-F, 휴대지도 ●-A

왓 우몽
Wat Umong

멩라이 왕이 만든 명상의 사원

붉은 벽에 새겨진 탱화

도이수텝 산 속에 만든 터널 사원으로 13세기 말 란나 왕조의 첫 왕인 멩라이 왕이 자문하던 스님의 명상을 위해 지었다. 숲속에 터널을 만들어 붉은 벽돌로 벽을 마감한 후 탱화를 그려 넣었고 터널 곳곳에 불상을 안치했다. 사원은 15세기 이후 버려져 있다가 1948년에야 복원되기 시작해 1년 후 명상 센터와 불교 학교로 다시 문을 열었다.

터널에 그려진 탱화는 대부분 소실되어 흔적만 남아 있다. 터널 위에는 란나 양식의 체디가 서 있고, 깨달음을 얻기 위해 고행하던 부처를 형상화한 검은 부처상이 있다. 터널 앞에는 태국 여기저기에서 수집한 손상된 불상으로 만든 정원이 있다. 부서지고 망가진 불상을 돌아보노라면 묘한 경건함이 밀려온다. 일요일 오후 3시부터 6시까지는 설법(영어)을 진행한다. 스님과 질의응답 시간도 마련되어 있다.

주소 Wat Umon, Suthep, Mueang Chiang Mai District
전화 +66 85 033 3809
오픈 06:00~18:00
휴무 연중무휴
요금 무료
교통 송태우 이용 시 편도 50~70B, 툭툭 이용 시 편도 100~150B. 치앙마이 대학교나 님만해민에서 가깝다.
map p.36-F

손상된 부처상으로 꾸민 정원

치앙마이 대학교
Chiang Mai University

데이트 장소로 유명한 치앙마이 대학교 내 호수

태국 최초의 지방 종합대학교

1964년 공학, 자연과학, 농학 등 농업 생산성 기여에 초점을 맞춰 설립했으나, 최근 예술 대학 출신들의 활동이 주목받으며 예술 대학의 위상이 높아졌다. 서울대학교의 2배 규모로 전체를 한번에 돌아보기는 힘들다.
명소인 창켑나 훼이깨우 호수(Changkebna Hey Kaew)를 따라 난 산책로를 걷거나 학생들이 운영하는 카페에서 커피 마시는 것을 추천한다. 단, 무지한 관광객의 강의실 난입, 기물 파손이 이어지면서 외부인은 트램(정문 트램 60B)을 타야 교내를 돌아볼 수 있다.
해 질 무렵이면 교내 학생들을 상대로 한 저녁 시장이 열린다. 식사는 물론 주스와 아이스크림, 과일 등 저렴한 먹거리가 많아 인근 주민들도 애용한다. 치앙마이 최고의 상아탑은 어떤 분위기인지 체험해보는 좋은 기회가 될 것이다.

주소 239, Huay Kaew Soi 3, Mueang Chiang Mai District
전화 +66 53 941 000
교통 마야 라이프스타일 쇼핑센터 앞에서 왓 프라탓 도이수텝 방향으로 1004번 도로를 따라 도보 20분.
홈페이지 cmu.ac.th
map p.36-F

Plus Info

트램은 가격이 비싸고 태국어와 중국어로만 안내 방송을 하므로 다소 불편하다. 치앙마이 대학교는 커다란 규모 덕에 여러 도로와 길이 학교를 관통하고 있어 꼭 정문을 이용하지 않아도 교내에 들어갈 수 있다. 단, 학생들의 면학 분위기에 방해되지 않도록 예의를 갖춰 둘러볼 것. 특히 저녁 시장이나 학내 카페는 인근 님만 해민에 비해 저렴하므로 알아두면 좋다.

치앙마이 동물원
Chiang Mai Zoo

치앙마이 최고의 동물원

미국인 선교사 해럴드 메이슨 영(Harold Mason Young)이 운영하던 동물 보호소로부터 시작됐다. 이곳은 사냥꾼이나 밀렵꾼에 의해 다친 동물을 구조하고 치료해 자연으로 돌려보내는 것이 목적이었으나, 자연으로 복귀해 살아갈 수 없는 동물이 늘면서 1940년 개인 동물원과 교육장으로 개장했다. 1974년 해럴드 메이슨 영이 세상을 떠나자 국가에서 인수해 규모를 키우고 새롭게 단장해 1977년 치앙마이 동물원으로 문을 열었다. 중국의 판다와 아프리카에서 온 동물까지 다양한 동물을 볼 수 있다. 규모가 커서 걸어 다니기 쉽지 않아 셔틀을 운영한다.

주소 100 Huaykaew Rd.
전화 +66 53 210 374
오픈 08:00~17:00 **휴무** 연중무휴
요금 입장료 성인 150B, 어린이 70B / 수족관 성인 520B, 어린이 390B / 판다 관람 성인 100B, 어린이 50B / 셔틀 성인 150B, 어린이 100B *어린이 요금은 키 135cm 미만 적용
교통 치앙마이 대학교 정문에서 송태우 이용(20B).
홈페이지 www.chiangmaizoo.com
map p.36-F, 휴대지도 ●-

소박한 반캉왓 예술마을 모습

1
반캉왓
Baan Kang Wat

반캉왓 예술마을 Baan Kang Wat Craft Village

함께 살아가는 예술을 꿈꾸다

원형 극장을 중심으로 10여 채의 나무집이 들어서 있는 반캉왓 예술마을은 2014년 문을 열었다. 카페와 갤러리, 공예품과 생활소품 숍, 미용실과 식당 등이 들어서 있는데 상점 하나하나 나름의 독특한 분위기를 가지고 있다.

반캉왓의 작은 가게들은 판매 품목과 서비스가 겹치지 않는 것을 원칙으로 한다. 3~4개의 카페가 있지만 커피를 파는 곳에서는 차를 팔지 않고, 차를 파는 곳에서는 커피를 팔지 않는 식이다. 서로 직접적인 경쟁을 하지 않고 살아갈 수 있도록 운영하기 위해서다.

반캉왓은 나타웃 룩프라싯(Nattawut Ruckprasit)에 의해 만들어졌다. 지역 예술가들이 창작 활동과 생계는 물론 제대로 된 가치를 기반으로 한 수익을 지역사회와 공유하는 것이 목적이었다. 치앙마이 예술대학교 학생들의 사진이나 조각 전시회, 현지에서 생산한 신선한 농산물을 파는 팜 마켓(Farm Market) 등 다양한 이벤트를 선보인다.

주소 191/197 Soi Wat Umong, T.Suthep, A. Muang
오픈 11:00~18:00
휴무 월요일
교통 송태우 이용 시 편도 40B. 반캉왓을 모르는 기사에게는 왓 람포엥(Wat Ram Poeng)이나 왓 퐁노이(Wat Pong Noi)라고 말하면 찾아가기 수월하다. 송태우가 많이 다니는 곳이 아니라 돌아올 때 곤란할 수 있다. 자전거나 오토바이를 이용하는 것이 여러모로 편리하다.
홈페이지 www.facebook.com/pages/Baan-Kang-Wat
map p.33

반캉왓 안 둘러보기
Inside Baan Kang Wat

강추

이너프 포 라이프
Enough For Life

요금 1인 4만 원, 2인 5만 원, 3인 6만 원, 조식 3000원 (2박 이상 예약 가능, 카드 사용 불가)
홈페이지 www.enoughforlife.com map p.33-B

빈티지한 멋이 가득

태국인 남편과 한국인 아내, 그리고 귀여운 세 아이들의 이야기로 여성 여행자들의 로망으로 떠오른 곳이다. 태국 전통 가옥을 개조해 1층은 생활 소품점, 2층은 게스트하우스로 꾸몄다.
2016년 반캉왓 인근에 카페와 식당을 갖춘 2호점을 오픈했다. 수영장이 딸려 있어 가족 여행객에게는 2호점을 추천한다. 적어도 2달 정도 여유를 두고 예약해야 한다.

캉왓 갤러리
Kang Wat Gallery

작업실 전체가 갤러리이자 숍

작업실과 전시 공간을 관람객에게 개방하는 갤러리이자 예쁜 소품을 판매하는 숍이다. 작업을 위한 도구까지 하나의 작품처럼 놓여 있지만 예술의 높은 벽은 느껴지지 않는다.
거실 한쪽에 걸어두고 싶은 작은 액자나 조형 작품은 친근한 생활 소품에 가깝다. 치앙마이의 골목길, 사람들의 일상, 팔자 좋은 개와 고양이가 그려진 엽서가 탐난다. 판매하는 모든 작품이 기념품으로 손색없다.

전화 +66 98 427 0466 map p.33-B

우위와앳 홈
Uwiwa@ Home

태국의 가정식 뷔페

뷔페라는 뜻의 태국어 '우위와'와 집이라는 뜻의 영어 '홈'을 섞어 이름 지은 식당으로 태국 가정식이 뷔페로 나온다. 점심 한 끼만 판매한다. 뷔페는 생선, 닭고기와 돼지고기를 넣은 커리, 내장을 넣은 요리 등 6가지 음식과 호박이나 바나나로 만든 디저트로 구성된다. 30B를 더 내면 국수를 추가할 수 있다. 저렴하면서도 맛있는 음식으로 점심 시간이면 반캉왓에서 가장 붐비는 곳이다.

전화 +66 89 431 7607 **오픈** 11:00~15:00 **예산** 정식 뷔페 69B(카드 사용 불가) map p.33-B

패스트 퍼펙트
Past Perfect

태국의 과거를 만날 수 있는 곳

향수를 불러일으키는 소품으로 가득 찬 디저트 카페. 엉성한 에나멜 코팅 안경, 나무로 만든 작은 집들, 색색으로 꾸민 그릇으로 채워진 장식장을 자꾸 들여다보게 된다. 커피를 제외한 스무디와 주스, 티 등의 음료와 연유와 코코넛 파우더를 듬뿍 올린 팬케이크, 달걀로 만든 아이스크림 등의 디저트를 먹을 수 있다. 주말에만 판매하는 커스터드 빵도 별미다.

전화 +66 95 451 6699 예산 음료 40B~, 디저트 50B~(카드 사용 불가) 홈페이지 www.facebook.com/PastPerfectCNX
map p.33-B

부꾸 스튜디오
Boo Koo Studio

작지만 완벽한 생활 소품

반캉왓을 설계한 빅(Big)이 운영하는 클레이 스튜디오. 20년간 점토 작업을 해온 그의 작품들은 모두 손 안에 들어오는 작은 크기로, 투박한 질감, 소수민족인 아카족을 연상시키는 색감이 특징이다.
'심플 이즈 더 퍼펙트(Simple is the Perfect)'라는 주인의 신념 때문인지 작품들 또한 매우 심플하다. 간간이 점토 체험 이벤트가 열린다.

전화 +66 95 691 0888
홈페이지 www.facebook.com/BooKoo-Studio-111198198920234 map p.33-B

예술가의 작업실

언 더 로즈
Orn The Rose

천과 바늘에 대한 모든 것

패브릭 소품점으로 의류부터 일상생활에 필요한 자잘한 소품까지, 천과 바느질로 만들 수 있는 것은 다 있다고 해도 과언이 아니다. 모두 손맛 가득한 제품이라 하나하나 눈을 뗄 수 없게 한다.
예쁜 건 기본이고 독특함은 덤이다. 주인의 센스가 보통이 아니어서 어느 것 하나 탐나지 않는 것이 없다. 가격대는 보통의 다른 패브릭 숍보다 비싼 편이다.

홈페이지 www.facebook.com/Orn-The-Roses-230722376939908 map p.33-B

마하사멋 라이브러리 카페
Mahasamut Library Cafe

빈티지한 북카페

1,000여 권의 책을 보유한 북카페. 아쉽게도 한국어 책은 없다. 여행자들이 하나둘 기부하고 오는 것도 좋겠다. 학생은 250B, 성인은 350B에 책 렌털(2권 3일 기준)도 가능하다.

블랙티에 라임과 패션프루트를 넣은 차, 우유에 꿀을 넣은 밀크허니와 간단한 토스트를 주문할 수 있다. 반캉왓 건물 중 가장 넓은 데다 개방형 구조다. 라이브 콘서트가 열리기도 한다.

전화 +66 81 620 6524 예산 음료 40B~(카드 사용 불가) 홈페이지 www.facebook.com/mahasamutlibrary map p.33-B

더 올드 치앙마이 카페 앤 에스프레소 바
The Old Chiang Mai Cafe' & Espresso Bar

숲속에서 만나는 커피 한 잔

반캉왓 예술마을에서 유일하게 에스프레소 커피를 마실 수 있는 카페다. 테라스 주변을 초록색 식물로 가득 채워 숲속에 숨어 있는 카페 같은 느낌마저 든다.

치앙라이산 원두를 사용한 커피와 와플이나 케이크 등 간단한 디저트 메뉴를 판매한다. 카페에 흐르는 재즈와 보사노바 음악은 반캉왓을 더욱 이국적으로 느껴지게 한다.

전화 +66 86 924 4424 예산 아이스 라테 65B~, 아메리카노 60B~(카드 사용 불가) 홈페이지 www.facebook.com/The-old-Chiang-mai-Cafe-Espresso-bar? map p.33-B

\ 반캉왓 주변 둘러보기 /
Outside Baan Kang Wat

강추

페이퍼 스푼
Paper Spoon

예술가 부부의 어린 시절이 담긴 복합 공간

어린 시절 소꿉놀이를 하던 상상력과 자유로움에 대한 그리움이 담긴 곳이다. 화가와 디자이너 부부가 주인으로, 하나의 담장 안에 엽서, 가방, 의류, 패션 소품을 판매하는 3개의 상점과 카페가 자리 잡고 있다.
수제 잼이 함께 나오는 스콘과 애플파이가 이곳의 추천 메뉴. 간단한 식사도 가능하다. 주말에는 사람들로 붐비니 평일에 방문할 것을 권한다.

주소 Paper Spoon, Suthep, Mueang Chiang Mai District 전화 +66 87 0427 666 오픈 11:00~18:00 휴무 수요일(비수기는 부정기 휴무) 예산 커피 50B~, 디저트 70B~(카드 사용 불가) 교통 반캉왓에서 북쪽으로 850m, 약 도보 10분. 홈페이지 www.facebook.com/Somkiatcafe map p.33-B

겁디 카페
CupDee Café

나만 알고 싶은 카페

라이찌 소다

작은 규모이지만 인심은 대인배급이다. 직접 개발한 과일 소다와 맛 좋은 커피, 그리고 음료와 함께 나오는 디저트가 주메뉴다. 맛과 착한 가격으로 단골이 많다.
실내 외의 테이블을 모두 합쳐도 겨우 10명 정도 앉을 수 있는 작은 카페이지만, 카페 한쪽에 지역 예술가의 작품을 전시·판매하는 공간이 마련되어 있다.

주소 Lan La Moon Project, Soi Wat Ram Poeng, Suthep Rd. 전화 +66 85 869 6664 오픈 10:00~22:00 휴무 부정기 휴무 예산 음료30B~, 커피 40B~(카드 사용 불가) 교통 반캉왓에서 남쪽으로 400m, 도보 6분. 홈페이지 www.instagram.com/cupdee_cupdee map p.33-A

넘버 39 카페
No.39 Café

인증샷을 위한 최적의 카페

가게를 오픈하자마자 SNS의 성지가 된 카페. 작은 호수를 중심으로 4개의 건물이 들어서 있다. 그중에서도 호수 쪽으로 한쪽 벽이 개방된 전통 가옥은 인기 만점이다.
뜨거운 햇살, 강한 빗줄기를 피할 수 있는 실내 테이블도 마련되어 있다. 커다란 유리창 밖으로 떨어지는 빗물을 감상하기 좋다. 커피와 음료, 빵과 케이크, 햄버거 등을 판매한다.

주소 Sirimungklajarn Rd., Tambon Suthep 전화 +66 86 879 6697 오픈 10:30~20:00 휴무 부정기 휴무 예산 커피·음료 50B~, 식사 70B~(카드 사용 불가) 교통 반캉왓에서 님만해민 방향으로 650m 직진한다. 도보 10분. 홈페이지 www.facebook.com/no-39chiangmai map p.33-B

비긴 어게인
Begin Again

숲속 유리 상자 안에서 즐기는 커피 한 잔

철재로 만든 골조에 커다란 유리창을 달아놓은 글라스 하우스로 마치 숲속에 있는 듯 하다. 커피와 디저트가 주메뉴였는데, 2016년부터 파스타와 버거 등도 선보이고 있다. 자연친화적이면서 모던한 스타일로 여행자들의 취향을 저격하는 카페에서 한가로운 시간을 보내 보자.

료 60B~, 프라페 95B~, 식사 100B~(카드 사용 불가) 교통 반캉왓에서 님만해민 방향으로 걷다가 1번째 왼쪽 길로 좌회전한다. 홈페이지 www.facebook.com/beginagainchiangmai map p.33-B

주소 3 Soi King Phai 전화 +66 99 762 0006 오픈 10:00~19:00 휴무 화요일 예산 커피 50B~, 음

부키타
Bhukitta

신선하고 맛있는 태국 북부 요리 전문점

반캉왓에서 5분 거리인 왓 퐁노이 바로 앞에 있는 부키타는 이 지역에서 가장 만족스러운 아침 식사를 할 수 있는 몇 안 되는 식당이다. 태국 북부 요리가 주메뉴로 푸짐하고 맛도 좋다. 로컬 식자재만 사용하며 글루텐 프리와 베지테리언 메뉴를 갖추고 있다.

식당 한쪽에서는 유명 식당과 마켓에 납품하는 리틀 스푼(Little Spoon)의 유기농 잼(220g, 140B)을 판매한다.

주소 123/1 Moo 5 T. Suthep 전화 +66 81 895 2688 오픈 07:00~19:00 휴무 10·20·30일 예산 식사 80~100B, 베이커리 70B~, 커피·음료 35B~(카드 사용 불가) 교통 반캉왓에서 나와 오른쪽으로 도보 3분. 홈페이지 www.facebook.com/bhukittachiangmai map p.33-B

새우가 들어간 카오팟꿍

강추

솜키앗 카페
Somkiat Café

중심부에서 외곽으로 더욱 여유롭게

주인의 이름을 딴 카페는 2014년 님만해민에 처음 문을 연 뒤 점점 크기를 늘려 지금의 반캉왓이 있는 퐁노이 지역에 자리를 잡았다. 도심의 작은 카페에서 벗어나면서 자연 친화적이고 여유로울 뿐 아니라 넓은 공간을 갖추게 되었다.

아이스 커피와 라테가 추천 메뉴다. 채식주의자인 커플이 독특한 레시피로 만든 베지테리언 메뉴도 먹을 만하다.

주소 105/4 Soi Wat Pong Noi 전화 +66 87 042 7666 오픈 08:30~18:00 휴무 부정기 휴무 예산 커피 50~60B, 프라페·스무디 70~85B, 식사 60~120B(카드 사용 불가) 교통 반캉왓 남쪽으로 1.2km. 자동차 4분. 도보 15분. 홈페이지 www.facebook.com/Somkiatcafe map p.33-A

49 가든
49 Garden

정원이 아름다운 곳

노란 집과 나무 위에 지은 작은 오두막, 정원이 한눈에 들어온다. 치앙마이 물가를 생각하고 갔다가는 입이 떡 벌어질 것이다. 멋진 인테리어와 다양한 메뉴를 갖췄지만 가격이 비싼 편이다. 그런데도 소개하는 이유는 딱 하나. 주말이면 대낮부터 라이브 공연을 하는 흔치 않은 곳으로, 가격과 상관없이 분위기 있는 브런치를 즐기고 싶다면 괜찮은 선택이 될 수 있다.

주소 8/8 Moo 5 Tambon Suthep 전화 +66 88 267 7354 오픈 09:00~18:00 휴무 부정기 휴무 예산 커피 70B~, 식사 120B 교통 반캉왓에서 나와 왼쪽으로 도보 3분. 홈페이지 www.facebook.com/49garden-caferampoeng map p.33-B

생망고와 새우가 들어간 샐러드

데이 오프 데이
Day off Day

방콕에서 반캉왓으로 옮겨온 카페

방콕의 데이 오프 데이가 반캉왓의 이너프 포 라이프 2호점으로 옮겨왔다. 돈을 벌겠다는 욕심보다는 느린 삶의 가치, 함께 하는 삶의 행복을 느끼기 위한 선택이었다고.
반캉왓 보다 더 깊숙한 곳에 자리 잡은 공간이지만 골목 안을 찬찬히 살피며 걷다 보면 곳곳에 숨겨진 기쁨을 발견할 수 있는 곳이다. 고단했던 마음들을 내려놓고 충분히 머무르며 돌아보는 시간을 가져보자.

주소 160/7 Moo.5 T.Suthep 전화 +66 094 613 1222 오픈 11:00~20:00 휴무 월요일 예산 커피 50~60B, 프라페·스무디 70~85B, 식사 60~120B(카드 사용 불가) 홈페이지 www.instagram.com/day_off_day map p.25-B

금붕어 식당
Keumbungeo Kitchen

매일 매일 새롭게

망원동 맛집이었던 금붕어 식당이 치앙마이로 자리를 옮겼다. 그날 그날 좋은 재료로 만드는 식단을 판매한다. 매주 유기농 제철 식자재를 사용한 5~10가지 메뉴를 선보이는데, 인스타그램에서 확인할 수 있다.
'만드는 사람이 즐거워야 먹는 손님도 맛있다'는 요시모토 바나나의 말처럼 이곳 주인은 '내가 만든 음식이 누구에게나 마지막 식사가 될 수 있다'는 마음으로 정성을 다해 음식을 만든다. 예약제로 운영하므로, 최소 하루 전에는 예약해야 한다.

주소 160/7 Moo.5 T.Suthep 전화 +66 094 613 1222 오픈 16:00~20:00(성수기에는 21시까지) 휴무 월·화요일 예산 59~500B(카드 사용 불가) 홈페이지 www.instagram.com/ga_ga_gold map p.33-B

럼펑 아트 스페이스
Rumpueng Art Space

치앙마이와 세계를 잇는 예술 놀이터

유명 예술가인 슈파차이 사츠사라(Supachai Sartsara)가 예술가들을 위해 마련한 장소. 서로 소통하기 위한 놀이의 장이다. 치앙마이를 무대로 하는 예술가들과 더불어 세계 각국의 예술가들의 작품을 전시하거나 협업, 워크숍 등을 진행하기도 한다.

아트 스페이스 한쪽에는 저녁 시간에만 문을 여는 바와 과일로 만든 수제 아이스크림을 파는 곳도 있다.

주소 23/8 Rumpeong Village, Soi Wat Umon 전화 +66 81 681 2767 오픈 11:00~18:00 휴무 부정기 휴무 교통 반캉왓에서 나와 오른쪽. 홈페이지 www.rumpuengartspace.wordpress.com map p.33-B

망고 코코넛 아이스크림

2 펭귄 빌리지
Penguin Village

치앙마이 생활예술의 바로미터

펭귄 빌리지는 치앙마이에 하나둘 생겨나는 예술인 공동체 중 하나다. 2012년 문을 연 펭귄 게토(Penguin Ghetto)라는 카페를 중심으로 같은 가치관과 이상을 가진 젊은 예술가들이 모여 독특한 디자인의 건축물, 특이한 콘셉트의 숍과 스튜디오를 열면서 하나의 마을이 형성되었다. 펭귄 게토는 원래 30대 초반의 건축가 5명으로 이루어진 건축사무소 NOTDS의 손님 대기실로 사용하던 공간이었다. 펭귄 게토 맞은편에 노트와 문구 등을 디자인해 판매하는 린닐스 스튜디오(linnil's Studio)가 생기고 이후 의류 디자인 스튜디오, 바이크 수리점, 수제 파스타 전문점 베어풋 카페(p.127) 등 5개의 건물에 입주하면서 지금의 모습을 갖추게 되었다.

금요일 저녁 7시에는 베어풋 카페의 주최로 무비 나이트가 열린다. 지난 수년간 천천히 세계적 관심사인 친환경과 수공예의 가치를 실현해가는 펭귄 빌리지를 통해 치앙마이의 새로운 예술 가치관을 만나보자.

주소 44-1 Moo 1, Canal Rd., T.Chang Peuk
전화 +66 89 18 33 224
오픈 08:00~21:00(상점마다 운영 시간 다름)
교통 마야 라이프스타일 쇼핑센터 앞에서 1004번 도로를 따라 치앙마이 대학교 방향으로 가다가 121번 도로에서 길을 건넌 후 우회전해 쭉 걸어 올라간다. 도보 20분.
map p.26-A, 휴대지도 ●-A

아기자기한 펭귄 빌리지

님만해민 & 산티땀 맛집

청 도이 로스트 치킨
Cherng Doi Roast Chicken

치앙마이에서 가장 맛있는 닭구이집

닭구이 까이양과 찹쌀밥

태국 사람이 흔히 먹는 숯불에 구운 닭고기 까이양이 맛있는 곳을 꼽으라면 이 집을 빼놓을 수 없다. 바삭한 겉과 촉촉하고 부드러운 속살로 소스 없이 먹어도 맛있다. 여기에 솜땀과 찹쌀밥인 카오니여우를 곁들이면 한 끼 식사로 훌륭하다. 또 다른 추천 메뉴로는 똠얌 국수와 작은 새우를 반죽에 튀긴 텃만꿍이 있다. 중국집에서 자장면이 맛있으면 다른 메뉴도 맛있듯, 청 도이도 마찬가지다. 현지 음식을 파는 식당들이 이른 시간에 문을 닫는 것과 달리 밤 10시까지 영업한다. 하루 종일 붐비지만 식사 시간(오후 12~1시, 저녁 6~7시)은 피하는 것이 좋다.

주소 Suk Kasame Rd., Tambon Suthep, Amphoe Mueang Chiang Mai
전화 +66 84 040 6464
오픈 11:00~22:30
휴무 월요일
예산 까이양 50B, 솜땀 40B, 카오니여우 10B(카드 사용 불가)
교통 마야 라이프스타일 쇼핑센터에서 싱크 파크 쪽으로 길을 건너 Nimman Haeminda Rd.를 따라 5분 정도 걷다가 Suk Kasame Rd.로 우회전 후 100m.
map p.32-A, 휴대지도 ●-B

치킨 라이스 코이
Chicken Rice Koyi

1200원으로 시작하는 든든한 아침

하이난식 치킨 라이스로, 삶거나 튀긴 닭밥과 내는 단일 메뉴를 판매한다. 삶은 닭은 담백하고 튀긴 닭은 고소하다. 취향에 따라 1가지를 고르거나 2가지 모두 선택할 수 있다. 닭도 닭이지만, 닭 육수로 지어 깊은 맛을 내는 밥맛이 뛰어나다. 밥을 주문하면 간간한 닭 육수를 함께 준다. 대부분의 손님이 현지인으로 여행자들에게는 아직 숨은 맛집이다. 깔끔한 실내와 친절한 주인도 이 집을 추천하는 이유. 단 돈 1200원으로 든든한 하루를 시작해보자.

주소 69/2 Siri Mangkalajarn Rd.
오픈 07:30~15:00
휴무 부정기 휴무
예산 카우만까이(삶은 닭고기 덮밥) 35B, 카우만까이 텃(튀긴 닭고기 덮밥) 35B, 반반 45B, 음료 15B(카드 사용 불가)
교통 Nimman Haeminda Rd.에서 동쪽으로 2블록에 위치한 Siri Mangkalajarn Rd.에 위치.
map p.32-D, 휴대지도 ●-E

삶은 닭과 튀긴 닭을 함께 올려주는 닭고기덮밥

누들 지미 앤 와라
NoodleJimmy and Wara

똠얌 국수

오징어 순대가 통으로 들어간 별미 국수

태국 현지식에 중국식을 가미한 메뉴를 맛볼 수 있다. 현지인들이 즐겨 먹는 맑은 육수에 쌀면을 넣은 기본 국수와 돼지고기와 해산물을 넣은 수끼, 튀긴 만두로 만든 샐러드 등이 있다. 모두 맛이 좋지만 그중에서도 45B(약 1500원)이면, 먹을 수 있는 찹쌀로 속을 꽉 채운 통오징어와 돼지고기 고명이 듬뿍 들어간 똠얌 국수를 강력 추천한다.

음식 나오는 데 시간이 좀 걸리지만, 저렴한 가격에 맛 좋은 식사를 할 수 있다.

주소 49/1 Charoensuk Rd. 전화 +66 93 229 6652
오픈 09:00~18:00 휴무 부정기 휴무
예산 어묵 국수 30B, 돼지갈비 국수 45B, 통오징어 국수 45B(카드 사용 불가)
교통 깟 수언까우 맞은 편 살사 키친 옆 골목 1번째 갈림길에서 우회전한 다음 바로 좌회전한다. 2번째 큰 사거리가 나오면 우회진 후 도보 2분.
map p.32-B

란까이양 위치앙 부리
Ran Kayang Wichiang Buri

술을 팔지 않아 아쉬운 숯불구이 닭집

통으로 익혀내는 까이양

고소한 숯불구이 냄새가 솔솔 피어오르는 식당. 숯불 화로에서 통으로 닭고기를 굽는다. 그날 준비한 양을 다 팔면 영업이 끝나는데, 보통 오후 1~2시쯤 동이 나니 그 전에 방문하자. 포장해 가는 사람이 대부분이다.

주로 현지인들을 상대로 영업하다 보니 영어가 통하지 않는다. 그러나 '까이양'과 '솜땀', '카우니여우' 이 세 마디면 주문하는 데 문제없다. 그야말로 시원한 맥주를 부르는 맛인데, 술은 팔지 않는다.

주소 Nimman Soi 11
오픈 09:00~16:00 휴무 부정기 휴무
예산 솜땀 30B, 까이양 1마리 150B, 카우니여우(찹쌀밥) 5B(카드 사용 불가)
교통 Nimman Soi 11 끝에 위치
map p.32-D, 휴대지도 ●-B

쪽톤파욤
Jok Ton Payom

태국 연예인들도 인정한 맛집

연예인들의 인증 사진이 많이 붙어 있는 돼지선짓국 맛집이다. 밤새 영업하는 것으로도 유명하다. 태국식 선짓국 '똠르앗무'는 돼지의 선지를 사용하는데, 맑은 고기 육수에 내장을 넣는 것이 특징. 오히려 맑고 담백한 국물로 깔끔한 맛을 낸다. 여기에 베트남 고추를 넣으면 얼큰한 맛이 그만이다.

다른 가게들과 나란히 붙어 있어 헷갈린다면 가게 안의 즐비한 사진과 직원들의 화려한 문신이 눈에 띄는 집을 찾으면 된다.

주소 257/15 Suthep Rd. 전화 +66 80 995 4555
오픈 24:00~13:00, 17:00~24:00
휴무 부정기 휴무
예산 똠르앗무 50B, 식사 40~60B(카드 사용 불가)
교통 Nimman Haeminda Rd.와 Suthep Rd.가 만나는 사거리에서 도이수텝 방향으로 150m 지점.
map p.32-C, 휴대지도 ●-D

차이니토 홈메이드 레스토랑
Cainito Homemade Restaurant

새로운 감각으로 재해석한 태국 가정식

최근 천정부지로 땅값이 오른 님만해민에서 차 30대를 주차할 수 있는 흔치 않은 레스토랑이다. 주메뉴는 웨스턴을 접목한 태국 가정식. 태국 소스와 양념, 향신채를 가미한 웨스턴 요리도 인기 있다.

라이스 위드 크리스피 포크 앤드 바질

튀긴 돼지고기와 밥, 바질을 곁들인 '라이스 위드 크리스피 포크 앤 바질(Rice with Crispy Pork & Basil, 130B)과 튀긴 닭고기를 곁들여 국물과 면을 따로 내오는 카오 쏘이(99B)가 추천 메뉴. 이 밖에도 태국 소스로 만든 스파게티, 란나식 돼지고기 버거, 똠얌 소스를 얹은 피자 등의 메뉴가 있다.

주소 21 Soi 5
전화 +66 89 434 9009, +66 83 764 9966
오픈 10:00~22:00 **휴무** 부정기 휴무
예산 69~180B, 디너 89~250B, 국수·스파게티 99~180B, 버거·피자 180~220B(카드 사용 불가)
교통 Nimman Haeminda Soi 5, 차이요 호텔을 지나 도보 2분.
map p.32-B, 휴대지도 ●-B

샐러드 콘셉트
Salad Concept

모두를 위한 샐러드 전문 레스토랑

망고 샐러드

유기농 농산물과 천연 재료를 쓰는 것으로 유명하다. 갖가지 샐러드와 건강 주스가 주 메뉴. 원하는 채소, 토핑, 소스를 골라 나만의 샐러드를 주문할 수 있으며, 단품 샐러드도 준비되어 있다. 일본식 간장 소스로 맛을 낸 그릴 비프 샐러드(Grilled Beef Salad, 135B)와 망고와 새우가 들어간 망고 샐러드(Mango Salad, 139B)가 맛있다. 타패 게이트 근처도 분점(94 Chai Sri Poom Soi 1)이 있다.

주소 49/9-10 Nimman Hamin Soi 13
전화 +66 53 894 455
오픈 09:00~22:00 **휴무** 부정기 휴무
예산 샐러드 125~149B, 음료 79~99B
교통 Nimmanhaeminda Rd.와 Nimman Soi 13이 만나는 길 모퉁이에 위치.
홈페이지 www.thesaladconcept.com
map p.32-A, 휴대지도 ●-B

포토
Potto

부대찌개를 파는 핫 폿 식당

고기와 해산물이 모두 들어간 수끼 세트

작지만 깔끔한 수끼 맛집으로 포토의 수끼는 취향에 따라 4종류의 육수 중 하나를 선택할 수 있다. 가장 저렴한 것은 돼지고기, 가장 비싼 것은 돼지고기와 닭고기, 해산물까지 모두 들어간다. 채소와 고기는 물론 두부, 달걀, 면 등을 추가할 수 있다.
코리안 세트를 판매하는데, 바로 부대찌개다. 가족 중 한국인이 있어서 한국 손님에게 특히 친절하다.

주소 116/5 Siri Mangkalajarn Rd.
전화 +66 80 933 3331
오픈 11:00~21:00 **휴무** 부정기 휴무
예산 수끼 세트 89~149B, 코리안 세트 129B, 달걀·두부 10B, 채소 15B, 고기 30B, 해물 35B(카드 사용 불가)
교통 Nimmanhaemin Soi 17에서 올드 시티 방향으로 걷다가 길 끝에서 좌회전.
홈페이지 www.facebook.com/PottoHotPotMaster
map p.32-D, 휴대지도 ●-E

카오쏘이 매싸이
Khaosoy Maesai

카오쏘이

북부 대표 국수 카오쏘이 전문점

태국 북부 매싸이 출신의 주인이 운영하는 국수 전문점으로 오로지 5가지 맛의 국수만 판매한다. 그중에서도 가장 인기 있는 메뉴는 카오쏘이다. 현지인뿐 아니라 치앙마이에 사는 사람이라면 가장 맛있는 카오쏘이를 파는 곳으로 이곳을 꼽는다.
주문 시 닭고기, 돼지고기, 소고기 중 하나를 선택할 수 있다. 최근에는 입소문을 타고 여행자들 사이에도 알려져 외국인 손님이 늘어나는 추세다. 카오쏘이의 매력을 아직 접해보지 못한 사람이라면 도전해보자.

주소 29/1 Ratchaphuek Alley
전화 +66 53 213 284
오픈 08:00~16:00 휴무 부정기 휴무
예산 25~40B(카드 사용 불가)
교통 Huaykaew Rd.에서 Ratchaphuek Alley를 따라 안쪽으로 도보 5분.
map p.32-B, 휴대지도 ●-C

시아 피시 누들
Sia Fish Noodles

한국 여행자들이 강력 추천하는 돼지갈비탕

돼지갈비탕

간판만 보면 어묵 국수가 대표 메뉴일 것 같은데, 이 집은 돼지갈비탕이 맛있다. 한국 여행자들 사이에서는 님만해민에 간다면 꼭 먹어야 할 메뉴로 꼽힌 지 오래됐다.
큼직하고 쫄깃한 돼지갈비 토막과 맑은 육수의 담백함이 이 집의 인기 비결이다. 갈비탕 외에도 어묵 국수나 똠얌 국수도 먹을만하다. 오후 1시가 지나면 돼지갈비탕은 동이 나므로 돼지갈비탕을 먹을 계획이라면 12시 이전에 찾는 것이 좋다.

주소 25 Nimman Soi 11 전화 +66 91 138 7002
오픈 10:00~16:30 휴무 부정기 휴무
예산 돼지갈비탕 35B, 밥 15B, 국수 35~50B(카드 사용 불가)
교통 Nimman Haeminda Rd.에서 Nimman Haeminda Soi 11 방향으로 우회전한 후 망고탱고를 지나 도보 5분.
map p.32-B, 휴대지도 ●-B

소라오
Solao

매콤새콤한 파파야 샐러드 전문점

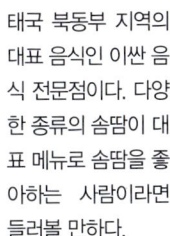
까이양과 솜땀을 함께 주문하는 것이 요령

태국 북동부 지역의 대표 음식인 이싼 음식 전문점이다. 다양한 종류의 솜땀이 대표 메뉴로 솜땀을 좋아하는 사람이라면 들러볼 만하다.
솜땀과 함께 소금으로 간해 숯불에 구운 커무양(돼지고기)이나 까이양(닭고기)을 같이 먹으면 좋다. 최근 몇 년 사이 가격이 2배 가까이 올랐지만, 한국과 비교하면 저렴한 편이고 님만해민 지역에서 이싼 음식을 맛볼 수 있는 몇 안되는 곳으로 여행자들이 많이 찾는다.

주소 43 Siri Mangkalajarn Rd.
전화 +66 89 635 5848
오픈 10:30~22:00
휴무 연중무휴
예산 솜땀 45B, 까이양 79B, 커무양 69B(카드 사용 불가)
교통 Nimman Haeminda Soi 7 골목 끝 길 건너편.
map p.32-B, 휴대지도 ●-B

닌자 라멘
Ninja Ramen

푸짐한 양과 기본에 충실한 맛

일식은 좋아하지만 양이 부족해 불만이었다면 닌자 라멘을 찾아가 보자. 맛은 기본이고 푸짐한 양에 분명 흡족할 것이다. 스몰 사이즈 라멘과 단품 초밥을 주문하면 만족도 높은 식사를 할 수 있다.
라멘 외에도 우동과 소바, 사시미와 스시, 오니기리 등의 메뉴를 갖추고 있다. 라멘이 부담스럽다면 해산물이 잔뜩 들어간 나가사키 짬뽕을 주문해보자. 중간에 브레이크 타임이 있으니 시간을 확인하고 방문할 것.

주소 3 Huaykaew Rd.
전화 +66 53 215 551
오픈 11:00~15:00, 18:00~22:00
휴무 부정기 휴무
예산 라멘 60~150B, 소바·우동 89~199B, 가라아케 40~85B, 오니기리 39B, 초밥·롤 89~259B(카드 사용 불가)
교통 Huaykaew Rd.와 Siri Mangkalajarn Rd.가 만나는 모퉁이에 위치.
map p.32-B, 휴대지도 ●-B

크레이지 누들
Crazy Noodle

톡톡 튀는 국수 맛집

태국 젊은이들 사이에서는 꽤 핫한 국숫집. 먼저 면과 육수를 고른 뒤 고명을 골라 주문한다. 5가지 굵기의 면, 3가지 맛의 육수가 있으며 토핑에 따라 가격이 달라진다. 이 집의 인기 비결을 알려면 대표 메뉴인 꾸에이띠여우 룸룻 크레이지 누들(130B)을 주문할 것. 맛도 좋지만 푸짐한 플레이팅에 눈까지 즐겁다. 바미행 깽항래(돼지고기 커리 국수)도 적극 추천한다.

주소 Siri Mangkalajarn Rd., Lane 13
전화 +66 86 541 6646
오픈 10:00~17:30
휴무 부정기 휴무
예산 45~130B(카드 사용 불가)
교통 Nimmanhaemin Rd.에서 Nimmanhaemin Soi 17을 따라 끝까지 걷다가 길을 건너 우회전한다. 다시 Soi 13으로 좌회전해 도보 2분.
map p.32-D, 휴대지도 ●-F

무카타 수콘타
Muukatha Sukontha

치앙마이 최대 규모의 고기 뷔페

치앙마이 사람은 여기 다 모인 건가 싶을 정도로 사람이 많다. 각종 고기는 물론 부속물, 해산물과 채소, 중국식과 태국식 요리, 음료(술은 별도)와 디저트까지 종류가 많다. 구이와 삶기가 동시에 가능한 불판과 숯불 화로를 제공한다. 대규모 고기 뷔페를 경험할 수 있다는 점이 매력적이지만 정갈한 음식을 먹고 싶다면 갈 곳이 못 된다. 개방형 구조에 동시에 많은 사람이 이용하다 보니 위생 관리에 한계가 있다. 태국식 뷔페 문화 체험을 위해 한 번쯤 가보는 것도 좋다.

주소 46/1 Huai Kaeo Rd. 전화 +66 53 215 666
오픈 17:30~22:00 휴무 부정기 휴무
예산 성인 209B, 아동(키 130cm 미만) 105B, 3세 미만 30B(카드 사용 불가)
교통 마야 라이프스타일 쇼핑센터에서 올드 시티 방향으로 길을 건너 Huaykaew Rd.를 따라 걷다가 Hillside Plaza Condotel를 끼고 좌회전 후 200m.
map p.32-B, 휴대지도 ●-B

하야캇 무까타
Ha Yang Kad Mukatha

한식과 일식을 접목한 고기 뷔페

한국의 쌈장과 김치를 맛볼 수 있는 태국식 고기 뷔페다. 치앙마이 젊은이들의 먹거리 유행을 반영해 일본과 한국 음식을 내놓는다. 위생적으로 운영할 뿐 아니라 고기와 채소, 각종 요리, 디저트 50여 가지를 양껏 먹을 수 있다. 새벽 4시까지 문을 열어 늦은 저녁에 식사를 하기에도 좋다.

한국보다 저렴한 가격에 고기와 쌈장, 김치를 양껏 먹을 수 있으니 금상첨화다. 구이와 삶기가 가능한 불판과 육수에 고기를 익혀 먹을 수 있는 태국식 뚝배기(도자기 냄비) 중 하나를 선택할 수 있다.

주소 20/4-5 Ratchadamli Rd.
전화 +66 93 298 4441
오픈 17:00~04:00 휴무 부정기 휴무
예산 해물 뷔페 298B, 고기 뷔페 168B(카드 사용 불가)
교통 깟 수언깨우 맞은 편 살사 키친 옆 골목 1번째 갈림길에서 우회전한 다음 바로 좌회전한다. Ratchaphuek Alley Rd. 끝 맞은 편. 도보 15분.
홈페이지 www.facebook.com/Ha.young.guss
map p.32-B

스마일리 키친
Smiley Kitchen

정갈한 일본식 집밥

깔끔한 일본 가정식을 선보이는 식당으로 소박하고 정갈한 일본식 밥집이다. 일본인 아주머니가 직접 만드는 일본식 돈가스와 가츠동, 여러 가지 일본식 반찬을 맛볼 수 있는 세트 메뉴를 맛볼 수 있다.

추천 메뉴는 매일 바뀌는 오늘의 정식으로, 점심과 저녁 다른 구성으로 일본식 도시락에 곱게 담아낸다. 물 대신 얼음을 동동 띄운 향긋한 차를 주는 것도 이 집이 사랑받는 이유다.

주소 Nimmanhaemin Soi 3
전화 +66 87 176 7566
오픈 11:30~15:00, 17:30~21:30 휴무 일요일
예산 100~250B, 점심 세트 130B, 저녁 세트 200B (카드 사용 불가)
교통 Nimmanhaemin Soi 3에 위치. Nimmanhaemin Rd.와 가깝다.
map p.32-A, 휴대지도 ●-B

느아툰 롯 이얌
Neau-Toon Rod Yiam

35년 노하우로 우려낸 소고기 육수

님만해민의 터줏대감 같은 국숫집. 진하게 우려낸 소고기 육수에 국수를 말아준다. 면의 굵기와 고명, 양을 선택해 주문한다. 한국어 메뉴를 갖추고 있어 어렵지 않게 주문할 수 있다.

소고기, 돼지고기, 닭고기를 고명으로 선택하는데, 소나 돼지의 경우 부속물도 넣을 수 있다. 소고기 국수는 향이 진해 냄새에 민감하다면 부담스러울 수도 있다. 채소와 고기, 어묵 등 토핑을 고르거나 채소와 고기를 육수와 함께 담아내는 스팀보트도 판매한다.

주소 Nimmanhaemin Rd., Soi 11
전화 +66 89 700 3479
오픈 월~금요일 10:00~20:00, 토·일요일 10:00~18:00 휴무 부정기 휴무
예산 국수 스몰 60B, 미디움 100B, 라지 180B / 스팀보트 스몰 200B, 라지 400B(카드 사용 불가)
교통 Nimmanhaemin Rd., Soi 11 사거리 코너에 위치.
map p.32-B, 휴대지도 ●-B

가가가 사카바
Gagaga Sakaba

저렴한 생맥주를 파는 이자카야

일본식 꼬치구이가 주 메뉴인 이자카야로 치앙마이에 머무는 일본인들이 많이 찾는다. 시원한 생맥주 한 잔과 입맛을 돋워주는 안주를 즐기며 하루를 마무리하려는 사람들로 늘 붐빈다. 치앙마이에서 창맥주(Chang Beer) 1병 값보다 싼 생맥주(49B)를 마실 수 있는 유일한 곳이기도 하다. 같은 메뉴가 식사용과 안주용으로 나뉘어 있어 소량 주문도 가능하다.

아키니쿠 돈부리(89B), 해물 나베(99B), 모둠 사시미(198B), 꼬치 세트(99B) 등이 추천 메뉴다.

주소 3/16, Sotsuksa Rd. **전화** +66 85 4394803
오픈 18:00~22:00 **휴무** 부정기 휴무
예산 꼬치 15~99B, 사시미 66~99B, 식사 69~99B, 술안주 39~100B, 생맥주 49B(카드 사용 불가)
교통 깟 수언깨우 맞은 편 살사 키친 옆 골목 1번째 갈림길에서 우회전한 다음 바로 좌회전한다. Ratchaphuek Alley Rd. 끝에서 우회전 후 다시 좌회전한다. 도보 20분.
홈페이지 www.facebook.com/gagagasakaba
map p.26-B, 휴대지도 ●-B

스시 지로
Sushi Jiro

일본인들이 즐겨 찾는 스시 전문점

산티땀에 위치한 이 집은 나만 알고 싶은 식당이라는 말이 있을 정도로 인기 있다. 일본인 손님이 많아 영어보다 일본어가 더 잘 통한다. 가격이 너무 저렴해 맛이 의심되다가도 일단 먹고 나면 이것저것 주문하게 된다.

초밥은 개당 15B 정도로 우리나라 돈 약 3500원(109B)이면 스시 세트를 먹을 수 있다. 스시 외에 일본식 돈가스, 모밀 소바, 우동, 돈부리, 가츠동 같은 식사 메뉴도 갖추고 있다. 서민을 위한 일식당인 만큼 내부는 소박하다.

주소 22 Ratchadamli Rd. **전화** +66 53 215 551
오픈 11:30~14:00, 17:30~23:00
휴무 7 · 17 · 27일 **예산** 15~150B(카드 사용 불가)
교통 깟 수언깨우 맞은 편 살사 키친 옆 골목 1번째 갈림길에서 우회전한 다음 바로 좌회전한다. Ratchaphuek Alley Rd. 끝에서 우회전. 도보 18분.
map p.32-B, 휴대지도 ●-B

마크 우동
Mark Udon

소량씩 골라 먹는 재미가 쏠쏠

저녁 시간이 되면 치앙마이 대학교 정문 앞, 마린 플라자(Malin Plaza) 뒤쪽에 노점들이 문을 연다. 그중 가장 눈에 띄는 노점이 바로 마크 우동이다.

갖가지 튀김과 우동, 초밥을 판다. 양이 적은 듯싶지만 우동 한 그릇에 튀김을 서너 개 올리면 한 끼 식사로 충분하다. 저렴한 가격의 초밥, 사시미, 연어 스테이크, 고등어 구이도 인기 메뉴. 식사가 끝나면 녹차 아이스크림이 디저트로 나온다.

주소 99 Huaykaew Rd. **전화** +66 82 937 8368
오픈 16:30~21:45 **휴무** 부정기 휴무
예산 우동 30B, 튀김 5~10B, 사시미 세트 159B(카드 사용 불가)
교통 마린 플라자 뒤편 주차장 앞.
홈페이지 www.facebook.com/Markudon-514924288691148 map p.26-A, 휴대지도 ●-A

무스 카츠
Mu's Katsu

일본식 돈가스와 스파게티의 조화

님만해민에서 가장 저렴하면서도 맛있는 돈가스를 판매하는 곳. 두툼한 일본식 돈가스와 밥, 미소국이 세트로 구성된 돈가스 러버스가 가장 인기 있는 메뉴다. 기본 양의 돈가스 세트, 스파게티와 돈가스가 한 접시에 나오는 알프레도 카츠, 나폴리안 카츠도 맛있다.
모든 돈가스는 닭고기, 돼지고기, 돼지고기 안심, 생선 중 선택할 수 있다. 생선이나 안심을 선택할 경우 20B가 추가된다. 오믈렛이나 가츠동도 맛있다.

주소 Nimman Haemin Rd., Soi 8
전화 +66 88 407 3355
오픈 12:00~21:00(주문 마감 20:30) 휴무 화요일
예산 돈가스 세트 99B, 돈카츠 러버스 175B, 알프레도 카츠 135B, 나폴리안 돈카츠 115B, 카츠 커리 115B, 규동 135B(카드 사용 불가)
교통 마야 라이프스타일 쇼핑센터에서 Nimmanhaemin Rd. 남쪽으로 걷다가 Soi 8에서 우회전한다. 도보 8분.
홈페이지 www.mus-katsu.com,
www.facebook.com/MusKatsu
map p.32-C, 휴대지도 ●-E

베어풋 카페
Barefoot Café

주문과 동시에 만드는 생면 파스타

예술가 공동체인 펭귄 빌리지 안에 위치한 베어풋 카페는 눈앞에서 주문한 음식이 만들어지는 과정을 볼 수 있는 작은 이탈리아 식당이다. 음식 나오는 속도가 느린 데다 간간이 문을 닫는다. 하지만 건강한 재료로 만드는 손맛 가득한 파스타가 먹고 싶다면 이곳으로 가야 한다.
유기농 먹거리만 고집하며, 모두 직접 만들고 화학조미료를 사용하지 않는다. 주문과 동시에 면을 뽑는 생면 파스타와 얇게 도를 사용한 피자가 대표 메뉴다.

주소 116/5 Siri Mangkalajarn Rd.
전화 +66 83 564 7107
오픈 11:00~21:00 휴무 부정기 휴무
예산 파스타 120B, 라자냐 150B, 피자 200B(카드 사용 불가) 교통 펭귄 빌리지 내에 위치.
홈페이지 www.facebook.com/barefootcafechiangmai map p.26-A, 휴대지도 ●-A

아이베리 가든
Iberry Garden

태국에서 가장 맛있는 아이스크림 전문점

태국의 유명 코미디언 우돔 태파니치(Udom Taepanich)가 운영하는 곳이다. 독특한 조형물로 거대한 놀이터 같은 정원, 100여 가지 아이스크림으로 유명하다. 우돔 자신을 형상화한 캐릭터들이 곳곳에 놓여 있다.
정원도 아름답지만 망고 라이치, 두리안 등 열대과일을 비롯한 신선한 재료의 아이스크림은 여러 매체에서 태국 최고의 아이스크림으로 꼽힐 만큼 맛으로도 맛있다.

주소 Sai Nam Phueng Soi 전화 +66 53 895 181
오픈 10:30~22:00 휴무 부정기 휴무
예산 80~120B(카드 사용 불가)
교통 Sai Nam Phueng Soi 길 중간에 위치.
홈페이지 www.iberryhomemade.com
map p.32-D, 휴대지도 ●-E

더 반이터리 앤 디자인
The Barn Eatery And Design

치앙마이 대학교 학생들의 아지트

치앙마이 예술대학교 학생들이 학생들에게 편의를 제공할 목적으로 문을 열었다. 전기 콘센트와 와이파이를 무료로 제공하고 오랜 시간 앉아 있어도 눈치를 주지 않아 숙제나 작업을 하는 대학생들이 많다. 재학생들에게는 전시할 수 있는 자리를 내어주고 판로가 없는 예술가들의 수공예품을 판매하는 공간도 마련되어 있다.

커피는 물론 빵과 케이크, 간단한 태국 음식, 파스타와 샌드위치 등을 판매한다.

주소 14 Soi 4 Srivichai Rd.
전화 +66 94 049 0294
오픈 10:00~01:00 **휴무** 연중무휴
예산 음료 40~60B, 식사·디저트 60B~(카드 사용 불가)
교통 왓 수안독 근처.
홈페이지 www.facebook.com/thebarnchiangmai
map p.32-C, 휴대지도 ●-E

라몬 카페
Lamon Café

한 걸음 쉬어가는 카페

한국 여성 여행자들 사이에서 '치앙마이에서 꼭 가봐야 할 카페'로 꼽히던 딘디가 라몬으로 이름을 바꿨다. 전 주인과 함께 일하던 에이가 가게를 인수받았는데, 예전의 아기자기함을 여전히 간직하고 있다.

흙으로 마감한 내외벽과 따뜻한 느낌의 원목 가구가 절묘하게 조화를 이룬다. 조용한 음악과 다소 어두운 실내는 편안함을 더한다. 10년 넘게 사랑받아온 홈메이드 케이크와 차 맛도 그대로다. 녹차 크럼블 치즈 케이크와 사케라토가 추천 메뉴. 간단한 태국 음식도 판매한다.

주소 239 Nimmanheimin Rd. **전화** +66 53 289 046
오픈 09:00~18:00 **휴무** 월요일
예산 90~290B(카드 사용 불가)
교통 치앙마이 대학교 아트센터 앞.
map p.32-C, 휴대지도 ●-D

샤린 홈메이드 파이
Charin Homemade Pie

남다른 바삭함과 촉촉함, 파이 전문점

치앙라이에서 수제 파이로 정평이 난 샤린 가든 리조트(Charin Garden Resort)의 분점. 일본 잡지나 여행서에도 여러 번 소개되었다. 이 집의 파이는 버터 양을 줄인 반죽으로 바삭하고 촉촉함 식감을 잘 살린 것이 특징이다.

커스터드 크림과 머랭을 넣은 파이가 대표 메뉴로, 파이 속 커스터드와 머랭이 부드럽고 바삭하다. 머랭 파이는 4종류로 레몬, 바나나, 옥수수, 코코넛 맛이 있다. 단, 케이크의 가격이 다른 곳보다 약 2배 비싸다.

주소 20 Nimmanhemin Soi 17
전화 +66 53 221 863
오픈 08:00~21:00 **휴무** 부정기 휴무
예산 케이크 1조각 64~90B(카드 사용 불가)
교통 Nimmanhaemin Soi 17 길 중간에 위치. 에스에스 1254372 카페 맞은 편.
홈페이지 www.facebook.com/CharinPie
map p.32-A, 휴대지도 ●-E

러스틱 앤 블루
Rustic & Blue

직접 키운 농산물로 만드는 건강한 밥상

농장에서 직접 재배한 농산물로 건강한 밥상을 선보인다. 실내외 모두 나무로 인테리어 한 자연친화적인 공간이다. 낮에는 싱그럽고, 밤에는 로맨틱한 분위기를 자아내 오감으로 즐기는 식사의 의미를 알게 해준다.

그릴에 구운 채소와 그래놀라, 브리 치즈가 곁들여 나오는 러스틱 웜 브리 샐러드(Rustic Warm Brie Salad, 225B)와 수제 초리소와 고트 치즈를 넣은 초리소 토마토 샐러드(Chorizo Tomato Salad, 215B)를 추천한다. 30가지 이상의 허브, 과일 차와 함께 홈메이드 치즈와 요거트, 빵 등을 포장 판매한다.

주소 Nimman Soi 7 전화 +66 866 547 178
오픈 화~금요일 08:30~21:00, 토 · 일요일 08:30~22:00 휴무 월요일
예산 식사 175~295B, 빵 79~155B
교통 Nimmanhaemin Soi 7 길 중간에 위치.
홈페이지 www.facebook.com/rusticandbluechiangmai map p.32-A, 휴대지도 ●-B

리스트레이토 커피
Ristr8to Coffee

세계 6위 바리스타 오너의 커피 전문점

2011년 세계 바리스타 대회에서 6위를 차지한 아론(Aron)이 사장이며, 바리스타들도 수상 경력이 있는 전문가들이다. 소이 13에 있는 2호점인 리스트에이토 랩에서는 로컬 원두와 세계적인 스페셜리티 원두를 블렌딩해 만든 컬트 커피, 카카오 또는 박하 향을 조합한 커피 칵테일 등 독특한 커피를 판매한다.
본점보다는 실내외에 좌석이 있는 2호점을 추천한다.

주소 본점 15/3 Nimmanhaemin Rd. / 2호점 Nimmanhaemin Rd., Soi 3
전화 +66 53 215 278
오픈 본점 07:00~18:00, 2호점 08:30~19:00
휴무 본점 부정기 휴무, 2호점 화요일
예산 98~198B(카드 사용 불가)
교통 마야 라이프스타일 쇼핑센터에서 Nimmanhaemin Rd. 남쪽으로 도보 5분.
홈페이지 www.ristr8to.com
map p.32-A, 휴대지도 ●-B

카페 마우스필
Cafe Mouthfeel

커피 향이 스며든 나무집

2층 나무 건물은 오래된 쌀 저장소를 재활용한 것으로 세월의 흔적을 느낄 수 있다. 1층은 실내와 외부에 테이블이 놓여 있고, 2층은 개방된 구조다. 정원 너머로 한적한 거리가 보이고, 불어오는 바람에 마음까지 차분해진다.
핸드 드립 커피와 라테의 맛이 제대로다. 튀긴 닭이나 돼지고기, 달걀말이 등 1가지 요리와 밥, 샐러드가 나오는 식사 메뉴는 저렴하고 맛있다.

주소 36 Taewarit Rd.
전화 +66 89 758 9595
오픈 10:00~20:00 휴무 부정기 휴무
예산 커피 · 음료 40~75B, 식사 48~68B(카드 사용 불가)
교통 마야 라이프스타일 쇼핑센터에서 11번 도로 북쪽으로 걷다가 Taewarit Rd.에서 우회전 후 도보 4분.
홈페이지 www.facebook.com/Cafemouthfeel
map p.32-B

에스에스1254372 카페
SS1254372 Café

치앙마이 예술의 단면을 보여주는 카페

치앙마이의 예술 동향을 알아볼 수 있는 카페. 숫자가 묘하게 꼬여 있어 이름을 기억하기 힘들지만 동그란 창과 조형물로 한눈에 알아볼 수 있다. 이 카페의 주인은 꽤 유명한 예술가다. 갤러리에서는 그의 작품은 물론 다른 예술가의 작품도 전시·판매한다. 예술에 관심이 많은 사람에게 추천할만하다.
에그 베네딕트(165B), 샌드위치(175B), 베이글(175B) 등의 식사 메뉴는 오후 2시 전까지만 주문할 수 있다. 그 이후로는 커피, 주스, 차 등의 음료만 가능하다. 먹거리보다는 볼거리가 충실하며, 기념품을 구입하기에 좋다.

주소 22/1 Soi NimmanHemin Soi 17
전화 +66 93 831 9394
오픈 08:00~18:00 휴무 월요일
예산 커피·차 55~90B, 식사 145~175B
교통 Nimmanhaemin Soi 17 길 중간에 위치.
홈페이지 www.facebook.com/ss1254372cafe
map p.32-D, 휴대지도 ●-E

로컬 카페
LOCAL CAFÉ

독창적 메뉴를 선보이는 카페

과일즙 얼음을 넣은 아이스큐브

입구의 샤넬 백을 멘 거대한 검은 고양이가 눈길을 사로잡는다. 샌드위치, 스파게티, 샐러드 등 메뉴가 다양하다.
추천 메뉴는 과일즙을 얼린 얼음에 주스나 우유를 넣는 아이스 큐브(85B), 생망고와 망고 크레이프, 망고 마니아(Manggo Mania, 185B), 꿀과 2가지 맛의 아이스크림을 곁들인 미니 허니 토스트(Mini Horny Toast, 165B)가 있다. 가격이 비싼 편이지만, 이렇게 아이디어가 돋보이는 메뉴를 맛볼 수 있다.

주소 165 Huaykaew Rd. 전화 +66 53 215 250
오픈 10:30~22:00 휴무 부정기 휴무
예산 커피·음료65~95B, 아이스크림 125~165B, 케이크·크레이프 75~95B, 식사 125~165B(카드 사용 불가)
교통 마야 라이프스타일 쇼핑센터 맞은편 싱크 파크 내 위치.
홈페이지 www.facebook.com/lovelocalcafe
map p.32-A, 휴대지도 ●-B

플로어 플로어
Flour Flour

자연 효모로 발효시킨 빵을 파는 반짝 카페

오전에만 반짝 문을 열었던 작은 식당이 문을 연지 1년만에 종일 문을 여는 베이커리 앤 카페로 성장했다. 자연 효모종으로 발효시킨 빵으로 만든 토스트와 핸드 드립 커피가 주 메뉴. 유기농 재료는 물론 자연 효모를 사용해 정직하게 만든다.

흑미로 만든 번, 대나무 숯을 이용한 대나무 빵은 다른 빵에 비해 고소하고 담백하다. 여기에 꿀이나 직접 만든 잼, 과일 등을 얹은 여러 종류의 토스트를 먹을 수 있다.

땅콩버터를 얹은 잡곡빵과 아이스커피

주소 Nimmanhemin Soi 17
전화 +66 92 916 4166
오픈 월·수~금 08:30~16:00, 화요일 08:00~15:00, 토·일요일 08:00~17:00 휴무 부정기 휴무
예산 빵 30~95B, 핸드 드립 커피 80B(카드 사용 불가)
교통 Nimmanhaemin Soi 17 길 중간에 위치.
map p.32-D, 휴대지도 ●-E

홈 카페
Hohm Café

어쿠스틱 기타 소리가 어울리는 다락방과 정원

푸른 나무와 나무 집, 테이블이 놓인 정원에서는 주말이면 라이브 공연이 열린다. 나무 집 2층의 창 넓은 다락방이 명당이다.

대표 메뉴는 주인이 개발한 밀리터리 티(스몰 65B, 미디움 75B, 라지 85B). 차가운 우유에 에스프레소나 티를 부어먹는다. 이외에 커피와 차, 스무디 등의 음료와 태국식과 웨스턴식 브런치 메뉴도 있다. 님만해민에서 먼데다 대중교통으로 찾아가기 어렵다. 자전거나 오토바이 이용을 추천한다.

밀리터리 티

주소 129/11 Ban Phae Soi 7, Changpuke Mueng
전화 +66 86 189 3406
오픈 11:00~18:00 **휴무** 목요일
예산 커피·음료 55~85B, 식사 59~99B(카드 사용 불가)
교통 마야 라이프스타일 쇼핑센터를 왼쪽에 두고 직진해 Jed Yod Rd.로 좌회전 후, 길이 끝나는 삼거리에서 다시 한 번 좌회전한 다음 Ban Pae Soi 1 방향으로 우회전한다. 500m 직진 후 Ban Pae Soi 1을 따라 우회전.
홈페이지 www.facebook.com/hohmcafe
map p.26-F, 휴대지도 ●-B

헬시 비 카페
Healthy B Café

디지털 노마드의 건강한 작업장

치즈 아보카도 파니니

로컬 농산물을 이용하는 카페로, 한마디로 건강한 작업장이라 할 수 있다. 공간을 셋으로 나누어 회의나 공동 작업이 가능한 자리를 따로 만들어 놓았다. 디지털 노마드족이 많이 찾는 곳으로 간간이 '디지털 노마드의 밤'이라는 이벤트를 열기도 한다. 일하는 사람들의 원기 회복을 위한 각종 부스터 음료와 간단한 식사를 판매한다.

주소 18 Nimman Haemin Soi 5
전화 +66 95 496 2224
오픈 08:00~17:00 **휴무** 부정기 휴무
예산 음료 50B~, 식사·디저트 70B~(카드 사용 불가)
교통 Nimmanhaemin Soi 5 길 중간에 위치.
홈페이지 www.facebook.com/HealthyBcafe
map p.32-B, 휴대지도 ●-B

제니 스쿱
Janie Scoop

작지만 알찬 수제 아이스크림 전문점

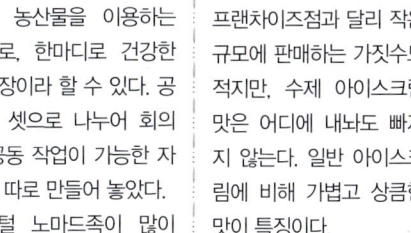

망고, 베리, 홋카이도 밀크 3가지 맛

프랜차이즈점과 달리 작은 규모에 판매하는 가짓수도 적지만, 수제 아이스크림 맛은 어디에 내놔도 빠지지 않는다. 일반 아이스크림에 비해 가볍고 상큼한 맛이 특징이다.

20가지 맛이 있는데 망고 셔벗, 홋카이도 밀크, 코코넛 밀크를 추천한다. 쿠키, 머핀, 브라우니 등의 디저트 메뉴도 있다. 굳이 흠을 잡자면 그다지 친절하지 않다는 것. 아이스크림만 맛있게 먹자.

주소 14/2 Nimmanhaemin Soi 5
전화 +66 53 221 863, +66 84 043 3338
오픈 13:00~21:30 **휴무** 부정기 휴무
예산 1스쿱 35B, 2스쿱 65B, 3스쿱 95B(카드 사용 불가)
교통 Nimmanhaemin Soi 5 중간 길 모퉁이에 위치.
홈페이지 www.facebook.com/JanieScoop
map p.32-A, 휴대지도 ●-B

님만해민&산티땀
Nimmanhaemin & Santitham

님만해민의
신박한 카페 순례

치앙마이 대학교를 중심으로 형성된 번화가 님만해민은 치앙마이의 홍대라고 불릴 만큼 젊고 감각적인 동네다. 님만해민이 주목받으며 님만 로드를 중심으로 양옆 지역은 물론 올드 시티 북쪽의 산티땀 지역까지 상권이 커지고 있다.

님만해민 하면 떠오르는 카페 리스트레토가 분점인 리스트레토 랩을 선보이면서 꾸준히 인기를 끌고 있고, 젊은 작가들의 기발한 전시 공간으로 더 유명한 시스케이프와 함께 운영되는 에스에스1254372 카페, 태국의 국민 코메디언이 주인인 아이베리 가든과 로컬 카페 등 치앙마이 여행서에 절대 뺄 수 없는 대표 카페도 이곳에 있다.

아침에만 문을 여는 반짝 카페가 있는가 하면, 예술가가 운영하는 작은 아트 카페, 세계적인 커피 대회에서 여러 번 수상한 경력이 있는 바리스타의 카페, 미대생들의 작업실 카페 등 다양한 콘셉트의 카페들이 님만해민의 문화로 자리 잡고 있다.

님만해민 중심가에서 벗어나 북쪽의 매림과 항동 지역의 숨은 카페들과 남쪽의 반캉왓을 중심으로 형성된 카페촌까지 카페 순례의 루트는 무궁무진하다. 태국 북부의 커피, 카페 문화를 탐방하면서 태국 북부 지역의 또 다른 일상, 님만해민의 남다른 트렌디함을 따라가보자.

숯불구이 닭과 마시는 맥주,
태국식 치맥

동남아 이곳저곳에 한국식 치맥이 유행이지만, 태국식 치맥도 그 맛이 환상적이다. 숯불에 구워내는 닭고기 까이양과 함께 즐기는 맥주 한 잔은 또 다른 매력을 선사한다.

까이양은 소금과 마늘로 간을 해 숙성한 생닭을 통으로 숯불 위에 굽는다. 숯 향을 입은 바삭한 껍질과 촉촉하고 부드러운 속살이 딱 맥주를 부르는 맛이다. 여행길 해가 저물 무렵, 까이양을 판매하는 숯불구이 집을 찾아보자.

올드 시티는 거리에서 생선과 닭을 굽는 럿 롯 레스토랑(p.80)이 있고, 님만해민에는 청 도이 로스트 치킨이 있다. 그리고 골목골목 현지인들을 상대로 하는 숯불구이 집이 꽤 많다.

단, 태국은 술을 팔지 않는 곳이 많으니 식당에 문의한 후 편의점에서 술을 사다가 마시는 것도 방법. 태국은 오후 2시부터 5시까지는 어디서도 술을 팔지 않는 다는 것도 잊지 말자.

 **여긴 꼭 가야 돼!
님만해민의 치맥 맛집**

청 도이 로스트 치킨 → P.120
치킨 라이스 코이 → P.120
란까이양 위치앙 부리 → P.121
소라오 → P.123

님만해민 & 산티땀 나이트라이프

Night Life

마야 힐 루프톱 바
Maya Hill Rooptop bar

에지 있게 하루를 마무리하기

치앙마이의 야경을 배경으로 칵테일 한잔하며 하루를 마무리하고 싶다면 이곳으로 가자. 님만해민의 야경도 멋있지만 날씨가 좋으면 멀리 있는 수텝산과 일몰을 볼 수 있다. 6개의 각기 다른 콘셉트의 바가 모여 있는데 가장 인기 있는 곳은 미스트 바(Myst Bar). 수십 가지 칵테일, 주말 밤에 운영되는 라이브 공연과 디제잉이 인기 비결. 단, 가격이 만만치 않다. 좀 더 저렴하게 술을 마시려면 버켓 시아메즈 바(Buckets Siamese Bar), 더 루프(The Roof), 유어 바(Your Bar)로 가자.

주소 55/5 Huay Kaew Rd.
전화 +66 61 512 6768
오픈 16:00~24:00 **휴무** 부정기 휴무
예산 맥주 100B~, 칵테일 150B~, 양주 1000B~
교통 마야 라이프스타일 쇼핑센터 꼭대기 층에 위치.
홈페이지 www.mayashoppingcenter.com
map p.32-A, 휴대지도 ●-B

웜 업 카페
Warm Up Café

15년간 군림해온 밤의 제왕

님만해민에서 가장 핫한 장소로 레스토랑, 야외, 클럽 존으로 나뉘어 있다. 사람들이 가장 많이 찾는 곳은 당연히 클럽 존! 밤 8시 30분부터 라이브 공연과 디제잉이 시작되지만 진짜는 밤 10시 이후부터다. 다른 곳에서 한잔하고 웜 업 카페에서 밤을 불태우려는 청춘들이 모여든다.

주소 40 Nimmanhaemin Rd. **전화** +66 91 412 8767
오픈 18:00~02:00 **휴무** 부정기 휴무
예산 맥주 100B~, 칵테일 150B~, 양주 1000B~, 식사·안주 70~300B
교통 Nimmanhaemin Rd.에서 Nimmanhaemin Soi 12 지나 바로.
홈페이지 www.facebook.com/warmupcafe1999
map p.32-C, 휴대지도 ●-E

인피니티 클럽
Infinity Club

클러빙의 원조 클럽

영국 빈티지 스타일을 표방하는 세련된 내부와 라이브 음악으로 뜨거운 밤을 보낼 수 있는 클럽이다. 방콕과 치앙마이에서 활동하는 유명 DJ들의 디제잉, 가수들의 라이브 공연이 끊이지 않는다. 재즈와 록은 물론 일렉트릭, 솔(Soul), 하우스까지 다양한 장르의 라이브를 즐길 수 있다. 스페셜 이벤트는 밤 10시 이후에 시작되니 참고할 것.

주소 Nimmanhaemin Soi 6 **전화** +66 53 400 676
오픈 18:00~24:30 **휴무** 부정기 휴무
예산 양주 850B~, 맥주 100B~
교통 Nimmanhaemin Soi 6 길 끝에 위치.
홈페이지 www.facebook.com/infinityclub.chiangmai
map p.32-A, 휴대지도 ●-A

라이즈 루프톱 바 맷 아키라 호텔
RISE Rooftop Bar at Akyra Hotel

나에게 선물하는 호사

최근 님만해민에 생긴 5성급 호텔 아키라의 루프톱 바로 사방이 모두 개방되어 있어 아름다운 뷰를 선사한다. 특히 수영장은 한 면을 강화 유리로 만들어 색다른 분위기를 자아낸다. 물론 가격이 비싸다. 오후 5시 30분부터 6시 30분까지는 해피 아워로 술을 한 잔 마시면, 한 잔이 무료나. 이탈리안 레스토랑도 함께 운영하므로 식사를 하기도 좋다.
한 번쯤 호사를 부리고 싶을 때, 수텝 산 너머로 지는 해를 안주 삼아 칵테일 한잔해도 좋지 않을까?

주소 22/2 Nimman Haemin Rd., Soi 9
전화 +66 2 514 8112
오픈 13:00~01:00 휴무 부정기 휴무
예산 와인·맥주 200B~, 칵테일 350B~
교통 Nimmanhemin Soi 9 길 중간에 위치.
홈페이지 www.theakyra.com/chiang-mai/dining/akyra-manor-rise-bar
map p.32-B, 휴대지도 ●-B

비어 랩
Beer Lab

100여 가지가 구비된 맥주 천국

이 가게의 부제인 맥주의 집(House of Beer)이라는 말 그대로 100여 가지의 세계 맥주와 수제 생맥주를 판매한다. 희귀한 맥주가 아니라면 원하는 맥주를 마실 수 있다. 특히 맥주를 넣은 칵테일인 비어 인퓨즈(Beer-infused)는 맥주를 좋아하지 않는 사람에게 추천할 만하다. 간단한 식사와 안주도 판매한다. 버거와 샌드위치, 립이나 치킨윙 등이 추천 메뉴. 해 질 무렵 식사를 하면서 맥주를 한잔 곁들여보자.

주소 Nimmanhemin Soi 12
전화 +66 97 997 4566
오픈 17:30~24:00 휴무 부정기 휴무
예산 식사 120~250B
교통 Nimmanhemin Soi 12와 Nimmanhemin Soi 15 사이에 위치.
map p.32-C, 휴대지도 ●-E

더 비어 리퍼블릭
The Beer Republic

엄선한 50여 가지 세계 맥주를 생맥주로!

호랑이가 드럼통을 끌어안고 있는 간판이 재미 있는 곳. 기네스, 에딩거, 린더만, 삿포로, 레페 등 50여 가지의 드래프트 맥주를 맛볼 수 있다. 어떤 걸 고를지 고민이라면 5가지 맥주를 골라 마실 수 있는 샘플러(295~550B)를 주문하자. 간단한 안주부터 든든하게 한 끼 먹을 수 있는 메뉴도 준비되어 있다.

주소 Nimman Haemin Soi 11
전화 +66 81 531 4765
오픈 16:00~24:00(주문 마감 23:30)
휴무 부정기 휴무
예산 안주 49~100B, 식사 100~890B, 맥주 100B~
교통 Nimmanhaemin Soi 11 길 모퉁이에 위치.
홈페이지 www.beerrepublicchiangmai.com
map p.32-B, 휴대지도 ●-B

님만해민 & 산티땀 마사지

님만 하우스 타이 마사지
Nimman House Thai Massage

커플 마사지를 받기 좋은 곳!

두 사람이 가면 할인해주는 타이 마사지 숍으로, 동행과 손잡고 가기 좋다. 기본 마사지부터 스파 패키지까지 2명이 가면 1인당 각각 25~50B 정도 할인받을 수 있다. 커플, 친구, 가족과 함께한 여행자들이 활용하면 좋다.

마사지 공간은 개별룸과 커플룸으로 나뉘어 있어 프라이빗한 서비스를 받을 수 있다. 14가지 단품 마사지와 여러 코스로 구성된 13가지 스파가 준비되어 있다. 2003년 문을 열어 10여 년의 노하우를 가진 곳으로 실력도 믿을 만하다.

주소 59/8 Nimmanhaemin Rd.
전화 +66 53 218 109
오픈 10:30~22:00 휴무 부정기 무휴
예산 전통 마사지(1시간) 1인 250B, 2인 450B / 기본 스파 패키지(2시간) 1인 600B, 2인 1100B
교통 Nimmanhaemin Rd.에서 Nimmanhaemin Soi 12를 지나 아래로 내려가면 웜 업 카페 맞은편.
홈페이지 www.nimmanhouse.com
map p.32-C, 휴대지도 ●-E

오아시스 스파 치앙마이
Oasis Spa Chiang Mai

태국 대표 브랜드 럭셔리 스파

방콕과 푸껫, 파타야 등 태국 전역에 11개 지점을 둔 대표 스파 브랜드로 치앙마이에만 4개 지점이 있다. 고급스러움과 수준 높은 서비스를 지향해 입구부터 전통과 고급스러움이 느껴진다. 내부도 란나 양식을 극대화해 물과 나무, 꽃의 조화가 돋보인다.

스파는 단품부터 코스까지 다양하게 준비되어 있다. 타이 전통 마사지는 기본 2시간으로 1700B다. 란나 전통 마사지를 중심으로 하는 허브 볼과 핫 오일로 구성된 란나 시크릿 스파 패키지는 2시간에 2700B로 가장 기본이면서도 인기 있다.

주소 102 Sirimuangklajan Rd.
전화 +66 53 920 111
오픈 10:00~22:00 휴무 부정기 휴무
예산 마사지 1200~1800B, 패키지 2700~7500B
교통 올드 시티 방향 Nimmanhaemin Soi 17 끝에서 좌회전 후 빅토리아 호텔을 지나 도보 2분.
홈페이지 www.oasisspa.net
map p.32-D, 휴대지도 ●-E

타마 마사지
Thamma Massage

깨끗하고 합리적인 가격의 마사지 숍

최근 문을 연 마사지 숍으로 합리적인 가격에 서비스를 제공한다. 님만해민의 평범한 마사지 숍들과 가격대가 비슷하지만, 더 깔끔하고 수준 높은 서비스를 제공한다.

이곳은 마사지 룸이 리셉션과 분리되어 있어 조용하고 편안할 뿐 아니라 마사지 전에는 가벼운 족욕을, 마사지 후에는 차나 음료, 물수

건을 제공한다. 또 고급 스파에서 5000B 이상을 호가하는 마사지 4가지 3시간 코스를 타마에서는 반값 정도에 받을 수 있다. 거품을 뺀 합리적인 가격의 패키지 스파를 찾는다면 타마 마사지로 가보자.

주소 2/1 Sainumphueng Rd.
전화 +66 95 687 4014
오픈 10:00~22:00 휴무 부정기 휴무
예산 마사지 250~800B, 패키지 2000~2800B
교통 Nimmanhaemin Soi 17 다음 길인 Sai Nam Phueng Soi 길 중간에서 아이베리 가든을 등지고 오른쪽으로 도보 3분.
홈페이지 www.thammamassage.com
map p.32-D, 휴대지도 ●-E

치바 스파
Cheeva Spa

님만해민의 최고급 웰니스 스파

치앙마이에 2개 지점을 둔 스파로 호텔 못지않은 서비스를 제공한다. 란나 전통 스타일로 꾸민 인테리어, 숙련된 전문가까지 시설과 전문성을 모두 갖춘 곳이다. 2시간부터 최대 4시간 30분이 소요되는 12가지 마사지 패키지를 갖춘 것도 이곳의 명성에 한몫했다.

패키지 스파 중에서 발과 전신 마사지, 얼굴 관리로 마무리하는 리프레싱 패키지(Refreshing Package)와 발, 허브 볼, 전신, 아로마 오일 마사지를 모두 받을 수 있는 파라다이스 패키지(Paradise Package)를 추천한다. 저렴한 숍에 비하면 가격이 몇 배이지만, 내게 주는 선물로 생각하면 어떨까. 님만해민에 머문다면 무료 픽업·드롭 서비스를 이용할 수 있다.

주소 Sirimangkhalajarn 6, Soi 7 Sirimangkhalajarn Rd.
전화 +66 53 405 129
오픈 10:00~21:00 휴무 부정기 휴무
예산 1200~4800B
교통 올드 시티 방향 Nimmanhaemin Soi 17 끝에서 길 건너 좌회전한다. 1번째 오른쪽 골목.
홈페이지 www.cheevaspa.com
map p.32-D, 휴대지도 ●-E

라파스 마사지
Lapas massage

합리적 가격의 스파 패키지 공략

건물 밖에 색색의 우산이 매달려 있어 눈에 잘 띈다. 화려하고 고급스러운 건 아니지만 깔끔하게 잘 정돈되어 있다. 이 집의 장점은 적정한 수준의 가격과 서비스다. 타이 전통 마사지는 1시간에 300B부터, 허브 볼 마사지는 1시간 30분에 800B 선이다.

스파는 8가지가 있다. 그중에서도 1시간 30분 소요되는 미니 스파(750B)는 보디 스크럽과 오일 마사지, 발 마사지가 포함되며 가격도 저렴하다. 가장 비싼 스파도 1400B 정도로 저렴한 편. 3시간 이상 소요되는 스파는 5가지로 스크럽과 랩, 마사지 등으로 구성되어 있어 다양한 서비스를 경험할 수 있다. 스파 패키지를 이용할 경우 픽업·드롭 서비스를 제공한다.

주소 17 Nimmanhaemin Soi 7
전화 +66 89 955 6679
오픈 10:00〜21:00 휴무 부정기 휴무
예산 타이 전통 마사지 300B, 발 마사지 300B, 아로마 오일 마사지 600B, 스파 패키지 750〜1400B
교통 Nimmanhaemin Soi 7 중간에 위치.
홈페이지 www.lapasmassage.com
map p.32-B, 휴대지도 ●-B

코제트 뷰티 네일 살롱 앤 스파
Coquette Beauty Nail Salon & Spa

규모와 시설 면에서 단연 1등

치앙마이의 네일 아트는 저렴한 가격과 세심한 서비스에 주목하면 괜찮은 경험이 된다.

그중에서도 OPI 제품을 사용하는 코제트는 꽤 괜찮은 수준을 갖춘 곳이다. 손발 기본 관리와 스파, 네일 아트, 손톱 길이 연장, 왁싱 등을 할 수 있다. 기본 컬러의 매니큐어와 페디큐어, 스크럽과 발 각질 제거가 포함된 익스프레스 스파(599B)가 추천할 만하다.

주소 62 Sirimingkarajan Rd. 전화 +66 80 892 3752
오픈 10:00〜20:00 휴무 부정기 휴무
예산 기본 손발 관리 200〜250B, 스파 300〜900B, 왁싱 200〜1300B
교통 Nimmanhaemin Soi 7과 Nimmanhaemin Soi 9 사이.
홈페이지 www.facebook.com/CoquetteNailSpa
map p.32-B, 휴대지도 ●-B

코지 네일
Cozy Nail

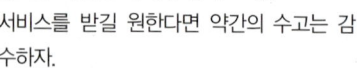

세심하고 기분 좋은 서비스

시설, 가격, 서비스 등 모든 면에서 찾아갈 만한 곳이다. 메인 로드에 있는 네일 숍에 비해 이곳은 가격과 서비스가 합리적이다. 아기자기 숍 안은 2개의 페디큐어 의자, 3개의 매니큐어 테이블, 왁싱룸을 갖추고 있다. 메인 로드와는 거리가 있지만 적정한 가격에 만족스러운 서비스를 받길 원한다면 약간의 수고는 감수하자.

주소 Siri Mangkalajarn Rd., Lane 13
전화 +66 86 920 5349
오픈 10:00〜20:00 휴무 부정기 휴무
예산 기본 손발 관리 200〜250B, 파라핀 스파 손발 관리 499B
교통 아이베리 가든을 등지고 오른쪽 길 끝에서 길을 건너 우회전 후 도보 3분.
홈페이지 www.facebook.com/pg/Cozy-Nails
map p.32-D, 휴대지도 ●-E

Shopping

님만해민 & 산티땀 쇼핑

마야 라이프스타일 쇼핑센터
MAYA Lifestyle Shopping Center

님만해민의 랜드마크로 자리 잡은 쇼핑몰

2014년 문을 연 마야 라이프스타일 쇼핑센터는 오픈과 동시에 랜드마크가 되었다. 태국의 유명 유통 그룹인 MBK 소유로 엄청난 규모와 아름다운 외관을 자랑한다.

쇼핑몰은 총 7층으로 구성되어 있다. 지하 1층은 식자재와 생필품, 1, 2층은 의류와 잡화, 3층은 디지털, 4층은 푸드코트, 5층은 영화관, 6층은 뷰를 즐길 수 있는 바가 들어서 있다. 태국 브랜드를 비롯해 아디다스, 오클레이, 게스 등 글로벌 브랜드가 입점해 있다.

특히 1층 잡화 코너의 태국산 수공예품 숍은 이국적이면서도 독특한 패션 아이템을 판매한다. 4층 푸드코트에는 유명 베이커리 몽블랑, 24시간 운영하는 카페 캠프가 있다. 이 외에 일식과 한식, 로컬 음식점이 많지만 맛에 비해 가격대가 높은 편이다. 저녁 6시 이후 마야 라이프스타일 쇼핑센터 앞에 들어서는 먹거리 장터를 추천한다.

주소 Maya 55 Moo 5, Huay Kaew Rd.
전화 +66 52 081 555
오픈 월~금요일 11:00~22:00, 토·일요일 10:00~22:00 휴무 연중무휴
교통 Nimmanhaemin Rd. 최북단, 11번 도로가 만나는 지점.
홈페이지 www.mayashoppingcenter.com
map p.32-A, 휴대지도 ●-B

깟 수언깨우
Kat Suan Kaew

각종 편의시설을 갖춘 쇼핑몰

올드 시티와 님만해민 사이에 자리 잡은 쇼핑몰로 접근성이 좋은 편. 단순한 쇼핑몰이 아니라 오피스, 호텔 등이 입점한 복합 공간이다. 화려한 마야 라이프스타일 쇼핑센터에 비해 오래됐지만 구성은 훨씬 알차다. 블랙 캐년, 스완센 아이스크림, 톱스 마켓 등 유명 프랜차이즈들이 입점해 있다.

지하와 1층에는 항공사의 항공권 발매 부스, 은행, 각 통신사 유심 판매처 등 편의시설이 많아 여행 중 필요한 것들을 쉽게 구매할 수 있다. 디지털과 전자기기는 3층에 입점해 있다. 지하의 톱스 마켓에서는 한국 라면과 김치, 식자재를 살 수 있다. 푸드코트와 영화관, 볼링장도 있다. 마야 라이프스타일 쇼핑센터가 트렌드를 주도한다면, 이곳은 현실적인 가격의 제품과 서비스를 제공하는 곳이다.

주소 21 Hauy kaew Rd.
전화 +66 86 917 3724
오픈 10:00~21:00 휴무 부정기 휴무
교통 마야 라이프스타일 쇼핑센터에서 올드 시티 방향으로 도보 20분.
홈페이지 www.kadsuankaew.co.th
map p.32-D, 휴대지도 ●-C

싱크 파크
Think Park

지역 예술가들의 수공예점 골목

작은 수공예 숍이 밀집해 있는 지구. 신(新)과 구(舊), 전통과 유행, 예술과 기술이 함께하는 곳으로 만들고자 하는 것이 싱크 파크의 설립 가치다. 지역 예술가들이 동참하는 만큼 상점 공간을 최소화해 임대료를 낮춰 좀 더 많은 가게가 입점할 수 있도록 했다.

올망졸망 작은 가게들이 골목길을 따라 이어져 있어 유럽의 작은 도시를 연상시킨다. 작은 수제 기타를 만드는 공방, 수제 나염 옷을 파는 옷가게, 직접 디자인하고 만든 소품을 파는 숍이 주를 이룬다. 가끔 전시나 공연 등의 이벤트가 열리기도 한다. 대형 브랜드와는 견줄 수 없는 손맛 가득한 예술가들의 작업물이 치앙마이 여행의 즐거움을 더한다. 대부분 카드를 받지 않는다.

주소 Maya 55 Moo 5, Huay Kaew Rd.
전화 +66 52 081 555
오픈 월~금요일 11:00~22:00, 토·일요일 10:00~22:00 **휴무** 부정기 휴무
교통 마야 라이프스타일 쇼핑센터에서 올드 시티 방향으로 도보 20분.
홈페이지 www.facebook.com/thinkparkChiangMai
map p.32-A, 휴대지도 ●-B

마린 플라자
Malin Plaza

치앙마이 청춘들의 알뜰 장터

치앙마이 대학교 정문 앞 마린 플라자에서는 오후 6시가 되면 푸드코트와 상점들이 문을 연다. 밤 11시까지 반짝 장사를 하는 노점이 모여 음식과 생활잡화를 파는 야시장이 열리는 것이다. 먹거리와 입을 거리, 장신구나 소품을 살 수 있지만 카드는 받지 않는다.

마린 플라자 중앙과 뒤편에 푸드코트가 있다. 태국 음식부터 일식, 한식이 주를 이룬다.

주소 Huay Kaew Rd.
전화 +66 53 892 111
오픈 18:00~23:00 **휴무** 연중무휴
교통 마야 라이프스타일 쇼핑센터에서 Huay Kaew Rd.를 따라 치앙마이 대학교 정문으로 직진.
홈페이지 www.facebook.com/pg/thinkparkchiangmai
map p.26-A, 휴대지도 ●-A

사만탄
Samantan

고산족 예술을 재해석한 소품과 의류

고산족과 란나 예술을 모티브로 한 액세서리와 의류 등의 패션 소품을 판매한다. 모두 직접 디자인하고 소량 생산하므로 쇼윈도의 디스플레이가 2~3일 간격으로 바뀐다.

마음에 드는 제품이 있다면 바로 구입할 것. 장기 체류할 경우 원하는 디자인을 직접 주문할 수도 있다. 단, 수작업으로 만든 제품인 만큼 가격대가 높은 편이다.

주소 28/3 Soi 11 Nimmanhaemin Rd.
전화 +66 84 222 1877
오픈 11:00~20:00 **휴무** 부정기 휴무
교통 Nimmanhaemin Soi 11과 Nimmanhaemin Soi 13 사이. 찰나트 호텔 1층.
홈페이지 www.facebook.com/Samantan.com
map p.32-D, 휴대지도 ●-E

님만해민 & 산티땀 숙소 *Stay*

아르텔 님만 호텔
Artel Nimman Hotel

치앙마이의 과거와 현재의 모습을 담은 독특한 아르텔 님만 호텔은 지역 예술가의 작품이다. 벽 곳곳의 네모난 창으로 새어 들어오는 색색의 빛과 객실마다 동그랗게 난 창문이 눈에 띈다. 또 2층에서 타고 내려올 수 있도록 만든 미끄럼틀에서 아르텔의 개성을 엿볼 수 있다. 구조는 물론 색과 선을 사용한 감각이 단연 돋보인다. 객실은 모두 13개. 규모는 아담하지만 아기자기하게 꾸몄다. 냉장고, TV, 스탠드 등 각종 물품이 잘 갖춰져 있다. 리셉션을 겸하는 1층 카페에서 조식을 제공한다.

주소 40 Nimman Soi 13
전화 +66 53 213 14
요금 미니 스튜디오 1300B, 가든 스튜디오 1400B, 테라스 1600B
교통 올드 시티 방향 Nimman Soi 13 중간에 위치.
홈페이지 www.facebook.com/TheArtelNimman
map p.32-D, 휴대지도 ●-E

미니 스튜디오 룸

차이요 호텔
Chaiyo Hotel

따뜻한 느낌의 나무와 차가운 톤의 콘크리트가 믹스 매치된 차이요 호텔은 고풍스러우면서도 모던한 느낌을 준다. 현대적인 기본 틀에 앤티크 가구를 매치해 독특하면서도 아늑한 분위기를 자아낸다.

넉넉한 크기의 객실과 정갈하면서도 맛있는 조식은 이 호텔의 최대 장점. 단, 3층 건물인데도 엘리베이터가 없고, 객실에 냉장고가 비치되어 있지 않은 것은 단점으로 꼽힌다. 1박에 한국 돈으로 3만~5만 원 정도 요금에 님만해민 중심부와 멀지 않은 분위기 좋은 호텔을 찾는다면 추천할 만하다.

주소 17-17/1-4 Nimmanhemin Rd., Soi 5
전화 +66 52 003 761
요금 스탠더드 트윈 1200B, 스탠더드 더블 1500B, 스위트 2000B
교통 Nimmanhemin Soi 5 중간에 위치.
홈페이지 www.chiangmaichaiyohotel.com
map p.32-B, 휴대지도 ●-B

스탠다드 더블룸

님만 존 숙
Nimman Zone Suk
2성급

2015년 문을 연 님만 존 숙은 각각의 객실을 하나의 집처럼 꾸며놓았다. 객실마다 다른 콘셉트, 다른 디자인의 가구를 비치해 각각의 개성을 살린 것도 특징. 2인실은 물론 최대 6인까지 묵을 수 있는 객실을 갖추고 있어 가족 단위 여행객에게 안성맞춤이다.
패밀리룸의 경우 4인 기준 1800B 정도로 경제적이다. 님만해민의 메인 로드, 싱크 파크, 마야 라이프스타일 쇼핑센터와도 가깝다.

주소 3/6 Sukkasem Rd.
전화 +66 94 727 5856
요금 스탠더드 퀸 1200B~, 패밀리 1800B~
교통 마야 라이프스타일 쇼핑센터에서 싱크 파크 방향으로 길을 건너 Nimmanhaeminda Rd.를 따라 걷다가 Suk Kasame Rd.로 우회전 후 도보 5분.
홈페이지 www.facebook.com/nimmanzonesuk
map p.32-A, 휴대지도 ●-B

아트 마이 갤러리 님만 호텔
Art Mai Gallery Nimman Hotel
5성급

8개 층을 각각 태국 예술가들의 작품으로 꾸몄다. 7층은 인상파, 6층은 초현실주의, 4층은 팝아트 등 층마다 작가는 물론 장르와 주제가 제각각이다. 객실이 하나의 갤러리인 셈. 누드 갤러리인 2층은 성인만 투숙할 수 있다. 2015년 문을 연 이 호텔은 독특한 디자인과 함께 레스토랑, 헬스장, 수영장 등의 편의 시설을 잘 갖췄다. 특히 옥상의 루프톱 수영장은 님만해민과 수텝 산이 한눈에 보이는 아름다운 전망을 자랑한다.

주소 21 Nimmanhemin Rd., Soi 3
전화 +66 53 894 888
요금 프리미어 아트 3000B~, 익스클루시브 갤러리 3500B~
교통 Nimmanhemin Soi 3 중간 길 모퉁이에 위치.
홈페이지 www.artmaigalleryhotel.com
map p.32-A, 휴대지도 ●-B

호텔 야이
Hotel Yayee
3성급

태국어로 '달링'이라는 뜻을 지닌 작은 부티크 호텔. 규모는 아담하지만 브런치를 즐길 수 있는 카페와 님만해민을 조망할 수 있는 루프톱 바를 갖췄다.
님만해민 메인 로드와는 떨어져 있는 반면 시스케이프와 아이베리 가든, 시아 피시 누들 등 유명 식당, 카페와는 가깝다. 단, 객실 형태는 스몰과 빅 2가지로 선택의 폭이 좁고 객실도 작은 편이다. 전체적으로 로맨틱한 분위기로 커플 여행자에게 적합하다.

주소 17/5 Sainamphueng Rd.
전화 +66 99 269 5885
요금 스몰 2500B~, 빅 3000B~
교통 에스에스1254372 카페를 지나 남쪽으로 도보 3분.
홈페이지 www.hotelyayee.com
map p.32-C, 휴대지도 ●-E

빅룸

부리 시리 부티크 호텔
Buri Siri Boutique Hotel
4성급

슈페리어 트윈룸

2016년 문을 연 부티크 호텔로 콜로니얼 양식에 현대적 감각을 더했다. 73개의 객실, 수영장과 정원, 레스토랑과 바를 두루 갖춘 4성급 호텔이다. 스탠더드룸이 한국 돈으로 5만 원 정도. 저렴한 요금에 이 모든 것을 즐길 수 있다. 요금이 비슷한 호텔 중에서 단연 돋보이는 시설과 서비스를 제공한다. 님만해민과 올드 시티 중간에 위치해 있어 이동도 편리하다.

주소 1 Siri Mangkalajarn Rd., Lane 9
전화 +66 53 217 8323
요금 스탠더드 1500B~, 슈페리어 1900B~, 딜럭스 2500B~
교통 올드 시티 방향 Nimmanhemin Soi 17 끝에 위치.
홈페이지 www.burisirihotel.com
map p.32-D, 휴대지도 ●-E

에스17 앳 님만
S17@ Nimman
3성급

슈페리어 더블

52개, 6종류의 다양한 객실을 갖춘 호텔. 주방이 딸린 레지던스형 2베드룸의 패밀리 스위트룸은 세탁기를 비치해놓아 가족 여행자들이 머물기 좋다. 개인이나 커플 여행객을 위한 객실도 슈페리어룸을 제외하면 모두 간이 주방이 마련되어 있다.
객실이 깔끔하고 분위기가 세련돼 젊은 여행자들이 많이 찾는다. 장기 체류자를 위해 렌트도 겸하고 있다. 조식은 기대에 미치지 못한다는 평이 있다.

주소 33/3 Nimmanhaemin Soi 17
전화 +66 98 750 1717
요금 슈페리어 1900B~, 딜럭스 2100B~, 그랜드 2600B~, 스위트 3500B~, 패밀리 스위트(6인) 5100B~
교통 Nimmanhemin Soi 7과 Nimmanhemin Soi 9 사이에 위치.
홈페이지 www.victorianimman.com
map p.32-C, 휴대지도 ●-E

아키라 매너 호텔
Akyra Manor Hotel
5성급

님만해민 중심부에 자리 잡은 유일한 5성급 호텔. 객실이 고급스러운 데다 5성급 호텔에 어울리는 각종 편의 시설을 갖추고 있다. 레스토랑과 바, 헬스장, 실외 수영장, 그중에서도 옥상에 자리 잡은 수영장은 시내 전망과 수텝 산까지 한눈에 보인다.
안이 훤히 들여다보이는 독특한 디자인의 수영장은 밤이 되면 루프톱 바의 멋진 배경이 된다.

주소 22/2 Nimmanhaemind Soi 9
전화 +66 2 514 8112
요금 딜럭스 7200B~, 딜럭스 스위트 1만 2000B~
교통 Nimmanhaemind Soi 9 중간에 위치.
홈페이지 www.theakyra.com/chiang-mai
map p.32-B, 휴대지도 ●-B

딜럭스 스위트

3성급
플런 플런 베드 앤 바이크
Plern Plern Bed and Bike

슈페리얼 더블

깔끔하고 세련된 분위기, 자전거 무료 대여, 주말 시장 무료 셔틀 운영 등의 서비스로 여행자들에게 좋은 평을 받고 있다. 객실마다 에어컨, 냉장고, 개별 욕실, TV 등 편의 시설도 잘 갖춘 편이다.
님만해민의 중심에서 조금 벗어나 있지만 요금과 시설 등 여러모로 장점이 많은 숙소다. 새롭게 주목 받고 있는 산티땀과도 가까워 색다른 경험을 할 수 있다.

주소 30 Santirak Rd., Chang Puak
전화 +66 93 423 4556
요금 스탠더드 더블 1000B~, 슈페리어 더블 1200B~, 딜럭스 더블 1400B
교통 깟 수언깨우를 등지고 오른쪽으로 걷다가 사거리가 나오면 좌회전 후 직진하다가 세븐일레븐 전 골목으로 좌회전한다.
홈페이지 www.plernplernbedandbike.com
map p.32-B, 휴대지도 ●-C

3성급
펨벌리 하우스
Pemberley House

님만해민의 핫한 장소는 물론 메인 로드와도 가까워 님만해민을 즐기기 좋은 위치에 있다. 눈에 띄는 외관만큼이나 내부도 잘 꾸몄을 뿐 아니라 2015년 문을 열어 쾌적하고 깔끔하다.
가족 단위 여행객을 위한 패밀리룸도 운영한다. 6개 객실은 작은 규모지만 욕실과 꼼꼼히 준비된 물품 등 만족스러운 서비스를 제공한다. 단, 1층 객실은 도로와 맞닿아 있어 소음을 감안해야 한다.

주소 11 Nimmanahaemin Soi 7
전화 +66 88 268 3117
요금 슈페리어 더블 1800B~, 딜럭스 더블 2000B~, 부티크 패밀리 2300B~(카드 사용 불가)
교통 Nimmanhemin Soi 7 중간에 위치.
홈페이지 www.facebook.com/pemberleyhousehotel map p.32-A, 휴대지도 ●-B

3성급
메이 플라워 그랜드 호텔
May Flower Grande Hotel

120개 객실을 보유한, 님만해민에서 흔치 않은 대규모 호텔이다. 식당과 바, 카페가 밀집한 최적의 위치에 있으며 저렴한 요금과 위치, 대규모로 한때 한국인 여행자들에게 인기를 끌기도 했다.
객실이 낙후되고 방음시설도 열악한 데다 중국인 단체 관광객이 많지만, 위치와 요금을 기준으로 무난한 호텔을 찾는다면 추천할 만하다.

주소 9 Nimamhaemin Soi 9 전화 +66 53 895 575
요금 딜럭스 1100B~, 슈페리어 더블 1100B~, 이그제큐티브 2000B~
교통 Nimmanhemin Soi 7과 Nimmanhemin Soi 9 사이에 위치.
홈페이지 www.mayflowerchiangmai.com
map p.32-A, 휴대지도 ●-B

디럭스 룸

베드 님만 호텔
BED Nimman Hotel *3성급*

스탠다드 트윈룸

2016년 문을 연 호텔로 깔끔한 내부, 가격 대비 뛰어난 시설과 서비스로 문을 열자마자 인기몰이를 하고 있다. 복도와 로비에는 무료 생수와 과일을 구비해두었고 관리가 잘된 수영장, 엘리베이터, 높은 수압, 베란다 등이 이 호텔이 인기 있는 이유다.
마야 라이프스타일 쇼핑센터, 싱크 파크와 거리가 좀 있지만 아이베리 가든, 시스케이프 등 유명 카페와 가깝다. 외국인 주인의 서비스 교육 덕분에 수준 높은 서비스를 제공한다. 중국인 투숙객이 많은 것이 흠. 프라싱과 찬카잉에도 지점을 두고 있다.

주소 20 Soi Jum Phee Sirimangkalajarn Rd.(Nimman Soi 17) 전화 +66 53 217 100
요금 스탠더드 더블 1800B~, 스탠더드 트윈 1800B~, 패밀리 2500B~
교통 에스에스1254372 카페에서 길 끝 맞은 편.
홈페이지 www.bed.co.th
map p.32-C, 휴대지도 ●-E

지에스타 치앙마이
Zzziesta Chia *3성급*

현대적인 건축물과 민트색 폭스바겐이 눈에 띄는 호텔. 건물 외부는 물론 모든 객실이 모던하고 세련된 감각으로 꾸며져 있다. 브루클린의 로프트가 연상되는 높은 천장은 시크하면서도 빈티지한 느낌을 잘 살렸다.
건물 입구 안쪽에는 작은 연못이 딸린 정원이 있다. 객실 크기와 청소 상태도 좋은 편. 스타일을 중요하게 생각하는 여행자, 특히 여성들에게 인기 있다.

주소 22/1 Soi.Mengrairassamee, Suermsuk Rd. 전화 +66 98 808 9406
요금 스탠더드 더블 1600B~, 디럭스 더블 2000B, 스위트 3000B(카드 사용 불가)
교통 깟 수언깨우를 등지고 오른쪽으로 걷다가 사거리에서 좌회전 후 다음 사거리에서 다시 좌회전한다. 2분 정도 걷다가 1번째 골목으로 우회전. 도보 12분.
map p.32-B, 휴대지도 ●-C

반 타랑 앳 치앙마이
Baan Thalang @ Chiang Mai *2성급*

2012년 문을 열었다. 일본 사람들이 많이 거주하는 산티땀 지역에 있어 저렴한 일본 식도락 여행을 즐기기에 좋은 숙소다. 조식이 포함된 저렴한 요금과 셀프 세탁 시설로 여행자에게 인기가 좋다. 청소 상태가 좋아 전반적으로 깔끔하다.
중심부에서 벗어난 조용한 분위기도 장점. 조식은 태국식과 미국식 중 선택할 수 있다. 3인 이상, 가족 여행객의 경우 패밀리룸 예약이 가능하다.

주소 7/4-5 Hussdhisawee 전화 +66 80 626 0444
요금 스탠더드 더블 900B~, 슈페리어 더블 1200B~, 패밀리 1400B~(카드 사용 불가)
교통 깟 수언깨우를 등지고 오른쪽으로 걷다가 사거리에서 좌회전 후 도보 3분.
map p.32-B, 휴대지도 ●-C

슈페리어 트윈

3성급
예스터데이 호텔
Yesterday Hotel

펜트하우스

오래된 가정집을 개조해 콜로니얼 양식에 태국 전통 양식을 더해 높은 천장, 낮은 톤의 가구 등으로 꾸며 앤티크한 분위기를 자랑한다. 로맨틱한 소품으로 꾸민 객실은 커플 여행객이나 신혼여행객이 머물러도 손색없을 만큼 낭만적이다.
님만해민 중심부에 자리 잡고 있어 뛰어난 접근성과 더불어 은행, 편의점 등이 가까워 편리하다. 단, 잘 갖춰진 부대시설을 중요시하는 사람이라면 추천하기 어렵다. 오래된 건물의 특성상 배수가 원활하지 않다는 지적도 있다.

주소 24 Nimmanhaeminda Rd.
전화 +66 53 213 809
요금 슈페리어 더블 1700B~, 딜럭스 2000B~, 스위트 2900B~, 패밀리 · 스위트 3900B~
교통 마야 라이프스타일 쇼핑센터에서 Nimmanhemin Rd.를 따라 500m.
홈페이지 www.yesterday.co.th
map p.32-A, 휴대지도 ●-C

4성급
앳 핑나콘 호텔
At Pingnakorn Hotel

다양한 메뉴의 조식, 잘 꾸민 옥상 정원이 특징인 호텔. 현대적 외관과 달리 센스 있는 앤티크 소품으로 가득 채운 로맨틱한 분위기의 객실 때문에 여성 여행객이 많이 찾는다. 8개 층 46개 객실을 갖췄다. 방이 2개인 패밀리 객실이 있어 가족 단위 여행자들에게도 적합하다. 님만해민 중심부에서 벗어난 님만 소이 반대편에 위치해 접근성이 떨어지지만 한적하고 조용하다.

주소 4 Nimmanhaemind Rd., Soi 12
전화 +66 53 357 755
요금 슈페리어 킹 베드 1300B~, 딜럭스 1700B, 그랜드 딜럭스 2100B~, 2베드룸 스위트 4000B~
교통 Nimmanhemin Soi 12 끝에 위치.
홈페이지 www.nimmanhaemin.atpingnakorn.com
map p.32-C, 휴대지도 ●-D

그랜드 디럭스 더블

우유 게스트하우스
Woou Guesthouse

한인 게스트하우스로 2012년 문을 열었다. 객실은 도미토리 중심으로 매우 저렴한 요금에 묵을 수 있다(연속 6박 시 7박째 무료). 재방문율이 높고 장기 체류 숙박객이 많아 다양한 지역의 최신 여행 정보를 얻을 수 있다. 여행자들이 남긴 사진을 전시하거나 함께 벽화 작업을 하는 등 특별한 추억을 남길 수 있기도 하다. 여행자들끼리 동행을 만들어 즉석 투어나, 송태우를 빌려 하루 일정을 함께하기도 한다. 별다른 준비 없이 특별한 여행을 만들고 싶다면 이곳에서 선배 여행자들을 만나보자.

주소 8/1 Soi Jumpee Srimanklajan Rd.
전화 +66 61 303 5766, 카카오톡 2013woou
요금 도미토리 200B~, 2인실 500B~(카드 사용 불가)
교통 에스에스1254372 카페를 지나 Bed Nimman Rd.에서 좌회전 후 직진.
홈페이지 cafe.daum.net/wooubankorea
map p.32-C, 휴대지도 ●-E

나나네 호스텔
Nanane Hostel

2016년 문을 열었다. 태국인 아내와 한국인 남편이 운영하는 게스트하우스로 현지 정보에 밝다. 수시로 바비큐 파티가 열리고, 여행자들끼리 일정을 공유해 송태우를 빌려 이동하는 등 동행 기회가 많다. 님만해민 중심가와는 조금 거리가 있지만 다른 곳으로 이동하는 데 불편하지 않다. 인터넷 예약 사이트보다는 카카오톡이나 전화로 예약하는 것이 저렴하다.

주소 69 Huay Keaw Rd.
전화 +66 95 678 9114
요금 도미토리 250B, 더블룸 500B~(카드 사용 불가)
교통 깟 수언깨우를 등지고 왼쪽으로 걷다가 주유소에서 좌회전한다. 도보 5분.
홈페이지 www.facebook.com/nananehostel
map p.32-B, 휴대지도 ●-C

베이크 룸 호스텔
Bake Room Hostel

최근 개장한 대규모 호스텔로 님만해민에 있는 한인 호스텔 중 가장 많은 베드를 보유하고 있다. 다양한 국적의 여행자들이 모인다. 님만해민에서 비교적 저렴한 도미토리와 2인룸을 갖추고 있으며 식당과 마사지 숍을 함께 운영한다. 님만해민 메인 로드와 가까울 뿐만 아니라 은행, 식당, 카페 등 각종 시설도 이용이 편리하다.

주소 10/17 NimmanHaemin Rd., Lane 17
전화 +66 53 219 966
요금 8인 도미토리 250B~, 4인 도미토리 300B~, 스탠더드 트윈 1000B~(카드 사용 불가)
교통 Nimmanhemin Soi 7 중간에 위치.
홈페이지 www.facebook.com/bakeroom1
map p.32-C, 휴대지도 ●-E

유안 호스텔
Yuan Hostel

님만해민 소이 7에 위치해 있어 접근성이 좋고 2015년 문을 열어 전체적으로 깔끔하고 분위기도 좋은 편이다. 성별이 나뉜 도미토리와 혼성 도미토리 모두 300~400B 정도. 4~6인이 사용하는 도미토리 침대에는 각각 커튼이 달려 있어 아늑하다.
공용 욕실과 거실 등도 공간이 넉넉해 불편함을 덜어준다. 위치도 좋고 요금도 저렴해 주머니 가벼운 배낭여행자에게 안성맞춤이다.

주소 34 Nimmanhaemin Soi 7
전화 +66 53 216 685
요금 도미토리 300B~, 트리플 1200B(카드 사용 불가)
교통 Nimmanhemin Soi 7 중간에 위치.
홈페이지 www.facebook.com/ythishostel7
map p.32-B, 휴대지도 ●-B

반 세이라 게스트하우스
Baan Say-La Guest House

'꽃이 있는 집'이라는 이름의 부티크 게스트하우스. 8개 객실이 언제나 꽉 찰 정도로 인기 있다. 객실에 에어컨과 욕실이 있는지 여부에 따라 요금이 달라진다. 조식을 제공하지 않지만 2층 발코니에 공동으로 사용할 수 있는 주방이 있어 간단한 음식을 직접 만들어 먹을 수 있다.
가정집을 연상시키는 안락한 분위기와 친절함도 인기 요인이다. 님만해민의 대표 부티크 호텔로 꼽히는 예스터데이에서 운영한다.

주소 4-4/1 Nimmanhaemin Rd., Soi 5
전화 +66 53 894 229
요금 스탠더드 690B~, 클래식 더블 1100B~, 슈페리어 더블 1200B~, 쿼드러플(4인) 1700B~
교통 Nimmanhemin Soi 5 중간에 위치.
홈페이지 www.baansaylaguesthouse.com
map p.32-A, 휴대지도 ●-B

분톰싸탄 게스트하우스
Bunthomstan Guesthouse

200년이 훌쩍 넘은 오래된 나무 문이 상징처럼 서 있는 게스트하우스다. 2층 건물의 7개 객실을 월요일부터 일요일까지 각각의 요일을 상징하는 색깔을 테마로 꾸몄다. 모든 객실에는 TV와 에어컨, 킹 사이즈 침대가 비치되어 있다. 단, 냉장고가 없어 아쉽다.
조식을 제공하진 않지만 인근에 아침 식사를 할 수 있는 식당이 많다. 넓은 정원과 거실이 딸려 있어 담소를 나누기 좋다.

주소 7 Nimmanhaemin Soi 5
전화 +66 53 217 768
요금 슈페리어 더블 1250B~, 딜럭스 더블 1450B~(카드 사용 불가)
교통 Nimmanhemin Soi 5 중간에 위치.
홈페이지 www.bunthomstan.com
map p.32-A, 휴대지도 ●-B

PING RIVER & NIGHT BAZAAR
삥 강 & 나이트 바자

치앙마이의 밤을 밝히는 동네

해가 지면 대로를 따라 세계 최대의 야시장이 들어서고, 삥 강 주변에 자리 잡은 레스토랑이 하나둘 불을 밝히는 곳. 밤이 되면 고요함에 젖어드는 올드 시티와 달리 이곳은 활기가 넘친다. 치앙마이에서 유동인구가 가장 많고 상거래가 가장 활발한 곳이기도 하다.

올드 시티에서 뻗어 나온 타패 로드를 따라 삥 강까지 이어지는 번화한 거리와 늦은 밤까지 쇼핑을 즐기는 사람들의 발길이 끊이지 않는 나이트 바자, 삥 강을 따라 들어선 레스토랑과 바에서 나이트라이프를 즐기는 사람들로 밤늦게까지 깨어 있는 곳. 거리마다 가득한 삥 강 & 나이트 바자 지역의 매력을 느껴보자.

삥 강 & 나이트 바자 한눈에 보기

타패 게이트에서 삥 강으로 뻗은 타패 로드는 외부와의 교역을 담당하던 경제대로답게 각종 숍과 식당, 카페, 바가 들어서 있다. 1km 남짓 되는 도로를 따라 양옆으로 들어선 숍만 둘러봐도 반나절이 훌쩍 지나갈 정도. 세련된 카페와 식당도 많다. 늦은 밤에는 외국인 취객이 많으니, 혼자 돌아다닐 때 주의하자.

나이트 바자

해 질 무렵, 켜지는 불빛만큼 모여드는 사람들로 불야성을 이루는 곳이다. 없는 게 없을 정도로 다양한 물건이 판매된다. 그러나 딱히 살 만한 것이 없다는 게 여행자들의 평. 그래도 세계 최대 야시장인 데다 다양한 이벤트가 열리니 쇼핑보다는 구경 삼아 들러보자.

삥 강

삥 강은 치앙마이의 젖줄이다. 서울의 한강을 생각했다면 실망할 수도 있다. 규모 뿐만 아니라 1년 내내 흙탕물이 흐르기 때문. 삥 강을 따라 식당이 줄지어 있으며, 고풍스러운 부티크 호텔도 많다. 해가 진 후 야경이 아름다운 지역으로 로맨틱한 저녁을 보내기 좋은 곳이다.

삥 강 & 나이트 바자 가는 법

삥 강 & 나이트 바자 지역은 공항과는 멀지만 기차역과는 가장 가깝다. 올드 시티를 벗어나 타패 게이트와 기차역 중간에 위치해 있다. 송태우와 툭툭, 공공 송태우를 타고 이동한다. 기차나 버스를 이용해 치앙마이에 도착할 경우 숙소 위치에 따라 차이가 있지만, 도보로도 이동이 가능하다.

공항

치앙마이 공항에서 삥 강으로 이동할 경우에는 공항택시가 가장 편리하다. 1층 카운터에서 목적지를 말하고 기사를 배정받는다. 요금은 180~200B 정도.

공공 송태우는 공항 1층 3번 게이트 앞에서 승차한다. 14번을 이용하면 강변까지 15B면 갈 수 있다. 배차 시간은 40분 간격이며 첫차는 오전 6시 50분, 막차는 오후 6시 46분이며, 에이컨 버스로 운행된다. 2016년 11월부터 도입한 우버를 이용하면 흥정에 대한 부담 없이 동일 요금(공항~시내 150B 동일 요금)으로 이동이 가능하다.

버스터미널 & 기차역

기차를 이용해 치앙마이에 도착했다면 삥 강 지역까지는 1~2km 거리로 도보로 가거나 송태우를 이용하는 것이 가장 편리하다. 버스터미널(아케이드)에서는 올드 시티를 통과해 버스터미널과 공항을 오가는 공공 송태우(15B) 14번을 이용할 수 있다. 에어컨이 완비된 리무진버스 노선이다.

버스터미널에서 첫차는 오전 6시, 막차는 오후 6시로 40분까지 1시간에 1대씩 운행한다.

다른 지역으로 이동하기

삥 강 & 나이트 바자 지역에서 올드 시티 또는 님만해민으로 가고 싶다면 나와랏 브리지를 지나가는 2, 28번 공공 송태우를 이용한다. 두 노선 모두 올드 시티에서 님만해민 방향으로 이동한다.

2번 노선은 나와랏 브리지-올드 시티-창푸악 게이트-훼이깨우 로드-마야 라이프스타일 쇼핑센터를 다니며, 28번 노선은 나와랏 브리지-올드 시티-수안독 게이트-수텝 로드-마야 라이프스타일 쇼핑센터로 이동한다.

올드 시티와 님만해민으로 갈 경우 일반 송태우는 1인 20B, 툭툭은 2인 100B 정도가 적정가격이다. 그러나 님만해민은 웃돈을 요구하는 경우가 많다. 뜨내기 여행객을 상대로 과한 금액을 요구하는 경우가 많으니 유의할 것.

Best Plan For
★ Ping River & Night Bazaar ★
삥 강 & 나이트 바자 추천 일정

Art For Ordinary Day

치앙마이 예술 산책

림핑 보트 누들(p.157)에서 진짜 태국식 국수로 아침 시작하기

▼

TCDC 디자인 센터(p.153)에서 치앙마이 예술의 현주소 알아보기

▼

우 카페 아트 갤러리(p.155)에서 점심 식사 및 예술 작품 감상하기

▼

카지(p.162)에서 신선한 원두로 내린 커피 마시기

▼

딥디 바인더(p.168)에서 수제 노트 구입 후 주변 상가 구경하기

▼

태국의 유명 셰프가 운영하는 올레 고메 멕시칸(p.159)에서 저녁 맛보기

▼

타패 이스트(p.164)에서 치앙마이의 젊은이들과 라이브 공연 감상하기

Day Of Shopping

쇼퍼홀릭을 위한 특별한 하루

와로롯 시장(p.154)에서 현지인들과 뒤섞여 아침 먹기

▼

숙소에서 잠시 휴식 시간 보내기

▼

타패 로드에서 로드 숍 쇼핑 즐기기

▼

치앙마이 1위 수제 버거집 록 미 버거(p.158)에서 출출한 배 채우기

▼

센트럴 페스티벌(p.169)에서 친구들 기념품 사기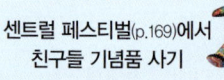

▼

자바이 타이 마사지 앤 스파 (p.166)에서 전문가에게 마사지 받기

▼

나이트 바자(p.153) 구경 하기

▼

더 리버사이드 바 앤 레스토랑(p.163)에서 크래프트 맥주로 하루 마무리하기

삥 강 & 나이트 바자 관광 *Sightseeing*

TCDC 디자인 센터
Thailand Creative & Design Center

치앙마이 예술 문화의 현주소

태국 디자인 센터는 2013년 4월 치앙마이에서 첫 문을 열었다. 약칭 'TCDC'로 불리는 예술 도서관으로 6,000여 권의 디자인 단행본, 70여 개의 정기 간행물, 멀티미디어 형식의 디자인 자료 500여 개 등 총 7,000가지가 넘는 디자인 관련 데이터베이스를 보유하고 있다.

서적을 읽을 수 있는 자리는 물론 전시, 작품 판매 공간으로 구성되어 있다. 태국어를 몰라도 센터를 둘러보는 것만으로도 치앙마이 예술의 현주소를 짐작할 수 있을 것이다.

주소 1/1 Muang Samut Rd,, Chang Moi Subdistrict
오픈 10:30~18:00
휴무 월요일
요금 1일권 100B, 1년권 600B(신분증 필수 지참)
교통 타패 게이트에서 Chaiyapoom Rd. 북쪽으로 걷는다. 길 끝에서 Wichayanon Rd.로 우회전, 2번째 사거리에서 좌회전한다. 도보 15분.
홈페이지 www.tcdc.or.th/chiangmai
map p.34-B

나이트 바자
Night Bazaar

치앙마이의 나이트라이프를 즐겨라

치앙마이 최대의 나이트라이프를 형성한 곳을 꼽으라면 단연 나이트 바자다. 하지만 결코 쇼핑하기 좋은 곳이라고 말할 수 없는 곳 또한 나이트 바자다.

아시아의 가장 큰 야시장이지만 외국인을 상대로 하는 만큼 현지 시장에 비해 물가가 비싸고, 흥정을 제대로 못하면 바가지 쓰기 십상이다. 그럼에도 불구하고 공연과 함께 식사를 즐길 수 있는 푸드코트, 거리 예술가의 그림과 공연, 고산족의 수공예품과 다양한 불교용품을 구경하는 재미가 쏠쏠하다. 구경 삼아 걸으며 마시는 과일 주스는 그야말로 꿀맛.

오픈 18:00~24:00
휴무 연중무휴
예산 코끼리 바지 100~150B, 액세서리 150B~
교통 Chang Klan Rd.와 Tha Pae Rd.가 만나는 지점부터 Sri Donchai Rd.까지 이어진다.
map p.34-E, 휴대지도 ●-G

아시아의 가장 큰 야시장인 나이트 바자

치앙마이의 아침을 여는 시장

와로롯 시장
Warorot Market ★★★

현지인의 진짜 시장

현지 사람들이 물건을 사고파는 재래시장 중 하나다. 좋은 품질의 제품을 비교적 저렴한 가격에 구입할 수 있다. 식자재, 생필품은 물론 도자기, 공예품, 화장품 등 없는 게 없다. 나이트 바자나 주말 야시장 같은 여행자를 대상으로 하는 시장에서는 보기 어려운 제품을 살 수 있다.

꽃차와 말린 과일, 로컬 과자는 기념품으로 구입하기에 좋다. 채소와 과일상이 주를 이루는 아침, 의류와 생활용품 상점이 문을 여는 낮, 먹거리를 파는 노점들이 길 한쪽을 빼곡히 메우는 저녁까지 시간대별로 주요 판매 품목이 바뀌는 것도 와로롯 시장만의 매력이다.

오픈 06:00~20:00
휴무 연중무휴
교통 Tha Pae Rd. 위쪽 Wichyanon Rd.를 따라 실내외에 상점이 자리 잡고 있다. 와로롯 시장 동쪽에는 꽃시장이 있어 함께 구경하기 좋다.
map p.34-B, 휴대지도 ●-G

삥 강 & 나이트 바자 맛집

Restaurant

우 카페 아트 갤러리
Woo - Cafe Art Gallery

예술적 기운을 받으며 먹고 마시는 복합 공간

망고 스무디

레스토랑 옆의 소품숍

1층은 식당과 카페를 겸하고 2층은 갤러리, 식당 옆은 생활 소품 숍으로 모두 예술적 센스가 넘치는 복합 공간. 테라스와 실내에 꽤 많은 테이블이 있지만 식사 시간이 되면 항상 만석이다. 가격은 비싼 편이지만 음식 양과 독특한 분위기, 세심한 서비스로 전혀 비싸게 느껴지지 않는다. 태국식 비빔밥인 카우윰(Khao Yum)이 이곳의 추천 메뉴. 색색의 밥에 허브와 향신채, 채소를 넣어 먹는 태국 남부 음식이다. 생과일을 듬뿍 갈아 넣은 과일 스무디는 인생 스무디라는 말이 나올 정도로 맛있다. 갤러리와 생활 소품 숍을 돌아보는 것도 잊지 말자.

주소 80 Charoenrat Rd., Watkat **전화** +66 52 003 717
오픈 10:00~22:00 **휴무** 부정기 휴무
예산 커피·음료 80~120B, 스무디 130~150B, 식사 160~200B
교통 나와랏 브리지를 건너 좌회전한다. Charoenrat Rd.를 따라 500m 직진하다가 오른쪽.
홈페이지 www.facebook.com/Woochiangmai
map p.34-B, 휴대지도 ●-G

라타나스 키친
Ratana's Kitchen

타패 로드의 터줏대감

1997년 처음 문을 연 이래 20년 가까이 자리를 지켜왔다. 주인의 이름을 본뜬 식당으로, 꽤 유명한 곳이다. 현지인보다는 여행자들이 많이 찾는다. 다른 로컬 식당에 비해 음식 맛이 자극적이지 않기 때문이다. 최근 몇 년 사이에 가격이 많이 인상됐지만, 한국에 비하면 훨씬 저렴하게 제대로 된 태국 음식을 먹을 수 있다. 현지식을 파는 다른 로컬 식당들과는 달리 에어컨과 와이파이를 완비하고 있는

돼지고기와 튀긴 바질잎을 얹은 팟카파오 무쌉

점도 이 집이 꾸준히 사랑받는 이유다.

주소 320/322 Tha Pae Rd.
전화 +66 53 874 173
오픈 07:30~23:30
휴무 부정기 휴무
예산 커리 85B~, 솜땀 60B, 똠얌꿍 95B(카드 사용 불가)
교통 타패 게이트에서 Tha Phae Rd.를 따라 도보 5분.
홈페이지 www.facebook.com/ratanaskitchen
map p.34-D, 휴대지도 ●-G

굿 뷰
Good View

낮부터 밤까지 삥 강에서 가장 핫한 곳

팟타이

유유히 흐르는 삥 강이 내려다보이는 자리에서 낮과 밤 전혀 다른 얼굴을 가진 가장 역동적인 식당이자 술집이다. 늦은 밤에는 500석을 가득 메운 사람들이 라이브 공연을 즐긴다.

식사는 물론 술과 곁들이는 안주 메뉴도 많다. 뭘 주문해도 실패하지 않을 정도로 음식이 푸짐하고 대체로 맛도 좋은 편. 단, 송끄란과 러이끄라통 축제 기간에는 들어가기조차 어려울 정도로 인기가 많으니 이른 시간에 찾는 것이 좋다.

주소 13 Charoen Raj Rd., Watgate
전화 +66 53 302 764
오픈 10:00~다음 날 01:00 휴무 부정기 휴무
예산 안주・샐러드 90~260B, 타이 북부식 120~150B, 국수 95~190B, 칵테일 190~320B, 맥주 90~150B, 생맥주 90~600B
교통 나와랏 브리지를 건너 좌회전한다. Charoenrat Rd.를 따라 도보 5분.
홈페이지 www.view-goodview.com/chiangmai/index.php
map p.34-B, 휴대지도 ●-G

아룬 라이 레스토랑
Aroon Rai Restaurant

태국 북부 음식의 첫 경험은 여기서!

1957년에 오픈한 뒤 반백 년 동안 자리를 지켜온 로컬 식당이다. 태국 북부 음식을 다양하게 내는 곳으로 북부 음식을 처음 맛보는 사람에게 적극 추천한다.

다양한 태국식 커리가 인기 있다. 특히 카오 쏘이를 시작으로 깽항래, 까이양, 똠얌꿍 등이 맛있다. 음식 가격도 50~80B 정도로 저렴하다.

주소 80 Charoenrat Rd., Watkat
전화 +66 52 003 717
오픈 10:00~22:00 휴무 부정기 휴무
예산 커피・음료 80~120B, 스무디 130~150B, 식사 160~200B
교통 타패 게이트를 등지고 오른쪽 길로 도보 3분.
홈페이지 www.facebook.com/Woochiangmai
map p.34-D, 휴대지도 ●-G

홀 어스 레스토랑
Whole Earth Restaurant

파인다이닝으로 즐기는 태국 북부 요리

태국식 커리

격식을 차려야 하거나, 태국 음식이 익숙지 않은 사람들에게 추천하는 곳이다. 넓은 정원 안에 태국 전통미를 살린 건물 분위기도 좋고, 음식 맛으로 정평이 난 곳이기 때문.

간단한 음식도 정성을 담은 플레이팅으로 눈부터 감동하게 된다. 누들 샐러드 얌운센과 통통한 새우살이 가득 들어간 똠얌꿍, 태국식 소시지 등이 추천 메뉴.

주소 88 Sri Donchai Rd. 전화 +66 53 282463
오픈 11:00~22:00 휴무 부정기 휴무
예산 식사 190~420B, 맥주 95B~, 칵테일 300B~
교통 나와랏 브리지에서 올드 시티 방향 2번째 사거리에서 좌회전한다. Chang Klan Rd.를 따라 걷다가 Sri-donchai Rd.에서 좌회전.
홈페이지 www.wholeearthrestaurant.com
map p.35-D, 휴대지도 ●-K

림핑 보트 누들
Rimping Boat Noodle

고기 국수와 꼬치구이

국수를 맛보며 즐기는 강변 로맨스

뼁 강을 따라 이어진 레스토랑과 바가 눈에 보이지 않을 즈음 커다란 국수 가게 하나가 눈에 띈다. 나만 알고 싶은 현지 식당 림핑 보트 누들이다. 강변을 향해 앉을 수 있는 테이  블은 점심 시간이면 인근 직장인들로 만석이다. 직원들은 영어를 거의 못하지만 테이블마다 마련된 태블릿으로 영어, 프랑스어로 된 메뉴판으로 쉽게 주문할 수 있다.

가격도 저렴해서 적은 양의 국수를 여러 그릇 주문해 먹는 사람들도 볼 수 있다. 카오쏘이에 닭이나 돼지고기를 올린 메뉴도 있다.

주소 772, Taksin Rd., Tambon Rahaeng
전화 +66 55 512 841
오픈 09:00~18:00 **휴무** 부정기 휴무
예산 국수 15~40B, 음료 30~45B, 아이스크림 30B (카드 사용 불가)
교통 나와랏 브리지에서 Chiang Mai Lamphun Th. Rd. 남쪽으로 도보 12분.
map p.35-ㅣ, 휴대지도 ●-ㅣ

라 테라쎄 프렌치 비스트로
La Terrasse French Bistro

부자(父子)가 운영하는 프렌치 레스토랑

 넓은 정원 안에 자리 잡은 파리 스타일로 꾸민 건물은 프랑스를 연상시킨다. 좋은 식자재로 만드는 스페인 타파스, 이탈리아의 파스타와 함께 프랑스 가

정식을 선보인다. 프랑스, 이탈리아, 스페인, 아르헨티나 원산지 와인 리스트도 갖췄다. 합리적인 가격에 맛과 서비스를 겸비한 레스토랑으로 사람들의 발길이 끊이지 않으니 예약하는 것이 좋다. 예약은 2일 전에만 가능.

주소 69 Khotchasarn Rd. **전화** +66 83 762 6065
오픈 17:00~23:00 **휴무** 일요일
예산 타파스 150~190B, 스페셜 295~780B, 스파게티 210B~, 스테이크 595B~(카드 사용 불가)
교통 나와랏 브리지에서 Chiang Mai Lamphun Th. Rd. 남쪽으로 도보 5분.
홈페이지 www.laterrasse-chiangmai.com
map p.34-D, 휴대지도 ●-K

더 듀크스
The Duke's

20년 역사의 아메리칸 다이너

치앙마이에 4개 지점을 둔 대표 레스토랑. 대표 메뉴는 스테이크. 호주산 소고기만 사용해 적당한 굽기와 꽤 수준 있는 마리네이드(숙성)를 선보인다.
피시 앤 칩스

부드러운 육질의 포크립도 괜찮다. 가격 거품이 있다는 지적도 있지만, 20년간 치앙마이를 지켜온 저력이 무언지 궁금하다면 꼭 한 번 들러볼 것.

주소 49/4-5 Chiang Mai Lamphun Rd.
전화 +66 53 249 231
오픈 10:30~23:30
휴무 부정기 휴무
예산 애피타이저 125B~, 스테이크 645B~, 포크립 295B~, 파스타 285B~, 피자 195B~
교통 나와랏 브리지에서 Chiang Mai Lamphun Th.을 따라 남쪽으로 도보 5분.
홈페이지 www.wherestheduke.com
map p.34-E, 휴대지도 ●-ㅣ

데크 원
Deck 1

고급스러운 강변 레스토랑

라라진다 웰니스 스파 리조트에서 운영하는 레스토랑으로 호텔 수준의 맛과 서비스를 제공한다. 태국 음식을 메인으로 정통 프랑스 음식에서 일본 음식까지 다국적 요리를 선보인다. 테라스에서 강변을 바라보며 고급 요리를 즐길 수 있어 여행자보다는 특별한 날을 기념하려는 현지인이나 장기 체류 외국인이 많이 찾는다.

강 위로 아름다운 조명이 선명해지는 저녁 시간이 가장 바쁘다. 호텔 조식을 제공하는 공간으로 아침 7시에 문을 연다. 호텔 조식은 투숙하지 않아도 이용 가능하다. 목~토요일은 밤 8시부터 10시까지 재즈 공연이 펼쳐진다.

주소 1, 14 Chareonraj Rd., T. Wat Kate
전화 +66 53 302 788
오픈 07:00~24:00 **휴무** 부정기 휴무
예산 식사 180B~, 음료 80B~
교통 나와랏 브리지에서 Chiang Mai Lamphun Th. 북쪽으로 도보 5분.
홈페이지 www.thedeck1.com
map p.34-B, 휴대지도 ●-G

새우튀김과 해산물파스타

록 미 버거
Rock Me Burgers

록인 온 헤븐

치앙마이 1위의 수제 버거 전문점

문을 연 지 2년 만에 치앙마이에서 손꼽히는 버거 집으로 입소문을 타고 있다. 요즘 유행하는 나이프를 푹 꽂은 고층 버거를 맛볼 수 있다. 버거와 잘 어울리는 칵테일을 마실 수 있는 것도 이 집이 사랑스러운 이유. 그러나 오후 2~5시는 주류를 판매하지 않는다.

추천 메뉴는 록킹 온 헤븐(Rocking on Heaven)으로 베이컨과 치즈, 촉촉한 소고기 패티가 천국의 맛을 선사한다. 모든 버거 메뉴에는 웨지 감자가 포함된다. 영어로 의사소통이 되며 친절한 서비스가 만족도를 높여준다.

주소 17-19 Loi Kroh Rd. **전화** +66 89 852 8801
오픈 11:00~23:30 **휴무** 부정기 휴무
예산 버거 140~270B, 포크립 450B, 스테이크 199B~, 칵테일 150~200B(카드 사용 불가)
교통 타패 게이트에서 Kotchasarn Rd. 남쪽으로 걷다가 Loi Kroh Rd.에서 좌회전 후 도보 2분.
홈페이지 www.facebook.com/Rockmeburger
map p.34-D, 휴대지도 ●-G

올레 고메 멕시칸
Ole Gourmet Mexican

농가와 함께 성장하는 멕시칸 음식점

태국의 유명 셰프 야오(Yao)가 멕시코 음식을 선보인다. 이 집은 특히 식자재에 각별한 정성을 쏟는데, 대규모 농장보다는 작은 농장 또는 농가에서 유기농으로 재배한 채소, 방목해 키운 육류를 직접 공급받는다. 팜유보다는 쌀로 만든 기름을 사용하고 유전자 변형의 우려가 높은 옥수수는 붉은 호박으로 대체한다.

치앙마이의 작은 농가에서 산과 들, 햇빛과 비로 키워낸 재료로 만든 멕시칸 음식과 로컬 맥주 한 잔을 즐겨보자.

퀘사딜라

로컬 맥주 차라완 패일 에일

주소 88 Tha Phae Rd.
전화 +66 89 693 3845
오픈 14:00~22:30 **휴무** 일요일
예산 브리토 80~120B, 엔칠라다 160~200B, 치앙마이 로컬 병맥주 150B, 칵테일 120B(카드 사용 불가)
교통 타패 게이트에서 Tha Phae Rd.를 따라 도보 10분.
홈페이지 www.facebook.com/Ole-Gourmet-Mexican-917239721678193
map p.34-E, 휴대지도 ●-G

사무라이 키친
Samurai Kitchen

모든 메뉴가 59B인 일본 식당

2016년 1월 문을 연 일본 식당. 일본 어느 골목의 선술집을 연상시키는 복고풍 포스터와 소품으로 내부를 아기자기하게 꾸몄다. 음료를 포함한 90가지 메뉴를 59B에 판매한다. 3가지 1세트로 구성된 초밥과 각종 일본식 라멘, 덴뿌라(튀김) 등을 저렴한 가격에 맛볼 수 있다. 현지인들이 가장 많이 찾는 와로롯 시장과도 가깝다.

주소 147/149 Chang Moi Rd.
전화 +66 53 232 480
오픈 17:00~22:30 **휴무** 부정기 휴무
예산 모든 메뉴 59B(카드 사용 불가)
교통 타패 게이트 Chaiyapoom Rd. 북쪽으로 걷다가 Chang Moi Rd.에서 우회전 후 도보 5분.
홈페이지 www.facebook.com/samuraikitchen.cnx
map p.34-B, 휴대지도 ●-G

지앙 피시볼 누들
Jiang Fish Ball Noodle

서민을 위한 중국 식당

삥 강과는 좀 거리가 있지만 가볼 만한 곳이다. 저렴한 가격에 맛있는 딤섬과 국수를 양껏 먹을 수 있다. 가게 밖에서 끓이고 찌는 음식 냄새로 사람들의 발길을 사로잡는다. 서민 식당이 잘 없는 유명 호텔이 밀집한 지역에 위치해 더욱 보석 같은 식당이다. 어묵과 고기 또는 해산물이 잔뜩 올라간 국수, 20여 가지의 딤섬, 구운 오리나 돼지고기를 얹은 완탕(중국식 만두)이 주 메뉴다.

주소 164/26-27 Chang Klan Rd.
전화 +66 53 273 637
오픈 08:00~16:00 **휴무** 부정기 휴무
예산 국수 40~55B, 딤섬 28~30B, 완탕 55~80B,
요리 80B~(카드 사용 불가)
교통 샹그릴라 호텔 맞은 편.
map p.34-H, 휴대지도 ●-K

차이니스 키친
Chiness Kichen

태국의 맛과 만난 쓰촨 요리

쓰촨 스타일의 돼지고기 볶음 요리

중국에서 온 셰프가 태국 고추와 마늘로 맛을 낸 쓰촨 요리를 선보인다. 좌석은 주방이 보이는 2개의 프라이빗 룸과 정원에 놓인 야외 테이블이 있다. 샹그릴라 호텔 브랜드에 걸맞은 서비스를 제공하는 곳으로, 가격이 다소 비싸지만 새로운 스타일의 쓰촨 요리를 맛볼 수 있다.

추천 메뉴로는 쓰촨식 소고기(Spicy Beef Szechuan Style, 340B), 닭 버섯 수프(Double Boiled Chicken Soup Mushrooms, 195B), 쓰촨식 게 요리(Szechuan Spicy Crab THB, 450B)를 들 수 있다.

주소 89/8 Chang Klan Rd.
전화 +66 53 253 888
오픈 11:30~14:30, 18:00~22:00 휴무 월요일
예산 115~290B, 요리 200~800B
교통 샹그릴라 호텔 내 위치.
홈페이지 www.shangri-la.com
map p.34-H, 휴대지도 ●-K

비엥 줌온 티 하우스
Vieng Joom on Teahouse

고급 차와 영국식 애프터눈 티 세트

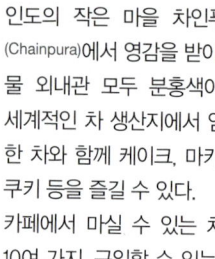

인도의 작은 마을 차인푸라(Chainpura)에서 영감을 받아 건물 외관 모두 분홍색이다. 세계적인 차 생산지에서 엄선한 차와 함께 케이크, 마카롱, 쿠키 등을 즐길 수 있다. 카페에서 마실 수 있는 차는 10여 가지, 구입할 수 있는 차는 50여 종에 이른다. 하이 티 세트가 추천 메뉴로 마카롱과 타르트, 루이보스 티무스, 과일이 영국식 접시에 나온다.

주소 53 Charoenraj Rd., T.Watgate
전화 +66 53 303 113
오픈 10:00~19:00
휴무 부정기 휴무
예산 하이 티 세트 1인 330B, 2인 550B / 티 스페셜 120B
교통 나와랏 브리지 Chiang Mai Lamphun Th.을 따라 도보 10분.
홈페이지 www.vjoteahouse.com
map p.34-B, 휴대지도 ●-G

라밍 티 하우스 시암 셀라톤
Raming Tea House Siam Celadon

차와 찻잔을 만드는 시암 셀라톤의 찻집

치앙마이에 본사를 둔 태국의 유명한 도자기 회사에서 운영하는 티 하우스. 2003년 오래된 태국 전통 가옥에 콜로니얼 양식을 가미해 재개장했다. 숍과 티 하우스가 함께 있는 실내, 우거진 나무 사이로 테이블이 놓인 정원으로 구성되어 있다.

시암 셀라톤에서 유기농으로 재배한 차를 자사의 다기에 내온다. 식사도 가능하다. 원기 회복에 좋고 산소 함량이 높은 것으로 알려진 라밍 티가 거의 모든 메뉴에 조미료로 쓰인다.

주소 158 Tha Phae Rd. 전화 +66 53 234 518
오픈 09:30~18:00
휴무 부정기 휴무(송끄란 축제 기간에는 휴무)
예산 식사 95~120B, 음료 60~70B, 티 세트 170B
교통 타패 게이트에서 Tha Phae Rd.를 따라 도보 8분.
홈페이지 www.ramingtea.com
map p.34-D, 휴대지도 ●-G

마칠 커피
Ma-Chill Coffee

젊은 부부가 운영하는 커피 전문점

치앙마이 출신의 젊은 부부가 운영하는 곳이다. 소박한 빈티지 소품과 나무로 마감한 벽과 천장, 나무 테이블이 조화를 이룬 공간이다. 주인 부부는 수년간 치앙마이의 유명 카페에서 일하며 쌓은 실력과 노하우로 자신들의 카페를 열었다. 치앙마이에서 생산한 원두를 직접 로스팅하고 스페인산 커피 프레스를 사용한 에스프레소로 만든 커피는 꼭 맛볼 것.

주소 11/11 Sridonchai Rd. 전화 +66 86 615 7689
오픈 08:00~17:00 휴무 부정기 휴무
예산 에스프레소 60B, 카페라테 65~80B, 캐러멜 마키아토 75B(카드 사용 불가)
교통 타패 게이트 Kotchasarn Rd. 남쪽으로 걷다가 성벽이 끝나는 지점에서 좌회전 후 도보 5분.
홈페이지 www.facebook.com/Ma.chill.Chiangmai
map p.34-G, 휴대지도 ●-K

더 미팅 룸 아트 카페
The Meeting Room Art Café

아트 셰어 하우스로 시작한 갤러리 카페

주인인 케빈 트리키티웡(Kavin Trikittiwong)이 이 카페를 열겠다고 했을 때 다들 말렸지만, 지금은 태국 전역에서 활동하는 예술가들을 위한 공간으로 자리를 잡았다. 세상에 알려지지 않은 많은 아티스트의 작품을 발굴하고 판매하며, 이야기하는 곳이다. 커피와 차, 스무디와 함께 샐러드와 파니니, 샌드위치 등을 판매한다. 차 한 잔 마시며 태국의 신진 작가들의 작품을 감상해보자.

주소 89 Charoen Radj Rd.
전화 +66 80 627 9219
오픈 09:00~18:00 휴무 부정기 휴무
예산 커피 50~90B, 차 60~75B, 스무디 75B, 파니니 16B(카드 사용 불가, 작품 구매 시는 사용 가능)
교통 나와랏 브리지 Chinag Mai Lamphun Th.을 따라 도보 12분.
홈페이지 www.facebook.com/The-Meeting-Room-Art-Cafe-184505264971410
map p.34-B, 휴대지도 ●-G

러브 앳 퍼스트 바이트
Love at First Bite

녹음 아래 즐기는 달콤한 케이크 한 조각

딸기를 넣은 녹차 케이크

여러 매체에 소개된 곳으로 입구부터 남다른 규모를 자랑한다. 1999년 정원이 있는 가정집을 개조해 문을 열었다. 아름드리나무가 우거진 정원이 인상적이다. 조경 덕분에 실외도 덥지 않아 정원 좌석을 찾는 사람이 많다. 조각 케이크가 다양한데, 종류에 따라 맛에 대한 평가가 엇갈린다. 열대 과일로 만든 망고 치즈 케이크, 코코넛 파이를 추천한다.

주소 28 Soi 1, Chiang Mai Lamphun Th.
전화 +66 53 242 731
오픈 10:30~18:00 휴무 월요일
예산 조각 케이크 90~100B, 음료 50~65B(카드 사용 불가)
교통 나라왓 브리지를 건너 우회전한다. 카지 옆 골목 안쪽. 도보 6분.
홈페이지 www.facebook.com/loveatfirstbitecnx
map p.35-F, 휴대지도 ●-H

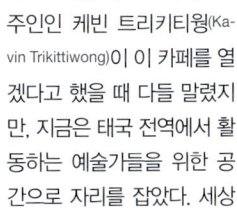

조호니
Johoney

세상에 단 하나뿐인 아이스크림

5년 전 문을 연 홈메이드 아이스크림 전문점이다. 18종류 아이스크림과 젤라토, 12종류 디저트를 맛볼 수 있다.
이곳만의 특별 메뉴는 6종류 세트 메뉴 라바(Lava), 색색의 부드러운 반죽 안에 각각 다른 맛의 크림을 넣어 구운 케이크와 아이스크림,

초콜릿 라바

생크림, 계절 과일이 한 접시에 예쁘게 담겨 나온다. 단품으로는 홋카이도 우유로 만든 홋카이도 밀크 아이스크림을 추천한다.

주소 46/1 Sanpakoi Soi 1
전화 +66 53 247 229
오픈 11:00~18:00 휴무 부정기 휴무
예산 1스쿱 35B(3스쿱 이상 할인 적용), 음료 45~75B, 디저트 110~195B, 라바 120~150B(카드 사용 불가)
교통 나와랏 브리지를 지나 큰길을 쭉 따라가다 작은 골목으로 들어간다. 길 모퉁이의 노란색 건물.
홈페이지 www.facebook.com/johoneyicecream
map p.35-F, 휴대지도 ●-H

카지
Khagee

신선한 커피와 빵, 아이디어로 가득한 카페

최근 감각적이면서 미니멀한 인테리어, 맛 좋은 커피와 빵으로 핫 플레이스로 떠올랐다. 치앙마이에서 생산하는 원두와 라오스, 브라질, 콜롬비아 등 유명 커피 산지 원두를 사용한다. 생이스트로 빵을 굽는 것도 특별한 점. 달콤한 크림이 들어 있는 카늘레는 커피와 환

상의 궁합인 강력 추천 메뉴.
통유리창 앞 테이블은 사진이 잘 나오는 자리다. 인증샷을 찍고 싶다면 꼭 기억하자.

주소 29-30 Chiang Mai Lumphun Soi 1
전화 +66 82 975 7774
오픈 10:00~17:00 휴무 월·화요일
예산 에스프레소 70B, 카페라테 75B, 스콘 80B, 카늘레 70B(카드 사용 불가)
교통 나와랏 브리지를 건너 우회전 후 도보 3분.
홈페이지 www.facebook.com/khageecafe
map p.35-F, 휴대지도 ●-H

스콘과 카늘레, 라테의 환상적인 궁합

삥 강 & 나이트 바자 나이트라이프

Night Life

강추
남톤스 하우스 바
Namton's House Bar

마이크로 브루어리의 크래프트 맥주 집합소

대규모 공장이 아닌 작은 브루어리에서 소량 생산한 수제 맥주를 판매한다. 나무 패널로 지은 2층 건물 안을 빈티지 수집품으로 꾸몄다. 맥주부터 인테리어까지 손맛 가득한 공간이다. 도심에서 조금 떨어진 곳에 있어 고즈넉한 분위기 속에서 맥주를 즐길 수 있다.

태국 로컬 맥주를 포함해 전 세계 소규모 브루어리의 60여 가지 크래프트 맥주를 판매한다. 맥주 종류에 따라 다른 잔도 매력적이다. 홈메이드 샐러드와 스테이크, 감자튀김 등의 식사와 안주도 주문할 수 있다.

평일에는 한적하게, 주말 밤에는 북적이는 사람들 속에서 시원한 맥주 한잔을 음미해보자. 에일 계열의 맥주로 상큼한 끝의 쌉싸래함이 좋은 태국산 크래프트 비어 6피엠(6.P.m.)을 추천한다.

주소 196/2 Chiang Mai Lumphun T.watgate
전화 +66 86 911 1207
오픈 15:00~23:00
휴무 수요일
예산 생맥주 250ml 160B~, 500ml 300B~ / 병맥주 160~220B(카드 사용 불가)
교통 나라왓 브리지 남쪽으로 1.2km 직진. 차로 5분, 도보 20분.
홈페이지 www.facebook.com/namtonshousebar
map p.35-I, 휴대지도 ●-L

강추
더 리버사이드 바 앤 레스토랑
The Riverside Bar & Restaurant

32년 역사의 강변 터줏대감

이곳을 설명하는 수식어는 다양하다. 삥 강을 가장 길게 접하고 있는 곳, 문을 연 지 30년이 훌쩍 넘은 터줏대감, 매일 저녁 7시부터 새벽 1시까지 열리는 라이브 공연, 세계 곳곳의 크래프트 맥주를 맛볼 수 있는 곳 등. 전통 양식의 나무 집에서 울려 퍼지는 밥 딜런과 이글스, 닐 영의 음악이 분위기 있다.

1984년 처음 문을 열어 2~3번 확장 공사를 하며 명실상부 치앙마이 밤 문화의 대명사가 되었다. 굿 뷰와 비슷한 콘셉트지만 더 젊은 분위기다. 밴드와 손님, 여행자가 하나 되어 밤을 불사르는 경험을 하고 싶다면 이때가 기회다.

주소 9-11 Charoenrat Rd. 전화 +66 53 243 239
오픈 10:00~다음 날 01:00 휴무 부정기 휴무
예산 식사 100~300B, 수제 병맥주(355ml) 250~300B, 생맥주 75~120B~, 타워 650B~, 일반 병맥주 65~210B, 칵테일 180~210B
교통 나라왓 브리지를 건너 좌회전 후 Chinag Mai Lamphun Th.을 따라 도보 5분.
홈페이지 www.theriversidechiangmai.com
map p.35-B, 휴대지도 ●-G

Ping River & Night Bazaar 163

타패 이스트
Thapae East

급부상 중인 타패 로드의 공연장

저녁 6시가 되면 창고에서 라이브 공간으로 환골탈태하는 타패 이스트는 최근 새롭게 급부상한 곳이다. 딥디 바인더와 올레 고메 멕시칸 레스토랑 사잇길로 들어가면 주황색 뼈대만 서 있는 공터가 타패 이스트 자리다. 딥디 바인더가 있는 2층 건물 한쪽에는 전시 공간이 있어 전시 오프닝 행사 겸 공연이 열리기도 한다.

라이브 음악, 연극 공연, 워크숍 등 다양한 행사로 점점 주목받고 있다. 특별한 공연은 페이스북을 통해 공지한다. 유명 뮤지션의 공연하는 경우 사전에 티켓을 판매하니 치앙마이 여행을 계획하고 있다면 확인해보는 것이 좋다.

주소 88 Tha Phae Rd., Soi 3
전화 +66 91 853 4101
오픈 18:00~24:00 휴무 일요일
예산 300B 정도(카드 사용 불가)
교통 타패 게이트에서 Tha Phae Rd.를 따라 도보 10분.
홈페이지 www.facebook.com/ThapaeEast
map p.34-E, 휴대지도 ●-G

보이 블루스 바
Boy Blues Bar

치앙마이 최고의 블루스 연주자

타이 스타일 블루스 바로 치앙마이 최고의 블루스 연주자인 보이가 주인이다. 무대와 간이 의자, 바가 있는 구조로 100여 개 좌석이 있다.

월요일 밤에는 오픈 마이크와 잼 공연이 이어져 프로 밴드와 아마추어 관객이 함께 연주하는 이벤트가 열린다. 공연이 무르익으면 밤늦게까지 빠져들 수 있으니 저녁을 먹고 찾아가는 것이 좋다. 바에서는 맥주와 양주 샷, 간단한 음료만 판매한다. 안주는 다른 곳에서 음식을 사 가지고 와서 먹어도 된다.

주소 Kalare Center, Night Bazaar
오픈 20:00~다음 날 01:00 휴무 일요일
예산 병맥주 70~110B, 양주 샷 60~230B(카드 사용 불가)
교통 나이트 바자 내 칼레 센터 2층.
홈페이지 www.boybluesbar.com
map p.35-E

버스 바
Bus Bar

강변을 따라 흐르는 1990년대의 향수

해가 진 강가의 부드러운 조명을 배경으로 향수를 불러일으키는 1990년대 음악을 튼다. 부정기적으로 라이브 공연을 여는데, 사전에 페이스북에 공지하니 미리 확인하고 가면 좋다.

바를 감싸는 강변의 조명만큼이나 좋은 것이 가격이다. 다른 술집에 비해 20B 정도 저렴하다. 안주도 판매하지만 맛이나 신선도가 떨어지는 편. 1990년대의 낭만을 안주 삼아 가볍게 한잔하기 좋은 곳이다.

주소 111 Kampangdin Rd. 전화 +66 84 173 3113
오픈 19:00~24:00 휴무 부정기 휴무
예산 양주 170~1000B, 맥주 60~190B, 안주 45~100B (카드 사용 불가)
교통 나와랏 브리지 남쪽으로 400m 떨어진 사판 렉 브리지(Sapaan Lek) 아래 위치.
홈페이지 www.facebook.com/busbar.chiangmai
map p.35-E, 휴대지도 ●-K

삥 강 & 나이트 바자 마사지

치 스파 앳 샹그릴라 호텔
Chi Spa at Shangri-La Hotel

기를 다스리는 태국 스파

샹그릴라 호텔에서 운영하는 스파로, 연못이 있는 정원 안에 9개 빌라로 이루어진 별도의 건물이 있다. 중앙에 건물을 중심으로 9개 별채가 연결된 식이다. 이 중 4개 룸은 신혼여행객이나 커플을 위한 전용 룸이다.

'치(Chi)'는 중국어에서 유래한 것으로 기를 뜻한다. 기를 다스려 순환을 돕는 것이 치 스파의 핵심. 모든 스파룸으로 향하는 길은 물이 흐르고 각각의 룸에는 샤워실과 드레스룸, 트리먼트룸이 있다. 스파 전 족욕에 사용되는 스크럽과 세족제도 서비스마다 각각 다르게 사용한다.

관리사들이 모두 실력을 갖춰 개인차가 크지 않다는 점, 고급스러운 실내와 세심한 서비스 등이 치 스파를 치앙마이 내 베스트 스파로 꼽게 하는 이유다.

주소 89/8 Chang Klan Rd.
전화 +66 53 253 888
오픈 10:00~22:00 휴무 연중무휴
요금 타이 마사지(1시간) 1400B, 아로마 웰니스 스파(1시간 30분) 2700B, 란나 블렌디드 마사지(2시간) 4248B
교통 샹그릴라 호텔 내 위치.
홈페이지 www.shangri-la.com/chiangmai/shangrila/health-leisure/chi-the-spa
map p.34-H, 휴대지도 ●-K

키요라 스파
Kiyora Spa

타이 마사지와 서양 치료 마사지의 조화

태국 전통 마사지와 서양 치료 마사지를 결합한 서비스를 선보인다. 아늑한 정원을 지나 안쪽으로 들어서면 물이 흐르는 스파 룸이 보인다. 마사지를 받는 데 필요한 최적의 분위기를 만들기 위한 노력이 돋보인다. 서비스 수준도 높다. 단, 경락 마사지를 좋아하는 사람에게는 맞지 않을 수도 있다.

스파에 사용되는 모든 제품은 천연 미네랄에서 추출한 페이셜 제품을 포함해 인증 받은 에센셜 오일로 만든 호주산 브랜드 바이오센셜(Biossentials)이다.

타패 게이트와 나이트 바자에 머무는 사람에게는 무료 픽업 서비스를 제공한다. 서비스 후 공항 센딩을 요청하면 별도의 비용 없이 이동 가능하다.

주소 26/1 Chang Moi Soi 2
전화 +66 52 003 268
오픈 10:00~22:00 휴무 연중무휴
요금 스파(2~4시간 30분) 1900~5300B, 타이 전통 마사지(1시간 30분) 1000B, 딥 티슈 마사지(1시간 30분) 1900B
교통 Tha Phae Rd.와 Tha Phae Rd. Soi 4가 만나는 사거리에서 좌회전 후 도보 3분.
홈페이지 www.kiyoraspa.com
map p.34-A, 휴대지도 ●-G

자바이 타이 마사지 앤 스파
Zabai Thai Massage & Spa

합리적인 가격과 뛰어난 실력
한국 여행객에는 아직 알려지지 않은 숨은 보석 같은 곳. 브랜드 스파에 비하면 인테리어는 한참 부족하지만 서비스의 질과 가격을 따지면 이만한 곳이 없다. 90분 전통 타이 마사지는 400B, 90분 오일 마사지 700B 정도. 강력 추천하는 서비스는 시암 조니 패키지(Siam Journey Package)다. 원 플러스 원 상품으로 발 마사지, 로열 타이 마사지와 핫 아로마 오일 마사지 패키지를 2인이 1900B에 받을 수 있다. 마사지 전후 모두 설문조사를 해 고객들과의 소통을 중요하게 생각하는 스파로 칭찬이 자자하다.

주소 1/8 Tha Phae Rd. Lane 1
전화 +66 86 921 9149
오픈 10:00~22:00 휴무 연중무휴
요금 로열 타이 마사지(90분) 400B, 시그니처 스파(2시간 30분) 1350B, 로열 허니문 스파(4시간 30분) 2700B
교통 Tha Pae Rd.에서 두씻 D2 호텔 방향으로 난 골목 안.
홈페이지 www.zabaithai.com
map p.34-E, 휴대지도 ●-G

레츠 릴렉스 스파
Let's Relax Spa

어디로 가야 할지 고민될 땐 이곳으로!
1998년 치앙마이를 시작으로 방콕, 푸껫, 파타야 등 태국 전역에 지점을 둔 브랜드 스파. 오랜 역사와 체계적인 시스템을 갖추고 있어 안정적인 서비스를 받을 수 있다. 고급 스파와 일반적인 개별 마사지 숍의 중간 형태. 워낙 유동인구가 많은 곳이라 원하는 시간에 서비스를 받고 싶다면 미리 예약하는 것이 좋다.

주소 145/28~30 Chang Klan Rd.
전화 +66 53 818 498
오픈 10:00~24:00 휴무 연중무휴
요금 타이 마사지(1시간) 600B, 오일 마사지(1시간) 1200B, 드림 패키지(1시간 30분) 850B, 보디 앤 소울(2시간) 2300B
교통 Chang Klan Rd.와 Loikroh Rd.가 만나는 사거리에 위치.
홈페이지 www.letsrelaxspa.com/chiangmai/pavilion
map p.34-E, 휴대지도 ●-K

스리만트라 스파
Srimantra Spa

란나 마사지와 인도 명상의 조우
이곳은 고대 란나부터 내려온 전통 마사지와 인도의 명상과 치유를 접목해 고안한 마사지를 제공한다. 2015년 문을 열었지만 10년 이상의 경력을 지닌 전문가의 관리로 짧은 역사를 보완한다. 1회에 끝나는 서비스를 받거나, 여러 회 묶인 패키지 서비스를 이용할 수 있다. 오전 10시에서 오후 3시까지는 해피 아워로 모든 서비스가 25% 할인된 다.

주소 78 Charoen Prathet Rd.
전화 +66 53 818 881
오픈 10:00~22:00 휴무 연중무휴
요금 란나 타이 마사지(1시간) 600B, 오일 마사지(1시간) 1000B, 스파(2시간) 2000B
교통 Loi Kroh Rd.와 Charoen Prathet Rd.가 만나는 지점. 삥 강 바로 앞.
홈페이지 www.srimantraspa.com
map p.34-E, 휴대지도 ●-K

나카라 스파
Nakara Spa

아유르베다를 기초로 한 고급 스파

호텔 뻥 나카라에서 운영하는 스파. '손님이 왕'이라는 말처럼, 나카라 스파에서는 손님을 극진히 대한다. 마치 왕이 된 기분이 들 정도. 스파룸은 고급스럽고 샤워 시설과 사우나 시설이 완비되어 있다. 서비스 역시 품격 높은 스파에 걸맞게 전문적이고 체계적이다. 요금이 비싼 편이지만, 뻥 강 주변의 다른 호텔에 비하면 합리적인 가격이다.

주소 135/9 Charoen Prathet Rd.
전화 +66 53 252 101
오픈 10:00~22:00
휴무 연중무휴
요금 란나 타이 마사지(1시간 30분) 1700B, 타이 전통 마사지 앤 톡센(1시간) 1150B, 아유르베다(1시간) 2100B
교통 나와랏 브리지에서 차로 10분. 나카라 호텔 내 별채에 위치.
홈페이지 www.nakaraspa.com
map p.35-I

더 스파 르 메르디앙
The Spa Le Meridien

5성급 호텔에 걸맞은 서비스

메르디앙 호텔에서 운영하는 고급 스파로 수준 높은 서비스를 선보인다. 건강 상태에 따른 컬러 요법과 유기농 제품을 사용하는 것이 이곳의 핵심 전략. 가장 기본 마사지는 비슷한 수준의 다른 호텔에 비해 가격이 높은 편이다.
기본 마사지보다는 특화된 스파를 추천한다. 유기농 라벤더, 포도씨 오일, 코코넛 오일이 함유된 제품을 사용해 긴장 해소, 수분을 공급해주는 아쿠아 마린 리시브 하이드레이팅 보디 오일 마사지(Aqua Marine Revive Hydrating Body Oil Massage)를 추천한다.

주소 108 Chang Klan Rd. 전화 +66 53 253 666
오픈 10:00~22:00 휴무 연중무휴
요금 타이 전통 마사지(1시간) 2700B, 안티 스트레스 마사지(1시간) 2500B, 차크라 리추얼(2시간) 4500B
교통 나이트 바자 르 메르디앙 호텔 내 위치.
홈페이지 www.lemeridienchiangmai.com/THESPA
map p.34-E, 휴대지도 ●-G

라린진다 웰니스 스파
Rarinjinda Wellness Spa

독보적인 시설과 체계적인 프로그램

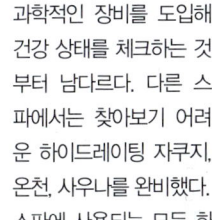

과학적인 장비를 도입해 건강 상태를 체크하는 것부터 남다르다. 다른 스파에서는 찾아보기 어려운 하이드레이팅 자쿠지, 온천, 사우나를 완비했다. 스파에 사용되는 모든 화장품은 같은 계열의 블루밍(Blooming) 제품이다. 허브 스팀, 보디 스크럽, 크롬 테라피, 얼굴 관리, 아로마 오일 마사지, 구아바 풋폴리시 등이 패키지로 구성된 라린진다 하프 데이 리추얼(Rarinjinda Half Day Ritual)을 추천한다. 온라인 예약 시 20% 할인.

주소 14 Chareonraj Rd.
전화 +66 53 247 000
오픈 10:00~22:00 휴무 연중무휴
요금 전통 타이 마사지(2시간) 1800B, 아로마 오일 허브볼 마사지(2시간) 3000B, 스파 패키지(1시간 30분~5시간) 2500~8000B, 라라진다 하프 데이 리추얼(4시간) 5500B
교통 나와랏 브리지 북쪽으로 도보 4분. 라린진다 웰니스 스파 리조트 내 위치.
홈페이지 www.rarinjinda.com
map p.35-C, 휴대지도 ●-G

삥 강 & 나이트 바자 쇼핑

딥디 바인더
Dibbee Binder

한 땀 한 땀 바느질로 만든 수제 노트 전문점

최근 치앙마이 젊은이들 사이에서는 손으로 만든 정성 담긴 크래프트 열풍이 불고 있다. 그 단면을 여실히 보여주는 것이 바로 이 숍이다. 모든 노트를 손바느질로 완성한다. 이미 만들어진 작품을 구매해도 되지만, 진열된 종이를 골라 나만의 노트를 주문할 수도 있다. 노트 가격은 두께와 크기, 소재, 바인딩 방식 (핸드 바인딩 노트 250B~, 카드 사용 불가)에 따라 다르다. 클립이나 집게, 바인딩에 필요한 도구 등 관련 소품과 손바느질로 만든 아기 옷, 가방 등을 판매한다. 기념품으로 구매해도 좋고, 그냥 들러 구경만 해도 즐겁다. 북 바인딩 교실도 진행하니 관심 있는 사람은 페이스북을 확인할 것.

주소 88 Tha Phae Rd. Soi 3
전화 +66 89 175 7004
오픈 09:00~21:00 **휴무** 부정기 휴무
교통 타패 게이트에서 Tha Phae Rd.를 따라 도보 10분.
홈페이지 www.facebook.com/dibdee.binder
map p.34-E, 휴대지도 ●-G

미트니욤
Mitniyom

수제 가죽 제품의 A부터 Z까지

공방을 중심으로 완제품을 판매하는 공간, 가죽을 비롯한 수제작에 필요한 부자재를 판매하는 공간으로 구성되어 있다. 가죽 공예 교실도 운영해 수업을 듣는 외국인들의 모습을 심심치 않게 볼 수 있다. 공예 수업은 작품의 재료비, 소요되는 시간에 따라 달라지므로 직접 공방에 문의해야 하지만 한국보다 저렴하다. 투박하지만 양질의 가죽으로 정성껏 만들어 특별한 손맛이 느껴진다. 양가죽으로 만든 작은 가죽 지갑은 600B, 머니 클립이나 열쇠고리는 300~500B 정도. 1000B 정도면 튼튼한 천연 가죽 지갑을 장만할 수 있다.

주소 238 Chang Moi Rd.
전화 +66 81 904 6214
오픈 11:00~18:00 **휴무** 부정기 휴무
교통 타패 게이트에서 Chaiyapoom Rd.를 따라 걷다가 Chang Moi Rd.에서 우회전 후 도보 3분.
홈페이지 www.facebook.com/mitniyom.leather
map p.34-A, 휴대지도 ●-G

림삥 슈퍼마켓
Rimping Supermarket

치앙마이의 식자재 트렌드를 주도하는 마켓

치앙마이의 생활수준이 높아지면서 먹거리에 대한 관심이 점점 높아지고 있다. 그 관심에 부합하는 식료품점이 바로 림삥 슈퍼마켓이다. 치앙마이 출신 오너가 1개의 가게로 시작해 점점 인기를 모으며 지금까지 8개의 가게를 열었다. 비교적 접근성이 좋은 곳은 나와랏 브리지 근처의 나와랏 지점, 마야 라이프스타일 쇼핑센터 지하 2곳을 꼽을 수 있다.

치앙마이 지역에서 생산하는 채소와 고기를 직접 공급받는다. 유기농 코너, 세계 각국에서 수입한 식자재 판매대도 있다. 고추장과 된장, 라면, 김치 등 한국 식자재도 판매한다.

주소 129 Osthaphan Rd.
전화 +66 53 246 333
오픈 08:00~21:00 휴무 부정기 휴무
교통 나와랏 브리지에서 남쪽으로 도보 10분.
홈페이지 www.rimping.com
map p.35-F, 휴대지도 ●-L

센트럴 페스티벌
Central Festival

태국 최대 쇼핑몰 그룹의 대형 쇼핑몰

치앙마이 전역에서 30개의 종합 쇼핑몰을 운영 중인 CPN 그룹의 쇼핑몰로 2013년 문을 열었다. 마야 라이프스타일 쇼핑센터가 지역색이 강하다면 센트럴 페스티벌은 좀 더 글로벌하다. 센트럴 페스티벌 치앙마이점 역시 유명 브랜드의 쇼핑몰답게 각종 브랜드가 입점해 있다.

쇼핑몰 내 인포메이션 카운터에 여권을 제시하면 5~20% 여행자 할인권과 무료 와이파이 이용권을 받을 수 있다. 택스 리펀드도 가능하니 잊지 말고 꼭 챙기자.

주소 99/1, 99/2 Mae Khao Mu 4 Alley
전화 +66 2 021 9999
오픈 월~목요일 11:00~21:30, 금요일 11:00~22:00, 토·일요일 10:00~22:00
휴무 연중무휴
교통 타패 게이트에서 차로 20분.
홈페이지 www.centralfestival.co.th/en
map p.35-C, 휴대지도 ●-D

아농버런
Anongbhorn

고산족의 문화와 색채가 깃든 제품 판매

고산족의 색채가 녹아든 의류나 패션 잡화가 궁금하다면 아농버런으로 가자. 치앙마이와 매홍손 등 고산족 마을에서 생산한 제품을 판매한다. 고산족 마을의 직영 생산을 원칙으로 하며, 이렇게 생산한 제품을 이곳 뿐 아니라 치앙마이 내 다른 숍에도 납품한다.

타패 로드점은 다른 숍에 비해 규모도 남다르다. 3층 건물에 의류와 패션 잡화, 카펫, 러그, 인테리어 소품이나 가구까지 다양한 제품을 판매한다. 쇼핑보다는 관람 목적으로 들러보기 좋다. 의류는 600B부터, 잡화는 400B부터.

주소 208-210, Tha Phae Rd., Soi 3
전화 +66 53 252 654
오픈 09:00~17:00 휴무 부정기 휴무
교통 타패 게이트에서 Tha Phae Rd.를 따라 도보 8분.
map p.35-E, 휴대지도 ●-G

크래피티
Crafitti

손으로 만든 생활 주얼리

수공예를 뜻하는 크래프트(Craft)와 길거리 벽화를 의미하는 그라피티(Graffiti)의 합성어인 '크래피티'는 주얼리가 일상생활의 일부가 되었으면 하는 소망으로 만들어진 숍이다. 태국 전통 문양과 자연을 모티프로 하는 주얼리는 독특하면서도 우아하다. 특이한 질감과 색감을 위해 황동과 은을 기본으로 사용하고 보석류도 기계가 아닌 손으로 세공하는 것을 원칙으로 한다. 얼핏 비슷해 보여도 모두 다른 디자인의 제품이다. 생

활 주얼리를 좋아하는 사람이라면 빈손으로 떠나기 힘들 것이다.

주소 173 Chareonrajd Rd. **전화** +66 86 506 6244
오픈 10:00~18:00 **휴무** 부정기 휴무
교통 나와랏 브리지를 건너 좌회전 후 Chiang Mai Lamphun Th.을 따라 약 750m. 도보 12분.
홈페이지 www.facebook.com/Crafittishop
map p.35-B, 휴대지도 ●-G

숍 앤 센트
SOAP-n-SCENT

태국의 대표 핸드메이드 비누 브랜드

치앙마이에서 시작한 태국의 수제 비누 브랜드. 쌀겨, 코코넛, 올리브에서 추출한 식물성 기름에 천연 글리세린을 첨가해 부드러움과 촉촉함으로 유명하다. 전통 방식에 모던한 감각을 더한 비누와 입욕제, 스파 제품이 인기 있다. 비누만 150여 가지 제품을 판매한다. 선물용과 스파 제품을 더하면 200여 종의 제품을 볼 수 있다.

홍콩과 런던, 프랑크푸르트 등 각종 세계박람

회에 초청받는 등 세계적인 브랜드로 부상했다. 제품 구매만 원한다면 르 메르디앙 호텔의 아케이드 OP 플레이스(OP Place)로 가면 된다. 가격은 300B부터.

주소 본점 327/9 Soi Srijundorn2 Jareonprated / OP플레이스 108 Chang Klan Rd.
전화 +66 53 820 115
오픈 본점 08:30~12:00, 13:00~17:00 / OP 플레이스 11:00~22:00
휴무 본점 일요일 / OP 플레이스 부정기 휴무
교통 본점 타매 게이트에서 Chang Klan Rd. 남쪽으로 차로 15분. / OP 플레이스 르 메르디앙 호텔 아케이드 내 위치.
홈페이지 www.soap-n-scent.com
map p.35-I, 휴대지도 ●-K

삥 강 & 나이트 바자 숙소

샹그릴라 호텔
Shangri-la Hotel

역사적이고 문화적인 도시인 치앙마이에 걸맞게 전통 양식과 인테리어로 꾸몄다. 총 281개 객실을 시작으로 수영장과 피트니스, 스파, 호라이즌 클럽(라운지), 대형 회의실 등 부대시설까지 완벽하게 갖췄다. 건물 뒤쪽, 정원과 어우러진 나선형 수영장은 도심 속 휴식 공간으로 손색없다.

올드 시티와 삥 강 중간쯤에 있어 접근성이 좋은 것도 장점. 가족 단위, 친구나 연인과의 여행 등 어떤 유형의 여행자에게도 만족감을 주는 호텔이다. 체크인은 오후 2시, 체크아웃은 오후 12시다. 호라이즌 클럽 포함 객실의 경우에는 체크아웃 오후 4시.

주소 89/8 Chang Klan Rd.
전화 +66 53 253 888
요금 디럭스 6000B~, 디럭스 풀 뷰 7000B, 호라이즌 클럽 디럭스 8100B~
교통 타패 게이트에서 차로 10분.
홈페이지 www.facebook.com/TheArtelNimman
map p.34-H, 휴대지도 ●-K

트윈 디럭스

라린진다 웰니스 스파 리조트
Rarinjinda Wellness Spa Resort

2007년 오픈 이래 월드 럭셔리 호텔 어워드와 각종 세계 호텔 어워드에서 꾸준히 좋은 성적을 얻고 있는 스파 리조트. 수영장을 중심으로 150년 된 목조 건물과 현대식 건물이 ㄷ자 형태로 배치되어 있다. 5개의 스위트룸과 1개의 빌라를 포함해 총 35개 객실이 있다. 피트니스 센터, 도서관, 레스토랑 등 부대시설도 고급스럽다. 그중에서도 각종 세계 스파 어워드에서 수상한 스파가 특히 유명한데, 투숙객은 20% 할인해준다. 수영장

디럭스 풀 엑세스

과 바로 연결되는 디럭스 풀 액세스룸은 발코니에 선베드가 비치되어 있고 뷰가 아름다워 일반 디럭스에 비해 요금이 비싼데도 언제나 인기 만점이다.

주소 1, 14 Chareonraj Rd.
전화 +66 53 247 000
요금 디럭스 4500B~, 디럭스 풀 액세스 7500B
교통 나와랏 브리지에서 북쪽으로 도보 4분.
홈페이지 www.rarinjinda.com
map p.35-C, 휴대지도 ●-G

핑 나카라 호텔
Ping Nakara Hotel

로얄 스위트

콜로니얼 양식과 태국의 목조 건물 양식을 절묘하게 접목한 순백의 호텔, 핑 나카라. 1900년대 초 코끼리를 이용한 티크 산업의 중심지였던 치앙마이의 목조 건물에서 영감을 받아 지었다. 손으로 조각한 목조 세공 장식은 거대한 예술 작품 같다. 모두 다르게 꾸민 19개 객실은 제각각의 매력이 있는데, 채광이 잘 되고 침구도 고급스럽다.

숙련된 인적 서비스, 삥 강 주변에 위치한 레스토랑, 잘 관리된 수영장 등 모두 평가가 좋다. 치앙마이로 신혼여행을 왔다면 추천하고 싶은 호텔이다.

공항 픽업(요금 별도)을 신청하면 1967년식 벤츠를 타고 고풍스러운 목조 건물로 향하는 드라마틱한 추억을 만들 수 있다. 공식 홈페이지에서 예약하는게 저렴하다. 3박 이상 예약할 경우 공항 픽업·드롭 서비스를 무료로 제공한다.

주소 135/9 Charoenprathet Rd.
전화 +66 53 252 999
요금 디럭스 8000B~, 로열 스위트 1만 2000B
교통 올드 시티 방향 나와랏 브리지 끝 Charoen Prathet Rd. 남쪽으로 도보 12분.
홈페이지 www.pingnakara.com
map p.35-I

아난타라 치앙마이 리조트
Anantara Chiang Mai Resort

디럭스

태국의 세계적인 호텔 기업인 마이너 호텔(Minor Hotels) 그룹이 운영하는 리조트. 세계적인 호텔 비즈니스 노하우가 녹아든 아난타라는 시설과 서비스 면에서 최고를 선보인다. 총 52개 객실 중 32개가 스위트, 나머지가 디럭스룸이다. 태국 전통 양식을 현대적으로 재해석한 객실, 영국 대사관을 리모델링한 레스토랑, 삥 강이 보이는 수영장은 로맨틱하다.

주소 123-123/1 Charoen Prathet Rd.
전화 +66 53 253 333
요금 디럭스 1만B~, 카사라 스위트 1만 4000B~
교통 올드 시티 방향 나와랏 브리지 끝 Charoen Prathet Rd. 남쪽으로 도보 10분.
홈페이지 www.chiang-mai.anantara.com
map p.35-H, 휴대지도 ●-K

더 아마타 란나 치앙마이 호텔
The Amata Lanna Chiang Mai Hotel

디럭스

부티크 호텔이 밀집해 있는 삥 강 주변의 고풍스러운 담장이 눈에 띈다. 담장 뒤에는 란나 시대의 전통 목조 건물을 재현한 더 아마타 호텔이 있다. 정원과 수영장이 있으며 예스러운 12개의 객실은 벽과 바닥 모두 나무로 마감했다. 삥 강에서 가까울 뿐 아니라 나이트 바자까지 도보 10분이면 갈 수 있다. 단, 목조 건물의 특성상 모기가 많은 것이 흠이다.

주소 222/2 Chareanprated Rd.
전화 +66 53 818 628
요금 디럭스 더블·트윈 5300B(카드 사용 불가)
교통 올드 시티 방향 나와랏 브리지 끝 Charoen Prathet Rd. 남쪽으로 도보 12분.
홈페이지 www.theamatalanna.com
map p.35-H, 휴대지도 ●-K

5성급
137 필라스 하우스
137 Pillars House

라자 브로크 스위트 (RAJAH BROOKE SUITES)

1889년에 지은 티크목 저택을 개조한 호텔. 오픈 5년 만에 치앙마이에서 가장 주목받는 호텔로 떠올랐다. 30개 객실은 모두 스위트룸으로 클래식한 19세기풍 디자인, 빅토리아풍 욕실, 정원을 볼 수 있는 베란다와 파티오를 갖췄다.

역사적으로도 흥미로운데, 모든 객실에 호텔의 탄생 역사와 관계된 이름을 붙였다. 그중 하나는 태국의 왕과 영국인 애나의 사랑을 그린 영화 〈왕과 나(The King And I)〉의 실제 주인공인 애나의 아들 루이스 레오노웬스(Louis Leonowens)가 실제로 거주한 곳이기도 하다. 5개의 레스토랑과 바, 피트니스, 수영장 모두 이 호텔만의 개성으로 똘똘 뭉쳐 있다. 137이라는 숫자는 호텔 건물의 기둥 숫자다.

주소 2 Soi 1 Nawatgate Rd. 전화 +66 53 247 788
요금 라자 브로크 스위트 1만 3700B~,
윌리엄 바인 테라스 스위트 2만 2300B~,
루이스 레오노웬스 풀 스위트 2만 4500B~
교통 나와랏 브리지를 건너 좌회전한 후 Charoenrat Rd.를 따라 500m 정도 직진, 우 카페 아트 갤러리 옆 골목에 위치.
홈페이지 www.137pillarschiangmai.com/en
map p.35-B, 휴대지도 ●-G

4성급
반타이 빌리지 호텔
Banthai Village Hotel

주니어 스위트

크고 작은 숍이 밀집한 타패 로드 근처에 위치해 여러모로 편리하다. 디자이너 출신인 오너가 설계한 객실은 고풍스러우면서도 아늑한 느낌을 살렸다.

각 객실은 무거운 톤의 나무 느낌을 살리면서 파란색 침구나 소품으로 포인트를 주었다. 호텔 규모에 비해 객실과 욕실이 넓은 편이다. 숙박비에 포함된 조식도 알차다는 평가다.

주소 19 Tha Phae Soi 3, Tha Phae Rd.
전화 +66 53 252 789
요금 슈페리어 2500B~, 딜럭스 4000B~, 패밀리 5300B~
교통 타패 게이트에서 Tha Phae Rd.를 따라 걷다가 Tha Phae Rd. Soi 3에서 우회전 후 도보 3분.
홈페이지 www.banthaivillage.com
map p.34-D

3성급
반 잉 핑
Baan Ing Ping

삥 강을 조망할 수 있는 리버 뷰 호텔 중 합리적인 요금을 자랑한다. 예약 대행 사이트의 프로모션을 이용하면 더욱 저렴하다. 객실이 좁고 수영장이 없는 게 아쉽지만, 객실의 청소 상태, 컨디션, 직원들의 친절도 모두 만족도가 높다.
단, 리버 뷰 객실이 아니라면 예약할 이유가 없다. 반대편 객실은 도로와 인접해 있어 소음이 심하다.

주소 8 Chiang Mai Lumphun Rd.
전화 +66 81 855 8981
요금 스탠더드 1000B~, 딜럭스 2000B~
교통 나와랏 브리지에서 Chiang Mai Lamphun Th. 남쪽으로 550m.
홈페이지 www.baan-ing-ping.com
map p.35-F, 휴대지도 ●-L

쉐웨 와나 부티크 리조트 앤 스파
Shewe Wana Boutique Resort and Spa

슈페리얼 더블

1935년에 지은 목조 건물을 레노베이션한 호텔로 15개 객실이 있다. 삶을 의미하는 '쉐웨(Shewe)', 자연을 의미하는 '와나(Wana)'를 합쳐놓은 아름다운 합성어로 친환경 리조트를 지향한다. 울창한 정원과 목조 건물을 시작으로 모든 객실에 천연 세안제를 제공한다. 모든 객실이 금연 구역인 것도 명심할 것.

공식 홈페이지에서 2박 이상 예약 할 경우 공항 픽업·드롭 서비스가 무료이며, 3박 이상의 경우 1인 2시간 스파 이용권을 증정한다. 나와랏 브리지로 삥 강을 건너 도보 10여 분, 치앙마이 기차역과도 도보 10분 정도 거리다.

주소 290, 292 Charoen Muang Rd.
전화 +66 53 240 020
요금 슈페리어 더블 3500B~, 주니어 스위트 4050B~, 패밀리 스위트 6030B~
교통 나와랏 브리지에서 Charoen Muang Rd. 따라 900m. 홈페이지 www.shewewanasuite.com
map p.35-F, 휴대지도 ●-H

러스틱 리버 부티크
Rustic River Boutique

슈페리얼 더블

현지인들의 생활상을 들여다보기 좋은 호텔로, 단순히 태국 전통 양식의 객실에서 머문다는 것 이상의 만족도를 선사한다. 1층 리셉션과 카페를 시작으로 4층까지 이어진 짙은 티크목의 색감이 고풍스러운 느낌을 준다. 객실의 청소 상태와 분위기, 직원들의 친절한 응대로 칭찬이 끊이지 않고 있다. 요금도 합리적이다. 홈페이지에서 예약하면 2인 기준 1000~1500B 정도에 이용할 수 있다.

주소 84/1 Taiwang Rd., T.Chang Moi
전화 +66 96 871 4324
요금 스탠더드 1000B~, 슈페리어 1250B~, 딜럭스 1500B~
교통 와로롯 시장에서 북쪽으로 도보 10분. Tai Wang Rd.에 위치.
홈페이지 www.rusticriverhouse.com
map p.34-B, 휴대지도 ●-G

슬립 박스
Sleep Box

객실이 모두 박스 형태로 되어 있으며, 최소한의 공간에 꼭 필요한 것만 효율적으로 배치했다. 저렴하고 실속 있는 숙박을 원하는, 그러면서도 독특함을 좋아하는 여행객에게 추천한다. 작은 객실을 공간 효율을 극대화한 인테리어로 꾸몄다. 객실이 협소한 편이지만 요금을 생각하면 합리적인 사이즈다. 1.8㎡에 퀸 베드가 놓인 객실이 2인 기준 950B. 에어컨과 와이파이를 마음껏 사용할 수 있고, 모든 객실에 냉장고와 무료 생수, 헤어드라이어, 세면도구가 비치되어 있다. 단, 위치가 애매하다는 단점이 있다.

주소 133/20/2 Rattanakosin Rd.
전화 +66 53 234 747
요금 세이빙 550B~, 스무스 박스 950B~, 스마트 박스 1200B~(사전 결제 시에만 카드 사용 가능)
교통 타패 게이트에서 차로 6분. 삥 강 북쪽에 위치.
홈페이지 www.sleepboxthailand.com
map p.34-B, 휴대지도 ●-C

양 컴 빌리지 호텔
Yaang Come Village Hotel
3성급

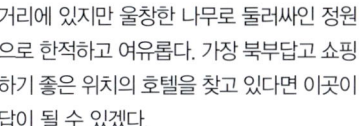
딜럭스

2011년 리노베이션을 거쳐 지금의 모습이 완성되었다. 태국인의 시조가 살았다고 전해지는 중국 윈난성 남쪽 끝의 시프송파나(Sipsongpanna) 마을을 재현한 것이라고 한다. 하나가 아닌 예닐곱 개의 건물로 마을처럼 구성된 것도 그 때문. 42개 객실에는 고대 마을의 행복한 삶을 주제로 한 벽화가 그려져 있어 분위기가 더욱 예스럽게 느껴진다.

나이트 바자와 도보 5분 거리에 있지만 울창한 나무로 둘러싸인 정원으로 한적하고 여유롭다. 가장 북부답고 쇼핑하기 좋은 위치의 호텔을 찾고 있다면 이곳이 답이 될 수 있겠다.

주소 90/3 Sridonchai Rd. 전화 +66 53 237 222
요금 슈페리어 5000B~, 딜럭스 5700B~, 패밀리 2베드룸 8900B~
교통 나이트 바자에서 Chang Klan Rd. 남쪽으로 걷다가 Sridonchai Rd.에서 좌회전 후 도보 3분.
홈페이지 www.yaangcome.com
map p.35-H, 휴대지도 ●-K

마윈 호텔
Mawin Hotel
3성급

객실 33개의 작은 호텔이지만 위치, 요금, 청소 상태 등 무엇 하나 부족함이 없다. 찾기도 쉽고 다른 곳으로 이동하기도 편리하다. 치앙마이 외곽으로 빠지는 공공 송태우 정차소가 호텔 앞에 있어 외곽으로 가는 여행객에게는 최적의 위치다.

이 호텔을 추천하는 이유는 객실 요금이다. 한국 돈으로 2인 기준 3만 원 정도면 깔끔한 객실을 사용할 수 있다. 성수기에도 5만 원 정도면 충분하다. 깔끔한 잠자리면 충분한 사람에게 적합한 곳이다.

주소 111-113 Lamphun Rd.
전화 +66 53 241 064
요금 스탠더드 더블·트윈 720B, 슈페리어 850B~
(현장 결제 시 카드 사용 불가)
교통 나와랏 브리지 Chiang Mai Lamphun Th. 남쪽으로 500m.
map p.35-F, 휴대지도 ●-L

라밍 로지 호텔
Raming Lodge Hotel
3성급

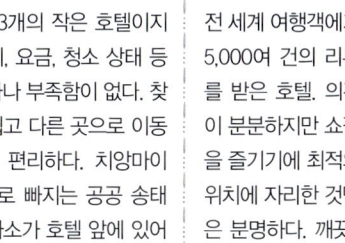

딜럭스 더블

전 세계 여행객에게 5,000여 건의 리뷰를 받은 호텔. 의견이 분분하지만 쇼핑을 즐기기에 최적의 위치에 자리한 것만은 분명하다. 깨끗한 청소 상태로 여전히 많은 투숙객의 발길이 이어지고 있다. 8종류, 84개 객실이 있으며 수영장과 스파도 갖췄다. 2011년 리노베이션을 거쳤지만 여전히 사용감 많은 침대와 가구, 욕실 등은 다소 아쉽다. 번잡한 거리에 있어 소음을 피할 수 없다는 것도 단점으로 꼽힌다. 잠귀가 밝다면 다른 곳을 알아보는 것이 좋다.

주소 17-19 Loi Kroh Rd.
전화 +66 53 271577
요금 슈페리어 트윈 1900B~, 딜럭스 트윈·더블 2800B~, 주니어 스위트 3570B
교통 타패 게이트에서 Kotchasarn Rd. 남쪽으로 걷다가 Loi Kroh Rd.에서 좌회전 후 도보 3분.
홈페이지 www.raminglodge.com
map p.34-D, 휴대지도 ●-G

냅 인 치앙마이 호텔
Nap in Chiangmai Hotel

디럭스 더블

위치, 청결, 방음 3가지를 기준으로 호텔을 정한다면 추천할 만한 호텔. 나이트 바자에서 도보로 2분 정도 걸린다. 내부는 깨끗하게 관리되고 큰 도로에 있지만 방음이 잘 되는 편이다. 객실은 단출한 편이지만 에어컨과 와이파이를 사용할 수 있고, 동남아 호텔들의 고질병인 배수 문제도 없다.

1층에는 세븐일레븐 편의점이, 바로 옆 건물에는 약국과 현금 인출기가 있다. 편의성만 고려하면 적합한 호텔이다.

주소 99/8-99/9 LoiKroh Rd.
전화 +66 53 904 480
요금 스탠더드 1400B~, 슈페리어 1500B~, 디럭스 더블·트윈 1900B~
교통 나이트 바자에서 Chang Klan Rd. 남쪽으로 걷다가 Sridonchai Rd.에서 좌회전 후 도보 3분.
홈페이지 www.napinchiangmai.com
map p.34-E, 휴대지도 ●-K

핀래이 하우스
Finlay House

3개의 도미토리와 1개의 더블룸이 있는 작은 게스트하우스다. 객실마다 다른 호스텔에 비해 큰 사이즈의 로커를 비치하고, 시간 제약 없이 에어컨을 이용할 수 있다.
공용 욕실에는 샴푸와 샤워젤, 헤어드라이어가 비치되어 있다. 요금, 위치, 청소 상태를 기준으로 호스텔을 찾는 주머니 가벼운 배낭여행자에게 추천한다. 걸어서 타패 게이트까지 10분, 나이트 바자까지 5분 거리로 위치도 좋다.

주소 44/5 Loi Kroh Rd.
전화 +66 85 668 0981
요금 비수기 6인 혼성 도미토리 220B~,
4인 여성 전용 330B / 성수기 모두 500B 균일
(카드 사용 불가)
교통 타패 게이트에서 Kotchasarn Rd. 남쪽으로 걷다가 Loi Kroh Rd.에서 좌회전 후 도보 5분.
홈페이지 www.facebook.com/finlayhousechiangmai map p.34-D

마크텔 앤 커피
Marktel & Coffee

여행업에 종사하는 주인의 경험을 살린 꼼꼼함이 돋보이는 게스트하우스다. 객실 출입구에 카드키를 사용해 보안성을 높이고, 도미토리 이용 시 느낄 수

있는 불편함을 로커와 각각의 베드 옆에 코드, 전등을 배치해 해소했다.
1층은 리셉션과 카페로 조식을 제공하고 한쪽에 책장 가득 다양한 책을 비치해두었다. 직원들과의 의사소통, 청소 상태에 대한 평가도 좋다. 조식이 다소 부실하다는 지적이 있지만, 여러 가지 장점으로 충분히 상쇄된다.

주소 23/9-12 Charoen Prathet Rd.
전화 +66 52 001 360
요금 혼성 도미토리 390B~, 여성 전용 420B~
(카드 사용 불가)
교통 나와랏 브리지에서 올드 시티 방향 끝 Charoen Prathet Rd. 남쪽으로 도보 5분.
홈페이지 www.facebook.com/Marktelcoffee
map p.35-E, 휴대지도 ●-G

OUTSIDE OF CHIANG MAI
치앙마이 외곽

은밀하게, 로맨틱하게

올드 시티를 중심으로 동서남북으로 자리 잡은 외곽 지역은 면적이 넓다. 매림, 항동, 산캄팽, 살라 등 산과 들이 펼쳐진 시골이라고 할 수 있다. 대중교통수단이 마땅치 않은 치앙마이에서 여행자들이 찾아가기 불편한 위치에 있지만, 아름다운 전망과 고급스러움을 갖춘 보석 같은 호텔이 곳곳에 숨어 있고, 지리적 환경을 활용한 카페와 레스토랑이 먼 길을 마다하지 않게 한다.
은밀하고 로맨틱하게 숨어들고 싶은, 혹은 느긋하게 쉬어가는 여행을 원하는 사람들에게 천국 같은 곳이다.

🗨 치앙마이 외곽 한눈에 보기 🗨

대부분 도시가 그렇듯 치앙마이 또한 빼어난 자연을 감상할 수 있는 명소들은 도시 외곽에 자리 잡고 있다. 고산족의 삶과 싱그러운 차 밭을 만날 수 있는 매림, 치앙마이 자연을 대표하는 도이 인타논 국립공원과 새로운 명소로 떠오른 그랜드 캐년 치앙마이가 있는 항동, 시골의 정겨움을 느낄 수 있는 산캄팽까지, 어쩌면 당신이 보고 싶었던 치앙마이의 민낯은 외곽에 있을지도 모른다.

매림

수텝 산을 배경으로 치앙마이의 수려한 자연이 펼쳐진 매림. 산비탈을 타고 끝없이 이어지는 차밭의 싱그러움이 가득한 도이 몬잼, 유유자적 망중한을 즐기는 훼이뚱따오 호수 공원에서 청정한 자연의 아름다움을 만끽해보자. 자연친화적이면서도 현지의 아름다움을 잘 살렸다고 평가되는 호텔인 포시즌스 치앙마이도 매림에 있다.

항동

수텝 산 남쪽으로 이어지는 항동 역시 아름다운 자연경관으로 탄성을 자아낸다. 옹기종기 자리 잡은 작은 마을 사이로 난 길을 따라 아름드리나무가 자란다. 그 길을 따라 달리다 보면 초록색의 논과 밭이 펼쳐진다. 가깝게는 다이빙 명소인 그랜드 캐년 치앙마이가, 멀리로는 도이 인타논 국립공원이 있다. 수텝 산 남쪽에는 중턱을 따라 그림 같은 전망의 리조트가 밀집해 있다.

산캄팽 & 살라

치앙마이 서쪽, 다리를 건너 강을 지나면 산캄팽과 살라 지역이 나온다. 유명한 브랜드 호텔이나 볼거리가 있는 동네라기보다는 치앙마이의 시골 모습을 생생히 볼 수 있는 곳이다. 농부들의 삶을 테마로 만든 치앙마이 라이스 라이프 카페(p.188), 한국에서 살다 태국으로 돌아간 태국인 아줌마가 하는 한식당 아줌마(p.187)가 있다. 빠르게 변하는 치앙마이 시내를 떠나 이곳에 자리 잡은 준준 숍 앤 카페(p.187)도 들러볼 만하다.

치앙마이 외곽 가는 법

올드 시티 동서남북으로 항동과 매림, 산캄팽 등의 지역이 넓게 펼쳐진다. 송태우나 툭툭을 이용할 수 없고 택시 요금도 만만치 않다. 그러나 외곽의 수려한 자연과 시골 풍경을 포기하기에는 매우 아쉽다. 오토바이를 렌트하거나, 우버 택시를 적극 활용하자. 휴식을 원한다면 좋은 호텔에서 은둔하는 것도 교통비를 줄일 수 있는 경제적인 선택이다.

외곽에서 숙박 시

치앙마이 외곽으로 이동하는 조건에 따라 방법이 달라진다. 외곽에서 숙박할 예정이라면 해당 숙소의 픽업 서비스를 이용하는 것이 가장 탁월한 선택이다.

외곽은 공항, 기차역, 버스터미널 모두와 멀다(40분 이상 소요). 택시 이용 시 800B는 기본으로 소요된다.

호텔마다 차이가 있지만 1000B 정도면 공항 픽업 서비스를 제공하거나 숙박 일수에 따라 무료 공항 픽업 서비스가 가능하다. 다른 지역으로 이동할 때는 호텔에서 시내까지 제공하는 무료 셔틀을 이용하는 것이 가장 좋다. 외곽에 있는 호텔들은 대부분 5성급으로 숙박객을 위해 올드 시티나 나이트 바자를 오가는 무료 셔틀을 운행한다.

로 1000B, 여행사 서비스는 1500B 정도 요금이 들지만, 우버 택시는 450B에 이동할 수 있다. 다른 지역도 마찬가지로 거리가 멀수록 더 큰 차이를 보인다.

외곽 지역 방문 시

단순히 레스토랑이나 카페 등을 방문하기 위해서라면 자동차나 오토바이를 렌트할 것을 권한다. 왕복 택시비보다 렌트하는 편이 훨씬 저렴하다.

운전을 못 한다면 택시를 이용하자. 택시는 편도 700B부터 시작하며 부르는 게 값이다. 자동차를 렌트할 경우 1000~1500B 정도다. 비용과 편의를 따지면 택시보다 자동차 렌트가 낫다.

우버 택시 이용 시

치앙마이는 2016년 11월부터 우버 택시 서비스를 시작했다. 우버 택시의 장점은 송태우가 잘 다니지 않고, 택시 이용이 어려운 지역까지 이동할 수 있다는 것이다.

공항에서 더 스파 포시즌스(p.189)까지 택시

TIP 우버 택시 할인받기

유심을 교환하기 전 우버 앱을 삭제하고 태국 유심에 설정된 전화번호를 입력해 우버를 재설치한 뒤 첫 사용하면 75B씩 2회 할인받을 수 있다.

Best Plan For
★ Outside of Chiang Mai ★
치앙마이 외곽 추천 일정

Get a Rest in Nature

아름다운 치앙마이의 자연 속에서 갖는 휴식 시간

숙소 또는 인근에서
조식 먹기

▼

엘리펀트 푸푸
페이퍼 파크(p.54)
관람 및 체험하기

▼

살라 카페(p.184)에서
잠시 휴식 취하기

▼

훼이뚱따오 호수 공원
(p.183)에서
한가로운 오후 보내기

▼

도이 몬잼(p.182)의
아름다운 일몰 감상하기

▼

숙소로 돌아와
인근에서 저녁 식사 즐기기

▼

숙소 인근 마사지 숍에서
하루의 피로 씻어내기

치앙마이 외곽 관광

Sightseeing

녹음이 푸른 도이 몬잼 풍경

도이 몬잼
Doi Mon Cham

안개 명소로 거듭난 아편 재배지

치앙마이에서 자동차로 40분 정도 떨어진 몽 농호이 마을(Mong Nong Hoi Village) 산 정상에 위치한 도이 몬잼은 여행자들 사이에서 새로운 명소로 떠오르고 있다. 전망대를 중심으로 조성된 라벤더 밭과 아름다운 자연 풍광, 순식간에 몰려들었다가 사라지기를 반복하는 안개로 신비로운 느낌이 가득하다.

태국 왕실의 프로젝트 지역으로 과거 아편 재배였던 도이 몬잼은 각종 과일과 허브, 차의 주요 생산지가 되었다. 1년 내내 시원하며, 건기인 10~2월에는 멀리까지 이어지는 산의 능선을 볼 수 있다.

과거에는 도이 몬잼 정상으로 향하는 길이 비포장도로였으나, 지금은 도로를 정비해 자동차는 물론 오토바이로도 갈 수 있어 많은 사람들의 발길이 이어지고 있다.

주소 Unnamed Rd., Tambon Mae Raem Amphoe Mae Rim Chang Wat Chiang Mai
전화 +66 81 806 3993 **입장료** 무료
교통 렌터카 이용 시 창푸악 게이트를 중심으로 107 고속도로를 따라 매림 방향으로 가다가 1096번 도로로 좌회전한다. 로열 프로젝트 간판이 보이면 우회전해 직진. / 대중교통 이용 시 창푸악 게이트 버스터미널에서 노란색 송태우(07:00~17:00, 45분 간격)를 이용한다.
map p.36-A

훼이뚱따오 호수 공원
Huay Tung Tao Lake & Park

호수 공원에서 한가로운 오후 보내기

시내에서 외곽으로 20분 정도 달리면 훼이뚱따오 호수 공원을 만날 수 있다. 산으로 둘러싸인 호수의 비경을 따라 산책하거나 자전거를 타기에 좋다. 호수 둘레 길이는 총 3.7km, 매표소가 있는 입구부터는 5.8km로 이른 아침부터 저녁까지 라이딩을 위해 호수 공원을 찾는 사람들이 많다.

호숫가 물 위의 대나무로 만든 방갈로는 운치를 더한다. 방갈로를 사용하려면 식당에서 음식이나 음료를 주문해야 한다. 방갈로 사용은 시간 제한이 없어 한 끼 식사와 함께 여유로움을 만끽할 수 있다. 물이 깨끗하지 않지만, 물에 발을 담그고 불어

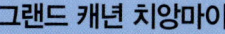

오는 바람에 더위를 식히기에 더할 나위 없이 좋은 곳이다.

호수에서 도이수텝 푸이 국립공원(Doi Suthep - Pui National Park)으로 이어지는 길은 양옆으로 펼쳐진 논과 함께 정겨운 시골 풍경을 자아낸다. 단 호수에서 멀어질수록 길이 험하므로 폭포 위쪽으로는 가지 말 것. 산악용 자전거 또는 ATV를 타면 특별한 경험을 할 수 있을 것이다.

주소 Don Kaeo, Mae Rim District, Chiang Mai
오픈 07:00~19:00(일출~일몰) **휴무** 연중무휴
요금 20B
교통 121번 도로를 타고 매림 방향으로 직진하다가 훼이뚱따오 간판이 보이면 좌회전해 작은 다리를 건넌다. 1.8km 정도 큰 길을 따라 가다 보면 매표소가 보인다.
map p.36-F

그랜드 캐년 치앙마이
Grand Canyon Chiang Mai

아찔한 절벽 다이빙 명소

미국의 그랜드 캐년을 상상했다면 실망하겠지만, 아찔한 물놀이를 좋아하는 사람이라면 탄성을 지를 만한 곳이다. 땅 주인이 흙을 팔아 생긴 구덩이에 빗물과 지하수가 고이면서 생겨난 인공 수영장이다. 인근 주민들의 입소문을 타고 알려지면서 여행자들 사이에 물놀이 장소로 유명해졌다.

절벽 다이빙이 이뤄지는 높이는 무려 11m. 이외의 장소는 사고 위험으로 다이빙을 제한하고 있다. 안전사고에 대비해 반드시 구명조끼(무료 대여, 보증금 100B)를 착용해야 한다.

주소 Nam Phrae, Hang Dong District
전화 +66 95 685 3145

오픈 08:30~18:00 **휴무** 연중무휴
요금 50B(입장권으로 음료수 20B 할인)
교통 렌터카 이용 시 수안독 게이트 기준 약 30분 소요. / 올드 시티 남쪽 108번 도로를 타고 15분 정도 달리면 121번 도로가 나온다. 이때 우회전해 작은 다리를 건너 5분 정도 더 가다가 1269번 도로를 만나면 좌회전, 항동 골프 클럽을 지나 1번째 교차로에서 우회전해 쭉 가다가 작은 저수지가 나오면 다시 우회전 해 3분 더 간다. / 송태우 이용 시 왕복 600~1000B.
map p.36-I

치앙마이 외곽 맛집

살라 매림
Sala Mae Rim

고품격 태국식이란 이런 것

포시즌스 리조트 치앙마이에서 운영하는 태국 요리 전문 레스토랑. 신선한 재료와 뛰어난 맛은 물론 현대적으로 재해석한 태국 북부 음식을 선보인다. 살라 매림은 초록색 논과 나지막한 언덕, 그 사이에 아름다운 저택이 그림같이 펼쳐진 모습을 한눈에 볼 수 있는 곳이다.

눈으로 느끼는 멋과 함께 입안을 가득 메우는 맛이 환상적 조화를 이룬다. 태국의 흔한 음식 팟타이, 똠얌꿍, 쏨땀 마저도 이곳에 오면 새삼 다르게 느껴진다.

아침에는 호텔 투숙객을 위해 조식을 제공하며 점심과 저녁, 애프터눈 티를 즐길 수 있다.

주소 502 Moo 1 Mae Rim Samoeng Old Rd.
전화 +66 53 298 181
오픈 12:00~22:00 **휴무** 연중무휴
예산 단품 300B~, 세트 3000B~
교통 타패 게이트에서 차로 40분, 우버 이용 시 220B.
홈페이지 www.fourseasons.comchiangmai/dining/restaurants/sala_mae_rim
map p.36-B

살라 카페
Sala Café

맛있는 요리를 먹으며 즐기는 숲속의 한때

논과 밭을 지나 농촌 마을에 숨은 듯 자리 잡은 카페. 울창한 나무와 작은 분수 사이로 짙은 티크목 건물이 보인다. 실외는 물론 에어컨이 설치되어 있지 않은 실내는 개방형 구조로, 마치 숲 한가운데 앉아 있는 듯 시원하다.

정원과 목조 건물 안에는 넓은 테이블과 많은 좌석이 있어 약혼식이나 기념식, 생일 등 파티를 위한 케이터링과 장소 대여 서비스도 제공한다.

주 메뉴는 태국식 퓨전 요리

와 디저트, 커피와 과일 스무디 등으로 맛있고 가격도 합리적이다.

주소 133/11 Moo 5 Mae Rim Samoeng Rd.
전화 +66 53 860 996
오픈 08:00~18:00
휴무 부정기 휴무
예산 식사 55B~, 음료 50B~, 디저트 65B~(카드 사용 불가)
교통 마야 라이프스타일 쇼핑센터에서 북쪽으로 18km, 우버 이용 시 200B.
홈페이지 www.facebook.com/mysalacafe
map p.36-B

해브 어 허그 카페
Have a Hug Café

전시와 요리, 차가 있는 복합 문화 공간

도자기 만드는 과정을 볼 수 있도록 꾸민 공간으로 시작한 카페. 도자기 전시 공간으로 시작했지만 맛 좋은 커피와 음식이 더해지면서 알음알음 입소문을 타고 태국 현지 젊은이들 사이에서 인기를 끌고 있다. '학(Hug)'은 태국 북부 사투리로 사랑이라는 뜻으로 자신들이 혹은 사람들이 사랑하는 것들을 모아놓은 카페라는 의미다. 입구부터 이어지는 도자기 작품과 카페 주변의 논이 이루는 조화가 여유로움을 선사한다. 치앙마이 시내와는 꽤 멀지만 가 볼 작정이라면 이른 아침에 찾아가자. 선선한 바람을 타고 전해지는 논과 흙 내음이 아침을 더욱 싱그럽게 만들어 줄 것이다.

주소 10 Moo 7 Nong Chom
전화 +66 89 632 8817
오픈 09:00~20:00 **휴무** 부정기 휴무
예산 식사 60B~, 음료 50B~(카드 사용 불가)
교통 타패 게이트에서 차로 30분, 우버 이용 시 150B~.
홈페이지 www.facebook.com/HaveAHugFusionFarmChiangmai
map p.29, 37-C

테라스 앳 포시즌스
Terraces at Four Seasons

푸른 논을 바라보며 맛보는 유럽의 한 상

나지막한 산등성이 아래 펼쳐진 초록색 논을 바라보며 이탈리아 요리를 맛볼 수 있는 레스토랑. 뉘엿뉘엿 해가 넘어가는 시간, 횃불을 밝히고 테이블의 작은 초들이 하나 둘 켜지기 시작한다. 포시즌스 리조트 치앙마이에서 현지 농부들과 함께 운영하는 논과 밭에서 생산하는 농작물과 세계 각국에서 들여온 진귀한 식자재로 만든 이탈리아 요리를 선보인다. 호주산 와규를 사용한 스테이크는 질 좋은 소금 몇 알갱이만으로도 깊고 진한 맛을 낸다. 치앙마이의 농촌 풍경을 감상하며 맛있는 식사와 함께 로맨틱한 시간을 보낼 수 있다.

주소 133/11 Moo 5 Mae Rim Samoeng Rd.
전화 +66 53 860 996
오픈 11:00~23:00(런치 11:00~16:40)
휴무 부정기 휴무
예산 파스타・피자 300B~, 메인 요리 700B~
교통 타패 게이트에서 차로 40분, 우버 이용 시 220B.
홈페이지 www.fourseasons.com/chiangmai/dining/restaurants/terraces
map p.37-B

람람
Lum Lum

무한 리필 돼지고기 저렴하게 맛보기

치앙마이의 한식당 중 규모가 가장 큰 곳으로 태국 사람들 사이에도 유명하다. 한정식 세트, 단품, 구이 메뉴 등 한식 백화점이라 해도 과언이 아닐 정도로 메뉴가 다양하다. 그중 1인당 299B에 태국식 고기 뷔페보다 질 좋은 돼지고기 구이를 무제한으로 먹을 수 있는 뷔페 메뉴가 가장 인기 있다.

생고기(삼겹살, 목살), 고추장 삼겹살, 양념 목살, 닭갈비 등 4종류의 구이를 원하는 만큼 먹을 수 있다. 된장찌개와 김치를 비롯해 각종 밑반찬, 디저트까지 포함된 가격이다. 돼지고기가 먹고 싶지만 배탈이 걱정되어 태국식 고기 뷔페가 꺼려지는 여행객에게 추천한다.

주소 190/10 The Chill Park Moo 7 T.Maehia
전화 +66 53 444 075
오픈 11:00~10:00
휴무 부정기 휴무
예산 한정식 4인 기준 430B, 갈비탕 220B, 무제한 고기 뷔페 299B
교통 타패 게이트에서 차로 20분, 우버 이용 시 70B~.
홈페이지 www.facebook.com/Lum-Lum-restaurant-290228521016745
map p.36-J

오카주 오가닉 레스토랑
Ohkajhu Organic Restaurant

3명의 젊은이가 운영하는 오가닉 레스토랑

농업과 마케팅을 전공한 3명의 젊은이가 각각 농장 경영, 레시피, 농법 연구로 파트를 나눠 운영하는 레스토랑이다. 치앙마이 외곽의 작은 농장으로 시작해 지금은 2개의 레스토랑과 완제품 판매 라인을 갖춘 브랜드로 성장했다.

직접 키운 유기농 농산물로 요리한 샐러드와 음료, 포크립이 주메뉴다. 통통한 돼지갈비에 맛 좋은 소스를 발라 구운 포크립과 감자튀김, 샐러드가 함께 나오는 바비큐 포크립을 강력 추천한다. 늘 사람이 많은 곳으로 예약은 필수. 올드 시티 성곽 밖 북쪽 10km거리에 농장과 함께 운영되는 지점과 센트럴 플라자 근처에 지점이 있다.

주소 센트럴 플라자 지점 17 Soi Mahidon 1 / 오가닉 농장 지점 121 Chiang Mai Outer Ring Rd.
전화 센트럴 플라자 지점 +66 9 5822 8175 / 오가닉 농장 지점 +66 8 1980 2416
오픈 09:30~21:30 **휴무** 부정기 휴무
예산 샐러드 125B~ / 바비큐 포크립 스몰 255B~, 라지 355B / 음료 55B~ / 디톡스 음료 105B~
교통 타패 게이트에서 차로 30분, 우버 이용 시 150B~.
홈페이지 www.facebook.com/ohkajhu, www.ohkajhuorganic.com map p.36-J

바비큐 포크립

준준 숍 앤 카페
Junjun Shop & Café

연일 매진 행진 수제 컵케이크점

준준은 주인의 닉네임으로 젊은 커플이 운영하는 예쁜 카페다. 2년 전 님만해민에서 지금의 자리로 옮겨왔다.

주인장이 직접 만드는 빵과 작은 컵케이크가 유명한데, 늦은 시간에 가면 구경도 못 할 때가 많다. 님만해민과는 정반대쪽인 삥 강을 건너 한참 더 가야 하지만 이곳을 잊지 못한 단골, 소문을 듣고 찾아오는 여행자 등 손님이 줄을 잇는다.

컵케이크 외에도 의류부터 작은 소품까지 다양한 제품과 수공예품을 판매하는데 하나같이 예쁘다. 여성 고객에게 특히 인기 있어 여행자들 사이에서는 반캉왓과 함께 치앙마이 여행에서 빼놓을 수 없는 곳으로 손꼽힌다.

주소 1 Soi 2, Tambon San Klang, Amphoe San Kamphaeng
전화 +66 89 173 1933
오픈 08:00~17:00 휴무 월요일
예산 컵케이크 20B, 커피 40B~, 면바지 600B~, 리넨 에코백 450B~〈카드 사용 불가〉
교통 타패 게이트에서 차로 20분, 우버 이용 시 130B~.
홈페이지 www.facebook.com/Junjunshopcafe-1443240995962022
map p.37-G

콩 이야기
Bean Story

구수한 된장이 그리울 때

한국에서 공수한 콩으로 만든 두부와 콩나물로 만드는 음식이 주메뉴인 한식당. 가격이 합리적이어서 한국인들이 즐겨 찾는다.

추천 메뉴는 두부 제육볶음과 직접 키운 콩나물로 시원하게 끓여내는 콩나물 해장국. 손두부와 콩나물, 참기름을 따로 판매한다. 항동가는 길목에 자리해, 렌터카나 오토바이 등으로 이동한다면 그랜드 캐년 치앙마이와 일정과 연계해 들르면 좋다.

주소 Chiang Mai Outer Ring Rd.
전화 +66 86 186 9803
오픈 08:00~21:00 휴무 일요일
예산 두부 제육볶음 150B~, 콩나물 해장국 120~130B, 궁중 소고기 떡볶이 150B~〈카드 사용 불가〉
교통 타패 게이트에서 차로 10분, 우버 이용 시 50B~.
map p.36-J

아줌마
Azuma

치앙마이 한인들도 인정한 맛

한국 요리 경력이 19년이나 된 태국인 아주머니가 운영하는 한식당. 태국인이 운영하는 한식당이라는 편견 없이 먹어보면, 그 맛에 놀라게 된다.

메뉴도 다양하다. 구이류, 탕류, 찌개류, 밥류 등 다양한 한식 메뉴를 판매한다. 인기 메뉴는 커다란 통갈비가 들어간 갈비탕과 육개장, 제육볶음. 양이 푸짐하고 가격도 저렴해 한국인들에게는 꽤 유명한 한식당이다.

주소 Nong Hoi, Mueang Chiang Mai District
전화 +66 81 998 8239
오픈 10:00~22:00 휴무 부정기 휴무
예산 돼지고기 구이 200B, 갈비탕 170B, 육개장 100B, 비빔밥 100B〈카드 사용 불가〉
교통 타패 게이트에서 차로 15분, 우버 이용 시 70B~.
map p.36-J

포르도이 카페
Pordoi Café

만화책 4,000권을 소장한 도서관 카페

목조 건물과 잘 꾸민 정원, 호수, 전시 공간과 도서관을 갖춘 카페로 느긋한 오후를 보내고 싶다면 이만한 곳이 없다. 지역 예술가의 작품을 전시하는 공간, 미국과 일본 등에서 출간된 4,000여 권의 만화책을 소장한 도서관, 카페를 한눈에 조망할 수 있는 나무 위의 집, 어린이들을 위한 놀이터 등 즐거운 시간을 보낼 수 있는 곳이다.
라오스에서 생산한 원두로 내린 커피, 신선한 과일과 채소로 만든 각종 음료도 맛있다. 스파게티와 피자, 태국 현지식 등 간단한 메뉴도 주문할 수 있다. 몬잼이나 엘리펀트 푸푸페이퍼 파크와 하루 일정으로 묶어서 가보자.

주소 182, Chiang Mai Outer Ring Rd., San Sai District
전화 +66 61 410 9683
오픈 08:00~18:00 **휴무** 부정기 휴무
예산 식사 100~250B, 음료 70~180B, 커피 40~60B(카드 사용 불가)
교통 타패 게이트에서 차로 30분, 우버 이용 시 230B~.
홈페이지 www.facebook.com/pordoicafe
map p.36-B

네오 카페
Neo Café

예술인들의 놀이터

노란색으로 칠한 폭스바겐이 놓인 정원과 벽화가 그려진 3층 건물 안에 자리한 카페. 정원은 싱그럽고 내부는 시원하다.
대표 메뉴는 허니 브레드와 팬케이크. 그중에서도 생과일과 생크림을 듬뿍 올린 믹스드 프루트 팬케이크와 생망고를 얹은 망고 허니브레드를 추천한다. 한국의 눈꽃빙수와 비슷한 스노 아이스도 맛있다.

주소 116/23 Moo1 T.Changpuek
전화 +66 84 041 3535
오픈 09:00~20:00 **휴무** 부정기 휴무
예산 허니 디저트 종류 90~160B, 팬케이크 100~120B, 스노 아이스 89B, 커피 50~85B, 스무디 70~85B(카드 사용 불가)
교통 마야 라이프스타일 쇼핑센터에서 차로 10분, 우버 이용 시 50B~.
홈페이지 www.facebook.com/theneocafe
map p.36-F

치앙마이 라이스 라이프 카페
Chiang Mai Rice Life Café

논을 바라보며 즐기는 커피 한 잔

쌀을 보관하던 헛간을 개조한 카페. 내부는 주인의 유기농법 노하우를 공유·전수하기 위한 체험관과 방문객이 쉬어갈 수 있도록 구성되어 있다.

커피와 조각 케이크가 맛있어 카페를 찾는 사람이 점점 늘고 있다. 초록으로 빛나는 논을 바라보며 티타임을 즐겨보자. 카페 한쪽에서는 유기농법으로 키운 쌀을 판매한다.

주소 123/3 Ban Mon, Moo 1 Sanklang, Sankamphaeng **전화** +66 91 554 4152
오픈 09:00~18:00 **휴무** 부정기 휴무
예산 커피 50B~, 음료 70B~, 조각 케이크 100B~(카드 사용 불가)
교통 타패 게이트에서 차로 약 30분, 우버 이용 시 170B~.
홈페이지 www.facebook.com/Chiang-Mai-Rice-Life-1516822278556777 map p.37-G

치앙마이 외곽 마사지

더 스파 포시즌스
The Spa Four Seasons

마음까지 치유해주는 세계적 스파

포시즌스 리조트 치앙마이에서 운영하는 이곳은 여러 면에서 유명하다. 고급스러운 실내, 최고의 제품, 과학적이고 체계적인 서비스 등 무엇 하나 흠잡을 데가 없다. 인도 양식의 내부는 신비롭고 몽환적이다. 태국의 허브와 약초를 이용한 스파를 비롯해 다양한 구성의 스파 메뉴를 갖췄다. 스파 메뉴는 단품보다 비싸지만, 그만큼 값진 경험을 할 수 있다. 모든 스파와 마사지 후에 제공되는 티타임으로 달콤하게 마무리할 수 있다.

주소 502 Moo 1 Mae Rim Samoeng Old Rd.
전화 +66 53 298 181
오픈 09:00~21:00 휴무 연중무휴
요금 단품 마사지(1시간~1시간 30분) 3700~5700B, 스파(리추얼 2시간~2시간 30분) 8000~9000B
*부가세 10%+봉사료 7% 별도
교통 타패 게이트에서 차로 40분, 우버 이용 시 220B~.
홈페이지 www.fourseasons.com/chiangmai/dining/restaurants/sala_mae_rim
map p.36-B

더 데바 스파
The Dheva Spa

치앙마이 최대 규모의 스파

호텔 다라데비 치앙마이에 부속된 고급 스파. 고대 미얀마의 불교와 신화 속 동물을 재현한 인테리어는 3년간 150명의 장인이 동원됐다. 11개의 스파룸은 각각 자쿠지와 사우나, 파우더룸을 갖췄다. 3시간 20분간 진행되는 전통 타이 마사지와 란나 왕국의 톡센 마사지를 접목한 란나 세리머니를 추천한다.

주소 51/4 Moo 1 Chiang Mai Sankampaeng Rd., T. Tasala 전화 +66 53 888 888
오픈 09:00~22:00 휴무 연중무휴
요금 더 센스 오프 리뉴얼 패키지(2시 20분) 6290B, 란나 세레모니(3시간 20분) 9975B
교통 타패 게이트에서 차로 20분, 우버 이용 시 140B~.
홈페이지 www.dharadhevi.com/EN/Spa-Wellness
map p.37-G

스파 베란다
Spa Veranda

합리적인 가격의 5성 호텔 스파

현대적이면서도 자연친화적인 인테리어가 돋보인다. 커다란 통유리로 된 스파 룸은 창밖으로 나무들이 보이고 안쪽에는 대형 욕조를 놓았다. 모든 서비스에는 전문가가 직접 고안한 제품을 사용한다. 5성급 호텔인데도 다양한 프로모션을 진행한다. 허브 스팀 사우나와 스크럽, 마사지가 포함된 2시간짜리 스파 패키지를 3900B 정도면 이용할 수 있다.

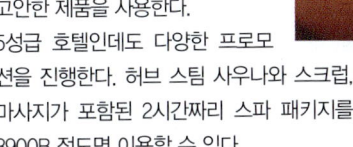

주소 192 Moo 2 Banpong Hang Dong
전화 +66 53 365 007
오픈 09:00~19:00 휴무 연중무휴
요금 전통 태국 마사지(1시간 30분) 3884B~, 베란다 릴랙션 패키지(1시간 30분) 4237B~
교통 타패 게이트에서 차로 40분, 우버 이용 시 220B~.
홈페이지 www.verandaresort.comverandachiangmai/spa.html map p.37-I

치앙마이 외곽 쇼핑

센트럴 에어포트 플라자
Central Airport Plaza

치앙마이에서 가장 오래된 대형 쇼핑센터
공항 근처에 위치해 있다. 센트럴 페스티벌이 오픈하면서 손님이 많이 빠져나갔지만, 여전히 치앙마이에서 갈 만한 쇼핑몰이라는 점은 변함없다. 세계 각국의 식자재를 판매하는 식료품점 톱스(Tops), 태국 북부의 특산물을 판매하는 노턴 빌리지, 7개의 스크린을 갖춘 메이저 시네 플렉스 등이 입점해 있다.

올드 시티에서 걸어서 15분 거리로 시내 주요 호텔까지 무료로 픽업을 해준다. 아로마 타패, 임페리얼 매핑, 센터라 두앙타완, 시암 D2 호텔의 경우 매 시간 무료 셔틀 버스가 있으니 호텔 리셉션에 문의할 것. 다른 호텔도 5명 이상일 경우 사전 예약을 통해 별도로 무료 픽업 서비스를 이용할 수 있다.

주소 2 Mahidol Rd., Haiya
전화 +66 53 999 199
오픈 월~금요일 11:00~21:00, 토·일요일, 공휴일 10:00~21:00
휴무 연중무휴
교통 타패 게이트에서 차로 15분. 우버 이용 시 60B~.
홈페이지 www.centralplaza.co.th
map p.36-J

 ## 핸드 바이 분
Hand By Boon

치앙마이표 핸드메이드 가방 숍
2011년 치앙마이 외곽 지역에 첫 선을 보인 핸드 바이 분은 문을 연 지 2년 만에 방콕에서 열린 국제 패션 박람회에서 3위를 차지한 저력 있는 로컬 브랜드다. 전통적 방법인 베틀로 짠 직물과 질 좋은 암소 가죽을 사용한 제품은 디자인부터 가격표를 다는 마지막 과정까지 모두 사람의 손으로 이뤄진다.

시내에서 거리가 좀 멀지만 공방을 찾아가면 제품 만드는 과정을 언제든 견학할 수 있다. 이 숍의 제품은 공방과 함께 운영하는 본점, 타패 로드의 쇼룸(48 Thapae Rd.), 강변에 새롭게 오픈한 자매 브랜드 토르분(Torboon, 158-160 Charoenrat Rd.)과 르메르디앙 호텔 안 아케이드 OP 플레이스에서 구입할 수 있다.

주소 75/2 Moo 10 T. San Pooloei, A. Doi Saket
전화 +66 53 339 348
오픈 09:00~18:00 휴무 일요일
교통 타패 게이트에서 차로 15분. 우버 이용 시 60B~.
홈페이지 www.handbyboon.com
map p.37-G

치앙마이 외곽 숙소

5성급
포시즌스 리조트 치앙마이
Four Season Resort Chiang Mai

치앙마이의 포시즌스는 화려함보다는 자연친화를 선택을 했다. 매림 계곡에 자리 잡은 태국 북부 농경 생활의 미를 살린 현지 친화적 리조트로, 다른 곳에서는 보기 어려운 논 뷰(Rice-Field View)가 특징. 현지 농부들이 직접 가꾸는 논을 중심으로 로비와 객실, 수영장, 레스토랑이 리조트를 에워싸고 있다.

4종류, 98개 객실을 운영한다. 객실 상태, 비치된 가구나 물품, 서비스의 품질은 여러 매체와 수많은 리뷰를 통해 이미 인정받았다.

호텔 밖으로 나갈 필요가 없을 만큼 도서관, 피트니스 센터, 수영장 등 각종 부대시설과 쿠킹 클래스, 요가, 요일별 액티비티(버펄로 목욕시키기, 탁밧, 무에타이 등) 프로그램을 충실하다. 나이트 바자가 열리는 시암 D2 호텔까지 무료 셔틀을 운영한다.

주소 502 Moo 1 Mae Rim Samoeng Old Rd.
전화 +66 53 298 181
요금 파빌리온 2만 2000B~, 풀빌라 3만 4000B~, 프라이빗 레지던스 4만 8000B~
교통 공항에서 차로 45분(픽업 서비스 3000B), 우버 이용 시 225B~.
홈페이지 www.fourseasons.com/chiangmai
map p.36-B

라이스 테라스 파빌리온

5성급
베란다 치앙마이 더 하이 리조트
Veranda Chiang Mai - the High Resort

자쿠지 파빌리온

아코르 그룹의 소피텔 브랜드에서 운영하는 호텔. 세계적인 명성답게 천혜의 입지 조건, 뛰어난 서비스와 독특한 객실 분위기를 자랑한다.

7종류, 80여 개 객실은 태국 북부 전통 양식과 현대식 객실로 구성되었다. 부대시설로는 스파와 피트니스 센터, 인피니티 풀, 2개의 레스토랑과 바, 회의실, 도서관 등이 있다. 호텔 객실의 관리 상태, 부대시설, 직원들의 서비스는 나무랄 데 없지만 호텔 내 동선이 다소 불편하다는 지적이 있다. 철저히 휴식을 위한 숙소를 찾는 여행객에게 추천한다. 나이트 바자까지 무료로 가는 셔틀을 운영한다.

주소 5192 Moo 2 Banpong Hang Dong
전화 +66 53 365 007
요금 딜럭스 트윈·킹 베드 1400B~, 프레지덴셜 풀빌라 6000B~
교통 공항에서 차로 35분 / 우버 이용 시 115B~ / Nimmanhaemin Rd. 테스코 앞 오후 2시 무료 셔틀 운행(예약 필수).
홈페이지 www.verandaresort.com/verandachiangmai
map p.36-I

5성급
더 다라 데비 호텔
The Dhara Dhevi Hotel

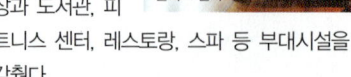
디럭스 빌라

고대 란나 왕궁과 콜로니얼풍 저택을 절묘하게 조합했다. 24만㎡가 넘는 땅에 123개 객실을 보유한 이 호텔은 세계적인 브랜드 호텔과 견줘도 뒤지지 않는다. 요금이 비싼 편이지만, 아름다운 논 뷰가 매력적이다.
각각의 객실은 고전적이고 우아한 분위기를 최대한 살린 가구와 소품으로 꾸몄다. 아름다운 경관을 조망할 수 있는 테라스가 딸린 빌라형 객실이 특히 인기 있다. 2개의 수영장과 도서관, 피트니스 센터, 레스토랑, 스파 등 부대시설을 갖췄다.
다른 5성급 호텔보다 시내와 가까운 것도 장점. 단, 지나치게 친환경적인 호텔이라 모기가 많다. 다라 데비로 숙소를 정했다면 모기 퇴치제를 꼭 준비하자. 1일 3회 나이트 바자 무료 셔틀버스를 운행한다.

주소 51/4 Moo 1 Chiang Mai Sankampaeng Rd.
전화 +66 53 888 888
요금 빌라 1만 8000B~, 콜로니얼 스위트 3만B~
교통 공항에서 차로 25분, 우버 이용 시 208B~.
홈페이지 www.dharadhevi.com　map p.37-G

호시하나 빌리지
Hoshihana Village

별이라는 의미를 지닌 '호시'와 꽃을 뜻하는 '하나'를 합친 이름이다. 일본 영화 〈수영장〉의 촬영지로 일본 사람들 사이에서는 꽤 유명하다. 이 호텔은 각각 개성이 다른 4채의 코티지와 반으로 불리는 1채의 복층 건물로 이뤄진 작은 마을 형태다.
한 채가 객실 하나로 아기자기하고 단정하다. 객실마다 주방이 딸린 것도 장점. 나무로 둘러싸인 수영장, 아침과 저녁 식사를 먹을 수 있는 다이닝 코티지(숙박비 외 별도), 자전거 무료 렌털, 세탁 서비스(1회 20B) 등 꼭 필요한 부대시설과 서비스를 갖추고 있다.
주변에 변변한 식당이 없어 다이닝 코티지를 이용하거나 인근 항동 시장에서 장을 본 뒤 음식을 만들어 먹어야 한다. 항동 시장까지는 셔틀 버스(80B)를 운행한다. 시내와 30분, 치앙마이 캐년과는 5분 거리다.

주소 211 Moo 3 T. Namprae
전화 +66 63 158 4126
요금 클래이 코티지 1박 2000B, 2~5박 예약 시 1박에 1500B / 수이카 코티지 1박 3200B, 2~5박 숙박 시 1박에 2200B(카드 사용 불가)
교통 공항에서 차로 35분, 우버 이용 시 155B~.
홈페이지 www.hoshihana-village.org
*예약은 www.banromsai.heteml.jp/hoshihana-village.org/ssl/reservation.cgi에서만 가능.
map p.36-J

클래이 코티지

옵운 홈스테이
Ob-oon Homestay

전통 태국 가옥을 개조해 잡화점과 카페, 홈스테이를 함께 운영한다. 커다란 2층 집을 빈티지 소품과 솜씨 좋은 주인의 작품으로 가득 채웠다. 주인이 긴 시간 동안 직접 수집한 빈티지 컬렉션으로 7개 객실을 각각 다른 느낌으로 꾸몄다.
객실은 에어컨의 유무와 크기에 따라 요금 차이가 있다. 예약 시 에어컨 유무를 꼭 확인할 것. 카페 음식이 맛있으며, 정성 가득한 태국식 아침 식사를 제공한다. 다양한 부대시설은 없지만 부족함을 느낄 수 없는 묘한 곳이다.

주소 81/1 Moo 6 Baanmai Leab Klong Chon Rd.
전화 +66 81 671 1010
요금 1박 1000B~, 식사 65~120B, 베이커리 20~75B(카드 사용 불가)
교통 공항에서 차로 25분, 우버 이용 시 150B~.
홈페이지 www.ooboonhomestays.com
map p.36-J

판비만 스파 리조트
Panviman Spa Resort
4성급

열대우림과 화원으로 둘러싸여 아름다운 전망을 선사하는 리조트로 2016년 리모델링했다. 산속에 있어 건기인 12~2월에는 아침, 저녁으로 한국의 가을 날씨만큼 쌀쌀하다. 수텝 산과 도이 몬쨈의 중간쯤에 자리한 외진 곳으로 관광에는 적합하지 않다.
레스토랑과 수영장, DVD 도서관, 피트니스 센터, 명상 동굴 등의 부대시설을 갖췄다. 특히 레스토랑의 전망과 음식 맛, 계단식 수영장은 5성급 호텔과 견줘도 손색없다.

주소 197/2 Moo 1 Tambol Pongyeang
전화 +66 53 879 5405
요금 밸리 딜럭스 5500B~, 마운틴 딜럭스 6500B~, 빌라 9500B~
교통 시내 셔틀 운행, 공항 픽업 서비스 1500B, 우버 이용 시 800B~.
홈페이지 www.panvimanresortchiangmai.com
map p.36-A

쿨 다운 리조트
Cool Downs Resort
4성급

고가의 리조트가 즐비한 매림에서 합리적인 요금으로 매림 계곡의 아름다움과 현대적 편리함을 즐길 수 있다. 3종류, 11개 객실과 1개의 빌라를 보유하고 있다. 쿨 딜럭스룸 1층은 수영장과 맞닿아 있고 2층은 산을 조망할 수 있는 뷰를 자랑한다. 수영장과 몽 마르 카페, 쿨 바 등의 부대시설이 있다.
지나치게 목가적인 호텔보다는 현대적이면서도 자연 풍광을 마음껏 즐길 수 있는 숙소를 원하는 사람에게 추천한다. 시내와는 거리가 멀어 이동이 불편할 수 있다.

주소 432 Moo 1 T.Mae Rim
전화 +66 86 409 1855
요금 딜럭스 2100B~, 이그제큐티브 2800B~, 쿨 스위트 3600B~, 빌라 1만B~
교통 공항에서 차로 50분(픽업 서비스 800B), 우버 이용 시 270B~.
홈페이지 www.cooldowns-resort.com
map p.36-B

Pai

빠이

쉼표로 시작해 느낌표로 끝나는 여행지

치앙마이에서 버스로 4시간, 762개의 굽이굽이 고개를 넘어야 도착하는 빠이. 반나절이면 돌아보고 남을 손바닥만한 시내, 변변한 대중교통이 없어 스쿠터를 타지 않으면 외곽으로 다니기 어려운 지역으로 그야말로 깡촌이다. 아무것도 하지 않겠다고 마음먹지 않아도 쉬는 것 외에는 딱히 할 게 없어 보인다. 그럼에도 이 작은 시골 마을에 여행자들이 몰리는 이유는 뭘까. 세계 각국에서 찾아든 자유로운 영혼들이 시골 마을 곳곳에 녹아들어 독특한 분위기를 만든다.

예술가들이 직접 만든 작품으로 노점을 여는 여행자 거리, 언제나 마이크가 열려 있는 라이브 바의 공연은 빠이를 한층 매력적으로 만들어준다. 느릿느릿 쉼표로 시작해 감성 충만 느낌표로 끝나는 하루에 매료되어 눌러앉게 하는 곳이 바로 빠이다.

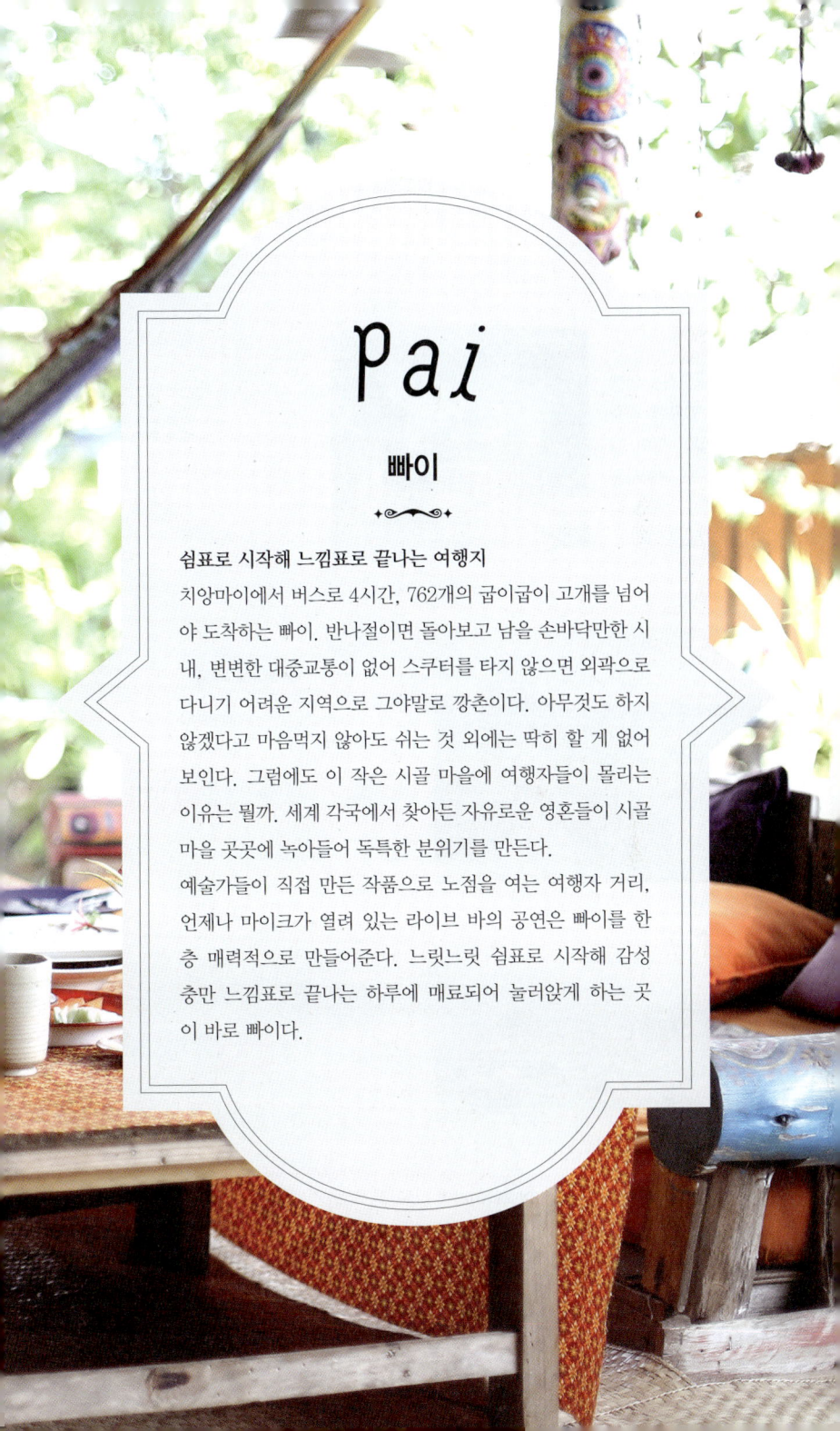

빠이 한눈에 보기

손바닥만 한 빠이 시내를 벗어나면 동서남북으로 보석 같은 명소들이 숨어있다. 장대한 일출과 일몰을 만날 수 있는 윤라이 전망대와 빠이 캐년, 자연의 신비로움을 느끼게 해주는 곳곳의 온천들, 발길을 멈추고 쉬어가기 좋은 카페들을 찾는 즐거움은 마치 보물 찾기를 하는 짜릿함까지 맛보게 한다.

빠이 시내

빠이 시내에는 여행객에게 필요한 각종 편의시설이 모여 있다. 낮에는 여행자들로, 밤에는 각종 노점이 들어서 북적인다.

떵야오

치앙마이에서 빠이로 향하는 여행객이라면 반드시 거치게 되는 관문 같은 지역. 빠이의 아름다움을 볼 수 있는 전망 좋은 카페가 줄지어 있다.

위앙누에아

빠이 시내에서 북동쪽, 우리의 시골 풍경과 비슷한 위앙누에아. 딱히 볼거리가 있는 동네는 아니지만 빠이의 목가적 아름다움과 이국적인 맛을 느낄 수 있는 특별한 카페가 곳곳에 숨어 있다.

매하이

빠이 강 건너 동쪽에 위치한 매하이. 위로는 화이트 붓다로 유명한 왓 매옌이, 아래로는 빠이 핫스프링 스파 리조트 수영장과 타 빠이 브리지 등 볼거리가 많다.

위앙타이 & 매나뚜엥

빠이 시내를 두고 매홍손 방향에 자리 잡은 두 지역으로 현지인이 즐겨 찾는 사이 능암 온천과 일출 명소로 꼽히는 윤라이 전망대가 유명하다.

Best of Pai
베스트 오브 빠이

쉬어가는 여행의 자세, 노천 온천 즐기기
시내에서 조금만 벗어나면 여기저기 노천 온천이 즐비하다. 숲속의 노천 온천에서 자연과 하나되어 쉬어가는 여행을 누려보자.

도전도 구경도 재미있는 오픈 마이크
빠이 시내의 크고 작은 바들은 대부분 오픈 마이크를 운영한다. 누구든 참여해 공연을 할 수도 있고, 공연을 감상할 수도 있다.

길거리 가득한 감성, 여행자 거리 야시장
밤이면 길거리 위에 달과 함께 등장하는 야시장. 직접 만든 물건을 파는 예술가들이 많은 빠이 야시장에서는 물건을 사지 않아도 좋다. 그저 빠이만의 감성을 만끽해보자.

빠이 강변에서 즐기는 꿀 휴식
빠이 강변에서 하루 종일 느긋한 여유를 즐겨보자. 빠이에서 가장 재미있는 놀이는 아무것도 하지 않고 시간을 보내는 것이다.

윤라이 전망대에서 일출 보기
빠이 강에서 피어 오르는 물안개로 거대한 운해를 만들어내는 윤라이 전망대의 일출은 명불허전이다. 짙은 운해는 건기보다는 우기에 더욱 장관을 이룬다.

목적지보다 과정이 더 중요해! 매홍손으로 가는 길
빠이와 함께 매홍손을 일정으로 잡는 여행자에게 주는 팁! 매홍손은 가는 길이 아름다운 곳이다. 오토바이 운전이 가능하다면 매홍손으로 가는 길 중간에 있는 반럭타이 호수와 반짜보 언덕 전망대에 찾아가보자. 또 다른 여유로운 분위기에 반하게 될 것이다.

발신지 빠이, 수신자는 나, 엽서 보내기
태국의 산골 마을에서 보내는 감성 충만한 엽서 한 장. 흔한 관광엽서가 아닌 빠이 지역 예술가들이 직접 그리고 찍어 만든 엽서다. 수신자는 다른 누가 아닌 한국에 돌아가 있을 내가 어떨까?

Best of Pai

빠이 여행 정보

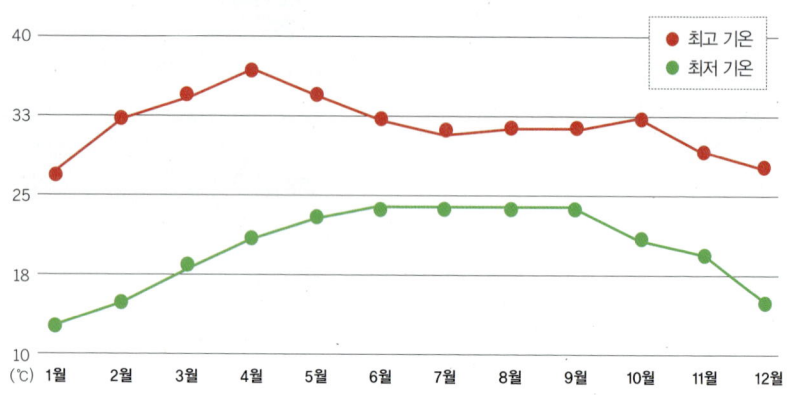

여행 시기

치앙마이보다 북쪽에 위치한 빠이는 치앙마이보다 평균 온도가 낮아 상대적으로 시원하다. 연중 최고 기온이 40℃를 육박하는 치앙마이와 달리 가장 더운 시기에도 37℃ 정도다. 건기가 시작되는 11월부터 온도가 점점 떨어져 최저 기온이 14℃까지 내려간다. 체감 온도는 이보다 낮아 11~3월에 빠이에 방문한다면 긴소매 옷과 얇은 방한용 의류를 준비하는 것이 좋다.

8~9월에 강수량이 가장 높다. 여행하기 가장 좋은 시기는 선선하고 강수량이 적은 12~3월이다. 이 시기에는 겨울방학과 연말 휴가 등이 맞물려 가격이 오르고, 숙소는 연일 만실 사례가 이어진다. 이 시기에 여행할 예정이라면 2~3달 전에 숙소 예약을 마치는 것이 좋다. 극성수기를 제외하고 비교적 선선한 날씨와 적은 강수량을 보이는 5~6월에는 좀 더 여유롭고 저렴한 여행이 가능하다.

여행 기간

빠이는 개인 취향에 따라 여행 기간이 달라지는 곳이다. 지루하다고 느끼는 사람들은 계획보다 일찍 떠나지만 빠이의 매력에 빠져 일주일에서 한 달, 한 달에서 석 달, 결국 눌러앉는 사람들도 있다. 관광이 목적이라면 3박 정도가 적당하다.

치앙마이에서 항공편을 이용할 경우 1시간이 채 걸리지 않지만 시기에 따라 운항 횟수가 다르다. 버스를 이용하면 치앙마이에서 빠이까지 4시간 정도 소요되는데 구불구불한 고갯길이 이어져 멀미를 앓아 일정을 소화하지 못하는 경우가 의외로 많다. 이동 방법에 따른 장단점과 변수를 감안해 일정을 짜자.

관광

빠이는 천혜의 자연환경으로 유명한 관광지가 대부분이다. 일몰과 일출을 모두 감상할 수 있는 윤라이 전망대와 빠이 캐년, 숲속에 자리한 노천 온천을 빼놓을 수 없다. 거대한 순백의 부처가 있는 왓 매옌과 딸기 테마 농장인 러브 스트로베리 빠이도 여행자들이 많이 찾는 관광지다.
대부분의 관광지가 빠이 시내와는 거리가 멀고 마땅한 대중교통수단이 없으니 여행사의 투어 상품을 이용하거나 오토바이를 렌트하는 것이 좋다.

음식

손바닥만 한 작은 시내지만 웨스턴식부터 정통 북부 음식까지 선택의 폭이 넓다. 빠이에 정착한 외국인 덕분에 시골답지 않게 다양한 나라의 음식을 먹을 수 있다.

여행자 거리의 식당은 다른 로컬 식당에 비해 비싼 편이다. 여행자 거리보다는 골목골목 작은 식당을 찾아 다녀보자. 야시장에서 판매하는 먹거리로 저녁을 해결하는 것도 색다른 즐거움이 될 것이다.

쇼핑

변변한 쇼핑몰은 없지만 직접 제작하고 판매하는 수공예점을 구경하는 재미가 쏠쏠하다. 의류와 패션잡화, 액세서리는 물론 수작업으로 만든 가죽 신발, 직접 그림을 그려 넣은 일상 소품까지 다양하다.
일명 '여행자 거리'라 불리는 차이쏭크람 로드(Chaisongkram Road)를 따라 대부분의 숍들이 줄지어 서 있다. 야시장에 좌판을 벌인 예술가들의 작품과 수공예품도 잊지 말고 둘러보자.

숙박

빠이의 숙소는 대부분 부티크 호텔과 게스트하우스로 여행자 거리인 차이쏭크람 로드 근처에 있고 리버 뷰를 즐길 수 있는 강변 쪽 숙소가 인기 있다. 빠이 강을 건너 왓 매옌으로 향하는 길목에는 시내를 조망할 수 있는 숙소가 모여 있다. 4성급 호텔은 대부분 시내 외곽에 있다.

빠이 가는 법

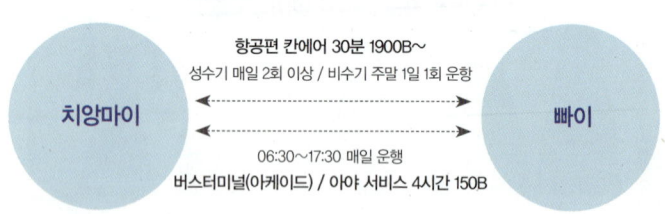

치앙마이 ⇄ 빠이

항공편 칸에어 30분 1900B~
성수기 매일 2회 이상 / 비수기 주말 1일 1회 운행

06:30~17:30 매일 운행
버스터미널(아케이드) / 아야 서비스 4시간 150B

매홍손으로 가는 길목에 있는 빠이에 가기 위해서는 반드시 치앙마이를 거쳐야 한다. 빠이에서 치앙라이나 치앙다오 등 다른 도시로 이동할 때도 치앙마이가 관문 역할을 한다. 치앙마이에서 빠이까지는 항공편과 육로를 이용하는 2가지 방법이 있다.

항공

빠이 공항은 국내선 전용 공항으로 한국에서 빠이까지 한 번에 갈 수 없다. 치앙마이에서 빠이까지는 30여 분 정도 소요되며 칸에어라인(Kan Air Line)이 운항한다.

시기에 따라 운항 횟수와 운행일이 크게 다르다. 비수기에는 주중 2~3회, 성수기에는 매일 1회, 월~목·토요일에는 2회까지 운항한다. 홈페이지에서 스케줄을 미리 확인하자. 빠이 공항은 규모가 매우 작아 빠이행 비행기는 프로펠러를 이용한 작은 비행기가 운항한다.

칸에어라인
전화 +662 551 6111(08:30~20:00)
홈페이지 www.kanairlines.com

운행일	치앙마이 → 빠이			빠이 → 치앙마이		
	편명	출발	도착	편명	출발	도착
매일	K8 8141	10:20	10:45	K8 8142	11:00	11:25
월~목·토요일	K8 8143	11:55	12:20	K8 8144	12:45	13:10

치앙마이 버스터미널

빠이행 버스 티켓 판매소는 치앙마이 버스터미널 외부에 있다. 위치가 애매해서 송태우나 툭툭, 택시를 이용할 때 빠이행 버스표를 사러 간다고 분명히 밝히는 것이 좋다.

빠이행 버스는 2종류로, 먼저 2015년 초까지 운행하던 선풍기 버스가 에어컨이 완비된 버스로 교체되었다. 단, 하루에 오전 7시에 출발하는 버스 1대밖에 없다. 13명 정원의 미니버스(밴)는 새벽 6시 30분부터 오후 5시 30분까지 1시간에 1대씩 운행한다. 두 버스 모두 편도 150B로 요금은 같다.

치앙마이 버스터미널(아케이드)
전화 +66 53 242 664

빠이 시외버스터미널
전화 +66 53 064 307

아야 서비스 AYa Service

여행자들이 가장 많이 이용하는 이동수단이다. 해당 회사의 사무실 앞에서 빠이 시내까지 150B로 치앙마이 버스터미널의 미니버스와 요금이 같다. 숙소 앞까지 픽업 서비스를 제공하는 편리함이 인기 요인이다. 별도의 픽업 요금을 지불해야 하지만, 다른 교통수단을 이용하는 비용과 큰 차이가 없다. 대부분의 숙소에서 픽업 요금 외에 일정 수수료(50~150B 추가)를 붙여 예약을 대행해준다. 픽업 요금이나 수수료를 아끼려면 타패 게이트, 치앙마이 버스터미널, 치앙마이 기차역, 나이트 바자 인근만 운행하는 무료 셔틀버스와 온라인 예약 서비스를 이용할 것.

아야 서비스
운행 07:30~17:30 1시간 간격(픽업 시간 포함)
홈페이지 www.ayaservice.com/Chiangmai-Pai.php

〈치앙마이 사무실〉
주소 Kamthiang Plaza 60-60/1 Srimonkol Rd.
전화 +66 53 231 815, +66 53 231 816, +66 53 231 833

〈빠이 사무실〉
주소 22/1 Moo 3 Chaisongkram Rd.
전화 +66 53 699 888, +66 53 698 299

Plus Info

육로 이동 시 이것만은 꼭!

1. 멀미약은 필수!
빠이로 가는 136km를 달리는 동안 762개의 커브를 거쳐야 하는 만큼 도로 상태가 매우 좋지 않아 의외로 많은 사람들이 멀미와 구토를 경험한다. 평소 멀미를 하지 않는 사람이더라도 꼭 멀미약을 복용하고 적당한 양의 식사를 하는 것이 좋다.

2. 화장지 챙기기!
버스나 아야 서비스 이용 시 모두 휴게소에서 15분 정도 쉰다. 이때 유료 화장실을 이용할 수 있는데, 화장지가 없으니 미리 준비할 것. 이동 시 불상사에 대비하기 위해서라도 챙기는 것이 좋다.

빠이의 아야 서비스 회사

빠이 시내 교통

빠이의 볼거리는 대부분 시내 중심부에서 벗어난 곳에 있다. 빠이에는 송태우와 툭툭 이용이 어렵다. 빠이를 두루 살펴볼 요량이라면 자전거나 오토바이를 대여하는 것이 여러모로 편리하다.

오토바이 렌트 Rent a Motorcycle

오토바이 대여 시 여권과 국제운전면허증이 반드시 필요하다.

오토바이 렌트비는 보통 125cc 1일 24시간 기준으로 100~200B 정도이며, 기종이나 연식에 따라 달라진다. 렌트비 외에도 300B의 보증금(오토바이+헬멧 보증금)을 따로 내야 한다. 보증금은 오토바이 반납 시 돌려준다.
렌트 시 보험 가입 여부를 꼭 확인하자. 아야 서비스의 경우 보험 가입(1일 40B)이 가능하다. 더불어 한국에서 미리 여행자보험 상품에 가입하는 게 유리하다.
여행자 거리를 제외한 나머지 도로는 한산한 편이라 운전하기 편하지만 방심은 금물! 빠이에서 스쿠터나 바이크를 처음 접하는 여행자가 많아 사고가 빈번히 일어난다.

추천 오토바이 렌트 숍

아야 서비스
보험 서비스 가입 가능한 곳. 1일 40B면 오토바이 파손 및 절도, 상해 5000B까지 지원한다.

듀안 덴
워킹 스트리트(Working Street)에 있는 렌털 숍 중 바이크의 상태가 좋다는 평을 듣는 곳이다.

G데이 바이크
스쿠터 초보자에게 꼼꼼한 라이딩 강습을 하는 곳이다.

자전거 렌트

오토바이 렌털 숍에서 자전거도 함께 대여해준다. 가격은 80~100B 정도. 비싼 호텔이나 숙소에서는 투숙객에게 무료로 자전거를 빌려주기도 한다.
저렴한 숙소의 경우 전문 렌털 숍보다 저렴한 가격으로 대여해주기도 하므로 숙소에 먼저 문의할 것.

Plus Info

오토바이 렌털 시 주의사항

1. 오토바이 렌털 준비물
오토바이를 대여할 때는 국제면허증과 여권 사본을 내야 한다. 여권 대신 보증금을 내는 방법도 있다. 보증금은 보통 3000~5000B.

2. 보험
보험 서비스가 되는 대여점을 이용한 것이 가장 좋지만, 여의치 않다면 여행자 보험에 가입해두자. 가장 좋은 방법은 보험서비스를 제공하는 렌털 숍을 이용하는 것이다.

3. 사진 찍어두기
오토바이 대여 시, 직원과 함께 살펴보며 꼼꼼하게 사진을 찍도록 하자. 동영상보다는 사진이 좋다. 원래 있었던 흠집을 이유로 반납 시 웃돈을 요구하는 경우를 방지하기 위함이다.

4. 오토매틱과 매뉴얼
기어가 자동 변환인 오토매틱과 수동 변환인 매뉴얼이 있다. 최근에는 대부분의 오토바이가 오토매틱이므로 염려하지 않아도 된다.

5. 운전 방향
태국은 운전 진행 방향이 한국과 반대다. 특히 우회전이나 좌회전 시 방향을 혼동하기 쉽다. 중앙선이 항상 내 오른쪽 어깨 아래에 있어야 한다는 점을 기억하자. 역주행은 큰 사고로 이어지는 경우가 많다는 점을 숙지해야 한다.

Best Plan For
★ Pai ★
빠이 추천 일정

Nature Life in Pai
빠이 자연 속에서 하루 보내기

윤라이 전망대(p.208), 왓 남후(p.211) 관광하기

▼

라차 바미끼여우(p.218)의 완탕 라면으로 아침 먹기

▼

온천에서 먹을 간식 사기

▼

사이 능암 온천(p.206)에서 자연 온천욕 즐기기

▼

줌 사깟 라오(p.215)에서 점심 식사 시간 갖기

▼

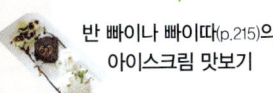

반 빠이나 빠이따(p.215)의 아이스크림 맛보기

▼

랜드 스플릿(p.221)에서 편안한 휴식 시간 갖기

▼

빠이 캐년(p.207)의 일몰 감상하기

▼

제임스 누들(p.217)에서 진한 맛의 국수 맛보기

▼

피엠 스트리트 바(P.225)에서 라이브 공연 관람하기

Feel that is Hippy
빠이의 히피 감성을 느껴보기

아트 인 차이 카페(p.223)의 차이 티로 아침 깨우기

▼

이사라 카페(p.222)에서 수제 아이스크림 맛보며 해먹에서 쉬어가기

▼

로맨스 카페(p.224)에서 아이스크림을 맛보며 산책하기

▼

빅 리틀 카페(p.218)에서 웨스턴 브런치로 점심 먹기

▼

수공예 숍인 쿤 나이 뚠 사이(p.229) 쇼핑하기

▼

팻 캣(p.213)에서 히피들의 건강식 체험하기

▼

왓 프라 탓 매옌(p.210)의 환상적인 일몰 감상하기

▼

나스 키친(p.216)에서 저녁 식사 즐기기

▼

에디블 재즈 바(p.226)에서 신나게 놀기

Downtonm Tour by Foot
뚜벅 뚜벅 걸으며 빠이 시내 돌아보기

왓 남후(p.211) 산책하기

▼

털보 아저씨네 죽집(p.220) 쪽으로 아침 먹기

▼

왓 클랑(p.211)에서 미얀마식 사원 감상하기

▼

우드 브리지 강변 걷기

▼

카오타 커피(p.222)에서 고소한 라테 한 잔 즐기기

▼

옴 가든 카페(p.219)에서 든든한 점심 식사 먹기

▼

빠이 레게 하우스(p.225)에서 외국인들과 보드 게임 하기

▼

피피티엠 마사지(p.227)에서 타이 마사지로 힐링하기

▼

숙소에서 잠시 눈 부치기

▼

마야 버거 퀸(p.220)의 수제 버거 맛보기

▼

지 데이 바(p.225)에서 맥주로 하루 마무리하기

빠이 관광 — Sightseeing

나지막한 햇빛이 밀려들어오는 숲속 온천

사이 능암 온천
Sai Ngam Hot Spring ★★★

신비롭고 은밀한 숲속 온천

빠이에서 매홍손 방향으로 15km 정도 떨어진 위치에 있다. 여행객보다 현지인이 즐겨 찾는 숲속 온천이다. 울창한 숲으로 둘러싸여 계곡물처럼 흐르는 자연 온천은 금방이라도 요정이 나올 듯 신비로움이 감돈다. 너무 뜨겁지도 차갑지도 않아 온천욕을 즐기기에 딱 좋은 온도다.

더운 나라 태국에서 온천이 웬 말이냐 싶겠지만, 선선해지는 12~2월에 즐기는 온천은 달콤한 휴식을 선사한다. 오후보다는 이른 아침, 주말보다는 평일에 찾기를 권한다. 단, 개별 차량이나 오토바이가 없다면 찾아가기 어렵다. 넓은 도로에서 빠져나와 온천에 닿기까지 2.6km는 급경사가 반복되는 구간으로 오토바이 초보 운전자는 피하는 것이 좋다.

주소 U Mong, Tambon Mae Na Toeng, Amphoe Pai **전화** +66 53 941 000
오픈 06:00~18:00
휴무 부정기 휴무
입장료 1인 20B, 오토바이 1대당 20B, 자전거 1대당 10B (온천 도착 전 작은 초소에서 입장료 지불)
교통 1095 도로 매홍손 방향으로 12.5km 지점, Natural Hot Spring 안내판을 따라간다.
홈페이지 cmu.ac.th
map p.38-A

> **TIP 사이 능암 온천 이용 팁**
> • 편의 시설이 전혀 없다. 출발할 때 미리 옷 안에 수영복을 입고 가면 편하다.
> • 감기에 걸리지 않도록 돌아오는 길에 입을 넉넉한 크기의 긴소매 상하의를 준비해 가자.
> • 수건, 자외선 차단제, 모기 퇴치제 등을 꼭 챙겨가자.

빠이 캐년
Pai Canyon

빠이 캐년의 아찔한 절벽

인생사진을 찍을 수 있는 일출과 일몰 명소

캐년이라는 이름이 주는 웅장함과 장대함을 기대했다면 아담함에 실망할 수도 있다. 이곳을 찾는 이유는 따로 있다. 이른 새벽의 운무 또는 해 질 무렵 일몰을 보기 위해서다.
꽤 높아 보이지만 10여 분만 오르면 정상에 닿는다. 초록색 배경과 황토색 협곡이 날씨가 좋은 날엔 기막힌 인증샷의 배경이 되어준다. 각종 SNS에서 '#paicanyon'을 검색하면 세계 각국 여행객의 멋진 사진이 줄줄이 나온다. 1일 투어로 갈 수 있다.

주소 Thung Yao, Pai District
교통 1095번 도로 치앙마이 방향으로 8km 지점에서 오른쪽으로 빠이 캐년 간판이 보인다.
map p.39-L, 휴대지도 ●-J

무엉 팽 온천
Mueang Paeng Hotspring

온천 달걀과 함께하는 빠이 라이딩

빠이 시내에서 32km 정도 떨어져 있으며, 어떤 투어 일정에도 포함되어 있지 않다. 라이딩 상급자들에게만 추천하는 관광지다. 넓은 지역에 걸쳐 자연적으로 형성된 흐르는 온천으로 얕은 수심에 수온이 높아 온천욕은 불가능하다. 이곳을 소개하는 이유는 울창한 가로수가 늘어선 도로를 지나 크고 작은 마을을 지나며 빠이의 목가적 아름다움을 즐길 수 있는 라이딩 코스이기 때문.
온천으로 가는 길목의 가게에서 달걀과 탄산음료를 꼭 사가자. 팔팔 끓는 온천에 달걀을 봉지째 15분 정도 담가두면 삶은 달걀을 먹을 수 있다.

주소 Mueang Paeng, Pai District
교통 버스터미널에서 1095번 도로를 타고 6.2km 지점에서 사거리가 나오면 우회전한다. 길을 따라 1.5km 정도 달리다가 사원이 보이면 사원 전 도로로 우회전한 뒤 다음 삼거리에서 다시 한번 우회전한다. 22km 정도 직진한 뒤 사거리에서 좌회전, 오른쪽으로 보이던 마을에서 벗어나 처음으로 나오는 사거리다. 2.5km 정도 쭉 달리면 온천에 도착한다.
map p.39-K, 휴대지도 ●-J

TIP 무엉 팽 온천 이용 팁

- 외국인들은 거의 가지 않는 동네로 영어 안내판이 없다. 구글 지도를 이용하거나 가는 길을 미리 파악하고 이동하자.
- 2017년 6월 기준 무료이나 유료로 전환될 가능성이 높다.

윤라이 전망대
Yun Lai View point

안개 바닷속 빠이의 일출
산으로 둘러싸인 분지 빠이의 아름다움을 한눈에 조망할 수 있는 전망대. 아침 일출, 저녁 일몰, 햇빛 가득한 한낮까지 제각각 다른 감동을 선사한다. 윤라이는 한자로 운래(雲來), 구름이 온다는 뜻이다. 밀려오는 안개의 바다, 운해로 인해 붙은 이름이다. 이른 새벽 빠이 강에서 피어오른 물안개가 밀려오고, 떠오르는 햇살에 점점 사라지는 일출은 이곳의 백미다. 단, 건기에 속하는 11~2월에는 운해를 보기 어렵다.
윤라이는 중국인 마을인 반 산티촌 입구를 지나 1.5km 정도 거리에 있다. 마지막 500m는 비포장도로에 급경사까지 있어 오토바이 운전 시 각별히 주의해야 한다. 투어 상품(반일 기준 1인 500B)을 이용하는 것도 방법.

주소 Wiang Tai
전화 +66 81 024 3982
입장료 20B(차 포함)
오픈 일출~일몰
휴무 연중무휴
교통 여행자 거리에서 빠이 병원을 지나 4km 정도 직진해 달리면 왼쪽에 반 산티촌 입구가 나온다. 입구를 지나 윤라이 안내판을 따라가자.
map p.38-D

머뺑 폭포
Mor Paeng Waterfall

비가 오면 만들어지는 천연 미끄럼틀
이 폭포가 여행자 사이에 왜 유명한 걸까? 특히 강수량이 현저히 줄어드는 12~2월에 찾는다면 숲속 바위 아래의 작은 물웅덩이에 불과하기 때문에 더욱 그 이유를 알 수 없을 것이다. 하지만 강수량이 늘어나는 시기가 되면 바위의 굴곡진 틈으로 쏟아지는 물살에 천연 미끄럼틀이 만들어진다. 폭포 아래 물웅덩이도 커져 최적의 물놀이 장소로 탈바꿈한다. 주변에 편의 시설이 전혀 없으니 수영복은 미리 옷 안에 입고 수건이나 스포츠용 타월을 준비해가자. 돌아올 때 입을 긴소매 옷도 챙겨가는 것이 좋다. 시내에서 폭포로 향하는 길이 아름다워 라이딩 코스로도 인기가 많다. 윤라이 전망대와 중국인 마을인 반 산티촌과 함께 1일 투어 코스로 포함되는 곳이니 참고할 것.

주소 Mae Na Toeng
교통 매나떵 지역에 있다. 1095번 도로 매홍손 방향으로 달리다 3.3km 지점에서 좌회전, 삼거리가 나오면 다시 한번 좌회전한 뒤 4.4km 달리면 폭포에 도착한다.
map p.38-D, 휴대지도 ●-G

팸복 폭포
Pam Bok Waterfall

빠이의 다이빙 명소

빠이에 있는 폭포 중 규모가 큰 편에 속하는 팸복 폭포는 다이빙 명소로 유명하다. 강수량이 줄어드는 시기엔 제 모습을 볼 수 없지만, 강수량이 늘어나는 8~10월에는 거대한 바위에 둘러싸여 힘찬 물줄기가 떨어지는 모습을 볼 수 있다.

폭포 입구 주차장에서 100m 정도 더 올라가야 한다. 중간에 엉성한 나무 다리를 건널 때는 발이 빠지지 않도록 주의하자. 올라가는 길이 미끄러워 산악용 샌들이나 운동화를 신을 것을 권한다. 폭포 바로 아래는 떨어지는 물로 인해 수심이 깊고, 수면 아래에서 소용돌이가 이는 경우도 있으니 가까이 가지 않도록 주의할 것. 팸복 폭포도 1일 투어 상품으로 갈 수 있는 곳 중 하나다.

주소 Thung Yao
교통 1095번 도로 치앙마이 방향으로 달리다 커피 인 러브를 지나 1.8km 정도 지점에서 우회전해 작은 시골길로 진입한다. 이후부터는 도로명이 없으므로 중간중간 서 있는 안내 표지판을 따라 이동한다.
map p.39-J, 휴대지도 ●-J

— Plus Info —

팸복 폭포 여행 시 주의할 점
• 비가 많이 내린 뒤에는 안전사고가 발생하는 경우가 많으니 피하는 것이 좋다.
• 변변한 편의 시설이 없다. 수영복은 미리 옷 안에 입을 것. 또 수건이나 스포츠용 타월 준비는 필수다. 돌아올 때 입을 긴 소매 옷도 챙겨가자.

+ + + + +

빠이 홋스프링 스파 리조트 수영장
Pai Hotspring Spa Resort Swimming Pool

수영과 온천을 동시에 즐길 수 있는 곳

빠이에서 유명한 타 빠이 온천(Tha Pai Hot Sprin)에서 1.7km 떨어진 곳에 있는 이곳은 숙박보다 수영장과 온천으로 더 유명하다. 빠이 강 앞에 푸른 들판과 멀리 산등성이가 보이는 수영장과 타 빠이 온천과 같은 지류의 뜨거운 온천을 한번에 이용할 수 있기 때문. 투숙객이 아니어도 100B만 내면 이용 가능하다. 타 빠이 온천은 외국인의 경우 300B의 입장료를 받는 것을 생각하면 여러모로 현명한 선택이 아닐 수 없다.

수영장에서 물놀이 후 온천에서 몸을 푸는 코스가 환상적인 조합을 이룬다. 수영장 옆 풀사이드 바에서 간단한 음료와 음식을 주문할 수 있다. 수영장 주변에는 여러 개의 방갈로가 있어 짐을 풀고 놀기 좋다. 인근에 타 빠이 브리지와 빠이 캐년을 함께 둘러보는 일정을 짜는 것도 좋다.

주소 284-84/1 Moo 2 Mae Hee
전화 +66 53 065 748
오픈 09:00~18:00
휴무 연중무휴
요금 1인 100B, 10회권 500B(6인 이상일 경우 10회권이 더 저렴하다)
교통 4024번 도로 왓 프라탓 매옌 방향으로 다리를 건너 6km 지점.
map p.39-L

여행자 거리 야시장
Walking Street Night Market

여행객들이 모여드는 야시장

뉘엿뉘엿 해가 지는 오후 5시 30분쯤이면 '여행자 거리'라 불리는 차이쏭크람 로드에는 현지인이 운영하는 먹거리, 외국인 여행자의 좌판, 고산족이 만든 기념품 등 다양한 노점이

들어선다. 빠이가 아니면 살 수 없는 수공예품이 가장 큰 매력이다.

인산인해를 이루는 치앙마이 야시장과는 비교도 안될 만큼 여유롭지만 같은 시기에 머무는 여행객을 야시장에서 만날 수 있을 만큼 북적인다. 저녁을 해결하거나 기념품 쇼핑을 즐기기도 하고 가끔은 오가다 마주친 여행자끼리 술 한잔하는 모습도 볼 수 있다. 밤 11시면 파장한다.

주소 Chaisongkhram Rd.
오픈 17:30~23:00 휴무 연중무휴
교통 버스터미널이 있는 도로에 야시장이 선다.
map p.40-B, 휴대지도 ●-H

왓 프라탓 매옌
Wat Phra That Mae Yen

빠이를 굽어보는 화이트 붓다

빠이에서 가장 높은 곳에 위치한 사원. 사원의 역사나 문화재보다는 빠이를 한눈에 담을 수 있는 전망 때문에 발길이 끊이지 않는다. 빠이 시내에서 2km 거리로 마음만 먹으면 도보로도 충분히 갈 수 있다. 사원 앞에서 350개의 계단을 올라야 하는 것이 더 부담스러울 정도. 계단을 지나 사원 입구까지 난 도로를 따라가면 정문까지 갈 수 있다.
사원은 아담한 크기로 볼거리는 별로 없다. 사원 옆으로 난 계단을 따라 올라가면 거대한 흰 불상이 나오는데, '화이트 붓다'라 불리는 이 불상은 빠이 시내에서도 보일 정도로 규모가 어마어마하다. 불상 앞에서 빠이의 아름다운 일몰을 볼 수 있다.

주소 Mae Hi
전화 +66 53 941 000
오픈 07:00~19:00
휴무 연중무휴
교통 4204도로를 타고 빠이 강을 건너 쭉 달리다가 팻캣을 지나 우회전한 뒤 왓 프라탓 매옌으로 향하는 안내 표지판을 따라간다.
map p.39-I, 40-F, 휴대지도 ●-L

왓 남후
Wat Nam Hoo

태국의 영웅 나레수언 왕의 사원

버마로부터 태국 북부의 독립을 이뤄낸 나레수언(Naresuan) 왕과 왕의 누나 수판카라야(Supankalaya) 공주를 모시는 사당이 있는 사원이다. 어린 시절 버마에 인질로 잡혀간 나레수언 왕자는 수판카라야 공주가 인질이 되며 풀려난다. 이후 나레수언 왕은 전쟁을 벌여 버마 왕자를 죽이고 독립을 이룬다. 하지만 아들의 죽음에 분노한 버마 왕이 공주를 무참히 살해한다. 나레수언 왕이 누나의 죽음을 기리기 위해 만든 불상인 프라 운무앙(Phra Un Muang)이 이곳에 있다. 한때 불상의 머리에 성수가 고였다고 하는데 지금은 볼 수 없다. 나레수언 왕의 꿈에 죽은 공주가 나타나 유골을 빠이에 남겨달라 부탁해 지었다고 한다. 사원에서는 쉽게 수탉 조형물을 볼 수 있는데, 어린 나레수언 왕이 버마 왕실에서 주최한 수탉 싸움 대회에서 버마 왕자를 이겼다는 일화에서 비롯되었다.

주소 Chaisongkran Rd, Wiang Tai
교통 시내에서 빠이 병원 쪽으로 3km 직진.
map p.38-D

왓 클랑
Wat Klang

버마 양식의 탑이 있는 동네 사원

빠이 버스터미널 옆에 자리한 왓 클랑은 미얀마의 샨족(Shan)이 1792년 세운 사원이다. 샨 스타일이라고도 불리는 타이야이 양식(Thai-Yai Style)의 뾰족한 첨탑을 지닌 체디가 있다. 하지만 그 밖에는 딱히 볼거리가 없다. 관광보다는 현지인들이 복을 빌고 탁밧을 하는 동네 절 정도로 보면 될 듯하다. 버스터미널이 있는 여행자 거리에 있으니 오가며 한 번쯤 들러볼 만하다.

주소 Chaisongkhram Rd.
교통 버스터미널과 아야 서비스 사이에 위치.
map p.40-B, 휴대지도 ●-H

타 빠이 브리지
Tha Pai Bridge(Memorial Bridge)

빠이의 근현대사가 담긴 다리

태국의 아픈 역사를 간직하고 있는 철교다. 제2차 세계대전 당시 일본군은 강제노동으로 태국과 미얀마를 잇는 여러 수송로를 건설했는데, 그중 하나가 타 빠이 브리지다. 1942년 건설 당시 나무로 만들었던 다리는 일본군이 후퇴하면서 연합군에 의해 불타 사라졌다. 전쟁이 끝난 뒤 다리를 재건했지만, 1973년 심각한 홍수로 또 다시 파괴되었다. 결국 1975년 나와랏 다리를 보수할 때 나온 철근 구조물을 옮겨와 보수 공사에 사용했다. 지금은 보존을 위해 차량이나 오토바이의 통행은 통제된다.

주소 1095, Tambon Mae Na Toeng
교통 빠이 시내에서 1095번 도로를 타고 치앙마이 방향으로 10km.
map p.39-L, 휴대지도 ●-J

쉬어가는 여행의 백미,
온천

빠이에는 온천이 여러 개 자리 잡고 있다. 가장 유명한 곳은 타 빠이 온천이지만 여행자들에게 많이 알려지면서 턱없이 비싼 입장료를 받고 있어 따로 소개하지 않는다. 거의 모든 투어 코스(입장료는 대부분 별도로 각자 부담)에 포함되어 있으며 찾아가는 길도 어렵지 않다. 단! 합리적인 가격대에 수영장까지 함께 이용하고 싶다면 빠이 홋스프링 스파 리조트 수영장을 권한다. 산과 강을 조망할 수 있는 수영장과 뜨끈한 물이 샘솟는 작은 온천을 함께 즐길 수 있다.

빠이 북동쪽 매홍손으로 향하는 길목에 자리 잡은 숲속 온천인 사이 능암 온천은 계곡을 흐르는 온천수로 유명하다. 나무로 둘러싸여 있어 숲 사이로 조각난 햇살이 물빛에 닿아 신비롭기까지 하다. 인근에 요란스러운 상점이나 편의 시설이 없어 오히려 더욱 호젓한 힐링의 시간을 가질 수 있다. 오후보다는 오전에 찾는 것이 좋다. 간혹 온천욕과 함께 빠이의 쏟아지는 별을 보러 저녁에 온천을 찾는 여행자들도 있지만 가는 길이 험해 오토바이 운전 숙련자가 아니라면 권하지 않는다. 빠이의 대부분 온천에는 옷을 갈아 입을 수 있는 탈의실이나 샤워실 같은 시설이 없다. 출발 전 옷 안에 수영복을 입고 갈 것을 권한다. 또 돌아오는 길에 추울 수 있으므로 위에 입을 수 있는 긴소매 옷도 챙겨 갈 것.

빠이 액티비티 & 투어
Activity & Tour

빠이 시티 투어
Pai City Tour

내 맘대로 내 멋대로 빠이 여행
대중교통수단이 갖춰지지 않은 지역 특성상 걸어서 갈 수 없는 관광지를 묶어 돌아보는 투어 상품이 많다. 반나절 투어 또는 1일 투어를 선택할 수 있다. 보통 빠이 캐년과 타 빠이 브리지, 윤라이 전망대 등의 명소와 폭포, 온천, 커피 인 러브, 러브 스트로베리 빠이 등을 방문한다. 매홍손까지 연계한 상품도 있다. 보통 12인승 밴을 이용하며 최소 4인 이상이면 투어가 가능하다.
여행사마다 일정, 입장료, 진행시간, 거리에 따라 가격이 천차만별. 가장 저렴한 반일 투어는 500B부터 시작하며, 거리가 멀고 포함 사항이 많을수록 가격이 올라간다. 워낙 옵션이 다양하고 가격 차가 커서 가보고 싶은 곳을 미리 결정하고 투어 상품을 찾는 것이 요령이다. 만족스러운 투어 상품을 못 찾았다면 아야 서비스 등에서 운영하는 운전사를 포함한 렌트 서비스도 고려해보자. 3~4명 이상일 때 유리하며, 흥정만 잘하면 일반 투어보다 만족스러울 것이다.

투어 비용 500~4500B
운영 1일 투어 04:00~18:00 / 반일 투어 09:00~14:30, 11:00~16:00 등
예약 여행자 거리에 1일 투어를 진행하는 여행사가 많음
옵션 숙소 앞 픽업, 입장료, 식사, 물 등(투어에 따라 다름)
준비물 자외선 차단제, 모기 퇴치제, 운동화

찬 차이 무에타이
Charn Chai Muay Thai

전문가에게 직접 배우는 무에타이
8명의 트레이너와 20×20ft 규격의 링을 갖춘 꽤 규모 있는 무에타이 도장. 10~20년의 경력을 가진 트레이너의 밀착 교육 시스템이 장점이다. 트레이너 중에는 방콕 대회에서 1위를 차지한 능력자도 있다.
영어로 의사소통이 가능한 데다 무에타이를 처음 접하는 사람에게 적합하다고 알려져 외국인 여행객이 많이 찾는다. 단, 경쟁 업체가 마땅히 없기 때문에 치앙마이보다 비싼 가격이 아쉽다.

주소 174 M.1 Chaisongkharm Rd.
전화 +66 84 918 1498
수업시간 08:00~10:00, 13:00~17:00
휴무 일요일
수업료 1회 1세션 300B, 7일 2200B, 1개월 8000B, 3개월 2만 2000B, 개인 강좌 1시간 500B
교통 시내에서 빠이 병원을 지나 도보 5분.
홈페이지 www.charnchaimuaythai.com
map p.38-E

튜빙 앤 뱀부 래프팅
Tubing & Bamboo Rafting

강 따라 빠이 풍경 만끽하기

시내에서 떨어진 강의 상류에서 물살을 타고 나무 다리가 있는 곳까지 튜브나 대나무 배를 타고 내려온다. 튜빙의 경우, 대여료와 강 상류까지 이동하는 비용을 포함해 반나절에 200~300B 정도. 라오스의 방비엥과 비교하면 실망할 수도 있다. 뱀부 래프팅은 긴 대나무를 엮은 전통 배를 타고 빠이 강을 유람한

다. 래프팅이라기보다 주변 풍경 감상이라고 생각하면 된다. 배 1척을 기준으로 3~4명까지 이용할 수 있으며 요금은 1000B 정도. 뱀부 래프팅은 1일 투어에 포함되는 경우가 많아 투어 상품을 이용하는 것도 방법이다.

건기인 2~4월에는 수심이 얕고 유속이 느려져 악취가 날 수 있고, 강수량이 급격히 늘어나는 8~9월에는 거센 물살로 안전사고 위험이 높아지니 피하도록 하자.

투어 비용 튜빙 250~300B(반나절), 뱀부 래프팅 1000B~(2시간 3인 기준)
예약 여행자 거리의 여행사에서 예약 가능
준비물 자외선 차단제, 물에 젖어도 좋은 옷, 아쿠아슈즈 또는 샌들

빠이 맛집

Restaurant

반 빠이나 빠이따
Ban Paina Paita

강추

하나부터 열까지 기분 좋은 손맛

직접 키운 식자재로 만든 태국 가정식을 선보인다. 주인인 핀과 콥의 손길이 닿지 않은 것이 없는데, 특히 콥의 아이디어를 더한 스페셜 메뉴는 한 번 맛보면 태국 요리의 새로운 맛에 반하게 될 것이다. 볶은 돼지고기 안심을 넣은 코코넛 밀크 커리, 돼지고기와 코코넛 밀크, 타마린즙 등을 넣어 조린 깽항래를 추천한다. 이곳의 특별 메뉴인 코코넛 아이스크림은 디저트로 그만이다. 오전 11시까지 원하는 음식 한 가지와 토스트, 홈메이드 잼, 음료가 포함된 아침 메뉴(120B)를 판매한다.

식당 곳곳에 주인의 정성이 묻어나는데, 핀이 직접 대나무와 티크목, 진흙으로 마감한 건물에 나뭇잎 지붕을 얹고, 본인이 만든 소품으로 내부를 꾸몄다. 콥이 만든 소품은 식당 입구의 수공예품 숍에서 구입할 수 있다.

주소 122 Moo 1 Thung Yao
전화 +66 850 377 188
오픈 08:30~18:00 **휴무** 부정기 휴무
예산 식사 60~120B, 음료 45~90B, 디저트 45~75B (카드 사용 불가)
교통 빠이 시내에서 1095번 도로 치앙마이 방향으로 3km 지점, 커피 인 러브를 지나면 왼쪽으로 고양이 그림이 그려진 간판이 보인다.
홈페이지 www.baanpainapaita.wordpress.com
map p.40-A, 휴대지도 ●-G

줃 사깟 라오
Jud Sakad Lao

강추

최고의 맛, 태국 북부 음식 원조집

빠이에서 유명한 이싼 음식 전문점이다. 여행객 사이에 꽤 알려진 이싼 빠이의 주인이 다른 사람에게 가게를 물려주고 시내에서 조금 벗어난 지금의 자리에 딸과 함께 줃 사깟 라오를 열었다. 메뉴가 다양하지만 숯불을 다루는 솜씨가 좋아 구이류가 맛있다. 민물생선이 낯선 사람이라도 숯불에 구운 담백한 빠둑(메기) 구이를 솜땀과 함께 먹어보자. 돼지고기나 닭고기 구이도 맛있다. 구이 메뉴는 인기가 많고 하루에 정해진 양만 판매하기 때문에 오후 2~3시만 되어도 모두 팔려 맛볼 수 없으니 서둘러야 한다.

구글 지도 19.363836, 98.439914
오픈 11:00~18:00 **휴무** 부정기 휴무
예산 빠둑(메기) 구이 50B, 솜땀 30B(카드 사용 불가)
교통 버스터미널에서 빠이 병원 방향으로 2번째 사거리에서 우회전, 1095번 도로를 타고 공항 방향으로 도보 10분.
map p.40-B

빠둑(메기) 구이

나스 키친
Na's Kitchen

칠리소스를 얹은 생선튀김

인기 있는 태국 요리 전문점
로컬들이 입을 모아 추천하는 식당이다. 유명세를 입증하기라도 하듯 식사 시간대가 되면 식당 밖에 많은 사람이 서성이는 것을 볼 수 있다. 줄 서는 것이 싫다면 오후 6시 전에 방문해야 한다.

나스 키친은 유명하지 않은 음식이 있을까 싶을 정도로 대부분의 음식이 맛있다. 일단 생선을 통으로 튀긴 후 소스(소스 선택 가능)를 뿌려 내는 칠리 프라이드 피시(Chilly Fried Fish)를 중심으로 똠얌, 솜땀, 깽항래, 그린 커리 등 대부분의 음식이 만족도가 높은 편이다. 단, 음식이 나오기까지 시간이 꽤 오래 걸린다. 먼저 음료를 주문해 마시면서 기다리자.

주소 Rural Rd., Wiang Tai
전화 +66 81 387 0234
오픈 17:00~22:00 **휴무** 부정기 휴무
예산 국수 40B~, 덮밥·볶음밥 50B~, 식사 80B~(카드 사용 불가)
교통 버스터미널 건너편에서 빠이 강 방향으로 걷다가 1번째 오른쪽 골목으로 우회전한 뒤 길 끝에서 삼거리 길 건너편.
map p.40-B, 휴대지도 ●-H

이싼 빠이
Issan Pai

태국 북부 음식 초보자에게 추천

까이양

한국인 여행객이 추천하는 빠이 맛집 중 하나다. 줄 사깟 라오의 주인이 노하우를 전수해준 덕분에 까이양과 태국 북부 음식이 모둠으로 나오는 어더브므앙, 솜땀 등이 강력 추천 메뉴다.
안은 촉촉하고 겉은 바삭하게 잘 익은 까이양을 먹으려면 점심 시간때 찾을 것. 기본적인 태국 음식도 주문 가능하다.

구글 지도 19.356833, 98.43958
오픈 10:00~18:00 **휴무** 부정기 휴무
예산 까이양 1마리 130B, 솜땀 40B, 돼지고기구이 60B(카드 사용 불가)
교통 빠이 경찰서 앞 골목 오른쪽.
map p.40-E, 휴대지도 ●-K

반 왕끼여우
Baan Wang Kheow

애주가들에게 권하는 해장 국수

선지를 얹은 고기 국수

시내에서 좀 벗어난 위치이지만 이른 아침 해장 국물이 간절할 때 가기 좋은 국숫집. 우리말로 반 왕은 '초록집'이라는 뜻이니 풀어보면 초록 국숫집 정도 된다.
돼지고기 육수에 선지나 돼지고기, 어묵을 넣어 쌀국수를 말아준다. 얼큰한 육수와 잘 익은 무가 별미. 밤을 불태운 뒤 국물이 필요한 아침에 찾아가보자.

구글 지도 19.347838, 98.452925
오픈 08:00~16:00 **휴무** 부정기 휴무
예산 고기 국수 30B, 치킨 국수 35B(카드 사용 불가)
교통 1095번 도로를 따라 치앙마이 방향으로 달리다 Rural Rd Mae Hong Son 4024번 쪽으로 좌회전한 뒤 왓 프라탓 매옌 방향으로 우회전 후 600m 지점.
map p.39-I

제임스 누들
James Noodle

밤에만 문을 여는 인기 절정의 국숫집

영어 메뉴 등 외국어 정보가 거의 없어 현지인이 많은 국수 맛집이다. 진한 국물 맛에 반한 사람들로 문전성시를 이룬다. 문을 연 직후보다는 고기 육수가 충분히 우러나온 저녁 8시 이후에 가야 더 맛있는 국수를 맛볼 수 있다.

국수는 3가지로 선지를 넣은 육수나 맑은 육수 중 선택할 수 있는데, 고명에 따라 가격이 달라진다. 맑은 육수에 닭고기를 얹은 남싸이까이는 부담 없이 즐길 수 있고 선지, 돼지고기, 토마토를 넣은 육수의 카놈찐 남응이우는 북부식의 국수로 초보자가 먹기는 조금 부담스러울 수 있다. 한쪽에 준비되어 있는 채소는 마음껏 먹을 수 있다.

꾸에이띠여우 까이

구글 지도 19.355798, 98.439219
오픈 17:00~22:00
휴무 부정기 휴무
예산 국수 스몰 35B~, 라지 45B~(카드 사용 불가)
교통 빠이 경찰서를 마주 보고 오른쪽으로 80m.
map p.40-E, 휴대지도 ●-K

두앙 레스토랑
Duang Restaurant

여행자 거리의 거품 없는 식당

여행자 거리에서 비교적 저렴한 가격에 맛있는 식사를 할 수 있는 식당. 로컬 식당과 비교해도 가격 차가 크지 않다. 무엇을 먹을지 고민하거나 낯선 음식에 대해 질문하는 손님에게 정직하고 친절하게 답해준다.

웨스턴식 아침 메뉴부터 태국 북부 음식까지 메뉴가 다양해 음식 맛이 의심스러울 수도 있지만, 안심해도 된다. 웨스턴 음식보다는 팟크라파오무(바질 돼지 고기볶음), 카오팟까이(닭고기 볶음밥), 카오쏘이, 깽키여우완 등 태국 음식을 추천한다.

주소 5 Moo 3 Rangsiyanon Rd.
전화 +66 76 412 216
오픈 08:00~15:00, 18:00~22:00 **휴무** 부정기 휴무
예산 50~150B(카드 사용 불가)
교통 빠이 버스터미널 반대편 길모퉁이에 위치.
map p.40-B, 휴대지도 ●-H

자심제
Chew Xin Jai

뷔페식 베지테리언 식당

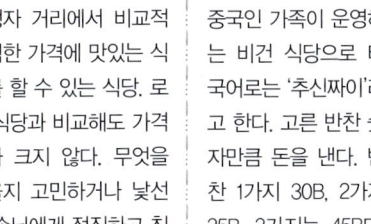

팟크라파오 무쌈

중국인 가족이 운영하는 비건 식당으로 태국어로는 '추신짜이'라고 한다. 고른 반찬 숫자만큼 돈을 낸다. 반찬 1가지 30B, 2가지 35B, 3가지는 45B다.

튀긴 콩고기를 올린 야채볶음 덮밥

감자나 호박, 가지를 넣은 그린 커리인 깽키여우완(Kaeng Khiao Wan), 콩고기 등 12가지 반찬 중 선택하면 된다.

향신채를 과하게 쓰지 않아 음식 맛이 무난하고 가격도 저렴해 인기 있다. 채식주의에 대한 편견이 있는 사람이라도 한 번쯤 가볼 것을 추천한다.

주소 222 Moo.4 T.Wiang Tai **전화** +66 85 717 3628
오픈 08:00~19:00 **휴무** 부정기 휴무
예산 뷔페 30~55B, 단품 국수 30~45B, 비건 버거 50B(카드 사용 불가)
교통 빠이 경찰서 앞 골목으로 도보 3분.
map p.40-E, 휴대지도 ●-K

실휴떼 바이 리브레 시암
Silhouette By Reverie Siam

빠이 계곡에서 맛보는 영국 셰프의 한 상

셰프 보드

포크 로인과 똠얌

빠이에서 영국의 리얼 빈티지와 수준급 파인다이닝을 만날 수 있다. 분위기는 물론 작은 소품 하나까지 20세기 초 영국 빈티지 스타일을 구현하기 위해 정성을 기울였다. 레스토랑 내 가구, 조명, 소품까지 모두 영국에서 공수해왔다.

대표 메뉴는 영국인 셰프의 각종 타파스 메뉴다. 치즈와 살라미, 초리소 등을 한 접시에 담아내는 보드 메뉴로 식자재는 빠이의 풍부한 농산물을 이용하고 음식에 들어가는 소스와 천연 조미료는 직접 만든다. 추천 메뉴는 포크 로인(돼지고기 안심 스테이크), 셰프 보드, 라벤더 판다 코타(디저트)다.

주소 476 Moo 8 Vieng Tai 전화 +66 53 699 870
오픈 12:00~23:00 휴무 부정기 휴무
예산 셰프 보드 350~625B, 포크 로인 235B, 파스타 185~335B, 디저트 85~150B
교통 빠이 경찰서를 마주 보고 왼쪽 골목으로 쭉 따라 걸어간다. 1km 정도 거리에 입구가 있다.
홈페이지 www.reveriesiam.com map p.40-F

빅스 리틀 카페
Big's Little Café

시크한 두 남자의 노점 식당

오픈형 주방에서 주문과 동시에 시작되는 요리 과정을 지켜보고 있노라면 음식 맛에 대한 기대감이 점점 커질 것이다.

주메뉴는 버거와 샌드위치, 웨스턴식 아침 메뉴다. 두툼한 소시지를 넣은 바게트 샌드위치와 비프 버거가 맛있다. 문을 열자마자 사람들로 북적대니 아침 9시에서 오후 12시 사이를 공략하자.

주소 Chaisongkram Rd. 전화 +66 93 131 3472
오픈 09:00~14:00 휴무 부정기 휴무
예산 버거 60~80B, 바게트 샌드위치 80~95B, 아침 식사 50~130B(카드 사용 불가)
교통 버스터미널에서 아야 서비스를 지나 도보 5분.
map p.40-C, 휴대지도 ●-I

라차 바미끼여우

입소문 자자한 완탕 라면집

바미끼여우(완탕면)

바미끼여우는 새우를 넣은 작은 만두와 노란색 면을 넣어 끓인 국수로 태국 사람들은 아침 식사로 즐겨 먹는다. 이 집은 탱글탱글한 새우 완탕과 시원한 국물 맛으로 칭찬이 자자하다. 물론 입에 잘 맞지 않는다는 평도 있지만, 우리 돈 1200원 정도에 완탕 라면을 먹을 수 있다. 식당 한쪽에 준비된 고춧가루와 고추 절임 등을 첨가하면 더 맛있다.

구글 지도 19.357448, 98.440311
오픈 09:00~16:00
휴무 부정기 휴무
예산 35B(카드 사용 불가)
교통 버스터미널에서 빠이 병원 방향으로 1번째 사거리에서 좌회전한 뒤 쭉 직진한다. 도보 5분.
map p.40-B, 휴대지도 ●-H

옴 가든 카페
Om Garden Café

▲치킨 샌드위치

든든한 아침을 먹고 싶다면 여기로

푸짐한 양과 훌륭한 맛으로 평이 좋은 곳으로, 오너 셰프인 아론 라까우(Anon Rakkaew)의 다국적 경험이 녹아든 음식을 맛볼 수 있다. 주메뉴는 샌드위치와 파스타, 샐러드, 웨스턴식 아침 식사다. 제철 식자재를 사용해 시기에 따라 메뉴가 조금씩 바뀌고 오후에 가면 원하는 메뉴를 먹을 수 없는 경우가 많다는 것을 기억하자.

팬네 파스타류와 샌드위치류가 이곳의 추천 메뉴. 온통 초록으로 둘러싸인 개방형 식당은 에어컨이 없어도 시원하고 와이파이 사용도 자유롭다. 식당의 분위기, 음식의 맛과 양 모두 빠이 지역 식당 중 트립어드바이저 상위에 오를 만한 식당이다.

주소 60/1 Wiang Tai
전화 +66 82 451 5930
오픈 08:00~16:30 휴무 월요일
예산 브렉퍼스트 70B~, 식사 95B~, 샌드위치·샐러드 60B~(카드 사용 불가)
교통 아야 서비스 맞은편 오른쪽 골목으로 들어가 직진하면 큰길이 나오고 맞은편에 나스 키친이 나온다. 나스 키친 옆 골목으로 들어가 도보 2분.
map p.40-E, 휴대지도 ●-K

카페 치토
Café Cito

미국인 오너 셰프가 선보이는 남미의 맛

▲부리토

미국인 오너 셰프가 멕시코를 수십 번 오가며 만들었다는 레시피는 미주 지역 여행자들에게 좋은 평가를 얻고 있다. 특히 머쉬룸 토르토(Mushroom Torto)와 치즈 아보카도 부리토, 치킨 퀘사디야가 인기가 있다.

치앙라이산 원두로 로스팅한 커피와 직접 구운 베이커리도 수준급. 멕시칸 음식으로 한 끼 식사를 해도 좋고, 커피 한 잔과 브라우니로 티타임을 가져도 좋다.

주소 258 Moo 8 Wiang Tai 전화 +66 86 587 2107
오픈 09:00~17:00 휴무 목요일
예산 토르토 120B~, 부리토 145B~, 음료 80~150B (카드 사용 불가)
교통 빠이 경찰서 왼쪽 골목으로 도보 10분.
홈페이지 www.facebook.com/cafecitopai
map p.40-E, 휴대지도 ●-K

빠이 빌리지 조식 뷔페
Pai Village Breakfast Buffet

150B의 행복, 호텔 조식

빠이 빌리지 부티크 호텔의 조식 뷔페로 시간 맞춰 가면 숙박객이 아니어도 이용할 수 있다. 음식 값은 선불로 카페테리아 입구에서 받는다. 돈을 낼 때 소시지나 베이컨 등이 포함된 달걀 메뉴(오믈렛, 스크램블드 에그, 서니사이드 중 택 1)를 주문하고 나머지 음식은 자유롭게 먹으면 된다.

3종류의 빵, 8종류의 잼, 요거트와 주스 등은 빠이 빌리지 주방에서 만든 것이다. 신선한 열대 과일을 먹을 수 있는 것도 장점.

주소 88 Moo 3 Vieng Tai 전화 +66 53 698 152
오픈 08:00~22:30 휴무 연중무휴
예산 조식 뷔페 150B(카드 사용 불가)
교통 버스터미널에서 아야 서비스를 지나 직진하다가 네일 숍을 끼고 우회전한 뒤 도보 1분.
홈페이지 www.paivillage.com/pai-breakfast-steak-house.php
map p.40-E, 휴대지도 ●-I

털보 아저씨네 죽집
얼리버드를 위한 반짝 죽집

돼지고기와 수란이 들어간 쪽

태국 사람들이 아침으로 즐겨 먹는 메뉴 중 하나가 '쪽(Jok)'이라 불리는 죽이다. 이른 아침이면 죽을 파는 노점이 반짝 문을 연다. 빠이에도 여러 노점이 서는데 그중 하나인 곳으로 보통 '털보 아저씨네 죽집'이라 부른다. 채소, 돼지고기, 버섯 등을 넣은 5가지 죽을 파는데, 어떤 고명을 올리느냐에 따라 가격이 달라진다. 그중 돼지고기, 버섯, 수란 3가지를 넣은 죽(40B)을 추천한다. 수란 외에도 태국 사람들이 흔히 먹는 소금에 절인 삶은 달걀과 중국식 삭힌 달걀을 넣은 메뉴도 있다. 영어로도 소통 가능하니 생강이나 고수를 좋아하지 않는 사람은 빼달라고 미리 말할 것.

구글 지도 19.358998, 98.438698
오픈 07:00~09:00 **휴무** 부정기 휴무
예산 30~60B(카드 사용 불가)
교통 버스터미널에서 빠이 병원 방향으로 걷다가 2번째 사거리에서 좌회전한 뒤 1번째 사거리에서 우회전. 골목 초입에 위치.
map p.40-A, 휴대지도 ●-G

그룬지 버거
Grunge Burger

노점에서 시작한 저력의 버거

비프+치즈+머쉬룸+아보카도 버거

야시장의 노점 중 하나였던 그룬지 버거가 2016년 정식으로 가게를 오픈했다. 노점 때부터 맛이 좋아 입소문 난 수제 버거집이었다. 버거 전문점답게 베지테리언 버거까지 갖췄다. 추천 메뉴는 소고기 패티에 치즈와 버섯, 아보카도를 넣은 버거. 버거 이름이 따로 없이 재료로 고를 수 있도록 메뉴판을 만들었다. 팬케이크도 있지만, 추천할 정도는 아니다. 모든 버거 메뉴에는 감자튀김이 포함된다.

주소 57/2 Moo 3 Wiang Tai **전화** +66 86 348 3853
오픈 11:00~22:00 **휴무** 부정기 휴무
예산 기본 버거 90~110B, 추천 버거 110~150B, 베지테리언 버거 90~110B, 음료 25~40B(카드 사용 불가)
교통 버스터미널에서 아야 서비스를 지나 오른쪽 1번째 골목 입구.
map p.40-C, 휴대지도 ●-ㅓ

마야 버거 퀸
Maya Burger Queen

빠이에서 꼭 맛봐야 하는 버거

하와이안 버거

빠이에 왔다면 한 번쯤 먹어본다는 말이 있을 정도로 유명한 수제 버거집이다. 오후 5시 30분 이후부터 본격적으로 손님이 몰려든다.
추천 메뉴는 소고기 패티에 구운 파인애플을 넣은 하와이안 버거로 파인애플의 달콤함과 패티의 짭조름한 맛이 잘 어울린다. 그러나 이보다 인기 있는 메뉴가 있으니 바로 감자튀김이다. 감자튀김은 따로 주문해야 한다.

주소 61/2 M.1 Wiang Tai **전화** +66 86 951 5280
오픈 14:00~10:00 **휴무** 부정기 휴무
예산 소고기 버거류 90~155B, 치킨 버거류 70~89B, 베지테리언 버거 60~70B(카드 사용 불가)
교통 버스터미널에서 아야 서비스를 지나 직진하다가 네일 숍을 끼고 우회전한 뒤 100m.
홈페이지 www.facebook.com/MayaBurgerQueen
map p.40-C, 휴대지도 ●-ㅓ

토스트 오피스 빠이
Toast Office Pai

에어컨과 와이파이 풀 충전 카페

토스트 세트

대부분의 빠이 레스토랑에는 에어컨이 없고 와이파이나 전기를 자유롭게 사용할 수 있는 공간도 많지 않다. 하지만 이 3가지를 모두 갖춘 카페가 있으니 바로 토스트 오피스 빠이다. 넉넉한 공간에 벽을 따라 놓인 테이블은 어디에 앉아도 전기 사용이 자유롭다.
물론 음식도 맛있다. 과일, 아이스크림, 생크림 등을 곁들인 토스트가 주메뉴. 홈메이드 잼을 바른 기본 토스트, 과일과 아이스크림이 함께 나오는 세트 메뉴가 있다. 세트 메뉴는 든든한 한 끼 식사로 양도 꽤 많다. 케이크와 빙수 등 디저트와 음료도 판매한다.

주소 450/34-35 Moo 8 Wiang Ta
전화 +66 91 878 3860
오픈 09:00~20:00
휴무 일요일
예산 토스트 기본 25~40B, 토스트 세트 120B(카드 사용 불가)
교통 빠이 경찰서를 마주 보고 왼쪽 골목으로 10분 정도 걷다가 시계탑을 끼고 우회전한다.
홈페이지 www.facebook.com/toastofficepai
map p.40-E, 휴대지도 ●-K

룩 무 스테이크
Look Moo Steak

주머니는 가벼운데 고기가 먹고 싶을 때

돼지고기 스테이크

현지인들이 즐겨 찾는 빠이 우체국 앞 먹거리 시장에 위치한 작은 노점. 스테이크 전문점으로 소, 돼지, 닭, 생선 스테이크가 주메뉴이며, 페퍼 소스와 머쉬룸 소스 중 하나를 선택할 수 있다.
모든 메뉴에는 샐러드와 감자튀김이 함께 나온다. 추천 메뉴는 머쉬룸 소스를 곁들인 돼지고기 스테이크(69B)인데 가격 대비 가성비가 좋다.

오픈 18:00~22:00 휴무 부정기 휴무
예산 스테이크 69~159B / 치킨 너겟 스몰 30B, 라지 50B(카드 사용 불가)
교통 1095번 도로를 따라 치앙마이 방향으로 600m. 우체국 맞은편.
map p.40-D, 휴대지도 ●-J

랜드 스플릿
Land Split

농부의 기부 카페

2008년, 한 농부의 땅이 11m 깊이로 갈라졌다. 농부는 남은 땅에서 자라난 로젤(히비스커스)로 술을 만들어 팔기 시작했고, 갈라진 땅을 개방한 것이 지금의 랜드 스플릿이다.
이곳에서는 유기농으로 키운 제철 과일, 고구마, 말린 바나나 등의 간식과 로젤로 만든 잼과 와인(주스)을 맛볼 수 있다. 관람과 시음에 따른 다과는 모두 기부금 형태로 운영된다. 잘 둘러보고 넉넉히 먹고 내고 싶은 만큼 돈을 내면 된다.

구글 지도 19.321355, 98.423551
오픈 09:00~18:00 휴무 부정기 휴무
예산 기부 입장(카드 사용 불가)
교통 시내에서 1095번 도로를 타고 치앙마이 방향으로 달리다 랜드 스플릿 안내판을 따라 우회전 후 약 1.8km 직진. map p.39-J

이사라 카페
Isara Café

빠이에서 가장 독특한 카페

대나무와 진흙, 티크목을 사용해 주인인 남딴과 친구들이 직접 지은 이 카페는 삼면이 개방되어 논과 숲이 한눈에 들어온다. 남딴이 이집트와 터키 등지를 여행하며 수집한 이국적인 컬렉션과 향신료로 완성한 레시피는 이곳을 더욱 특별하게 만들어준다. 터키식 커피와 인도식 짜이를 마실 수 있다.

추천 메뉴는 수제 아이스크림. 맛의 조합과 플레이팅이 환상적이다. 바로 옆 이사라 가든에서는 채식주의 쿠킹 클래스(예약 문의 +66 85 623 0091, isara.muk@gmail.com)를 진행한다.

패션 후르츠 아이스크림

주소 94, 183 Moo 1 Wiang Nuea
전화 +66 85 7244 592
오픈 09:00~18:00 **휴무** 부정기 휴무
예산 커피 40~50B, 터키식 커피 60~70B, 스낵 60~80B, 수제 아이스크림 80B(카드 사용 불가)
교통 시내에서 다리를 건너 1번째 갈림길에서 왼쪽, 이후 앳 빠이 리조트를 지나 1번째 갈림길에서 우회전 후 사거리가 나오면 다시 우회전 후 700m 직진한다.
홈페이지 www.facebook.com/Isara-Cafe-By-Namtan-1449110862031109
map p.38-C

러브 스트로베리 빠이
Love Strawberry Pai

딸기의 A부터 Z까지

딸기 테마 카페인 러브 스트로베리 빠이는 딸기가 재배되는 농장과 함께 딸기로 만든 각종 먹거리가 가득하다. 대부분의 1일 투어 상품에 포함되는 코스로 기념사진을 찍거나 딸기로 만든 각종 음료, 아이스크림 등의 간식을 맛보려 이곳을 찾는다. 아기자기하게 잘 꾸민 테마 카페에서 기념사진도 찍고 태국의 딸기 맛을 느껴보자.

주소 80 Moo 10, Tambon Thung Yao
전화 +66 81 765 3629
오픈 07:00~18:00 **휴무** 부정기 휴무
예산 딸기 셰이크 75B, 딸기 주스 35B, 말린 딸기 50B~, 딸기 쿠키 50B(카드 사용 불가)
교통 시내에서 1095번 도로를 타고 치앙마이 방향으로 직진해 커피 인 러브를 지나 5km 정도 더 가면 왼쪽에 입구가 보인다.
홈페이지 www.facebook.com/Lovestrawberrypai
map p.39-I

카오타 커피
Khaotha Coffee

빠이의 커피 박물관

치앙라이에서 생산한 원두를 로스팅하는 카페로, 은은한 커피 향이 발길을 끈다. 나무 시계탑과 외벽을 가득 채운 벽화, 폐차한 버스를 재활용한 조형물, 빈티지 소품이 독특한 분위기를 자아낸다. 커피 박물관을 방불케 하는 커피 관련 도구나 소품은 모두 사장의 개인 수집품이다. 에스프레소 커피를 마실 수 있어 더욱 좋다.

주소 414 Moo 8 Viang Tai **전화** +66 80 892 1921
오픈 09:00~17:00 **휴무** 부정기 휴무
예산 아메리카노 40~50B, 카페라테 45~55B, 음료·티 40~45B(카드 사용 불가)
교통 빠이 경찰서를 마주 보고 왼쪽으로 난 골목으로 도보 10분.
홈페이지 www.facebook.com/KhaothaPai
map p.40-E

팻 캣
Fat Cat

히피들의 건강식, 유기농과 채식

히피의 정신인 자연 친화, 자연 찬미가 그대로 녹아 있는 카페. 신선한 유기농 채소로 만드는 샐러드와 샌드위치, 음료 등을 판매한다. 샐러드는 원하는 채소를 고를 수 있다. 팻 캣의 빵이나 구이는 진흙 화로에서 구운 것으로 담백하고 고소한 맛이 일품이다. 특이한 조리 과정만큼이나 팻 캣의 분위기는 특별하다. 울창한 나무로 둘러싸여 마치 몰래 숨어든 것 같은 느낌이 든다. 나무 아래, 나무 위, 평상과 테이블, 해먹, 어디든 자리 잡고 히피의 밥상, 히피의 쉼을 느껴보자.

주소 18 Moo 1 Ban Mae Yen
전화 +66 87 084 025
오픈 09:00~16:00 휴무 부정기 휴무
예산 샐러드 60B~, 샌드위치 90B~, 태국 현지식 45B~ (카드 사용 불가)
교통 시내에서 치앙마이 방향 1095번 도로를 따라 걷다가 2번째 사거리에서 좌회전한 뒤 다리를 건너 왓 프라 탓 매옌 방향으로 800m 지점.
map p.38-F

아트 인 차이 카페
Art In Chai Café

히피 감성 가득한 차이 찻집

2010년 문을 연 카페로 히피의 멋이 가득하다. 로컬 작가들의 그림과 작품이 작은 공간을 풍성하게 메운다. 카페 한쪽에는 작은 도서관이 있는데, 하루 20B면 책을 대여 해준다. 카페 입구의 수공예 판매 코너에서는 오토가 만든 의류와 소품을 판매한다.
수시로 그림과 공예 워크숍을 개최하며, 토요일 밤이면 오픈 마이크 공연이 열린다. 차이 티와 아이스드 럼 차이 티가 맛있다.

주소 Rat Damrong Rd., Wiang Tai
전화 +66 87 178 7742
오픈 09:00~22:00 휴무 화요일
예산 차이 티·음료 40~180B, 베이커리 55~70B, 버거(Roll) 50~130B, 과일 셰이크 50~60B(카드 사용 불가)
교통 버스터미널에서 아야 방향으로 걷다가 1번째 오른쪽 골목으로 우회전 후 160m.
홈페이지 www.facebook.com/Art-in-chai-cafe-174000465975671 map p.40-B, 휴대지도 ●-H

프루트 팩토리
Fruit Factory

슈거 프리 과일 스무디

카오타 커피와 토스트 오피스가 있는 한적한 지역에 자리 잡은 프루트 팩토리. 스테이크 하우스이지만, 정작 인기 있는 메뉴는 과일 디저트. 얇은 밀가루 피에 싸서 튀긴 바나나를 아이스크림과 함께 내는 프라이드 바나나, 감미료를 적게 넣은 진한 망고와 수박 스무디가 추천 메뉴.
예술가인 태국인 부부가 카페를 그림과 수공예품으로 꾸몄다. 지역 예술가의 제품을 판매하는 공간도 있다.

주소 264 Moo 8 Tambon Wiang Tai
전화 +66 53 699 989
오픈 10:00~18:30 휴무 부정기 휴무
예산 디저트 50~120B, 과일 스무디 50B~(카드 사용 불가)
교통 빠이 경찰서를 마주 보고 왼쪽으로 난 골목으로 10분 정도. 시계탑 맞은편.
map p.40-E, 휴대지도 ●-K

더 컨테이너 앳 빠이
The Container @ Pai

대롱대롱 새장 모양 해먹이 있는 카페

새장 모양의 해먹이 대롱대롱 매달려 있는 독특한 인테리어가 돋보이는 카페다. 사람들이 몰리는 커피 인 러브를 피해 한가롭게 탁 트인 전망을 즐기고 싶다면 이곳으로 가자. 물론 음료 가격도 훨씬 저렴하다.
1층에서 음료를 사서 2층으로 올라가면 새장 모양의 1인용 해먹이 일정한 간격을 두고 매달려 있다. 앞으로는 능선과 푸른 하늘이 맞닿아 커피 인 러브 못지않은 멋진 풍경이 펼쳐진다. 달달한 태국식 커피와 간단한 베이커리, 맥주 등을 판매한다.

주소 132/1 Moo 1 Thung Yao
전화 +66 93 302 3975
오픈 10:00〜18:00 **휴무** 부정기 휴무
예산 커피 35〜45B, 차 30〜40B(카드 사용 불가)
교통 시내에서 1095번 도로를 타고 가다 치앙마이 방향으로 2.5km 지점. 커피 인 러브를 지나면 보인다.
map p.39-H

커피 인 러브
Coffee In Love

영화 〈러브 인 빠이〉 촬영지

명실상부 빠이에서 가장 유명한 카페로 태국 영화 〈러브 인 빠이(Love in Pai)〉의 촬영지로 알려져 유명세를 타기 시작했다. 노란색 2층집, 빠이 분지를 한눈에 담을 수 있는 오픈 테라스, 앙증맞은 우주선 모양의 소품 숍, 다양한 포토 존 등 여러 가지 볼거리로 차를 마시기보다는 사진 촬영을 위해 이곳을 찾는 사람이 더 많다. 음료와 디저트 맛은 평이하지만 탁 트인 전망과 동화 같은 분위기만으로 한 번쯤 찾아볼 만하다.

주소 92, Moo 3 Thung Yao, Amphoe Pai
전화 +66 53 698 251
오픈 07:00〜17:00 **휴무** 부정기 휴무
예산 커피 60B, 케이크 80B〜, 쿠키 50B, 잼 250B〜(카드 사용 불가)
교통 시내에서 1095번 도로를 타고 가다 치앙마이 방향으로 2km 지점에서 오른쪽.
홈페이지 www.coffeeinlovepai.com
map p.39-H

로맨스 카페
Romance Café

홋카이도산 젖소의 유기농 우유 전문점

푸른 대지 위에 한 폭의 그림처럼 서 있는 카페. 양과 젖소 목장, 빈티지 빌라 호텔로 구성된 로맨스 언어더 스토리 테마 빌리지(이하 로맨스 팜)의 일부다.
이곳에서 유기농으로 생산한 홋카이도산 젖소의 우유는 신선한 맛과 뛰어난 품질로 치앙마이 유명 레스토랑과 식료품점의 주문이 끊이지 않는다. 카페 방문객도 1L단위로 우유(50B)를 구매할 수 있는데 생산량이 많지 않아 늦어도 하루 전 구매 예약이 필수다.

주소 134 Moo 8 Wieng Nua
전화 +66 53 699 809
오픈 09:00〜18:00 **휴무** 수요일
예산 커피 50〜70B, 요거트 60B, 아이스크림 50B, 과일 스무디 60B(카드 사용 불가)
교통 시내에서 다리를 건너 1번째 갈림길에서 왼쪽, 이후 3.4m 직진.
홈페이지 www.romance-pai.com map p.38-C

빠이 나이트라이프

Night Life

강추 | 피엠 스프리트 바 | PM Sprite Bar

빠이의 대표 라이브 바

건기에는 뚫린 천장을 통해 별빛 아래, 우기에는 대나무와 비닐로 만든 지붕 위로 떨어지는 빗소리를 들으며 라이브 공연을 즐길 수 있다.

공연은 밤 8시부터 11시까지 이어지며, 장기 체류 중인 외국인 음악가들이 참여한다. 사람이 많이 모여드는 건기(12~2월)의 공연이 가장 다채롭다. 피엠 스프리트의 메인 공연자 중 한국인이 있어 빠이 한복판에서 유재하와 김광석의 명곡을 듣는 행운을 누릴 수도 있다.

주소 16/2 Moo 3 Wiang Tai 전화 +66 96 273 0344
오픈 18:30~24:00 휴무 부정기 휴무
예산 병맥주 50B~, 칵테일 100B~(카드 사용 불가)
교통 아야 서비스 맞은편 옆 골목 안.
map p.40-B, 휴대지도 ●-H

빠이 레게 하우스 | Pai Raggae House

손님들이 만드는 공연장

빠이의 장기 체류자 여행자들이 자유롭게 공연과 전시하며, 즐길 수 있는 공간이다. 레게 하우스를 가득 채운 그림과 소품 모두 여행자들이 직접 그리고 만든 것이다. 매일 밤 울리는 레게 음악과 다양한 장르의 라이브 공연에 취해보자. 오후에는 보드게임을 하며 시간을 보내기 좋다.

주소 58/2 Moo 4 Ratchadumrong Rd.
전화 +66 63 186 1081
오픈 13:00~22:00 휴무 월요일
예산 음료·맥주 50B~, 칵테일 100B~(카드 사용 불가)
교통 아야 서비스 맞은편, 오른쪽 골목으로 직진하다가 나스 키친 옆 골목 옴 가든 카페 맞은편.
홈페이지 www.facebook.com/bobharleybarbangkok map p.40-E, 휴대지도 ●-K

지 데이 바 | G. Day Bar

축구 경기를 생중계하는 생맥주집

바에 커다란 TV를 설치해 유럽 축구를 포함한 축구 경기 생중계를 볼 수 있다. 경기가 없는 날에는 라이브 공연을 한다. 누구든 참여할 수 있는 오픈 마이크로 의외의 웃음까지 자아낸다. 날이 쌀쌀해지는 건기에는 화로에서 옥수수와 고구마를 구워 나눠준다. 생맥주와 함께 먹는 군고구마 맛이 별미다.

구글 지도 19.357417,98.442111
전화 +66 85 0419 053
오픈 18:00~24:00 휴무 부정기 휴무
예산 생맥주 스몰 59B, 라지 79B(카드 사용 불가)
교통 버스터미널을 등지고 맞은편 왼쪽 골목으로 직진하다가 끝에서 다시 좌회전한다. 고등학교 맞은편.
map p.40-C, 휴대지도 ●-ㅣ

에디블 재즈 바
Edible Jazz Bar

빠이에서 가장 유명한 라이브 바

빠이에 다녀오면 '에디블 재즈 바에 가봤어?'라는 질문을 듣게 될 만큼 유명한 곳이다. 전통 가옥의 한쪽 벽을 없애고 정원과 이어지도록 탁 트인 구조로 개조했다. 꽤 넓은 공간에 입식과 좌식 테이블, 해먹 등을 배치해 자유로운 분위기다. 유명한 만큼 세계 각국의 뮤지션들이 무대에 선다. 재즈는 물론 솔, 록, 발라드, 보사노바 등 다양한 장르의 공연이 펼쳐진다. 매주 일요일에는 오픈 마이크로 누구든 연주와 노래를 할 수 있다.

주소 24/1 Moo 3 Wieng Tai 전화 +66 64 370 0182
오픈 12:00~24:00(라이브 공연 19:00~23:00)
휴무 부정기 휴무
예산 맥주 50B, 칵테일 100B~, 샘쏭바스켓 200B~(카드 사용 불가)
교통 아야 서비스를 지나 왓 프라탓 파캄 삼거리에서 좌회전 후 50m.
홈페이지 www.facebook.com/ediblejazz
map p.40-B, 휴대지도 ●-H

직코 바
Jik Ko Bar

여행자 거리의 핫 스폿

안쪽에 정원이 딸린 원래의 직코 바 옆에 번듯한 바를 하나 더 늘렸다. 새로 생긴 바는 입구가 없는 개방형 구조로 바 측면에서 보면 모두 길바닥에 앉아 있는 것처럼 보인다. 칵테일과 양주는 물론 전 세계 유명 브루어리의 크래프트 맥주까지 갖추고 있다. 즉석에서 그날그날 새로운 칵테일을 선보이기도 한다.

주소 65/1 Wiang Tai
전화 +66 81 938 8244
오픈 18:00~24:00 휴무 부정기 휴무
예산 맥주 50B, 칵테일 100B~, 샘쏭바스켓 200B~(카드 사용 불가)
교통 아야 서비스 건너편.
홈페이지 www.facebook.com/JikkoBeer
map p.40-B, 휴대지도 ●-H

올모스트 페이머스
Almost Famous

모히토에서 빠이 한 잔?

알록달록한 스테인드글라스로 꾸민 작은 바로 칵테일을 전문으로 한다. 16가지의 모히토가 대표 메뉴다. 그중 패션프루트 모히토와 레드불 모히토가 단연 인기 있다. 모히토 4잔을 마시면 5번째 잔은 무료다. 라이브 공연이나 오픈 마이크는 볼 수 없지만, 색다른 모히토를 맛볼 수 있어 충분히 매력적이다.

주소 62/2 Moo 3 Wiang Tai
전화 +66 81 672 3909
오픈 19:00~24:00 휴무 부정기 휴무
예산 패션프루트 모히토 100B, 맥주 50B~(카드 사용 불가)
교통 여행자 거리에서 빠이 강 방향으로 걷다가 네일 바가 보이면 우회전해 도보 1분. 마야 버거 퀸 옆.
map p.40-C, 휴대지도 ●-I

빠이 마사지

피티티엠 마사지
Pttm Massage

체계적인 대규모 마사지 숍

마사지 교육 클래스를 함께 운영하는 빠이에서 가장 큰 마사지 숍이다. 그때그때 마사지사를 조달하는 작은 마사지 숍과 달리 체계적으로 교육받은 고정 인원을 확보했다. 부수적인 스파 프로그램 없이 전통 타이 마사지에 포커스를 맞춘 것도 특징. 텅 비어 있는 것 같지만 정해진 인원 이상 서비스를 하지 않으므로 반드시 사전 예약할 것.

입구에 마련된 세족장에서 방문객 스스로 발을 닦고 입장해야 한다. 치앙마이보다 가격이 조금 높지만 충분히 납득할 만한 서비스를 보여준다. 타이 마사지의 진수를 경험하고 싶다

면 2시간 프로그램을 권장한다. 단, 혈을 눌러 세게 마사지하는 중국식 마사지를 선호하는 사람에게는 맞지 않을 수 있다.

주소 68/3 Moo 3 Wiang Tai
전화 +66 83 577 0498
오픈 09:00~21:00
휴무 부정기 휴무
요금 타이 마사지 1시간 200B, 2시간 380B / 발 마사지 1시간 280B(카드 사용 불가)
교통 아야 서비스를 등지고 왼쪽으로 걸어 내려가다가 네일 숍을 끼고 우회전한다. 200m 지점 오른쪽 작은 입간판이 보이면 좁은 골목길을 따라 들어간다.

map p.40-C, 휴대지도 ●-I

나띠 릴랙스 마사지
Natee Relax Massage

적정 가격의 실속 있는 마사지 숍

빠이 마사지 숍이 대부분 오픈 구조로 더위를 피하기 어려운 것과 달리 이 숍은 실내에 에어컨을 설치해 쾌적한 환경에서 마사지를 받을 수 있다. 가장 큰 장점은 적정 가격과 마사지 실력. 지역 평균 가격을 벗어나지 않으면서 일정 수준 이상의 서비스를 제공한다.

발 마사지와 1시간 태국 마사지의 경우 홀에서, 2시간 이상 혹은 오일 마사지, 허브 볼 등의 서비스는 개별 룸에서 이뤄진다. 힘과 손의 압력이 센 마사지를 좋아하는 사람들에게도 좋은 평을 얻고 있다.

구글 지도 19°21'27.8"N 98°26'29.4"E
전화 +66 85 653 9092
오픈 09:00~23:30
휴무 부정기 휴무
요금 타이 마사지 1시간 200B, 발 마사지 1시간 200B, 오일 마사지 1시간 250B(카드 사용 불가)
교통 버스터미널을 등지고 서서 맞은편 오른쪽 골목으로 직진 후 다시 골목에서 좌회전 후 도보 1분.
map p.40-B, 휴대지도 ●-H

마마론 마사지
Mamaron Massage

저렴함으로 승부하는 마사지 숍

태국 전통 가옥을 개조해 만든 마사지 숍으로 개방형 구조라 별도의 마사지 룸은 없다. 샤워실도 갖춰져 있지 않아 스파나 오일 마사지를 받기에는 시설이 열악하고 에어컨이 없는 것이 단점이다.

조용한 공간에서 프라이빗한 마사지를 즐기는 사람에게는 맞지 않는 곳이다. 그러나 매트의 청결함이나 청소 상태가 나쁘지 않고 가격이 매우 저렴해 간단한 발 마사지나 기본 타이 마사지 정도 받기에는 적합한 곳이다.

구글 지도 19.358404, 98.444828
전화 +66 87 1721 929
오픈 10:00~23:00 **휴무** 부정기 휴무
요금 아야 서비스를 등지고 왼쪽으로 걸어 내려가다가 네일 숍을 끼고 우회전, 반 빠이 빌리지 부티크 호텔 옆.
map p.40-C, 휴대지도 ●-I

빠이 쇼핑

쿤 나이 툰 사이
Khun Nai Tern Sai

느릿느릿 정성을 들인 수공예 숍

오랜 방콕 생활을 접고 빠이로 온 예술가 콘띱 토산관(Kornthip Tosanguan)이 숙박 시설, 카페와 함께 운영하는 수공예 숍. 염색과 재단, 바느질까지 모두 손으로 직접 만든 의류와 소품을 판매한다.

고산족 문화에서 영감을 얻은 푸른 색감, 손바느질의 투박한 손맛, 콘띱의 감각이 묻어나는 이곳만의 작품을 판매한다. 지역 예술가들의 작품 판로 역할도 하고 있다. 재질이나 마감이 뛰어나 품질도 믿을 만하다. 히피나 빈티지 스타일의 의류, 소품을 좋아하는 사람이라면 탐날 만한 물건이 가득하다. 단, 수제로 소량 생산하는 제품으로 가격이 만만치 않은데도 카드 결제는 받지 않는다. 현금을 많이 챙겨갈 것.

주소 166 Moo 1 Mae Hee
전화 +66 89 075 5739
오픈 10:00~17:00 **휴무** 부정기 휴무
교통 시내에서 치앙마이 방향으로 1095번 도로를 따라 걷다가 2번째 사거리에서 좌회전한 뒤 다리를 건너 왓프라탓 매옌 방향.
홈페이지 www.facebook.com/khunnaiternsai.guesthouse
map p.38-F

스튜디오 포엠 바이 문트리
Studio POEM by Moontree

내 초상화로 만든 엽서와 노트

엽서나 사진 모으기를 좋아하는 여행자라면 이곳을 꼭 방문하자. 가장 빠이다운 그림과 사진으로 만든 엽서와 노트, 그림 등의 소품을 구입할 수 있다.

오너인 문트리는 화가 겸 작가, 포토그래퍼다. 2011년 노점으로 시작해 정식 스튜디오를 냈다. 빠이를 배경으로 그린 그림, 사진이 스튜디오 벽에 빼곡히 걸려 있다. 일반 엽서(35~40B)뿐 아니라 문트리가 즉석에서 그려주는 초상화가 들어간 엽서(100B)와 노트(200B)를 살 수도 있다. 카드 결제는 받지 않으니 현금을 꼭 챙겨갈 것. 바로 옆 그룬지 버거의 벽화도 문트리의 작품이다.

구글 지도 19.358699, 98.444142
오픈 17:00~22:00
휴무 부정기 휴무
교통 버스터미널에서 아야 서비스를 지나 직진, 빅스 리틀 카페(노점) 맞은편 골목 초입.
홈페이지 www.facebook.com/moontree.laucha
map p.40-C, 휴대지도 ●-l

피엠 스피리트 숍
Pm Spirit Shop

한국인이 운영하는 에스닉 주얼리 숍

피엠 스피리트 바 안에 있는 피엠 스피리트 숍은 한국인이 운영하는 빠이의 유일한 주얼리 숍이다. 히피 감성의 수공예 주얼리는 물론 인도와 인근 아시아 국가를 여행하며 직접 고른 장신구를 판매한다.

준보석이나 빛깔 좋은 돌, 원하는 굵기와 색의 실을 골라 맞춤 팔찌나 발찌 등을 주문할 수 있다. 맞춤 액세서리를 주문할 때 한국말이 통한다는 건 대단한 메리트! 특이한 모양의 목걸이나 귀고리, 반지 등이 많다. 매듭 발찌(150B~)나 반지(250B~) 정도 하나 사보는 것도 좋을 듯하다. 에스닉한 스타일의 액세서리를 좋아하는 사람이라면 스피리트 바와 함께 꼭 한 번 들러볼 것. 카드는 받지 않는다.

주소 16/2 Moo 3 Wiang Tai
전화 +66 96 273 0344
오픈 18:30~24:00
휴무 부정기 휴무
교통 아야 서비스 맞은편, 옆 골목 안.
홈페이지 www.facebook.com/PMSPIRIT
map p.40-B, 휴대지도 ●-H

필 굿
Feel Good

개성 있는 슬리퍼를 판매하는 곳

빠이에 가면 수제 샌들 하나는 꼭 사라는 말이 있다. 그만큼 독특한 슬리퍼나 샌들이 많기 때문이다.

필 굿의 주력 상품으로는 슬리퍼나 가죽 샌들(250B), 플립플롭(130~160B), 스니커즈(650B) 등이 있다. 길모퉁이의 작은 신발 가게지만 가죽이나 대나무, 패브릭 등 여러 재질을 사용한 다양한 디자인의 제품을 볼 수 있다. 가방 외에도 패브릭 가방이나 모자 등 작은 패션 소품도 판매한다. 카드 사용 불가.

구글 지도 19.358865, 98.444253
전화 +66 53 699 503
오픈 10:00~22:00 **휴무** 부정기 휴무
교통 버스터미널에서 아야 서비스를 지나 직진, 빅스 리틀 카페 맞은편.
홈페이지 www.facebook.com/GaiGukGukcom
-137812946338870
map p.40-C, 휴대지도 ●-I

생 통 아람 마켓
Saeng Thong Aram Markets

빠이 유일의 상설시장

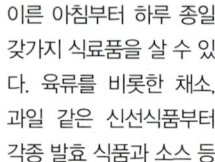

이른 아침부터 하루 종일 갖가지 식료품을 살 수 있다. 육류를 비롯한 채소, 과일 같은 신선식품부터 각종 발효 식품과 소스 등 거의 모든 식료품을 판매한다. 주방 사용이 쉽지 않은 여행객에게는 망고나 람부탄 등 열대 과일을 저렴한 가격에 사기 좋다. 단, 현금으로만 결제가 가능하다.

아침에만 문을 여는 반짝 노점에서는 죽이나 국수 등 간단한 먹거리를 판매한다. 빠이 사람들의 먹거리, 현지인의 일상을 가장 가까이에서 느끼고 싶다면 시장 구경을 나서보자.

주소 Khet Khelang Rd., Wiang Tai
오픈 08:00~19:00
휴무 부정기 휴무
교통 시내에서 1095번 도로를 타고 치앙마이 방향으로 달린다.
우체국 앞.
map p.40-E, 휴대지도 ●-K

빠이 숙소

실휴떼 바이 리브레 시암
Silhouette By Reverie Siam

빌라

20세기 초반의 유러피언 빈티지와 빠이의 자연이 만나 서정적이면서 로맨틱한 호텔을 만들어냈다. 실제로 영국인과 태국인 동업자의 작품으로 동서양의 조화가 호텔 곳곳에 녹아 있다. 시내와 여행자 거리에서 조금 멀어 위치가 아쉽다는 지적이 있지만 한적한 분위기의 호텔을 원한다면 오히려 최적이라 할 수 있다. 요금이 조금 비싼 편이지만, 18개 객실과 파인다이닝, 수영장 등을 갖췄다. 커플 여행객이나 신혼부부라면 만족스러울 것이다.

주소 476 Moo 8 Wiang Tai
전화 +66 53 699 870
요금 딜럭스 4000B~, 빌라 5800B~
교통 빠이 경찰서를 마주 보고 왼쪽 골목으로 직진해 카오타 커피를 지나, 안내판을 따라간다(경찰서에서 1km).
홈페이지 www.reveriesiam.com
map p.39-H, 휴대지도 ●-L

로맨스 언아더 스토리 인 빠이
Romance Another Story in Pai

빠이의 목가적 아름다움을 가장 잘 느낄 수 있는 곳으로 양과 젖소 목장, 농장 안에 위치한 독채 빌라 리조트다. 이른 아침 새소리에 눈뜨고 농장의 일몰을 바라보며 쉼표 같은 여행을 할 수 있다. 6개의 객실은 모두 독채로 되어 있으며, 패밀리형 빌라는 기본 인원이 6~8명으로 아이가 있는 가족 여행객에게 추천한다. 양이나 젖소에게 먹이를 주는 목장 체험도 가능하다. 직접 키운 농산물로 만든 조식을 제공한다. 단, 넓은 농장의 일부로 운영하는 숙소이다 보니 시내와는 거리가 있다. 이곳에 머물 예정이라면 자동차나 오토바이 렌트가 필수다.

주소 134 Moo 8 Wieng Nua 전화 +66 53 699 999
요금 싱글 하우스(2인) 2300B~, 패밀리홈(4인) 3500B~, 패밀리홈(6인) 7000B~
교통 시내에서 다리를 건넌 후 1번째 갈림길에서 왼쪽, 이후 3.4m 직진한다.
홈페이지 www.romance-pai.com
map p.38-C

로맨스 홈

빠이 아일랜드 리조트
Pai Island Resort

허니문 스위트 빌라

야생 동물이 뛰노는 사파리를 콘셉트로 만든 리조트. 여기저기 놓여 있는 동물 조각상과 주변 환경을 최대한 활용한 객실이 인상적이다. 10개의 객실이 모두 단독 빌라로 커플 또는 가족 여행객이 머물기 좋다. 각 빌라는 로맨틱한 인테리어에 개별 정원이 딸려 있는 것이 특징이다.

시내와 도보 15분 정도 거리이지만, 정해진 시간에 무료 셔틀을 운영해 지리적 불편함을 해소했다. 조식은 메뉴가 다양하며, 양도 많고 맛도 좋다. 깔끔한 객실과 숙련된 고객 서비스도 높은 평가를 받고 있다.

주소 333 Moo 1 Tambon Vieng Tai.
전화 +66 53 699 999
요금 아일랜드 허니문 빌라 8600B~, 허니문 스위트 빌라 1만B~
교통 Chaisongkhram Rd.에서 1095번 도로를 따라 공항 방향으로 700m.
홈페이지 www.paiislandresort.com
map p.38-E

호텔 데 아티스트 로즈 오브 빠이
Hotel des Artists Rose of Pai

딜럭스

태국 전통 목조 건물로 여행자 거리 끝에 자리 잡은 부티크 호텔. 빠이 강이 보이는 리버 뷰 객실이 인기 있다. 목조 건물의 특성상 개미가 많고, 어두운 실내 분위기를 단점으로 지적할 수 있다.

시내에 위치해 접근성이 좋고 편의 시설과 가깝지만 비슷한 요금의 외곽 숙소에 비해 객실이 작은 편. 조식은 호텔 부속 카페에서 원하는 메뉴를 주문할 수 있으며, 오후 5시 전이라면 언제나 자유롭게 이용할 수 있다.

주소 99 Moo 3 Chaisongkhram Rd.
전화 +66 53 699539
요금 성수기 딜럭스 4400B~, 리버 뷰 5200B~ / 비수기 딜럭스 2700B~, 리버 뷰 3400B~
교통 아야 서비스를 등지고 왼쪽 방향, 여행자 거리가 끝나는 지점.
홈페이지 www.hotelartists.com
map p.38-F, 휴대지도 ●-I

더 쿼터 호텔
The Quarter Hotel

빠이에서 몇 안 되는 현대적인 호텔이다. 2층 건물에 36개의 객실과 수영장, 스파 등의 부대시설을 갖추고 있다. 객실의 테라스가 넓어 시간을 보내기 좋다. 1층보다는 2층 객실을 추천한다.

도보로 5~10분 정도면 시내까지 갈 수 있다. 매 시간 송태우로 무료 셔틀 서비스를 제공한다. 조식은 간단하고 깔끔한 정도로 큰 기대를 하지 않는 것이 좋다.

주소 245 Moo 1 Chaisongkram Rd.
전화 +66 53 699 423
요금 딜럭스 2500B~, 주니어 스위트 3000B~
교통 버스터미널을 등지고 왼쪽의 빠이 병원 바로 옆.
홈페이지 www.thequarterhotel.com
map p.40-A, 휴대지도 ●-G

벨 빌라 리조트 빠이
Belle Villa Resort Pai

딜럭스 풀 엑세스

47개 객실과 2개 수영장을 갖춘 규모가 꽤 큰 호텔. 시내 중심부에서 차로 5분 정도 거리에 있어 접근성이 떨어진다.
객실은 딜럭스룸과 딜럭스 코티지 2가지가 있다. 딜럭스 코티지는 방갈로 형태의 객실로 사용감이 많고 배수 상태가 좋지 않다는 지적이 있으니 현대식 건물로 증축한 딜럭스룸을 이용하자. 1층 딜럭스룸은 수영장으로 연결되는 테라스가 있다. 오전 7시부터 밤 10시까지 1시간 간격으로 시내, 호텔 간 무료 셔틀 서비스를 운영한다.

주소 113 Moo 6 Huay Poo WiangNua Rd.
전화 +66 53 698 2267
요금 딜럭스 2500B~, 딜럭스 코티지 3500B~
교통 Chaisongkhram Rd.와 1095번 도로가 만나는 사거리에서 공항 방향, 요마 호텔을 끼고 우회전.
홈페이지 www.bellevillaresort.com
map p.38-E

요마 호텔
Yoma Hotel

슈페리어

요마 호텔은 빠이의 더 쿼터 호텔과 주인이 같다. 33개 객실에 수영장과 레스토랑 등 부대시설을 갖추고 있다. 객실은 5가지 타입이 있으며, 크기와 전망에 따라 가격에 차이가 있다. 시내까지는 도보로 15분에서 20분 정도 걸리며, 쿼터 호텔과 같이 무료 셔틀 서비스를 운영하니 적극 활용하자.
각종 가격 비교 사이트와 프로모션을 잘 활용하면 2000B 미만으로 마운틴 뷰 객실을 이용할 수 있다. 객실 테라스에서 이른 새벽 빠

이 강의 물안개와 늦은 밤 쏟아지는 별빛 감상은 절대 놓치지 말자.

주소 59 Moo 6, Wiangtai
전화 +66 53 064 348
요금 비수기 슈페리어 1600B~, 딜럭스 1800B~ / 성수기 슈페리어 2200B~, 딜럭스 2500B~
교통 Chaisongkhram Rd.와 1095번 도로가 만나는 사거리에서 공항 방향으로 800m.
홈페이지 www.yoma-hotel.com
map p.38-E

패밀리 하우스 젠 부티크 리조트
Family House Zen Boutique Resort

2015년 문을 연 호텔로 23개의 객실이 있다. 객실 종류는 모두 딜럭스로 침대 종류와 전망에 따라 요금이 다르다. 가든 뷰와 풀 뷰 중 선택할 수 있다. 수영장 뷰의 1층 객실 테라스는 수영장으로 바로 연결된다. 문을 연지 얼마 되지 않아 깨끗한 객실과 청소 상태에 대한 평가가 좋다.

여행자 거리와는 빠이 강 건너 300m 정도 거리로 접근성이 좋다. 수영장과 레스토랑 등 기본 부대시설, 공항 간 무료 셔틀 운영 등 장점이 많은 숙소다. 물론 그만큼 요금도 비싼 편이다.

주소 354 Moo 1 Mae Hi 전화 +66 83 541 3304
요금 딜럭스 3500B~
교통 아야 서비스를 등지고 왼쪽으로 빠이 강 방향. 나무 다리를 건너 왼쪽으로 240m 지점.
홈페이지 www.facebook.com/familyhousezen
map p.38-F, 휴대지도 ●-H

딜럭스 가든뷰 트윈베드

반 애오 빠이
Baan Aew Pai

방갈로 형태의 객실이지만 내부를 콘크리트 벽과 나무 바닥으로 마감해 청결하고 쾌적하다. 넓은 정원이 딸린 가든 뷰의 객실은 로맨틱하다. 여행자 거리에서 너무 멀지도, 가깝지도 않은 위치로 도보 이동이 용이하면서도 조용한 것이 장점이다.

조식 서비스를 제공하지 않는 점이 아쉽지만 주변에 아침 식사를 할 수 있는 식당이 많으니 큰 문제가 되지 않는다. 합리적인 요금과 위치가 만족스러운 숙소다.

주소 109 Moo 1 Ketkaland Rd., Wiang Tai
전화 +66 93 979 6590
요금 딜럭스 방갈로 1000B~(카드 사용 불가)
교통 버스터미널을 등지고 오른쪽으로 큰 사거리를 지나 2번째 골목에서 우회전 후 100m.
홈페이지 www.facebook.com/baanaewpai
map p.40-B, 휴대지도 ●-H

딜럭스 방갈로

키리나 레트로 하우스
Kirina Retro House (3성급)

슈페리어 더블

독특한 실내 인테리어와 작은 수영장, 친절한 직원들, 논으로 둘러싸인 아름다운 풍경 등이 좋은 평가의 이유. 20~30대 여성이나 가족 단위 여행객에게 추천한다. 11개의 객실은 거실과 침실이 나뉘거나 2개의 침실이 있는 패밀리 객실이 있다. 조식은 5~6가지 메뉴 중 하나를 골라 주문한다. 공항과 버스터미널 무료 픽업 서비스를 제공한다. 로컬 유심을 사용한다면 외부에서 픽업 서비스가 필요할 때 전화로 요청 가능하다. 단, 욕실 수압이 낮고 온수기의 성능이 떨어지는 단점이 있다.

주소 148 Moo 6 T. Vieng Tai
전화 +66 53 699 418
요금 슈페리어 더블 1800B~, 그랜드 트윈 2900B~, 패밀리 4000B~
교통 Chaisongkhram Rd.와 1095번 도로가 만나는 사거리에서 공항 방향으로 1.3km 지점.
홈페이지 www.kirinaretrohouse.com
map p.38-E

빠이 나이 펀 호텔
Pai Nai Fun Hotel (3성급)

빠이 강을 따라 대나무로 만든 방갈로 호텔로 히피에 로망이 있는 서양 여행객에게 인기 만점이다. 여행자 거리 끝에서 나무 다리 건너편에 자리해 시내를 오가기도 좋다.

2016년 대대적으로 리노베이션해 실외는 대나무로 엮은 방갈로 느낌을 살리면서 내부는 타일과 시멘트 등으로 마감한 독채형 방갈로 객실을 늘렸다. 벌레나 외부 온도에 취약한 기존 방갈로의 단점을 보완했지만, 공사 후 요금이 다소 오른 것이 아쉽다.

주소 236 Moo 1 Baan Hee 전화 +66 81 641 5493
요금 럭스 리버 뷰 방갈로 비수기 1400B, 성수기 3900B / 뱀부 방갈로 리버 뷰(A형) 비수기 450B, 성수기 1500B / 패밀리 리버 뷰 방갈로 비수기 2900B, 성수기 5500B(카드 사용 불가)
교통 아야 서비스를 등지고 왼쪽으로 빠이 강 방향, 나무 다리를 건너 왼쪽으로 170m 지점.
홈페이지 www.painaifun.com
map p.40-B, 휴대지도 ●-H

마나오 하우스
Manao House (2성급)

태국 전통가옥을 개조해 만든 게스트하우스로 한국인 남편과 태국인 아내가 운영한다. 커플이나 우정 여행, 혹은 가족단위 여행자들에게 적합하다. 특히 중심가에서 도보로 10분 정도 떨어져 있어 한가로움을 선호하는 여행자에게 좋은 선택이 될 것. 전 객실에 에어컨이 설치되어 있으며 높은 청결도와 편리한 의사소통 또한 큰 장점으로 꼽을 수 있다.

주소 336 Moo1
전화 +66 95 350 3091
요금 패밀리 2200B~, 디럭스 1000B, 더블 550B~
교통 아야 서비스를 등지고 왼쪽으로 빠이 강 방향, 다리를 건너 약 700m 지점.
홈페이지 www.instagram.com/manaohouse
map p.40-C, 휴대지도 ●-I

고즈넉한 분위기의 반럭타이 호수

소도시 여행

매홍손
MAE HONG SON

매홍손, 꼭 가야 할까?
매홍손은 치앙마이 북동쪽에 위치한 소도시다. 빠이도 매홍손에 속하며, 매홍손으로 가는 길 중간에 위치한다.
매홍손에서는 현지인들의 소박한 삶을 볼 수 있으나 감동적인 볼거리는 없는 곳이다. 요즘은 매홍손보다는 가는 길목의 반짜보 마을과 반짜보 언덕 전망대, 반럭타이 호수를 더 많이 찾는다.

매홍손으로 가는 법
치앙마이에서 매홍손까지는 항공편과 버스, 여행사 밴 서비스를 이용해 갈 수 있다. 항공편은 성수기와 비수기에 따라 1일 운항 횟수는 물론 주간 운항 횟수도 큰 차이가 난다. 매홍손은 빠이보다 큰 도시로 성수기에는 칸에어라인과 방콕에어웨이에서 1일 최대 총 5회 운항한다.
버스로 이동할 경우 치앙마이 버스터미널에서 매홍손 버스터미널까지 아침 6시 30분부터 2~3시간 간격으로 운행한다. 빠이에서는 육로로만 이동이 가능하며 여행사 미니밴 서비스를 이용할 수 있다.

칸에어라인 www.kanairlines.com
방콕에어웨이 www.bangkokair.com

매홍손
MAE HONG SON

매홍손보다 인기 있는 여행지로 반짜보 언덕 전망대와 반럭타이 호수가 있다. 가는 길이 수려하고 도로가 잘 정비되어 있어 오토바이 라이딩 코스로도 많이 찾는다.

이른 아침의 운해와 함께 멋진 일출을 볼 수 있는 반짜보 언덕 전망대는 점점 유명해져서 빠이의 크고 작은 여행사의 일일 투어 코스로도 사랑받고 있다.

반짜보 언덕 전망대 Ban Ja bo Hill View Point ★★★

현지인들도 잘 모르는 숨은 명소

빠이에서 매홍손 방향으로 54km 거리에 위치한 작은 시골 마을이다. 반짜보는 '므쓰아담'이라고 해서 검은 옷을 입는 라후족이 사는 마을이기도 하다. 새벽 녘 자욱한 운해 때문에 안개 마을로 불리며 최근 태국인들 사이에서 유명해지기 시작했다.

별도의 입장료 없이 운해를 즐길 수 있다. 동네 입구 오른쪽 식당을 지나자마자 바로 전망대가 보인다. 절기에 따라 차이가 있지만 아침 8시까지 멋진 운해와 구름을 볼 수 있다. 식당 뷰도 좋아서 아침 식사와 함께 일출을 즐기는 사람도 많다. 식당에서는 국수(35~40B)를 판매한다. 테라스가 정동향이어서 해를 정면에서 마주보게 되니 꼭 선글라스를 준비할 것. 산간지역은 새벽이면 꽤 쌀쌀해지므로 옷을 따뜻하게 챙겨 입는 것도 잊지 말자.

반짜보 마을을 지나면 라후족이 모여 사는 작은 동네 매라나(Mae Lana)로 갈 수 있다. 작은 검문소가 있지만 매라나 마을을 보러 간다고 하면 순순히 길을 열어준다. 작은 마을이어서 큰 볼거리는 없지만 안개 속에 숨어 있는 아지자기함을 느낄 수 있다.

빠이에서 출발하는 반짜보 마을 투어는 새벽 5시에 시작해 오후 1시쯤 마무리된다. 반짜보 언덕 전망대, 뱀부 브리지, 사이 응암 온천 3곳을 둘러보는 코스다. 식대와 온천 입장료는 개별 부담한다.

교통 빠이에서 매홍손 방향으로 54km(빵마파 마을에서 10km 더 직진)후 매라나(Mae Lana) 이정표 나오면 오른쪽 아스팔트 길로 우회전 해 3km 들어가면 반짜보 마을 입구가 나온다.

전망대에서 바라보는 일몰도 아름답다.

반럭타이 호수 Lake of Ban Ruk Thai

고즈넉한 호수 위에서 보내는 하루

'태국을 사랑하는 마을'이라는 의미의 반럭타이는 미얀마 국경과 인접한 작은 시골 마을이다. 매홍손에서는 40km, 빠이에서는 119km 정도 떨어진 위치에 있다. 마을에 중국인이 많아 한문 간판이나 중국식 건물을 쉽게 볼 수 있다.

반럭타이 호수의 일몰은 호수의 반영과 함께 잔잔하면서도 은은한 감동을 준다. 느긋하게 일몰을 즐기기 위해 호숫가 찻밭 안에 자리 잡은 방갈로나 숙소에서 1박하는 여행자들이 점차 늘고 있다. 호수에서 물안개가 올라오는 건기의 새벽 풍경은 더 없이 환상적이다. 작은 게스트하우스와 리조트를 이용할 수 있는데 1박 200~1000B까지 선택의 폭이 넓다. 단, 너무 저렴한 숙소는 청결하지 않을 수 있으니 주의할 것. 반럭타이 호수 인근의 팡 웅(Pang Oung)호수 옆 캠핑장에서 색다른 경험을 할 수도 있다. 입장료와 텐트 대여료까지 1인당 200B. 캠핑을 좋아하는 사람이라면 의외의 장소에서 뜻밖의 경험을 할 수 있을 것이다.

교통 빠이 버스터미널에서 매홍손 방향으로 1095번 도로를 따라 달리다가 90km 지점에서 반쿵매싹(Ban Kung Mai Sak)을 따라 우회전한다. 반럭타이(Ban Rak Thai), 반럼타이(Ban Ruam Thai) 등의 이정표를 따라 이동한다. 1시간 정도 들어가면 반루엄타이(팡 웅, Pang Oung)과 반락타이로 길이 갈라진다.

반럭타이 호수 근처의 작은 마을

Chiang Rai

치앙라이

마약 생산지에서 자연의 보고가 되기까지

치앙라이는 20년 전만 해도 세계 최대의 마약 생산지이자 거래가 이뤄지는 마약의 메카였다. 하지만 태국 정부의 끈질긴 노력으로 마약왕 쿤사 검거와 동시에 왕실의 로열 프로젝트가 빛을 발했다. 고 푸미폰 전 국왕의 어머니 시나가린드라 왕비는 1980년 후반부터 1990년 중반까지 마약에 중독된 주민들의 생활터전을 마련하기 위해 치앙라이의 도이뚱에 유럽풍 정원을 조성했다. 치앙라이 인구의 12.5%에 해당하는 소수민의 삶을 챙기는 것도 잊지 않았다.

치앙라이는 1990년 중반 품질 좋은 차와 커피 생산지로 환골탈태한다. 1262년 맹라이 왕이 세운 란나 왕국의 첫 수도였던 도시, 수백 년간 미얀마에 점령당한 땅, 한때 최대 마약 생산지였던 질곡의 역사를 써온 치앙라이. 오늘날 치앙라이는 청정한 자연과 우수 커피와 차 생산지로 주목받고 있다.

치앙라이 한눈에 보기

치앙라이에 남아 있는 란나 왕국의 사원과 태국 근현대사의 역사적 현장들을 놓치지 말자. 좀 멀다 싶어도 라오스, 미얀마, 태국 3개 국의 국경이 만나는 골든 트라이앵글, 세계적인 차와 커피 생산지로 거듭난 매파 루앙 지역을 돌아보며 태국 북부로 역사 여행을 떠나보자.

치앙샌 & 골든 트라이앵글

치앙라이 주 끝자락에 자리한 치앙샌은 태국, 미얀마, 라오스 3개국의 국경이 만나는 골든 트라이앵글로 유명하다.
한때 세계 최대의 아편 경작지였으며, 마약왕 쿤사의 땅이었다.

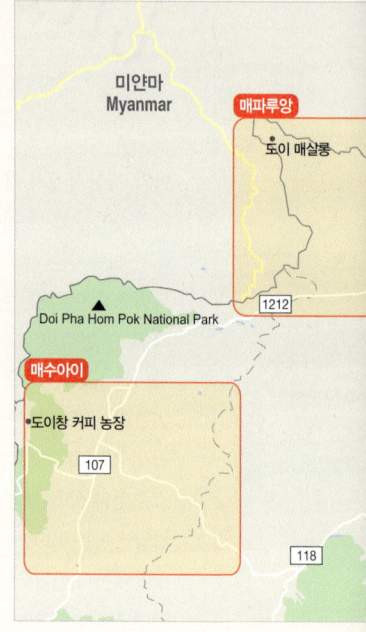

매파루앙

'국민 어머니'라 불리는 고 푸미폰 전 국왕의 어머니 시나가린드라 왕비의 별장과 정원, 산악지대를 따라 끝없이 펼쳐진 차밭 도이 매살롱(Doi Mae Salong)이 있는 지역이다.
북부를 병들게 한 아편밭을 양질의 차와 커피, 잎담배의 주요 생산지로 탈바꿈시킨 왕실의 애민 정신에 감동하게 되는 곳이다.

매수아이

코끼리 산이라 불리는 도이창에는 태국 대표 커피 브랜드 도이창 커피 농장이 있다.
해발 1,700m의 청정 지역으로 아카족을 비롯한 소수민족이 삶을 일구는 터전이다.

치앙라이 시내

치앙라이 주는 미얀마와 라오스의 국경과 맞닿은 메콩 강에 이르는 넓은 지역이다. 흔히 말하는 치앙라이는 치앙라이 주의 한 도시다. 화이트 템플로 알려진 왓 롱쿤, 치앙라이 중심부의 랜드마크 황금 시계탑, 태국의 유명 맥주 회사인 싱하에서 운영하는 싱하 파크 등 크고 작은 볼거리가 많다.

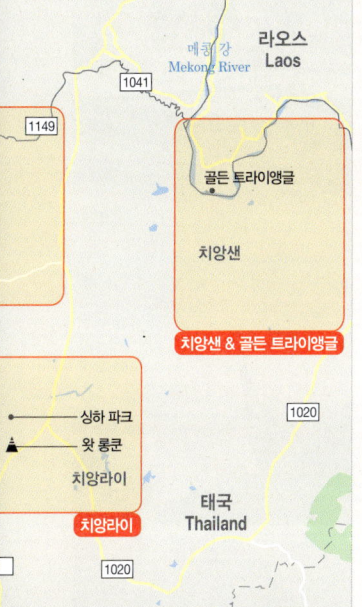

> **TIP** 요즘 뜨는 치앙라이의 핫 플레이스,
> 소이 피싯 사 느앙 Soi Phisit Sa Nguan
> 황금 시계탑이 있는 도로변에서 한쪽으로 난 작은 골목 소이 피싯 사 느앙에는 샌프란 버거 앤 비어를 시작으로 톡톡 튀는 아이디어의 음료와 디저트를 파는 슈거 브라더, 주류와 간단한 안주를 파는 옐로 블랙, 일본식 야키니쿠 전문점 마오양 야키니쿠 앤 바가 이어진다. 젊은 주인들의 아이디어도 빛나지만 맛과 가격도 사랑스럽다. 이제 막 핫 플레이스로 등극하며 여행자들에게 알려지지 않은 곳이니 선점하는 기쁨을 누려보자.

Best of Chiang Rai
베스트 오브 치앙라이

머스트 고! 눈꽃 사원 왓 롱쿤
보자마자 탄성을 자아내는 순백의 사원 왓 롱쿤은 눈꽃 사원이라는 뜻으로, 한 예술가의 집념과 참회가 낳은 작품이다.

황금 시계탑의 낮과 밤 감상하기
왓 롱쿤을 지은 예술가이자 건축가인 짜럼차이고 푸미폰 전 국왕에게 경의를 표하며 만든 시계탑. 낮과 밤의 다른 화려함을 만나보자.

골든 트라이앵글에서 인증샷 찍기
세계 마약 역사의 산 현장인 골든 트라이앵글. 미얀마, 라오스, 태국 3개 국의 국경이 메콩 강을 사이에 두고 맞닿아 있다.

토요일에 열리는 스트리트 바자 구경하기

매일 밤 열리는 나이트 바자에 비해 살 만한 물건도, 볼거리도 훨씬 많다. 끝없이 이어지는 스트리트 바자에서 경계 1호는 역시 지름신이다.

화이트 붓다가 있는 왓 후웨이 플라캉에서 치앙라이 시내 한눈에 보기

체디 모양의 건물 꼭대기 전망대에서 치앙라이 시내를 내려다볼 수 있다. 계단을 올라가야 한다는 것이 곤혹스럽지만 한 번쯤 도전해보자.

자전거 타고 강변 카페 들르기

치앙라이를 관통해 흐르는 콕 강, 흐르는 강을 따라 아름다운 유럽식 카페들이 자리 잡고 있다. 물론 맛있는 디저트와 음료 메뉴도 가득하다.

나이트 바자에서 찜쭘과 코코넛 아이스크림 먹기

치앙라이 나이트 바자의 꽃은 쇼핑이 아닌 먹방이다. 그중에서도 태국식 샤부샤부인 찜쭘과 현지인은 물론 여행자에게도 인기 만점인 코코넛 아이스크림은 꼭 맛보도록 하자.

치앙라이
Chiang Rai

치앙라이 여행 정보

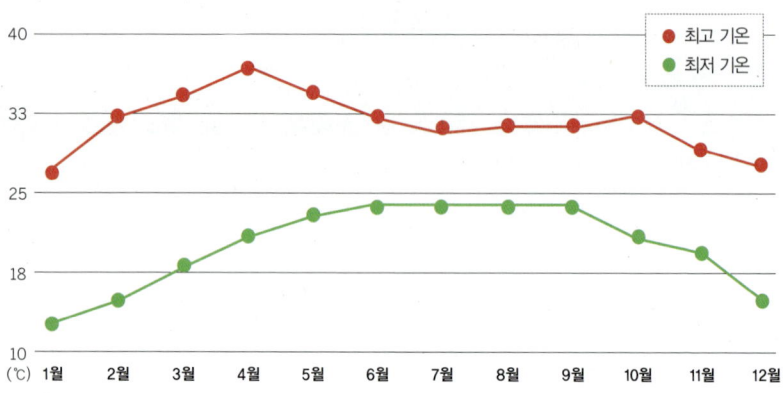

여행 시기

치앙라이는 태국의 최북단에 자리해 날씨가 쌀쌀한 편이다. 실제 연평균 기온이 24.6℃로 태국의 다른 지역보다 기온이 낮다. 연중 최고 기온인 39℃까지 치솟는 4월에도 최저 기온이 19℃까지 떨어진다.

기온이 가장 낮은 시기는 12~1월, 비가 가장 많이 내리는 시기는 8~9월로 다른 지역과 동일하다. 여행하기 가장 좋은 시기도 낮은 기온과 강수량으로 쾌적한 12~2월이다. 단, 이 시기에는 최저 기온이 10℃ 이하(1월 최저 기온)까지 떨어지므로 간단한 방한 의류를 준비하는 것이 좋다.

여행 기간

치앙마이에서 출발하는 투어 상품을 이용하면 하루 만에 둘러볼 수 있다. 치앙라이의 유명 관광지인 왓 롱쿤, 도이뚱 로열 빌라, 매파루앙 가든을 방문하는 일정의 투어다. 하지만 치앙라이의 매력을 느껴보려면 적어도 3박은 머물러야 한다. 골든 트라이앵글과 치앙샌 1일, 도이 매살롱과 도이뚱 로열 빌라 1일, 치앙라이 시내, 인근의 왓 롱쿤과 싱하 파크를 돌아보는 데 1일 정도 소요된다.

시간이 넉넉지 않다면 도착하는 날과 떠나는 날 치앙라이 시내와 인근을 분배해 돌아보고 2일째 하루는 택시 투어나 1일 투어를 적절히 이용해 2박 정도 머무르자.

관광

대부분의 관광명소가 시내에서 떨어져 있으니 꼭 가고 싶은 곳의 위치를 미리 확인하고 소요 시간과 동선을 결정할 것.

미얀마, 라오스 국경과 맞닿은 치앙샌과 북쪽

의 로열 프로젝트의 시작이자 산 증거인 도이 뚱 로열 빌라, 매파루앙 가든, 남쪽의 왓 롱쿤과 싱하 파크는 필수 코스. 시간적 여유가 있다면 태국 최고의 차 생산지인 도이 매살롱에 하루를 투자하는 것도 좋다.

음식

매일 야시장이 열리는 시내의 푸드코트를 중심으로 여러 종류의 음식을 맛볼 수 있다. 그중에서도 대표적인 동북부 음식인 찜쭘(태국식 샤부샤부)이 가장 인기 있다.
젊은 세대를 중심으로 새로운 콘셉트의 식당과 카페가 점점 늘어나는 추세다.

쇼핑

치앙라이는 치앙마이에 비하면 시골이나 다름없다. 쇼핑을 하기에는 부적합하지만, 매일 밤 서는 나이트 바자와 주말에 열리는 스트리트 바자, 일요일 야시장은 볼거리와 먹거리가 다양하다.
나이트 바자에서 소수민족이 만든 공예품을 판매하는데, 요금이나 품질이 만족할 만한 수준은 아니다. 시내 중간중간 자리 잡은 기념품 숍도 마찬가지. 기념품이나 선물을 살 거라면 주말 야시장을 추천한다.

숙박

치앙라이에는 고급 호텔이 많지 않다. 최근에는 배낭여행자를 대상으로 하는 새로운 게스트하우스가 속속 생겨나고 있다. 시내에서 걸어서 10분 정도만 벗어나도 깔끔한 게스트하우스를 예약할 수 있다.
선택의 폭이 넓지 않지만, 배낭여행자가 몰리는 빠이나 치앙마이와 비교하면 비슷한 요금에 좋은 숙소를 구할 수 있다.

치앙라이 가는 법

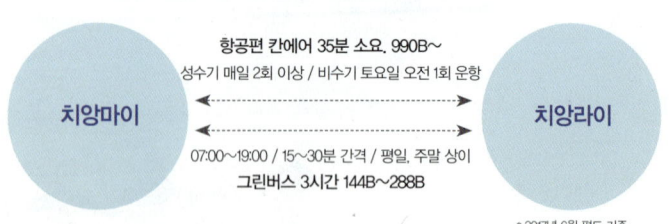

치앙라이로 가는 교통편으로는 비행기와 버스, 여행사의 미니밴이 있다. 기차는 치앙라이까지 가지 않는다. 기차로 방콕에서 치앙마이까지 이동했다면 이후에는 다른 교통수단을 이용해야 한다. 치앙마이에서 직항편을 이용하면 1시간, 육로로는 3~4시간 소요된다.

항공

치앙마이에서 치앙라이까지 가는 직항편은 많지 않다. 비수기와 성수기 구분 없이 일주일에 1회, 토요일 오전 1편만 운행한다. 치앙라이에서 치앙마이로 돌아오는 항공편은 같은 날 오후에 있다. 즉 항공편을 왕복으로 이용하려면 최소한 1주일을 머물러야 한다. 직항은 비정기적으로 노선이 추가되거나 없어지기도 하므로 비행 스케줄을 꼭 확인할 것. 한국에서 치앙라이까지 직항편은 없다. 방콕이나 치앙마이를 거쳐야 치앙라이에 갈 수 있다. 항공편은 방콕이 선택의 폭이 넓다. 치앙마이~치앙라이~방콕 또는 방콕~치앙라이~치앙마이 동선으로 항공편을 이용하는 것도 방법이다.

칸에어라인
전화 +66 2 551 6111(08:30~20:00)
홈페이지 www.kanairlines.com

• 치앙마이~치앙라이 비행기 운항 정보

구간	치앙마이 → 치앙라이			치앙라이 → 치앙마이		
운행일	편명	출발	도착	편명	출발	도착
매일	K8 8113	13:55	14:30	K8 8113	14:55	15:30

• 방콕~치앙라이 비행기 운항 정보

항공사	운항 횟수	운항일	홈페이지	고객센터
타이라이언에어	5회	매일	www.lionairthai.com	+66 2 529 9999
에어아시아	5회	매일	www.airasia.com	+66 2 515 9999
타이스마일에어웨이	5회	매일	www.thaismileair.com	+66 2 118 8888
녹에어	6회	매일	www.nokair.com	+66 2 900 9955
방콕에어웨이	3회	매일	www.bangkokair.com	+66 2 270 6699

* 2017년 6월 기준. 비수기·성수기 시즌별로 스케줄과 운항 항공사 수시 변경, 교체됨
* 치앙라이 도착 항공 스케줄 확인 www.chiangraiairportthai.comen/1138-passenger-arrivals

버스

치앙마이에서 치앙라이까지 이동할 때 가장 보편적인 교통수단. 치앙라이에는 2개의 터미널이 있다. 단거리 버스가 오가는 나이트 바자 옆의 구(舊) 버스터미널과 장거리 버스가 드나드는 시내에서 7km 떨어진 신(新) 버스터미널이다. 두 터미널은 송태우로 15분 정도 걸리며 요금은 20B 정도.

▶▶ 치앙마이~치앙라이

치앙마이 버스터미널 아케이드 3에서 출발하는 그린버스(Green Bus) 정기 노선을 이용하면 치앙라이 시내의 구 버스터미널까지 갈 수 있다. 버스 등급은 특석(V Class), 1등석(X Class), 2등석(A Class)이 3가지로 나뉜다. 특석은 한국의 우등버스처럼 3열로 구성되며 좌석 사이의 거리도 멀다. 치앙라이까지는 3시간 정도 소요되므로 중간 수준의 1등석을 선택해도 불편함이 없다.

운행 편수가 많지만 원하는 시간대의 버스를 타려면 적어도 하루 전에는 예약할 것. 유용한 팁 하나. 치앙라이로 가는 길에 버스 승무원에게 미리 말해두면 왓 롱쿤에서 내릴 수 있다. 왓 롱쿤 관람 후 입구에서 시내까지는 송태우(30B)로 이동하면 된다. 일정이 여유롭지 않은 여행객에게 추천한다.

그린 버스
www.greenbusthailand.com/website/en
치앙마이 버스터미널(아케이드)
전화 +66 53 242 664

• 치앙마이~치앙라이 버스 운행표

치앙마이	치앙라이	버스	치앙마이	치앙라이	버스
08:15	11:15	특석 (V 클래스) 258B	07:00 (일~금요일)	10:20	1등석 (X 클래스) 166B
10:15	13:15		07:45*	11:05	
12:30*	15:30		09:00	12:10	
14:45	17:45		09:30(토요일)	12:50	
17:15 (금·일요일)	20:15		10:30	13:50	
18:00	21:00		11:00	14:20	
08:30	12:00	2등석 (A 클래스) 129B	12:15*	15:35	
09:30	13:00		13:15	16:25	
11:30	15:00		15:00	18:10	
14:15	17:45		16:00 (금·일요일)	19:20	
15:00*	18:30		17:00 (월~목·토요일)	20:20	
17:30	21:00		18:30 (금·일요일)	21:50	
*성수기에는 운행 편수 추가			19:00 (금·일요일)	22:20	

* 2017년 6월 기준.

▶▶ 방콕~치앙라이

방콕~치앙라이를 운행하는 버스는 북부 노선을 담당하는 북부 터미널(콘쏭모칫)로 가야 한다. 나라에서 운영하는 999버스와 사설 버스 회사인 나콘 차이, 솜밧 투어가 가장 대표적이다. 어떤 회사의 버스를 이용하느냐에 따라 시간대와 요금 차이가 있다.

방콕에서 치앙라이까지는 11~14시간 소요되며, 신 버스터미널에 도착한다. 여행자들이 가장 많이 이용하는 버스는 나콘 차이다. 나콘 차이 버스는 등급이나 시설, 서비스 대비 요금이 합리적이다.

최근에는 솜밧 투어가 코쿤 스타일 버스를 추가해 경쟁이 치열하다. 모든 버스 회사는 3등석부터 VIP석까지 총 4종류 좌석이 있으며, 요금은 456~868B다. 야간에 긴 시간 동안 이동하므로 1등석 이상의 차량을 이용할 것을 추천한다.

나콘 차이
www.nakhonchaiair.com

999버스
www.home.transport.co.th

솜밧 투어
www.sombattour.com

● 방콕~치앙라이 버스 운행표

구간	방콕 → 치앙라이			
구분	출발시간	소요시간	등급	요금
나콘 차이	20:05	11시간	VIP(32석)	688B
999버스	20:20	11시간	1등석(VIP, 24석)	868B
	21:30	11시간	2등석(더블 에어컨, 50석)	601B
	07:50 · 19:00	11~12시간	2등석(에어컨, 55석)	558B
솜밧 투어	19:50	13시간	VIP(Supreme)	868B
	07:00 · 17:00 · 17:25	12시간	1등석(Super)	685B
	19:20	13시간	일반 1등석(Star)	558B
	06:30	12시간	2등석(Smart)	456B

구간	치앙라이 → 방콕			
구분	출발시간	소요시간	등급	요금
나콘 차이	18:08	11시간	VIP(32석)	688B
999버스	19:00	11시간	1등석(VIP, 24석)	868B
	07:30 · 18:00	11시간	2등석(더블 에어컨, 50석)	601B
	16:30	12시간	2등석(에어컨, 55석)	558B
솜밧 투어	19:00 · 19:50	13시간	VIP(Supreme)	868B
	08:30 · 17:00	12시간	1등석(Super)	685B
	18:00 · 19:30	13시간	1등석(Super)	651B
	18:30 · 19:00	13시간	일반 1등석(Star)	558B
	07:00	12시간	2등석(Smart)	456B

* 2017년 6월 기준.

치앙라이 시내 교통

치앙라이는 시내에서는 충분히 도보로 이동할 수 있지만, 조금이라도 외곽으로 나가려면 툭툭이나 송태우를 이용해야 한다. 시내를 다니는 송태우가 많지 않아 잡기가 쉽지 않다. 나이트 바자 앞 또는 구 버스터미널 근처에 손님을 기다리는 툭툭이 늘어서 있다. 가까운 거리도 기본 5B를 부른다. 그러나 흥정을 잘하면 800~1000B 정도로 하루 종일 툭툭을 대절할 수 있다.

시내 외곽의 경우 구 버스터미널 앞에서 송태우를 타는 것이 유리하다. 보통 1인당 20~30B 정도의 요금을 받으며 어느 정도 사람이 차면 출발한다.

치앙라이 외곽까지 자유롭게 구석구석 돌아다니고 싶다면 오토바이(150cc 미만 1일 기준 200~250B)를 빌리는 것이 좋다.

치앙라이 시티 투어 트램

하루 2회, 멩라이 왕 기념 광장에서 출발하는 무료 시티 투어 트램을 운영한다. 치앙라이 시내의 주요 관광 포인트를 돌아볼 수 있도록 구성했다. 2시간 정도 소요되며 영어와 태국어로 안내방송을 한다. 가이드와 함께 치앙라이의 명소를 돌아볼 수 있다.

09:30~13:30(30분 전부터 탑승 시작)에 운행하며 치앙라이 문화 갤러리, 왓 프라싱, 왓 프라깨우, 왓 도이 능암무앙, 왓 프라탓 도이 촘통, 왓 밍므앙, 황금 시계탑, 통앤콤 공원을 돌아 다닌다.

Plus Info

셀프 1일 투어 하기

도이 매살롱, 매파루앙 가든, 골든 트라이앵글 등 유명 관광지를 돌아보고 싶은데 오토바이나 자동차 운전은 엄두가 안 나고, 1일 투어는 비용이 부담스러운 사람들에게 운전 기사가 포함된 렌트 서비스를 추천한다.

1일 8시간, 승용차 1대 기준 1500~1800B 정도면 내가 가고 싶은 곳을 다닐 수 있다. 인원이 많을수록 1인당 경비가 줄어드므로 2~4명이 활용하는 것을 가장 좋다. 단, 기름값과 입장료, 식사 등의 비용은 별도로 지불해야 하므로 인원수와 입장료, 식대 등을 꼼꼼하게 따져보고 결정하자. 이동거리에 따라 차이가 있지만 유류대는 800B 이상 책정하는 것이 적절하다.

추천 코스

왓 롱쿤 → 도이 매살롱 → 초이 퐁 티 팜 → 도이뚱 로열 빌라와 매파루앙 가든 → 골든 트라이앵글 → 치앙샌의 왓 프라탓 체디루앙 → 왓 파삭 → 숙소 귀가

Best Plan For
★ Chiang Rai ★
치앙라이 추천 일정

Weekend an Downtown

치앙라이에서 즐거운 주말 보내기

40년 전통의 내장탕 집
사하롯(p.261)에서
아침 식사하기

▼

치앙라이의 대표 관광지
왓 롱쿤(p.253) 구경하기

▼

영국 풍 디저트 카페
치빗 타마 다 커피 하우스(p.265)에서
과일 스무디 마시며 휴식 시간 갖기

▼

남니여우 빠누안(p.262)에서
이싼 음식으로 점심 먹기

▼

시티 투어 트램(p.251) 타고
본격 치앙라이 관광 즐기기

▼

고산족 박물관(p.255)에서
고산족들의 삶과 문화 공부하기

▼

마오양 야키니쿠 앤 바(p.264)에서
즐거운 디너 타임!

▼

일요일 야시장(p.269) 또는
워킹 스트리트에서 쇼핑 즐기기

One Day Tour By Your Self

내가 만드는 셀프 투어
(자가 운전 또는 기사 포함 렌트 일정)

숙소에서 든든하게 조식 먹고 출발

▼

태국 최대의 차 생산지인
도이 매살롱(p.256) 구경하기

▼

초위 퐁 차 농장(p.257)
관광 및 점심 먹기

▼

시나가린드라 여왕의
별장인 도이뚱 로열 빌라(p.254)
산책하기

▼

태국, 미얀마, 라오스 3개 국이
만나는 골든 트라이앵글(p.257)
에서 인증샷 찍기

▼

높은 탑이 인상적인 사원
왓 프라탓 체디루앙(p.258)
방문하기

▼

훗폿 수프 앤 수프 스파이시(p.261)에서
저녁으로 태국식 샤부샤부인 찜쭘 먹기

▼

캣 바(p.267)에서
라이브 공연 감상하기

치앙라이 관광

Sightseeing

눈꽃 사원이라는 애칭이 잘 어울린다.

왓 롱쿤
Wat Rong Khun ★★★

한 사람의 참회로 시작된 사원

치앙라이의 가장 유명한 사원으로 사실적으로 묘사한 조각품과 순백의 사원은 강렬한 인상을 준다. 백색 사원이라 불리지만, 정식 명칭은 '왓 롱쿤'으로 '눈꽃 사원'이라는 뜻이다. 치앙마이의 불교 예술가 차럼차이 코시피팟(Chalermchai Khositpipat)이 개인 재산을 들여 1997년부터 짓기 시작했다. 지난날의 과오를 참회하는 마음을 담았다고 한다. 이 사원은 아직 미완으로 현재까지 수십 명의 예술가들이 함께 만들어가는 것이다. 법당을 지옥, 현세, 극락으로 나누어 표현했다.

지옥에서 절규하는 중생을 묘사한 조형물들은 살아 움직이는 듯하다. 다리를 건너면 있는 지구를 표현한 내부에는 현대의 일상을 담은 벽화가 있는데, 기존 불교 탱화에서는 볼 수 없는 익살스러움과 풍자

가 담겨 있다. 벽화를 지나 극락으로 묘사한 영역으로 들어서면 영롱한 은빛이 쏟아진다.

주소 1208, Tambon Pa O Don Chai
전화 +66 53 673 579
오픈 월~금요일 08:00~17:00, 토·일요일 08:00~17:30
휴무 연중무휴 **입장료** 50B
교통 구 버스터미널에서 화이트 템플(White Temple)이라고 쓰인 버스(08:15~15:20, 20B)를 타고 왓 롱쿤 입구에서 하차.
홈페이지 www.watrongkhun.org
map p.42-J

> **TIP** 치앙마이에서 버스를 타고 치앙라이로 이동할 경우 왓 롱쿤에서 내려달라고 미리 말하면 왓 롱쿤 정문에서 하차할 수 있다. 왓 롱쿤을 둘러본 후 입구에서 송태우(30B)를 이용해 치앙라이 시내로 돌아갈 수 있다.

왓 프라깨우
Wat Phra Kaew

전설 속 프라깨우의 고향

1943년, 강한 번개로 인해 사원의 체디가 무너져 흰 석고로 덮여 있던 불상의 외피가 깨졌다. 이때 석고 불상에서 영롱한 에메랄드 빛이 뿜어져 나왔다. 현재 방콕에 봉안된 에메랄드 불상 프라깨우가 세상에 모습을 드러낸 순간이다. 신이 만들었다는 전설만 있을 뿐 제작 연대와 제작자에 대한 정보는 알 수 없다.

치앙라이에서 발견된 이후 람빵과 치앙마이, 루앙프라방과 비엔티엔을 거쳐 1978년 방콕에 봉안되었다. 봉안과 동시에 이곳은 왕실 사원으로 승격되며 이름도 왓 빠이야(Wat Pa Yia)에서 왓 프라깨우로 바뀌었다. 이후 태국 북부의 승려 교육과 승가 행정의 구심점 역할을 하고 있다. 현재 이곳에는 1998년 캐나다에서 수입한 옥으로 만든 프라깨우가 봉안되어 있으며 불교 예술 작품 전시관 등 볼거리가 많다.

주소 19 Moo 1 Tambon Wiang
전화 +66 53 751 875
입장료 무료
교통 황금 시계탑 사거리에서 Suk Sathit Rd.를 따라 걷다가 1번째 사거리에서 좌회전, 240m 지점의 사거리에서 우회전한 뒤 오른쪽에 병원이 나올 때까지 걷는다. 병원 맞은편.
홈페이지 www.watphrakaew-chiangrai.com
map p.42-E

도이뚱 로열 빌라 & 매파루앙 가든
Doi Tung Royal Villa & Mae Fah Luang Garden

시나가린드라 왕비의 애민정신이 깃든 곳

고 푸미폰 전 국왕의 어머니인 시나가린드라 왕비의 별장. 도이뚱 지역을 방문한 시나가린드라 왕비는 아편 재배를 금지한 후 삶의 터전을 잃은 국민들을 본 후 도이뚱 프로젝트를 시작했다. 이 프로젝트는 스위스 로잔에 살았던 시나가린드라 왕비의 경험을 살려 스위스 전통 산장인 샬레식 별장과 정원을 조성해 국민들에게는 일자리를 제공하고, 지역 사회의 관광 자원을 늘리는 효과를 가져왔다. 실제로 시나가린드라 왕비는 세상을 떠나기 전까지 약 7년 동안 이곳에 머물렀다. 가슴과 등이 파이거나 민소매 상의, 짧은 하의를 입으면 입장할 수 없다. 입구에서 옷을 대여해 주지만 대여 의상은 통풍이 잘 안되니 복장을 갖춰 입고 가는 것이 좋다.

주소 Doi Tung Development Project, Doi Tung Villa, Mae Fah Luang, Chiang Rai
전화 +66 53 767 0157
오픈 도이뚱 로열 빌라 07:00~18:00 / 매파루앙 가든 06:30~18:00 / 기념관·매파루앙 수목원 08:00~18:00
휴무 연중무휴
입장료 도이뚱 로열 빌라와 매파루앙 가든 각각 성인 90B, 학생 45B / 종합권 성인 220B, 학생 110B
*120cm 미만 어린이 무료
교통 여행사 1일 투어 이용. 여행사마다 인원과 코스에 따라 가격이 다르다. / 개별로 이동할 경우에는 구 버스 터미널에서 훼끄라이행 버스(30B)를 타고 훼끄라이 마을 초입 삼거리에서 하차 후 도이뚱 방향으로 50m 정도 걸으면 송태우 터미널이 나온다. 보라색 송태우(2인 기준 왕복 400B) 또는 납짱(오토바이 택시, 편도 70B)을 이용한다.
홈페이지 www.doitung.org/tourism_attraction_royal_villa.php map p.43-C

황금 시계탑
Gloden Clock Tower

밤이 되면 더 화려하게 빛난다.

고 푸미폰 전 국왕에 대한 존경의 상징

왓 롱쿤을 건축한 짜럼짜이의 작품이다. 고 푸미폰 전 국왕에게 경의를 표하기 위해 만들었다. 왓 롱쿤과 함께 치앙라이의 랜드마크로 손꼽히는 볼거리다. 세밀하면서도 화려한 모습이 왓 롱쿤을 닮았다.
시내 중심부 로터리 중간에 우뚝 선 시계탑은 낮보다 밤에 더 화려한 모습을 뽐낸다. 매일 저녁 7시부터 9시 매시 정각 10분간 빛과 소리를 주제로 한 짧은 공연을 볼 수 있다.

주소 Moo 3 Pa Or Don Chai Maeung
오픈 24시간
가는 방법 시내 중앙 로터리에 위치.
map p.42-J

멩라이 왕 기념비
King Mengrai Monument

치앙라이의 시작을 연 왕조

란나 왕조와 멩라이 왕조의 시작을 기념하는 장소다. 치앙샌의 고대 도시인 나콘 하란의 통치자였던 멩라이 왕이 란나 왕국을 건설하며 1262년 치앙라이를 수도로 정한다.
버마의 침공과 수탈로 결국 치앙마이로 수도를 옮겼지만 멩라이 왕에 대한 이 지역 사람들의 사랑은 여전하다. 치앙라이에서 멩라이 왕은 부처님이라는 말이 나올 정도. 멩라이 왕 기념비가 세워진 광장에는 멩라이 왕에게 복을 비는 태국 사람들의 발길이 끊이지 않는다.

주소 Phahon Yothin Rd. **입장료** 무료
교통 황금 시계탑 사거리에서 Suk Sathit Rd. 1번째 사거리에서 우회전한다. Thanalai Rd.를 따라 750m 지점 사거리에서 좌회전, Srikerd Rd.를 따라 첫 사거리 우회전해 걸으면 왼쪽에 광장이 나온다.
map p.43-G

고산족 박물관
Hilltribe Museum

치앙라이의 시작을 연 왕조

메콩 강을 중심으로 미얀마와 라오스, 태국 북부 지방에 살고 있는 고산족의 삶과 역사를 일목요연하게 보여준다. 종족의 문화와 역사, 자연에서 살아온 고산족의 지혜도 엿볼 수 있다. 독특한 공예품과 의상을 판매하는 코너도 있다. 태국 북동부에 살고 있는 6개 주요 부족에 대한 15분 분량의 짧지만 흥미로운 다큐멘터리를 상시 상영한다.

주소 3rd. Floor, PDA Building, 620/25 Thanalai Rd.
전화 +66 53 740 088
오픈 월~금요일 09:00~18:00, 토·일요일 10:00~18:00 **입장료** 50B
교통 나이트 바자 입구를 등지고 오른쪽 방향, 사거리에서 직진 후 Thanalai Rd.가 나오면 좌회전한 뒤 5분 정도 걸으면 왼쪽에 박물관 입구가 보인다.
홈페이지 www.pdacr.org
map p.43-K

싱하 파크
Singha Park ★★

싱하 맥주가 조성한 테마 공원

450m, 12.8km²의 대지에 호수와 정원, 차밭, 동물원 등이 펼쳐져 있다. 2개의 호수 주변을 계절에 따라 기후에 맞는 꽃으로 장식했다. 공원의 지형을 이용해 벌룬 페스티벌, 자전거 챌린지, 팜 페스트 등 다양한 이벤트가 열린다. 매년 11월에는 공원을 뒤덮은 코스모스가 절경을 이룬다. 자전거(1시간 150B)를 대여하거나 미니 트램(15분 간격 운행. 입장료+음료 쿠폰 50B)을 타고 공원을 돌아볼 수 있다. 싱하 파크 내 카페에서 음료 쿠폰을 사용할 수 있는데, 오후 2시부터 5시까지는 주류 판매가 금지된다. 싱하 맥주 제조 과정을 견학하거나 시음하기 위한 장소가 아니라는 점도 기억해두자. 성수기에는 오후에 가면 트램을 이용할 수 없는 경우가 많으니 오전에 방문할 것을 권한다.

주소 99 Moo 1 Mae Korn, Amphoe Chiang Rai
전화 +66 91 576 0374, +66 53 172 870
오픈 09:30~17:00
휴무 연중무휴
입장료 싱하 파크 미니 트램(입장료+음료 쿠폰) 50B, 4세 미만 무료
교통 송태우를 왕복으로 대절(30B)해 왓 롱쿤과 같이 돌아본다.
map p.42-I

커다란 싱하 동상도 있다.

도이 매살롱
Doi Mae Salong ★★★

태국 최대 차 생산지이자 마약왕 쿤사의 고향

해발 1,800m의 고산 지대로 태국 최대의 차 생산지다. 지금은 이곳저곳 드넓은 차밭이 펼쳐져 있지만, 과거에는 아편 재배지로 악명이 높았다.

1949년 중국 공산당에 반기를 든 국민당 지지자와 군인들이 중국 윈난 성을 떠났고, 그중 절반 정도가 도이 매살롱에 정착했다. 피난민들은 윈난 성을 수복하기 위한 금전을 마련하기 위해 이곳에 아편을 재배하기 시작했다. 피난민이었던 소년 장치푸는 자라서 마약왕 쿤사가 된다.

후일 태국 정부가 마약상을 토벌하고 왕실이 양귀비 밭을 차밭으로 바꾸는 프로젝트를 벌여 지금의 도이 매살롱이 만들어진다. 오늘날의 도이 매살롱은 태국 북부의 경제를 견인하는 가장 중요한 농장이자 관광지로 발전했다. 차 판매와 무료 시음이 가능한 곳이 많다.

교통 치앙라이에서 1시간 30분 정도 걸린다. 도이 매살롱이 일정에 포함된 1일 투어를 이용하거나 자동차 또는 오토바이를 렌트해 개별적으로 이동한다.
map p.42-A

초위 퐁 차 농장
Choui Fong Tea Farm ★★

이곳에서 재배한 차를 마셔보자.

정원보다 아름다운 차 농장

제주도의 오설록이 연상되는 초위 퐁 차 농장은 지난 40년간 단일 농장 중 가장 많은 차를 생산해온 곳이다. 해발 1,200m의 이상적인 지대와 토양을 바탕으로 최고 품질의 차를 키워낸다. 잘 가꾼 농장이 한 폭의 그림처럼 펼쳐져 여느 정원과 비교해도 손색없을 만큼 멋지다.

차를 시음하고 구입할 수 있는 공간으로 농장 정상에선 카페와 식당을 운영한다. 특히 농장의 탁 트인 전망과 유려한 곡선으로 이어지는 차밭의 아름다움을 한눈에 볼 수 있는, 삼면이 커

다란 창으로 된 카페가 인기 있다. 도이 매살롱보다 가깝고 접근성도 좋다. 도이뚱 로열 빌라, 매파루앙 가든과 동선이 같으니 함께 일정을 짜는 것도 좋다.

주소 97 Moo 8 Pasang, Maechan
전화 +66 53 771 563
오픈 08:30~17:30
휴무 연중무휴
입장료 무료
교통 치앙라이 시내에서 북쪽 방향, 1번 도로를 따라 27km 정도 가다가 1130번 도로를 따라 좌회전한 뒤 6km 정도 더 가면 오른쪽에 농장 안내판이 보인다.
홈페이지 www.chouifongtea.com
map p.42-B

골든 트라이앵글
Golden Triangle ★★★

황금을 낳는 삼각지대

태국과 미얀마, 라오스, 3개 국이 메콩강을 끼고 국경이 맞물리는 골든 트라이앵글. 치앙라이 주 반 솝 루악(Baan Sop Ruak) 마을에 자리 잡은 골든 트라이앵글 전망대를 부르는 말이기도 하다.

골든 트라이앵글은 말 그대로 황금 삼각지대. 세계 헤로인을 대부분 생산해 그로 인해 벌어들이는 돈을 의미하는 골드, 그 황금을 낳는 작물인 양귀비의 주산지라는 의미가 내포되어 있다. 태국 정부의 대대적인 단속과 정화 작업으로 마약왕 쿤사가 검거된 뒤 양귀비 대신 차 생산을 독려, 지원하고 있다. 지금은 차와 커피 생산은 물론 관광지로 자리 잡아 여행객의 발길이 끊이지 않는 곳이다.

전망대의 풍경을 즐기고 아편 박물관, 부처 상도 둘러보자. 여행객을 위한 관광 프로그램으로 배를 타고 라오스로 건너가 3~4시간 머무는 투어(1인당 400B~)도 있다.

주소 Highway 1290, Tambon Wiang, Amphoe Chiang Saen
전화 +66 53 784 001 **입장료** 무료
교통 골든 트라이앵글이 일정에 포함된 투어(1인 1500B)를 이용한다. / 개별적으로 이동할 경우 구 버스터미널에서 치앙샌행 버스(편도 1시간 30분 소요, 50B)를 탄다. 치앙샌 버스터미널에서 내려 골든 트라이앵글까지 송태우(편도 30~40B)를 이용. 또는 치앙라이에서 1번 도로를 타고 북쪽 방향으로 직진하다 약 29km 지점의 갈림길에서 오른쪽 1016번 도로를 타고 30km 이동 후 로터리가 나오면 좌회전한다. 1290번 도로를 따라 7km 달리다 오른쪽.

map p.42-A

왓 프라탓 푸카오
Wat Phra That Pu Khao

골든 트라이앵글을 감상하는 또 다른 방법

골든 트라이앵글 전망대에서 길을 건너 2개의 나가 조각상이 있는 계단을 오르면 메콩 강이 한눈에 들어오는 왓 프라탓 푸카오가 나온다. 우보솟(본당) 건물을 지나 다시 한 번 계단을 올라가면 전망대보다 더 넓은 시야로 골든 트라이앵글을 내려다볼 수 있다.

원래 모습은 메콩 강을 향해 입구가 난 동굴 모양의 위한(법당)과, 위한 뒤쪽에 총 5개의 작은 체디가 서 있었다고 한다. 지금은 동굴 모양의 위한을 보호하기 위해 세운 허름한 건축물과 밑동만 남은 체디를 볼 수 있다. 759년(8세기)에 지었다고 전해지는데, 건축양식 등을 고려해볼 때 14세기에 지은 것으로 추정된다. 골든 트라이앵글에 간다면 한 번쯤 들러볼 만하다.

주소 Highway 1290, Tambon Wiang, Amphoe Chiang Saen
입장료 무료
교통 골든 트라이앵글 맞은편의 계단으로 올라간다.
map p.42-A

왓 프라탓 체디루앙
Wat Phra That Chedi Luang

치앙라이에서 가장 높은 종교 건축물

란나 왕국의 3번째 왕 샌푸에 의해 건립되었다고 전해지는 사원. 정확한 시기는 알 수 없지만 12~14세기 지어진 것으로 추정된다. 거의 모든 사원 건축물이 소실되고 현재 온전히 남아 있는 것은 높이 18m의 체디 하나다. 팔각형 종 모양으로, 대표적인 치앙샌 스타일이다. 치앙샌에 남아 있는 가장 큰 사원이자 치앙라이에서 가장 높은 종교 건축물이다. 2014년 5월 큰 지진으로 손상되어 복원 작업을 마쳤다. 위한은 개·보수 작업으로 새로운 지붕을 얹고 내부를 말끔히 정비해 세월이 느껴지지는 않는다.

주소 Wiang, Chiang Saen, Chiang Rai
전화 +66 53 717 433
오픈 08:00~17:00

치앙샌에서 가장 높은 체디

휴무 연중무휴
입장료 무료
교통 치앙라이 구 버스터미널에서 치앙샌행 버스(1시간 30분 소요, 50B) 이용. 버스표 없이 치앙샌(Chiang Saen)이라고 쓰인 버스를 타고 기사에게 요금을 낸다. 30~40분 간격으로 출발한다.
map p.42-A

치앙라이 시내에서 갈 수 있는 사원 List!

왓 훼아 플라캉
Wat Hyua Pla Kang

거대한 순백의 불상

치앙라이 시내 외곽에 새로 생긴 사원. 거대한 순백의 불상과 함께 치앙라이 시내를 한눈에 조망할 수 있는 체디 모양의 건물 꼭대기에 자리한 전망대가 볼 만하다.

주소 553/3 Rimkok, Muang, Chiang Rai 전화 +66 3 150 274 휴무 연중무휴 입장료 무료 교통 버스터미널에서 툭툭 이용. map p.42-B

왓 쳇욧
Wat Jed Yod

시내에 자리 잡은 사원

시내 중심부에 있어 찾기 쉽다. 치앙마이의 왓 쳇욧과 같은 이름이지만 모습은 매우 다르다. 위한 내부의 인도풍 탱화와 본관 뒤쪽의 흰색 체디가 특징이다.

주소 Moo 18 Tambon Wiang 휴무 연중무휴 입장료 무료 교통 구 버스터미널에서 Phaholyothin Rd.로 나와 남쪽으로 내려오다 Jed Yod Rd.로 우회전한다. 총 도보 8분. map p.42-J

왓 도이 능암무앙
Wat Doi Ngam Muang

멩라이 왕의 사원

란나 양식의 사원으로 멩라이 왕을 기리기 위해 세웠다. 멩라이 왕 동상과 왕을 지키는 듯한 여러 동물의 상이 눈길을 끈다.

주소 Sang Kaew Rd. Tambon Wiang 오픈 06:00~17:00 휴무 연중무휴 입장료 무료 교통 황금 시계탑 사거리에서 Suk Sathit Rd.를 따라 걷다가 첫 사거리에서 좌회전, 240m 지점 사거리에서 우회전한 후 약 5분 정도 걸으면 오른쪽에 병원이 나온다. 병원 맞은편 Sang Kaew Rd.를 따라 300m. map p.42-E

왓 끌랑위앙
Wat Klang Wiang

치앙라이의 가장 화려한 사원
15세기에 세운 것으로 추정되지만, 1903년에 발생한 폭풍으로 심각하게 손상돼 대부분 재건했다.
고즈넉한 맛은 없지만 흰 코끼리가 받치고 있는 듯한 형상의 체디와 란나, 인도 양식이 섞인 우보솟이 관람 포인트다.

주소 Rattanakheat Rd., Tambon Wiang 전화 +66 53 768 187 오픈 06:00~17:00 휴무 연중무휴 입장료 무료 교통 Rattanakheat Rd.를 따라 북쪽으로 Ut-tarakit가 만나는 교차로에서 왼쪽. map p.42-F

왓 프라싱
Wat Phra Sing

치앙마이 프라싱의 고향
현재 치앙마이의 왓 프라싱에 있는 프라싱 불상을 모셨던 유서 깊은 사원으로, 1385년에 지어졌다.
란나 양식의 건축이 아름다운 본당은 입구의 목공예 문을 비롯해 한동안 눈을 뗄 수 없을 만큼 아름답다. 태국 북부 지역을 대표하는 건축물로 그 외관도 매우 화려하다.

주소 Pakdeenarong Rd., Tambon Wiang 전화 +66 53 711 735 오픈 06:00~17:00 휴무 연중무휴 입장료 무료 교통 Rattanakheat Rd.를 따라 북쪽으로 Ut-tarakit가 만나는 교차로에서 왓 끌랑위앙을 끼고 좌회전, 오른쪽으로 Pakdeenarong Rd.가 나오면 우회전해 도보 2분. map p.42-F

외관, 내관 모두 화려하다.

치앙라이 맛집

Restaurant

[강추] 홋폿 수프 앤 수프 스파이시
Hotpot Soup & Soup Spicy

태국식 샤부샤부 '찜쯤' 전문점

치앙라이에서 꼭 먹어야 할 음식인 찜쯤은 태국 동북부를 대표하는 음식이다. 육수를 넣은 토기를 숯불 위에 올려 고기와 각종 채소를 익혀 먹는 태국식 샤부샤부다. 끓일수록 깊어지는 국물 맛이 해장으로도, 술 안주로도 그만이다.

고기, 채소와 달걀, 얇은 쌀국수가 한 상에 나온다. 고기는 소고기, 닭고기, 돼지고기 중 2가지를 선택할 수 있다. 밥을 먹고 싶다면 푸드코트 내 다른 곳에서 주문해 먹으면 된다.

주소 Off Phaholyothin Rd. **전화** +66 53 713 977
오픈 17:00~24:00 **휴무** 부정기 휴무
예산 찜쯤 스몰 70B, 라지 100B / 추가 고기 40B, 내장 50B, 해물 50B, 채소 20B(카드 사용 불가)
교통 나이트 바자 내 공연장, 무대를 바라보고 푸드코트 오른쪽 끝.
map p.43-K

사하롯
Saha Rod

40년 전통의 카오라오 맛집

황금 시계탑 앞에서 40년 동안 자리를 지켜온 카오라오(Kao Lao) 맛집. 카오라오는 중국 남쪽 지역에서 전해진 음식으로 고기와 내장, 선지 등을 넣고 끓인 맑은 탕이다. 사하롯은 돼지고기와 내장을 넣은 카오라오 르엇 무(Kao Lao Lued Moo) 전문점이다. 싱싱한 선지와 내장이 깊고 구수한 맛을 낸다. 이른 시간부터 아침 식사를 위해 찾는 현지인으로 북적인다.

주소 416/1 Thanon Baanpa Pragarn Rd.
전화 +66 53 712 573
오픈 06:00~24:00 **휴무** 부정기 휴무
예산 카오라오 르엇 무 스몰 30B, 라지 50B, 밥 10B (카드 사용 불가)
교통 황금 시계탑 로터리에서 Thanon Baanpa Pragarn Rd.를 따라 시내 반대 방향. map p.42-J

홈 앤 가든 카페 앤 레스토랑
Home & Garden Café & Restaurant

치앙라이에서 즐길 수 있는 도시 카페

세련된 분위기와 메뉴로 좋은 반응을 얻고 있는 곳. 내부는 전통 가옥의 멋을 살리면서도 프로방스풍 소품으로 꾸몄다. 추천 메뉴는 포크 스테이크 (100B)로 웨스턴식과 태국식을 적절히 조합했다. 기본 채소에 원하는 토핑을 올려주는 샐러드, 3가지를 넣어 만드는 채소·과일 주스를 주문해보자. 카페라테도 맛있다.

주소 1077/7 Ratyotha Rd. **전화** +66 93 326 5565
오픈 09:00~21:00 **휴무** 부정기 휴무
예산 식사 100~300B, 기본 샐러드 69B, 음료 89B, 카페라테 69B(카드 사용 불가)
교통 황금 시계탑에서 Suk Sathit Rd.를 따라 쭉 걷다가 1번째 사거리에서 좌회전, Thanalai를 따라 15분 정도 걸으면 왼쪽에 간판이 나온다.
홈페이지 www.facebook.com/Homeandgardenchiangrai map p.42-I

남니여우 빠누안
Nam-Ngiew Pa-Nuan

미앙 쏟사이꿍

꿍 크라 부앙

3대째 이어온 비법의 맛집

베트남과 이싼 음식 전문점으로 치앙라이 먹거리를 소개할 때 빠지지 않는 식당이다. 대표 메뉴는 선짓국에 국수를 말아 먹는 태국 북부 음식인 남니여우 카놈찐(Namngiao Khanom Chin)으로 3대째 대를 이어온 비법으로 만든다. 이 외에도 쌀전병에 간 새우를 넣고 지진 꿍 크라 부앙(Kung Kra Buang), 베트남 소시지를 넣은 샐러드 윰무요(Yum Moo Yor), 우리가 흔히 월남쌈이라 부르는 미앙 쏟사이꿍(Miang Sod Sai Kung)을 추천한다.
오래된 목조 건물을 개조한 식당으로 입구를 알록달록하게 꾸며 좀 산만하지만, 묘한 매력이 있다. 점심 시간은 사람들로 붐비니 조금 일찍 찾거나 조금 늦게 찾아야 여유롭게 식사를 즐길 수 있다.

주소 50 Sanpanard Soi 2
전화 +66 85 829 1212
오픈 10:00〜17:00
휴무 부정기 휴무
예산 남니여우 카놈찐 40B, 똠 뽈라마이 60B, 꿍 크라 부앙 95B, 윰무요 80B, 미앙 쏟사이꿍 80B, 음료 20B (카드 사용 불가)
교통 구 버스터미널에서 Phaholyothin Rd.로 나와 남쪽으로 위앙 인 호텔을 지나 므앙 통 레스토랑을 끼고 Sanpanard Rd.로 좌회전 후 도보 1분.
map p.43-K

바랍
Barrab

외국인에게 추천할 만한 이싼 음식점

팟카파오 무쌉

순화된 이싼 음식을 판매하는 곳으로, 이싼 음식을 처음 접하는 외국인에게 적합한 식당이다. 가격도 저렴한 편이다.
북부를 대표하는 카오쏘이, 쏨땀을 비롯해 간 돼지고기에 바질을 넣어 볶아내는 팟카파오무쌉(Phat Krapow Moo Sab) 등을 추천한다. 태국 소시지도 맛이 순해 맥주 안주로 딱이다. 이싼 음식의 풍부하고 강한 신맛을 즐기는 사람이라면 다소 싱겁게 느껴질 수도 있다.

주소 423/3 Banpharprakan Rd.
전화 +66 53 752429
오픈 10:00〜21:00 **휴무** 부정기 휴무
예산 카오쏘이 40B, 치앙라이 소시지 55B, 팟카파오무쌉 55B, 까이양 55B(카드 사용 불가)
교통 황금 시계탑 근처. map p.42-J

므앙 텅 레스토랑
Muang Thong Restaurant

언제든 한 끼 먹기 좋은 중국 음식점

므앙 통은 중국인 가족이 운영하는 중국 음식점이다. 이른 아침부터 늦은 밤까지 문을 열어 언제든 찾을 수 있다. 특히 밤 늦은 시간 출출할 때 야식을 먹으러 찾기 그만이다. 가게 규모도 꽤 크고 음식 종류, 가격, 맛 모두 평균 이상이라 든든한 한 끼 식사를 즐기기 좋다. 한국의 우거짓국 같은 톰 잡차이(Tom Jap Chai)가 이 집의 추천 메뉴.

주소 889/1-2 Phaho-nyothin Rd.
전화 +66 53 711 162
오픈 09:00〜다음 날 03:00
휴무 부정기 휴무
예산 식사 50B〜, 요리 80B〜(카드 사용 불가)
교통 구 버스터미널에서 Phaholyothin Rd.로 나와 남쪽으로 위앙 인 호텔을 지나 도보 1분.
map p.42-J

마오양 야키니쿠 앤 바
MAO YANG Yakiniku & Bar

치앙라이 유일의 일본식 야키니쿠 음식점
'구이에 취한다'는 의미의 일본식 야키니쿠 식당으로 저녁에만 문을 연다. 현지인 사이에는 이미 유명한 맛집으로, 저녁 시간이면 숯불 화로 구이를 먹으려는 사람들이 줄을 잇는다.
주방을 제외한 나머지 공간은 모두 개방되어 있어 근처만 가도 고기 굽는 냄새가 진동한다. 돼지고기 세트와 채소 세트, 가리비

일본식 숯불 화로 구이

를 추천한다.
주소 Soi Phisit Sa Nguan
전화 +66 89 433 1001
오픈 17:30~22:00(주문 마감 21:45)
휴무 월요일
예산 세트 199B, 단품 39~79B(카드 사용 불가)
교통 황금 시계탑에서 나이트 바자 방향으로 100m, 왼쪽 소이 피싯 사 응안 안쪽에 위치.
홈페이지 www.facebook.com/Maoyangbar
map p.42-J

아이 야 아이스크림
Ai Ya Ice Cream

태국식 코코넛 아이스크림

나이트 바자 내 푸드코트에 있는 작은 아이스크림 가게로 손수 만든 코코넛과 망고 아이스크림을 판다. 간단하게 콘으로 단품을 먹을 수도 있지만 태국식으로 먹고 싶다면 컵으로 주문하자.

코코넛과 망고 2가지 맛 아이스크림에 방금 깎은 생망고와 연두색 찰밥, 튀긴 쌀을 올리고 그 위에 연유를 살짝 뿌려준다. 아이스크림은 선택한 과일 토핑과 사이즈에 따라 가격이 다르다.
주소 Night Bazza, Phahonyothin Rd.
오픈 06:00~재고 소진 시 영업 종료
휴무 부정기 휴무
예산 1스쿱 10B, 컵 아이스크림 30B~(카드 사용 불가)
교통 치앙라이 나이트 바자 내 푸드코트.
map p.43-K

샌프란 버거 앤 비어
Sanfran Burger&Beer

스타일리시한 수제 버거점

저녁에만 반짝 문을 여는 곳으로 그라피티가 그려진 벽을 배경으로 클래식 폭스바겐 버스를 개조한 가게가 꽤나 스타일리시하다. 소고기 와 돼지고기 2종류 수제 패티를 넣은 치즈 버거를 기준으로 사이즈와 토핑을 고를 수 있다. 메뉴는 오직 버거 뿐이며 감자칩이 같이 나온다.

맥주는 종이 봉투에 넣어준다. 길에서 술을 마시는 것이 불법인 미국에서 맥주를 종이 봉투에 넣어 몰래 마시던 것에서 따온 것이라고 한다.

주소 Thanon Baanpa Pragarn Rd. & Soi Phisit Sa Nguan **전화** +66 86 659 5076
오픈 18:00~22:00 **휴무** 부정기 휴무
예산 소고기 버거 싱글 140B, 더블 180B / 돼지고기 버거 싱글 120B, 더블 160B / 토핑 추가 15B / 감자튀김 50B / 맥주 80~130B(카드 사용 불가)
교통 황금 시계탑에서 나이트 바자 방향으로 100m, 왼쪽 Soi Phisit Sa Nguan 안쪽.
홈페이지 www.facebook.com/SanfranBurgerandBeer
map p.42-J

다 빈치
Da Vinci

15년 전통의 이탈리안 화덕 피자집

나무 장작을 때는 화덕에 굽는 피자, 각종 파스타, 스테이크 메뉴를 주문할 수 있다. 품질 좋은 육류와 유기농 재료를 사용하며 신선 식품은 1일 소요 분량을 매일 구매한다. 치즈는 유럽에서 직접 공수한다.

3가지 토핑을 고를 수 있는 피자, 간 소고기가 듬뿍 들어간 토마토 파스타, 신선한 토마토와 모차렐라 치즈로 만든 카프레제가 인기 메뉴. 와인과 맥주 리스트도 풍부하다.

주소 869/6 Phaholyotin Rd. **전화** +66 53 752 535
오픈 11:30~23:30 **휴무** 부정기 휴무
예산 피자 200~400B(카드 사용 불가)
교통 나이트 바자 입구 건너편.
홈페이지 www.facebook.com/davinciristorantechiangrai map p.42-J

치빗 타마 다 커피 하우스
Chivit Thamma Da Coffee House

베리베리 스무디

영국 컨트리풍 강변 카페

2009년, 문을 연 '단순한 삶'이라는 의미를 가진 카페. 콕 강변에 정원과 영국 컨트리풍 목조 건물을 지어 주인 부부의 소망을 담았다. 경영 가치도 남달라 좋은 품질, 청결, 공정한 거래, 공유의 원칙을 따른다. 가구와 소품을 비롯해 목조 건물 자체도 모두 재활용품이라는 사실이 놀랍다. 이런 사실을 다 모르더라도 이곳을 추천하는 이유는 분위기와 맛이다.

콕 강변 전망의 테라스

이 집만의 레시피로 만든 과일 스무디와 커피 베이스의 아이스 음료, 유기농 버터와 우유로 만든 케이크를 추천한다. 에그 베네딕트, 카이카타(베트남 달걀 요리), 햄 앤 에그 등 브런치 메뉴도 있다.

주소 179 Moo 2 Rim Kok
전화 +66 81 984 2925
오픈 08:00~21:00 휴무 부정기 휴무
예산 프라페 95~135B, 스무디 95B, 커피 80~120B, 디저트 80~200B, 아침 식사 120~220B, 메인 요리 150~180B
교통 구 버스터미널에서 툭툭이나 자전거를 이용한다. 구 버스터미널에서 큰길로 나와 Thanon Baanpa Pragarn Rd. 사거리에서 우회전한 뒤 걷다가 1번 도로, 콕 강 건너편.
홈페이지 www.chivitthammada.com
map p.43-D

아리랑(구 서울 식당)
Arirang

한국의 맛이 그리울 때

김치찌개, 된장찌개 같은 백반류, 불고기, 파전, 김밥 등 다양한 한식 메뉴를 선보이는 한식당으로 메뉴 하나당 보통 8가지 반찬이 함께 나온다.

주인인 한국인 아주머니가 직접 만들어 맛이 안정적인 점 외에 크게 맛집이라고 할 수는 없다. 태국 음식이 입에 맞지 않거나 긴 여행으로 한국 음식이 그리울 때 들러보자.

주소 1006 Jetyod Rd.
전화 +66 53 752 300
오픈 10:00~20:30 휴무 부정기 휴무
예산 찌개류 120B, 삼겹살 300B(카드 사용 불가)
교통 구 버스터미널에서 큰길로 나와 왼쪽으로 걸어 내려와 Jetyod Rd.가 나오면 우회전한다.
map p.42-J

요도이 커피 앤 티
Yoddoi Coffee & Tea

태국산 아라비카 커피의 지역 브랜드

요도이는 아카족이 원두와 차를 직접 생산하며, 카페와 도매상을 겸한다. 카페 한쪽에 마련되어 있는 판매대에서 소량 포장한 차와 원두를 구매할 수 있다. 직접 구운 4종류의 베이글로 만든 24가지 샌드위치를 추천한다. 이곳을 찾는다면 민트 컬러 로고를 꼭 확인하자. 최근 맞은편에 같은 이름의 프랜차이즈가 생겼다.

주소 428/7 Banphaprakarn Rd.
전화 +66 97 969 0954
오픈 06:00~부정기적 휴무 부정기 휴무
예산 커피 60B~, 차 90~235B, 기본 베이글 40B, 샌드위치 89~199B(카드 사용 불가)
교통 황금 시계탑 근처.
홈페이지 www.arabicayoddoicoffee.blogspot.com
map p.42-J

멜트 인 유어 마우스 치앙라이
Melt In Your Mouth Chiang Rai

크런치 크럼블과 카페라테

수제 아이스크림과 요거트로 만든 디저트

콜로니얼 양식의 높은 천장, 강을 따라 만든 테라스가 인상적인 카페다. 방콕처럼 세련됐지만, 치앙라이만의 여유로움을 만끽할 수 있는 곳이다. 오직 이곳에서만 맛볼 수 있는 독특한 레시피의 디저트와 음료가 인기 요인이다. 수제 아이스크림을 얹어 내는 와플과 팬케이크, 플레이트 메뉴는 눈으로 먼저 먹는다는 말이 딱 어울린다. 프라페 위에 생과일, 요구르트 아이스크림, 생크림을 올린 멜트핀 (250B), 각종 초콜릿 음료(85~130B) 등을 즐겨보자.

주소 268 Moo 21 Kho Loi 전화 +66 53 711 199
오픈 08:00~20:30 휴무 부정기 휴무
예산 플레이트 디저트 185B~, 허니 토스트 220B, 팬케이크 185B, 홈메이드 아이스크림 95B(카드 사용 불가)
교통 구 버스터미널에서 큰길로 나와 Rattanakheat Rd.를 따라 걷다가 Boonyarit Rd.에서 우회전한다.
홈페이지 www.facebook.com/meltinyourmouthchiangrai
map p.43-C

도이창 앳 아트 카페
Doi Chaang@Art Café

태국 커피의 양대산맥, 도이창 커피

태국 북부에 대규모 커피 농장을 갖고 있는 도이창 커피의 카페. 외부는 나무와 황토벽으로, 내부는 인공 연못과 작은 폭포를 만들어 자연친화적인 분위기다. 문 하나를 더 열고 들어가야 커피를 주문하는 홀이 나온다. 분위기도 좋고 갓 볶은 원두로 내린 커피를 마실 수 있다. 커피 관련 제품과 쿠키 등을 판매하며 간단한 아침 식사도 가능하다.

주소 542/2 Rattanakhet Rd.
전화 +66 53 752 918
오픈 07:00~20:00
휴무 부정기 휴무
예산 커피 50~100B, 프라페 110~120B, 차 85B, 식사 130B, 샐러드 110~135B(카드 사용 불가)
교통 구 버스터미널의 Thanon Baanpa Pragarn Rd.와 Rattanakheat Rd.가 만나는 사거리에서 도보 7분. 홈페이지 www.facebook.com/doichaangatart
map p.42-J

폴라 블랑제리 앤드 파티세리
Polar Boulangerie and Patisserie

비밀 레시피는 재료의 품질

붉은색 벽돌과 빈티지 가구, 상들리에로 꾸민 내부가 유럽의 작은 빵집을 연상시킨다. 이 집의 모든 메뉴는 대부분의 재료를 프랑스, 영국, 덴마크 등의 유럽과 미국에서 들여온다. 특히 빵의 풍미를 살리기 위해 프랑스산 버터를 사용한다. 맛을 내는 비밀 레시피는 재료의 품질이라는 말이 무색하지 않다.

주소 366-366/1, Trairat Rd.
전화 +66 87 366 9366
오픈 08:00~18:00
휴무 토요일
예산 조각 케이크 95B, 브라우니·슈크림 40B, 커피 40~85B, 음료 40~75B, 샌드위치 130B(카드 사용 불가)
교통 황금 시계탑에서 Thanon Baanpa Pragarn Rd.를 따라 시내 반대 방향으로 걷다가 사거리가 나오면 Trairat Rd. 쪽으로 우회전한다.
홈페이지 www.facebook.com/polarchiangrai
map p.42-J

치앙라이 나이트라이프

캣 바
Cat Bar

매일 밤 열리는 라이브 공연

1995년 문을 연 캣 바는 주인인 샘이 직접 연주하는 일렉트릭 기타와 라이브 공연으로 유명하다. 보통 밤 10시 30분에 시작해 새벽 1시까지 이어진다. 악기를 연주할 줄 안다면 샘과 함께 즉석 공연을 할 수도 있다. 일종의 오픈 마이크다.
술을 주문하면 누구나 무대 앞에 놓인 당구대에서 게임을 즐길 수 있다. 샘은 연주뿐 아니라 당구의 고수로, 쉬는 시간에 틈틈이 예술 당구를 시연한다.

주소 1013/1 Jetyod Rd.
전화 +66 89 557 8011
오픈 14:00~다음 날 01:00 휴무 부정기 휴무
예산 맥주 85B~(카드 사용 불가)
교통 황금 시계탑에서 Jetyod Rd. 안쪽으로 도보 5분.
map p.42-J

촉 디 바
Chook Dee Bar

힙한 레게 바

왓 쳇욧 로드 안쪽에서 차가 건물을 뚫고 나온 듯한 광경을 보게 된다면 그곳이 바로 촉 디 바다. 게스트하우스와 함께 운영하는 레게 바로 숙박객뿐 아니라 배낭여행자들이 모이는 아지트 같은 곳이다.
저녁이 되면 흥겨운 레게 음악이 울리고 자유로운 분위기에서 당구를 치거나 수다를 떠는 여행자들을 쉽게 볼 수 있다. 황금 시계탑의 야경을 본 뒤 잠시 들러 맥주 한 잔과 수다로 하루를 마무리하자.

주소 869/138 Jetyod Rd. 전화 +66 86 027 8529
오픈 17:00~24:00 휴무 부정기 휴무
예산 병맥주 80B~(카드 사용 불가)
교통 황금 시계탑에서 Jetyod Rd. 안쪽으로 도보 3분.
map p.42-J

람야이 바
Lamyai Bar

가볍게 들러 술 한잔하기 좋은 곳

태국식 목조 건물 한쪽 벽을 허물고 개방형 구조로 리노베이션했다. 내부에는 스포츠 경기 중계를 틀어놓는 대형 TV, 손님이라면  누구든 이용할 수 있는 당구대가 놓여 있다. 주말 저녁에는 바에서 클럽으로 변신한다. 테이블 위로 올라가 춤추는 '언니들'을 봐도 당황하지 말 것! 보통은 가볍게 들러 맥주를 마시기 좋은 곳으로 기억해두면 좋겠다. 주로 맥주와 칵테일을 판매한다.

주소 528/1 Jetyod Rd.
전화 +66 85 038 2298
오픈 17:00~24:00 휴무 부정기 휴무
예산 맥주 100B~(카드 사용 불가)
교통 황금 시계탑에서 Jetyod Rd. 안쪽으로 도보 3분.
map p.42-J

치앙라이 마사지

초깨우 타이 마사지
Cho Kaew Thai Massage

마사지의 합리적인 선택
나이트 바자 입구 건너편에는 마사지 숍이 밀집해 있지만 사복 직원을 고용해 손님이 많아 보이게 연출하거나, 상주하는 마사지사가 없는 경우가 많다. 초깨우 타이 마사지의 경우 전 직원이 유니폼을 입고 일한다. 또 마사지사의 기술이 개인별 편차가 크지 않고 가격도 평균을 넘지 않는다. 깔끔하게 잘 관리된 내부 시설도 좋은 평가를 받는다.

나이트 바자가 열리는 시간은 손님이 가장 많은 때로, 저녁 식사나 쇼핑 후 방문할 계획이라면 사전 예약을 잊지 말자.

주소 869/35 Phaholyothin Rd.
전화 +66 86 425 8185
오픈 10:00~24:00 휴무 연중무휴
요금 전통 타이 마사지 전신·발 1시간 200B, 오일 마사지 1시간 400B(카드 사용 불가)
교통 나이트 바자 입구 맞은편.
map p.42-J

아리사라 타이 마사지
Arisara Thai Massage

치앙라이 부동의 1위 마사지 숍

브랜드 스파로 치앙라이에는 2010년 문을 연 이후 수년간 치앙라이 지역에서 트립어드바이저 1위를 차지하고 있다.
아늑하고 고급스러운 분위기에서 마사지를 받고 싶다면 가보자. 14개의 트리트먼트룸과 10여 명의 마사지사를 갖췄다. 특히 태국 북부의 전통 기법인 톡센(Tok Sen)을 가미한 전통 타이 마사지가 대표적이다.

주소 712 Phahon Yotin Rd. 전화 +66 53 719 355
오픈 10:00~22:00 휴무 연중휴무
요금 기본 마사지 전신·발 1시간 300B, 오일 마사지 1시간 600B, 아로마 스파 2시간 1200B
교통 구 버스터미널을 등지고 왼쪽 삼거리에서 우회전 후 바로 좌회전한다. 쭉 걷다가 길 끝에서 좌회전해 도보 2분.
map p.43-K

문무앙 란나 마사지
Monmuang Lanna Massage

시설, 실력, 가격 모두 만족스러운 숍
합리적인 가격에 고급스러운 분위기를 자랑하는 스파. 리셉션 홀과 마사지 홀이 구분되어 있어 조용하고 아늑한 분위기에서 마사지를 받을 수 있다.
커피, 코코넛, 재스민과 쌀로 만든 스크럽과 오일을 사용하는 스파 메뉴를 눈여겨볼 만하다. 기본 타이 마사지에도 시작 전 온수 족욕과 따뜻한 차가 포함된다.

주소 879/7-8 Phahonyothin Rd.
전화 +66 53 711 611
오픈 10:00~23:30 휴무 연중휴무
요금 기본 마사지 전신·발 1시간 250B, 커피 스크럽+아로마 마사지 2시간 800B, 코코넛 스크럽+코코넛오일 마사지 2시간 900B(카드 사용 불가)
교통 나이트 바자 입구에서 길을 건너 세븐일레븐 편의점을 지나 도보 5분.
map p.42-J

치앙라이 쇼핑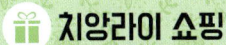

센트럴 플라자 치앙라이
Central Plaza Chiang Rai

치앙라이 최대의 쇼핑몰

태국 정부의 적극적인 주도로 문을 열었다. 일명 'GMS(Great Mekong Subergion)'라 불리는 메콩 강을 중심으로 인근 국가와 연계한 경제 활성화를 목적으로 개통한 고속도로인 슈퍼 하이웨이 앞에서 2011년 영업을 개시했다. 란나 라이프스타일 허브라는 간판을 내걸고 치앙라이 최대 규모를 자랑하며 200개가 넘는 브랜드가 입점해 있다. 푸드코트와 영화관, 문화센터까지 운영한다. 럭셔리 브랜드보다는 중저가 브랜드가 주를 이루며, 고산족과 낙후 지역을 지원하는 각종 봉사활동과 이벤트를 주도하는 것이 특징. 하지만 시내 중심부에는 멀리 있어 툭툭을 이용하거나 센트럴 플라자에서 운영하는 무료 셔틀버스를 이용해야 한다.

주소 99/9 Moo 13 Phahonyothin Rd.
전화 +66 52 020 999
오픈 10:00∼21:00
휴무 연중무휴
교통 르 메르디앙 호텔, 두짓 아일랜드, 더 레전드, 왕컴 호텔을 순환하는 셔틀버스 이용.
홈페이지 www.centralplaza.co.th
map p.43-K

워킹 스트리트 마켓 & 일요일 야시장
Walking Street Market & Sunday Market

치앙라이의 진짜 야시장은 바로 이곳!

치앙라이는 주말이면 다양한 곳에서 야시장이 열린다. 나이트 바자보다 큰 규모로 볼거리, 먹거리가 매우 다채롭다. 치앙라이에서 활동하는 작가들의 수공예품, 요즘 유행하는 먹거리로 현지인의 생활상을 엿볼 수 있다. 토요일 밤에 서는 워킹 스트리트 마켓은 타날라이 로드(Thanalai Rd.)에, 일요일 야시장은 치앙라이 병원 인근의 산콩노이 로드(Sankhongnoi Rd.)에서 열린다. 마켓 곳곳에서 춤이나 연주, 노래 등의 공연을 볼 수 있다. 함께 뒤섞여 춤추고 노래하는 사람들의 모습이 인상적이다.

토요일에 열리는 워킹 스트리트 마켓은 여행자에게도 많이 알려져 상업적 느낌이 강하다. 일요일 야시장은 현지인을 위한 의류, 먹거리 등을 판매해 낯설지만 신선한 재미가 있다. 대부분의 상점에서 현금만 사용 가능하다.

주소 워킹 스트리트 마켓 Suk Sathit Rd. / 일요일 야시장 Sankhongnoi Rd.
전화 +66 53 713 977
오픈 워킹 스트리트 마켓 토요일 17:30∼23:00 / 일요일 야시장 일요일 17:30∼23:00
교통 워킹 스트리트 마켓 황금 시계탑에서 Suk Sathit Rd.를 따라 도보 5분. / 일요일 야시장 황금 시계탑에서 Jetyod Rd.를 따라 걷다가 Sankhongnoi Rd.에서 우회전 후 병원을 지나 도보 20분
map 워킹 스트리트 마켓 p.42-J, 일요일 야시장 p.43-K

치앙라이 나이트 바자
Chiang Rai Night Bazaar

치앙라이의 대표적인 야시장

치앙마이의 나이트 바자에 비하면 초라한 수준이지만, 시내 중심부에 위치한 치앙라이의 대표적인 야시장이다. 고산족이 만든 의류와 액세서리 숍은 물론 태국에서 흔히 살 수 있는 물건이 모여 있다. 2개의 광장을 중심으로 숍이 늘어서 있다. 하나의 광장은 푸드코트로 공연과 함께 저녁 식사, 음주를 즐길 수 있는 공간이다. 현지인이나 여행자들 모두 식사를 위해 나이트 바자를 찾는다고 해도 과언이 아니다. 그러나 현지 물가에 비해 비싼 편이므로 아이템 탐색 정도만 하는 것이 좋을 듯하다. 대부분의 상점에서 카드는 받지 않는다.

주소 Phahonyothin Rd.
전화 +66 53 713 977
오픈 17:00~24:00
휴무 연중무휴
교통 구 버스터미널 Phahonyothin Rd.을 따라 걷다가 Phahonyothin Rd. 쪽에 입구가 나온다.
map p.43-K

아침 시장
Morning Market

현지인처럼 아침을 맞고 싶을 때

현지인의 삶을 가장 가까이에서 느껴보고 싶다면 아침 시장으로 가자. 지역에서 생산되는 농작물, 고산족이 캐온 산나물, 간단한 먹거리를 파는 노점상이 들어선다. 상설시장(Ngam Mueang Market)과 연계되어 있어 건물 안으로 들어서면 일상용품 상점과 정육점, 과일 가게를 볼 수 있다. 여행 중 필요한 자잘한 물건을 상설시장에서 저렴하게 구입할 수 있으며, 값싸게 아침 식사를 해결할 수 있다.

주소 Uttarakit Rd.
오픈 05:00~노점마다 문을 닫는 시간이 다름 / 상설시장 05:00~16:00 **휴무** 노점마다 다름
교통 Uttarakit Rd.와 Trairat Rd.가 만나는 지점.
map p.42-F

나인 숍 99
Nine Shop 99

10년 차 핸드 드로잉 패션 숍

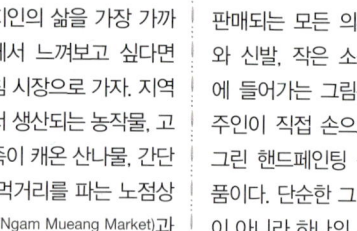

판매되는 모든 의류와 신발, 작은 소품에 들어가는 그림은 주인이 직접 손으로 그린 핸드페인팅 작품이다. 단순한 그림이 아니라 하나의 스토리를 가진 각각의 캐릭터를 그려 넣었다. 귀여운 캐릭터 상품을 좋아한다면 그냥 지나치기 힘들 것이다. 홈페이지를 통한 온라인 구매(운송비 유료)도 가능하다. 카드 사용 불가.

주소 Phaholyothin Rd.
전화 +66 81 034 1614
오픈 06:00~11:00 **휴무** 부정기 휴무
교통 나이트 바자 내 위치.
홈페이지 www.nineshop99.com
map p.43-K

치앙라이 숙소

5성급
르 메르디앙 리조트
Le Merdian Resort

딜럭스 가든뷰

치앙라이 시내에서 3km 떨어진 콕 강변에 자리한 세계적인 브랜드 호텔. 란나 전통 양식을 현대적으로 재해석한 외관이 돋보인다. 159개 객실에는 평면 TV, 에어컨, 욕조 등이 비치되어 있으며, 수영장, 피트니스 센터, 레스토랑, 도서관 등의 편의 시설이 잘 갖춰져 있다. 세계적 명성에 걸맞은 숙련된 인적 서비스와 고품질 어메니티, 풍성한 조식 뷔페를 제공한다. 커플, 허니문 여행객에게 탁월한 선택이 될 것이다.

주소 221 / 2 Moo 20 Kwaewai Rd., Tambon Robwieng
전화 +66 53 603 333
요금 딜럭스 더블·트윈 4700B~, 그랜드 딜럭스 5800B
교통 나이트 바자~센트럴 플라자 치앙라이 간 운행되는 호텔 셔틀버스(2시간 간격, 1인 50B) 이용.
홈페이지 www.lemeridienchiangrai.com
map p.43-D

4성급
더 레전드 치앙라이
The Legend Chiang Rai

전통 란나 건축 양식을 살려 태국 분위기를 물씬 느낄 수 있는 고급 호텔이다.
79개 객실은 넓은 테라스가 딸려 있으며 TV, 냉장고, 헤어드라이어 등이 비치되어 있다. 또 수영장, 피트니스 센터, 스파 등 부대시설도 잘 갖춰져 있어 여행자들의 만족도가 높다. 오후 6시부터 9시 30분까지 30분 간격으로 나이트 바자까지 가는 셔틀버스를 운행한다.

주소 124/15 Moo 21 Kohloy Rd.
전화 +66 53 910 400
요금 딜럭스 더블·트윈 4200B~, 그랜드 딜럭스 4500B~
교통 Thanon Baanpa Pragarn Rd.에서 황금 시계탑 반대 방향으로 걷다가 Wisetwiang에서 좌회전 후 직진. Kaoloi Rd. 끝에서 우회전한다.
홈페이지 www.thelegend-chiangrai.com
map p.43-C

4성급
더 만트리니 부티크 리조트
The Mantrini Boutique Resort

딜럭스

센트럴 플라자에서 가깝다. 부티크 호텔을 표방하며 63개 객실을 운영하고 있다. 슈페리어와 딜럭스룸은 전체적으로 밝고 깔끔하며, 3개의 디자이너룸은 각각의 개성을 살렸다. 와이파이, 에어컨, 모닝콜, 24시간 프론트 데스크 서비스를 제공하며 실외 수영장, 키즈풀, 정원, 2개의 레스토랑은 한층 더 여유로운 여행을 만들어준다. 저녁 7시부터 9시까지 나이트 바자 무료 셔틀을 운영한다.

주소 292/13 Moo 13, T.Robwiang
전화 +66 53 601 5559
요금 슈페리어 트윈 2000B~, 디자이너 스위트 6300B~
교통 구 버스터미널에서 Prasopsook Rd. 방향. 길 끝 Thanon Phaholyothin Frontage가 만나는 지점에서 우회전 후 1.7km 이동한다. 총 2.3km 거리.
홈페이지 www.mantrini.com   map p.43-K

르 파타 치앙라이 호텔
Le Patta Chiang Rai Hotel

슈페리어 트윈

위치적 유리함과 안정된 서비스로 좋은 평가를 받는 호텔. 나이트 바자와 토요일 야시장이 열리는 워킹 스트리트 마켓을 비롯해 치앙라이 시내 어디든 쉽게 걸어갈 수 있는 곳에 자리잡고 있다. 수영장과 피트니스 클럽 등 기본 편의 시설을 잘 갖췄으며, 자전거를 무료로 대여할 수 있다.

특별히 예술적이거나 독특한 콘셉트는 아니지만 객실이 깔끔하고 무난한 편이다. 비슷한 수준의 다른 호텔보다 상대적으로 요금이 비싸다는 의견이 있지만, 위치적 장점을 고려할 때 납득할 만한 수준이다.

주소 610 Phahonyothin Rd.
전화 +66 53 600 680
요금 슈페리어 더블·트윈 2700B~, 딜럭스 더블·트윈 2800B~
교통 나이트 바자 입구를 등지고 왼쪽 사거리에서 우회전 후 도보 5분.
홈페이지 www.lepattachiangrai.com
map p.43-K

위앙 인 호텔
Wiang Inn Hotel

치앙라이 최초의 대형 호텔로 '황금의 도시'라는 의미를 갖고 있다. 총 260개 객실을 갖췄으며, 호텔의 역사와 규모에 걸맞게 태국 왕족이나 총리 등 귀빈 투숙 기록이 꽤 많다. 지은 지 오래되어 낡은 느낌이 드는 내부는 어쩔 수 없지만, 오랜 기간 대형 호텔을 운영해온 경험으로 안정적이고 세심한 서비스를 받을 수 있다. 나이트 바자와 구 버스터미널까지 도보 5분 거리에 위치해 있다.

주소 893 Phaholyothin Rd.
전화 +66 53 711 533
요금 슈페리어 2000B~, 딜럭스 2300B~
교통 Phaholyothin Rd.를 따라 남쪽으로 도보 5분.
홈페이지 www.wianginn.com
map p.42-J

슈페리어

낙 나카라 호텔
Nak Nakara Hotel

나이트 바자는 걸어서 15분, 토요일 야시장은 5분이면 갈 수 있어 위치적으로 매우 유리하다. 시내 중심부에서 살짝 벗어나 있어 한적하고 조용하게 쉴 수 있는 분위기다.

2011년 문을 열어 내부 시설과 가구, 집기는 사용감이 있지만 청소 상태는 좋은 편이다. 총 70개 객실이 있으며, 호텔에서 공항까지 무료 드롭 서비스를 운영한다.

주소 661 Uttarakit Rd.
전화 +66 53 717 7003
요금 그랜드 딜럭스 2300B~, 이그제큐티브 딜럭스 더블 1900B~
교통 나이트 바자 입구를 등지고 오른쪽 사거리에서 우회전한다. Thanon Baanpa Pragarn Rd.를 따라 걷다가 왼쪽 Wisetwiang에서 좌회전, Uttarakit Rd.와 만나는 사거리에서 우회전한다.
홈페이지 www.naknakara.com
map p.43-G

그랜드 딜럭스-B

마르요 리조트
Maryo Resort (4성급)

딜럭스

객실 평균 요금이 우리나라 돈으로 5만~6만원 정도인 합리적인 호텔. 수영장과 레스토랑 등 기본 편의 시설을 이용할 수 있다. 60개 객실을 제각각 다른 테마의 벽화와 그림으로 꾸몄다. 고급스러움보다 군더더기 없는 깔끔함이 편안한 느낌을 준다.

시내 중심부 남쪽으로 차로 10분 거리다. 나이트 바자와 토요일 야시장, 버스터미널까지 무료 셔틀버스를 운영한다. 홈페이지에서 예약하는 것보다 예약 대행 사이트의 프로모션을 이용하는 것이 훨씬 저렴하다.

주소 30/33 M.14 Soi 5 San Khong Luang Rd.
전화 +66 53 600 8901
요금 슈페리어 1400B~, 딜럭스 1600B~
교통 치앙라이 병원에서 도보 20분.
홈페이지 www.maryoresortchiangrai.com
map p.42-I

더 임페리얼 리버 하우스 리조트
The Imperial River House Resort (4성급)

숙박객들의 만족도가 높은 호텔로 콕 강을 향해 탁 트인 전망과 대형 수영장이 추천 포인트다. 그 외에도 여행안내소, 무료 자전거 대여, 스파 등이 있으며, 객실도 넓은 편이다. 이른 새벽의 물안개와 해 질 무렵의 일몰은 절대 놓치지 말 것. 단점이 있다면 조식의 양이 적고 선택의 폭이 넓지 않은 것 정도를 꼽을 수 있다.

주소 482 M.4, Mae Kok Rd., T. Rim Kok
전화 +66 53 750 830
요금 딜럭스 2300B~, 딜럭스 3000B~, 발코니 리버뷰 스위트 4300B
교통 시내 중심부 북쪽, 다리 건너 Rim Kok Rd. 강변에 위치.
홈페이지 www.imperialriverhouse.com
map p.43-C

해피네스트 호스텔
Happynest Hostel

목재와 철재를 조합한 내관과 외관이 깔끔하고 스타일리시하다. 1층 카페와 객실층의 공용 공간을 넉넉하게 만들어 여행자끼리 정보를 교환하거나 수다를 떨며 시간을 보내기 좋다. 6인, 8인 도미토리부터 싱글룸, 더블룸, 패밀리룸까지 다양한 종류의 객실을 갖췄다. 프라이빗룸은 개별 욕실과 조식이 포함된다. 나이트 바자와 구 버스터미널에서 도보 10분.

주소 931 Phaholyotin Rd.
전화 +66 53 715 031
요금 도미토리 300B, 프라이빗 더블·트윈 1000B~(카드 사용 불가)
교통 나이트 바자 입구를 등지고 왼쪽으로 직진한다. 위앙 인 호텔을 지나 다음 블록에 위치.
홈페이지 www.happynesthostel.com
map p.42-J

잇 슬립 카페 앤 베드
Eat Sleep Cafe & Bed

M-스탠다드 더블

흰색 벽돌과 강변 앞 정원이 아름다운 숙소로 카페를 함께 운영한다. 좋은 원두를 사용한 맛 좋은 커피, 직접 구운 수제 빵, 깔끔하고 세련된 객실 모두 이곳의 인기 요인이다. 총 5개 객실을 운영하는데, 모든 객실은 개별 욕실이 딸린 2인 룸이며 크기는 스몰, 미디움, 라지 3가지로 구성되어 있다. 도보로는 시내를 오가기에 다소 불편할 수 있는 위치에 있다.

주소 58/9 M.20, Thumbon Rob Wiang
전화 +66 91 067 8272
요금 스몰 1300B~, 미디움 1800B, 라지 2000B~
교통 Thanon Baanpa Pragarn Rd.에서 동쪽의 1번 도로에서 좌회전한 후 다리를 건너기 전에 오른쪽 길로 들어가 350m 안쪽에 위치.
홈페이지 www.facebook.com/Eat-Sleep-Cafe-Bed-1499429423632745
map p.43-D

치앙라이 료칸 앤 카페
Chiang Rai Ryokan & Café

일본식 여관인 료칸을 재현해 치앙라이에서 일본 분위기를 물씬 느낄 수 있는 특별한 숙소다. 총 4개 객실이 준비되어 있다. 객실마다 일본식 다다미가 깔려 있고 밤에는 이불을 깔아준다. 유카타를 제공하는 것도 재미있다.
함께 운영하는 카페에서는 일본식 커리 돈가스를 맛볼 수 있다. 예약은 공식 홈페이지에 연결된 메일로만 가능하다. 10세 미만은 투숙할 수 없다.

주소 134 Moo 4 Bua Salee, Tambon Mae Lao
전화 +66 81 868 3010
요금 4500B(조식 포함, 카드 사용 불가)
교통 왓 롱쿤 앞 슈퍼 하이웨이를 따라 오른쪽으로 1km 정도 이동한 후 Soi DPT 방향으로 좌회전한다. 1.6km 지점 오른쪽에 위치.
홈페이지 www.chiangrairyokan.com
map p.42-ㅣ

흐언 찬 팁
Huen Chan Thip

수영장이 있는 저렴한 호스텔. 1000B 정도를 지불하면 욕실이 딸린 2인용 객실을 이용할 수 있다. 황금 시계탑, 토요일 야시장, 나이트 바자와 가까워 위치도 좋다.
숙박비에 조식이 포함되어 있으며 무료로 자전거를 대여해준다. 유료 빨래 서비스, 각종 투어 및 렌터카 예약 대행 등 다양한 편의를 제공한다.

주소 168/2, Thanalai Rd.
전화 +66 53 712 087
요금 딜럭스 더블·트윈 990B~, 그랜드 딜럭스 더블 1200B~(조식 포함, 카드 사용 불가)
교통 방콘 커피 옆 Suk Sathit Rd.를 따라 걷다가 사거리가 나오면 좌회전한 후 600m 이동한다.
홈페이지 www.huenchanthipchiangrai.com
map p.42-ㅣ

그랜드 딜럭스 더블

머시 호스텔
Mercy Hostel

배낭여행자를 위해 도미토리를 운영하는 호스텔. 작은 규모이지만 수영장이 딸려 있으며, 공용 공간에 당구대가 비치되어 있다. 요금도 저렴하고 침대 매트리스도 깨끗하며, 각각 조명을 달아 여러모로 투숙객을 세심하게 배려했음을 알 수 있다.
구 버스터미널에서 걸어서 10분 정도면 갈 수 있어 접근성도 좋다. 요금과 위치, 시설 모두 좋은 평가를 받고 있는 곳이다.

주소 1005/22 Jetyord Rd.
전화 +66 53 711075
요금 도미토리 250B(카드 사용 불가)
교통 왓 쳇욧을 마주 보고 오른쪽 골목으로 들어가 길 끝에서 우회전 후 오른쪽.
홈페이지 www.mercyhostelchiangrai.com
map p.42-J

반 포르디딘 게스트하우스
Baan Pordeedin Guesthouse

스탠다드 트윈

별도의 부대시설은 없지만 깔끔한 개인실을 저렴한 요금으로 이용할 수 있는 게스트하우스다. 강변과 시내 중심부 사이에 위치해 자전거로 위치적 단점은 쉽게 해결된다. 나이트 바자와는 좀 거리가 있지만 토요일 야시장, 무료 트램을 탈 수 있는 멩라이 왕 기념 광장과 가깝다.
조식을 먹으려면 100B를 추가해야 한다. 인근에 이른 시간에 문을 여는 식당이 많아 쉽게 아침 식사를 해결할 수 있다. 예약 대행 사이트의 프로모션을 이용하면 저렴하게 예약 가능하다.

주소 199/1-3 Moo 21 Singhaclai Rd.
전화 +66 52 027787
요금 트윈 789B, 패밀리 1689B(카드 사용 불가)
교통 Thanon Baanpa Pragarn Rd.에서 슈퍼 하이웨이 방향으로 550m 지점, Srikerd Rd.를 만나는 지점에서 좌회전 후 길이 끝나는 지점에서 우회전, Sraiboon-Ruang으로 좌회전해 도보 5분.
홈페이지 www.baanpordeedin.com
map p.43-G

반 넌 프런
Baan Norn Plearn

스탠다드 더블

보육원이었던 건물을 게스트하우스로 새롭게 단장해 2011년 문을 열었다. 지금도 이 곳저곳 교실로 쓰였던 흔적을 찾아볼 수 있다.
객실은 빈티지 가구와 소품으로 멋을 더했으며 흰색으로 채색한 나무 벽 등 전체적으로 아기자기한 분위기로 여성들이 좋아한다. 사진이 예쁘게 찍히는 점도 인기 요인. 토요일 야시장, 치앙라이의 주요 사원인 왓 프라깨우, 왓 프라싱과 멀지 않은 곳에 위치해 있다.

주소 382 Banpaprakan Rd.
전화 +66 84 669 7926
요금 슈페리어 더블 베드 840B(카드 사용 불가)
교통 황금 시계탑 사거리에서 Thanon Baanpa Pragarn Rd.를 따라 걷는다. 요도이 카페를 지나 오른쪽 Ngam Muang Rd.가 나오면 우회전한다.
홈페이지 www.facebook.com/baannornplearn
map p.42-J

Chiang Khan
치앙칸

태국 북동부의 숨은 보석

메콩 강을 따라 늘어선 목조 건물이 그림 같은 치앙칸은 란창 왕조가 시작된 곳이다. 메콩 강을 물길로 라오스는 물론 베트남과 중국까지 잇는 교역의 중심지였다. 1700년대 중국의 침략으로 파괴된 치앙칸은 시암 왕조에 의해 재건되었다. 지금의 목조 주택은 19세기 말, 라오스 사람들이 프랑스의 식민통치를 피해 치앙칸에 유입된 시기 지어진 것이다.

100년을 훌쩍 넘긴 목조 건물, 유유히 흐르는 메콩 강, 전국 각지에서 모인 예술가들의 작품으로 채워지는 야시장은 태국 어디에서도 만날 수 없는 독특한 분위기를 자아낸다. 북동부 국경의 작은 마을에 사람들이 몰려드는 이유이기도 하다. 고즈넉하면서도 로맨틱한 19세기 마을, 북동부의 숨은 보석 치앙칸으로 가보자.

치앙칸 한눈에 보기

치앙칸 지역 자체는 넓지만 여행자들의 즐길 거리가 있는 차이콩 로드는 작다는 말 외에는 달리 표현할 길이 없다. 앞으로는 유유히 흐르는 메콩 강, 뒤로는 든든히 자리 잡고 있는 푸톡 산을 끼고 유유자적 신선 놀음을 하기에 이만한 곳이 없다.

차이콩 로드

좁은 골목 양옆에 목조 건물이 들어서 있는 1.5km 구간이다. 19세기 말 지은 목조 건물 1층에는 카페, 레스토랑, 수공예점, 마사지 숍 등이 자리 잡고 있다.
한낮에는 문 여는 곳이 거의 없을 정도로 조용하지만, 해 질 무렵이 되면 하나둘 문을 연다. 야시장이 열리기도 한다.

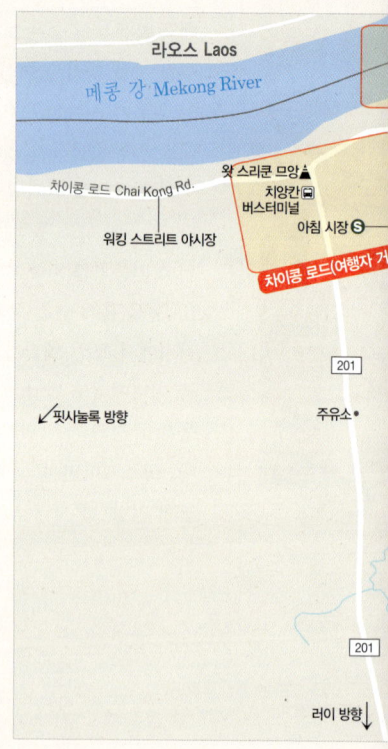

푸톡 산

차이콩 로드에서 툭툭이나 송태우를 타고 15분이면 푸톡 산의 정상에 닿을 수 있다. 운해 위로 떠오른 일출을 볼 수 있는 명소다.

메콩 강

치앙칸은 메콩 강을 사이에 두고 라오스와 마주 보고 있다. 메콩 강은 중국과 라오스를 지나 태국 국경 지대를 가로지른다.
강만 건너면 라오스의 비엔티안까지 3시간이면 갈 수 있지만, 현지인만 강을 건널 수 있다. 외국인 여행자는 강변을 따라 산책과 일몰을 즐기는 것으로 만족해야 한다.

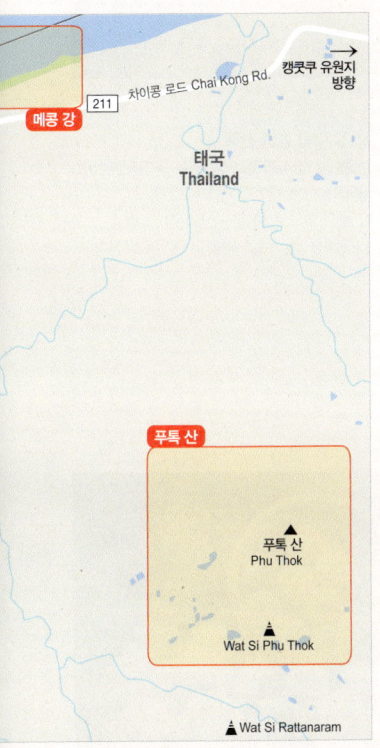

Best of Chiang Khan
베스트 오브 치앙칸

차이콩 로드의 낭만, 야시장
매일 오후 5시면 상점들이 문을 열기 시작하고, 여기저기서 노점들이 자리 펴기 시작한다. 노란 불빛을 받아 은은한 멋을 자아내는 목조 건물 사이를 걸어보자.

해 질 무렵 강변 산책
메콩 강 건너 라오스 땅 위로 떨어지는 일몰과 함께 강가를 산책해보자. 오렌지 빛으로 물드는 산과 강, 그리고 나룻배를 바라보면 마음이 여유로워진다.

치앙칸만의 쇼핑 리스트 만들기
치앙칸의 야시장은 독특한 제품이 많은 것으로 유명하다. 야시장에 나서기 전에 쇼핑 리스트를 체크하는 것이 지름신의 마수에서 벗어나는 길이다.

발로 꾹꾹 눌러주는 마사지 받기
마사지의 불모지라고 할 수 있는 치앙칸이지만, 봉을 잡고 발로 꾹꾹 밟아주는 시원한 마사지만큼은 꼭 한 번 받아보자.

푸톡 산 정상에서 일출 보기
이른 새벽, 6시가 되기 전에 송태우나 툭툭을 타고 푸톡 산으로 가자. 메콩 강과 산에서 만들어내는 안개와 구름 위로 떠오르는 일출을 감상할 수 있다.

메콩 강이 보이는 숙소에서 보내는 하룻밤
치앙칸에는 테라스와 창가에서 강변을 조망할 수 있는 숙소가 많다. 허름한 나무 집에서의 1박 요금이 치고는 꽤 비싼편이지만, 하룻밤 정도는 메콩 강이 보이는 숙소에서 눈 뜨는 호사를 누려보자.

수제 디저트와 수제 맥주 맛보기
수제 빵과 수제 맥주를 맛보지 못했다면 치앙칸에 갔다 왔다고 할 수 없다. 지역색이 듬뿍 묻어나는 디저트와 조 비어의 수제 맥주는 저스트가 아니라 머스트다.

치앙칸 여행 정보

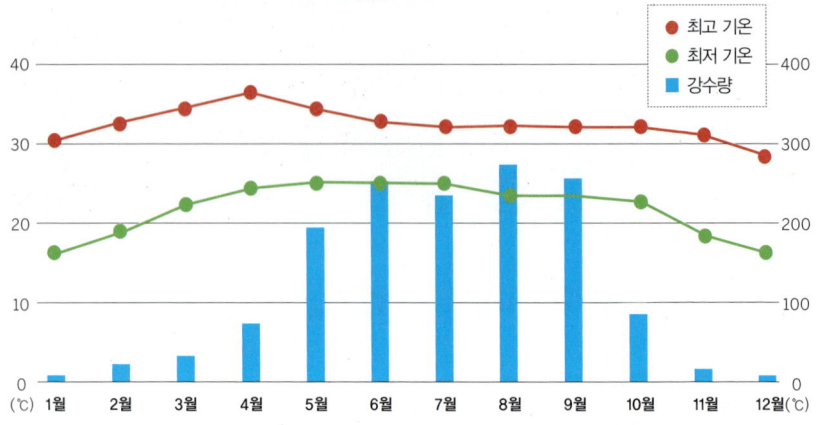

여행 시기

태국 동북부 최북단에 위치한 치앙칸은 태국에서 가장 선선한 곳이다. 폭염이 기승을 부리는 건기의 끝인 4월에도 최고 기온이 36℃ 정도다. 단, 강변 마을의 특성상 습도가 높아 그다지 시원하게 느껴지지는 않는다.

치앙칸은 지형의 영향으로 5~10월에는 꾸준히 강수량이 많은 편이다. 이 기간에는 맑은 날을 보기가 쉽지 않다. 강수량이 줄어들고 기온이 낮아지는 12~2월이 여행의 적기로, 여행자들이 가장 많이 몰리는 시기이기도 하다.

여행 기간

치앙칸은 작은 도시다. 러이(Loei)를 경유해 라오스로 이동할 때 하루 정도 짬을 내 둘러봐도 충분하다.

장기 여행 중 쉬어가기 좋은 도시로 며칠 여유를 두고 머무르는 것도 좋다. 빠이에 매료된 여행객이라면 치앙칸에서도 발을 떼기 쉽지 않을 것이다.

관광

목조 건물이 밀집한 1.5km 구간의 차이콩 거리(Chai Kong Road), 메콩 강과 더불어 라오스를 조망할 수 있는 캥쿳쿠 유원지(Khaeng Khut Khu), 아름다운 운해와 일출을 감상할 수 있는 푸톡 산(Phu Thok) 등을 대표 관광지로 꼽을 수 있다.

외국인에게 많이 알려지지 않았지만, 피남콘 축제(Phi Nam Kon)도 유명하니, 시간적 여유가 있다면 방문해보자.

음식

외국인보다 내국인 여행객이 많아 식당도 현

지식이 대부분이다. 태국 음식에 익숙지 않다면 다소 불편할 수 있다.
메콩 강에서 잡히는 작은 새우 꼬치와 튀김, 돼지고기와 닭고기구이 등을 공략해보자. 일명 끈적 국수라 불리는 카오피약(Khao Piak) 국숫집도 많다.

쇼핑

치앙칸의 야시장에는 유난히 독특한 물건이 많다. 다른 지역에서 볼 수 없는, 직접 그림을 그려 넣은 의류와 소품, 지역색을 살린 기념품이 지갑을 열게 한다.
주머니가 넉넉하다면 이곳에서 가족이나 친구 등 소중한 사람들에게 줄 여행 선물을 구매하도록 하자.

숙박

치앙칸은 시골 마을 답지 않게 숙박비가 비싼 편이다. 특히 주말과 연말이 되면 숙박 요금이 천정부지로 치솟는다. 대부분의 숙박업체가 예약 대행업체에 등록되어 있지 않아 현지에서 숙소를 예약해야 하는 것도 큰 단점이다. 카드 결제는 받지 않고 오로지 현금으로만 계산되는 곳이 대부분이니 주머니를 넉넉히 채우고 직접 발품을 파는 것이 원하는 숙소를 구할 수 있는 가장 좋은 방법이다.

치앙칸 가는 법

치앙마이에서 치앙칸까지 가는 교통수단은 버스밖에 없다. 버스로 러이까지 이동한 후 송태우나 버스로 갈아타 1시간 정도 더 이동해야 치앙칸에 닿을 수 있다. 거리로만 따지면 치앙마이보다 방콕이 더 멀지만, 체감 거리는 훨씬 가깝다.

방콕에서 러이까지 항공편을 이용하면 1시간이면 도착한다. 러이에서 버스나 송태우로 환승 시간까지 넉넉히 2시간 정도 잡아도 총 3시간이면 치앙칸에 도착한다. 방콕에서 버스를 이용하면 치앙칸까지 한번에 갈 수 있다.

에어아시아
전화 +66 2 515 9999
홈페이지 www.airasia.com

녹에어
전화 +66 2 900 9955
홈페이지 www.nokair.com

버스

치앙칸은 현지인이 즐겨 찾는 지역으로 주말과 연말 휴가철이 되면 당일 표를 구하기 어렵다. 최소한 2일 전에는 예약을 해야 한다.

항공

치앙칸에는 공항이 없다. 러이까지 항공편을 이용한 후 환승해야 한다. 방콕~러이 노선은 에어아시아와 녹에어에서 운항 중이다. 항공료는 요일별 편차가 큰 편. 평일은 700B 선, 주말과 공휴일은 1200B 정도다.

에어아시아를 이용할 경우 러이 공항 앞에서 치앙칸의 차이콩 로드까지 운행하는 셔틀버스를 250B에 이용할 수 있다. 택시는 500B 정도. 여러모로 에어아시아가 편리하다.

▶▶ 치앙마이~치앙칸

러이에서 치앙칸까지 가는 송태우

치앙마이에서 치앙칸까지 가려면 반드시 러이를 거쳐야 한다. 러이 버스터미널에서 내려 뒤쪽으로 가면 치앙칸까지 가는 송태우(35B)를 탈 수 있다. 푸른색 송태우로 일반 트럭을 개조한 것으로 다른 지역의 송태우와는 모습이 다르다.

치앙마이에서 치앙칸까지는 9~10시간, 러이에서 치앙칸까지는 1시간~1시간 30분 소요된다. 송태우 이용 시 대로변에 하차하게 되는데, 차이콩 로드까지 500m 정도 떨어져 있다.

펫 프라서트 투어(Phet Prasert Tour)
www.phetprasert.com

하이석사 투어
www.xn--72cb4bef4ec2ad7c5be74ava.com

• 방콕~러이 비행기 운항 정보

항공사	1일 운항 횟수	요일	시간
에어아시아	2회	매일	10:15, 16:20
녹에어	3회	매일	09:10, 14:10, 17:15

*2017년 6월 기준.

- 치앙마이~러이 버스 운행 정보

치앙마이 ➡ 러이					
회사		출발	도착	등급	요금
펫 프라서트 투어	펫 프라서트 투어	09:30	19:00	1등석	511B
	876 루트	14:30	다음 날 02:15	1등석	511B
		17:30	다음 날 03:00	1등석	511B
		19:30	다음 날 03:15	1등석	511B
	636 루트	20:30	다음 날 04:15	VIP(24석)	767~888B
하이석사 투어		20:00	다음 날 04:00	VIP(24석)	767~888B

러이 ➡ 치앙마이				
회사	출발	도착	등급	요금
펫 프라서트 투어 (876 루트)	16:00	다음 날 00:55	1등석	511B
	21:30	다음 날 06:25	1등석	511B
	23:30	다음 날 06:40	1등석	511B

*2017년 6월 기준. 876 루트와 363 루트는 펫 프라서트 투어의 야간 버스 노선이다.

▶▶ 방콕~치앙칸

방콕에서 치앙칸으로 가는 버스는 북동부 노선을 운행하는 모칫 터미널(Morchit Terminal)로 가야 한다. 러이를 거쳐 치앙칸 버스터미널로 바로 가는 버스로 하루에 3~4회 운행한다. 방콕에서 치앙칸까지는 9시간 소요.

버스시간 및 요금
www.sawadee.com/thailand/transfer/bus-isan.html

- 방콕~치앙칸 버스 운행 정보

방콕 ➡ 치앙칸			
출발	소요시간	등급	요금
22:00	9시간	VIP	722B
07:00, 20:00, 21:30	9시간	1등석	464B

치앙칸 ➡ 방콕			
출발	소요시간	등급	요금
19:30	9시간	VIP	722B
07:30, 18:30, 19:00	9시간	1등석	464B

*2017년 6월 기준.

치앙칸 시내 교통

여행자들이 즐겨 찾는 차이콩 로드는 1.5km 정도로 도보로 이동할 수 있다. 편의점, 약국, 은행 등이 밀집한 시내도 한 블록 정도 거리다. 인근 관광지도 두어 군데 정도로 툭툭이나 송태우를 이용하는 것이 여러모로 유리하다. 지역적 특성 때문인지 다른 도시보다 자전거 대여점이 훨씬 많다. 숙소에서 자전거를 무료로 대여해주는 경우도 많다. 걷는 것이 싫다면 자전거(1일 100~150B)를 빌려 천천히 치앙칸을 둘러보자.

Best Plan For
★ Chiang Khan ★
치앙칸 추천 일정

One day for Chiang Khan

치앙칸을 위한 특별한 하루

푸톡 산(p.287)에 올라 치앙칸의 아름다운 일출 보기
▼
아침 시장(p.294) 구경 후 크루아 숨칸(p.292)에서 아침 식사 먹기
▼
숙소에서 달콤한 낮잠 즐기기
▼
메콩 강 주변 산책하기
▼
칫 솜땀 까이양(p.290)의 까이양으로 점심 식사 맛보기
▼
위드 어 뷰 호텔 앤 카페(p.291)에서 맛 좋은 커피 한 잔 마시기

▼
바 콤 고이 마사지(p.293)에서 발로하는 마사지 받기
▼
캥쿳쿠 유원지(p.288)에서 치앙칸의 일몰 감상하기
▼
왓 타 크록 옆의 국숫집(p.290)에서 출출해진 배 채우기
▼
조 플러스 비어(p.293)의 수제 맥주로 하루 마무리하기

치앙칸 관광

탁밧
Tak Bat ★★★

100년 마을의 아침을 깨우는 탁 밧

이른 새벽, 오래된 목조 건물 사이를 걷는 스님들의 발걸음으로 치앙칸의 아침이 시작된다. 한국에서 탁발(托鉢)이라 불리는 탁밧은 승려들의 수행 방식인 12 두타행 중 하나로, 승려들이 발우(승려들의 식기)를 들고 마을로 나가 중생들로부터 공양과 보시로 음식을 얻는 것을 말한다. 해 뜨는 시간부터 1시간 정도(보통 새벽 5시 40분부터 시작) 진행된다.

탁밧으로 공양받은 음식들은 4등분해 짐승과 가난한 사람들, 귀신과 나누는 것을 원칙으로 하며 하루 동안 먹는다. 실제로 스님들이 먹을 만큼만 남기고 나머지를 큰 통에 넣는 것을 볼 수 있다. 여행자에게 찰밥과 과자, 과일을 묶어 탁밧 세트(50B)를 판매하는 노점도 있다. 탁밧에 참여 또는 관람할 때는 큰 소리로 이야기하거나 스님의 발걸음을 가로막지 않도록 한다.

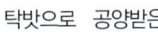
경건한 태도로 탁밧에 임해야 한다.

주소 Chai Kong Rd.

푸톡 산
Phu Thok ★★

가장 쉽게 만나는 일몰

사방이 탁 트인 푸톡 산 정상에서 메콩 강과 라오스, 치앙칸을 한눈에 담아보자. 이른 새벽에 찾는다면 감동적인 일출과 마주하게 될 것이다. 적어도 새벽 5시 30분 전에는 도착해야 일출을 볼 수 있다.

치앙칸 시내에서 동남쪽으로 3km 지점에 위치한다. 산을 타야 한다고 미리 걱정하지 않아도 된다. 도로가 잘 정비되어 있어 툭툭이나 송태우를 타고 쉽게 정상까지 오를 수 있

푸톡 산에서 바라보는 환상적인 일몰

다. 거리는 짧지만, 경사가 있어 자전거로는 오르기가 쉽지 않다.

주소 Chiang Khan, Chiang Khan District
전화 +66 99 804 6233
오픈 05:00~17:00 휴무 연중무휴
입장료 25B, 주차료 10B
교통 메콩 강을 바라보고 오른쪽 Chai Kong Rd. 끝에서 211번 도로 안내 표지판을 따라 3km 이동한다. 툭툭 이용 시 왕복 1인 100B, 송태우 이용 시 왕복 1인 200B.
map p.44-F

워킹 스트리트 야시장
Walking Street Night Market

밤의 거리, 차이콩 거리의 야시장

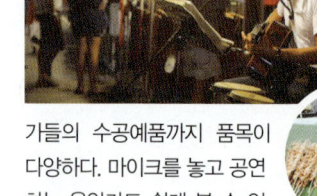

해가 점점 기울면 기다렸다는 듯 차이콩 로드가 활기를 띠기 시작한다. 동네가 텅 빈 것 같은 한낮의 고요함이 깨지는 시간이기도 하다.

낮에 문을 닫았던 가게들이 속속 문을 열고 틈새마다 노점이 선다. 기념품으로 좋은 자잘한 소품부터 출출함을 달래줄 주전부리, 예술가들의 수공예품까지 품목이 다양하다. 마이크를 놓고 공연하는 음악가도 쉽게 볼 수 있다. 치앙칸만의 제품을 볼 수 있는 것이 가장 큰 매력. 주머니가 넉넉하다면 지름신에게 금세 점령당할 테니 조심할 것!

주소 Chai Kong, Tambon Chiang Khan
오픈 17:00~24:00
휴무 연중무휴
map p.44-B

캥쿳쿠 유원지
Kaeng Khut Khu

라오스를 배경으로 즐기는 풍류

치앙칸의 대표 유원지로 메콩 강 건너편의 라오스가 손에 잡힐 듯 가깝게 보인다. 주말이면 먹거리나 뱃놀이를 즐기려는 사람들로 북새통을 이룬다. 이른 새벽의 물안개와 저녁 시간의 일몰은 치앙칸에서 꼭 봐야 할 풍경으로 유명하다. 해 질 무렵 강 위에서 일몰을 보는 선셋 크루즈도 이곳의 인기 요인. 배를 타고 프라 야이와 휭 강까지 다녀오는 2~3시간 코스(1500B)와 배를 타고 일몰을 감상하는 코스(700B)를 추천한다.

주소 Chiang Khan, Chiang Khan District
입장료 무료
교통 Chai Kong Rd.에서 툭툭(편도 50B)을 타고 10분. 자전거 이용 시 메콩 강을 보고 오른쪽으로 강변을 따라 달린다. 중간에 보트 선착장과 이민국이 있는 곳에서 강변 길이 끊기는데, 큰길 211번 도로를 따라 달린다.
map p.44-C

왓 스리쿤 므앙
Wat Sri Khun Muean

란 창 왕조의 흔적 찾아보기

란 창 왕조의 시초라는 것을 증명이라도 하듯 350년 전 란 창 양식이 그대로 녹아 있는 사원이다. 대부분의 란나 왕조 사원들이 뱀 모양의 거대한 나가가 입구를 지키는 것과 달리 이 사원은 불법을 지킨다고 알려진 야크(Yak, 왕을 수호하는 사자)가 서 있다. 라오스식 체디, 20세기의 풍속화가 그려진 내부까지 치앙칸의 지정학적 위치와 역사를 곳곳에서 찾아볼 수 있는 사원이다.

주소 Moo1 Chai Kong, Tambon Chiang Khan
입장료 무료
교통 Chai Kong Rd.에 위치.
map p.44-B

치앙칸 맛집

Restaurant

매응암 임아러이
Maengam Imaroi

강변을 지키는 카오피악 전문점

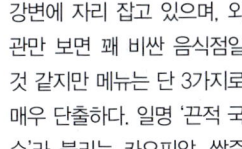

강변에 자리 잡고 있으며, 외관만 보면 꽤 비싼 음식점일 것 같지만 메뉴는 단 3가지로 매우 단출하다. 일명 '끈적 국수'라 불리는 카오피악, 쌀죽인 쪽, 태국식 오믈렛 카이카타(Khai Ka Ta)다. 3가지 모두 현지인들이 아침 식사로 즐겨 먹는 메뉴로 가격도 저렴하다.

카오피악과 쪽 모두 10B를 더 내면 수란을 추가할 수 있는데, 이것이 또 별미다. 아침 식사를 팔지만 밤늦게까지 문을 여니 언제든 찾아가도 된다.

수란을 넣은 카오피악

구글 지도 17.896239, 101.657277
전화 +66 98 150 7588
오픈 08:00~23:00 휴무 부정기 휴무
예산 카오피악 스몰 30B, 미디움 40B, 라지 50B / 쪽 30B / 카이카타 40B(카드 사용 불가)
교통 Chai Kong Rd.와 Soi 15가 만나는 지점에 위치.
map p.44-B

흐언 파이 캄
Huen Fai Kham

태국식과 중국식 음식을 파는 강변 식당

강변 쪽 테라스와 넓은 홀을 갖춘 음식점. 중국과 태국 음식 주문이 가능하다. 안정적인 맛과 서비스를 제공하며, 메콩 강을 조망할 수 있는 테라스를 갖추고 있다. 단체 여행자를 위해 구이와 볶음, 국물 요리 등으로 구성된 세트 메뉴(6인 세트 1500B)를 판매한다. 돼지고기와 튀긴 바질 잎을 넣어 매콤하게 볶은 팟 크라파오 무삽(Phad Krapow Moo Sab, 150B), 카오쏘이 등을 추천한다.

주소 176/1 Moo 1 Sri Chiang Khan Rd.
전화 +66 42 822 109
오픈 10:00~22:00 휴무 부정기 휴무
예산 똠얌 150B~, 솜땀 50B~(카드 사용 불가)
교통 Chai Kong Rd.와 Soi 14가 만나는 지점, 강변 방향. map p.44-B

솜땀 소이 14
Somtum Soi 14

태국 북동부 현지식 전문점

현지인들이 많이 찾는 식당이라 영어가 잘 통하지 않지만, 그림 메뉴가 준비되어 있다. 각종 솜땀과 어더브므앙이 이 집의 대표 메뉴다. 매콤새콤한 솜땀과 함께 돼지 껍질 튀김과 태국 소시지, 염장한 달걀 등이 국수와 함께 나온다. 혼자 찾는다면 작은 사이즈의 솜땀에 구이류를 함께 주문해 먹도록 하자.

주소 152 Moo 2 Srichi-angkhan Soi 14
전화 +66 98 640 1701
오픈 08:00~21:00 휴무 부정기 휴무
예산 솜땀 50B~, 어더브므앙 150B~, 식사 60B~ (카드 사용 불가)
교통 Chai Kong Rd.에서 Soi 14로 들어서 오른쪽.
map p.44-B

칫 솜땀 까이양
Jit Somtum Kai Yang

치앙칸의 터줏대감 까이양집

1988년에 문을 연 솜땀, 까이양 전문점으로 치앙칸에서 꼭 가봐야 할 식당으로 꼽히는 곳이다. 오랜 시간 쌓아온 이 집만의 노하우가 돋보이는 닭날개 구이와 새콤달콤한 솜땀이 인기 메뉴다. 가격도 저렴해 이 집에서의 식사가 더욱 만족스럽다.

이른 아침 문을 열고 저녁 식사 시간 전에 문을 닫는다. 손님이 밀려드는 점심 시간에는 음식 나오는 속도가 매우 더딘 편이다. 인내심을 갖고 기다리면 치앙칸에서 가장 맛있는 까이양을 맛볼 수 있다.

빡까이양(닭날개구이)

주소 211 Tambon Chiang Khan
전화 +66 87 232 5259
오픈 07:00~18:00 휴무 부정기 휴무
예산 솜땀 30B~, 까이양 80~150B (카드 사용 불가)
교통 Chai Kong Rd.의 Soi 21을 따라 걷는다. 강변 반대편으로 걸어 나와 211번 도로 건너편, 약국 옆에 위치.
홈페이지 www.facebook.com/jitsomtam
map p.44-C

얌운센

왓 타 크록 옆 국숫집

밤에만 문을 여는 쌀국수 전문점

저녁에만 문을 여는 국숫집. 길거리에 솥을 걸고 고기 육수에 쌀국수를 말아 판매한다. 2대가 함께 운영하는 집으로 국물 맛이 진하고 면이 쫄깃쫄깃해 입에 착착 붙는다.

직접 면을 뽑아 국수를 끓이는 것도 이 집만의 비법. 면만 따로 구입할 수도 있다. 고명에 따라 가격은 조금씩 차이가 있다. 식사량이 많은 사람에게는 적게 느껴질 수도 있다.

구글 지도 17.896967,101.660143
오픈 18:00~23:00
휴무 부정기 휴무
예산 국수 40B~(카드 사용 불가)
교통 Chai Kong Rd.를 따라 Soi 20과 만나는 지점에 위치한다. 왓 타 크록(Wat Tha Khrok) 가기 전.
map p.44-C

꾸에이띠여우 카이 툰
Kew Theyew Kai Thun

진한 육수의 닭고기 국수

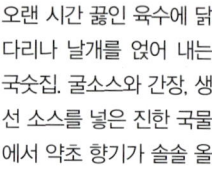

오랜 시간 끓인 육수에 닭다리나 날개를 얹어 내는 국숫집. 굴소스와 간장, 생선 소스를 넣은 진한 국물에서 약초 향기가 솔솔 올라오는 것이 한국의 한방 육수를 연상시킨다. 진한 맛의 국물과 푹 고아 부드러운 닭고기 살이 쌀국수와 잘 어우러진다.

숙취 해소에도 한 끼 식사로도 안성맞춤이다. 한국 음식처럼 고소하고 덜 자극적인 음식이 먹고 싶을 때 추천하는 식당이다. 단, 여행자가 많이 찾지 않는 곳으로, 영어 메뉴가 없고 의사소통도 어렵다.

구글 지도 17.895400,101.654700
전화 +66 86 221 7988
오픈 10:00~16:00 휴무 부정기 휴무
예산 40~50B(카드 사용 불가)
교통 Chai Kong Rd.와 Soi 9가 만나는 지점. 강변 쪽에 위치한다.
map p.44-B

상카야 쿤매
Sangkhaya Khunmae

한 가지 빵과 잼만 파는 빵집

'엄마의 커스터드'라는 의미를 가진 작은 베이커리. 오직 코코넛을 사용해 만드는 커스터드 크림과 부드럽고 야들야들한 빵만 판매한다. 정해진 영업시간은 아침 8시부터 오후 6시까지이지만, 오후 2~3시면 이미 빵은 동이 난다. 매일 일정한 양의 빵과 크림을 만들기 때문에 다 판매되면 그날 영업은 끝이다.

빵 6개와 커스터드 크림 한 통이 한 세트로, 단품은 판매하지 않는다. 혼자라면 고민될 법도 하지만, 기우다. 눈 깜짝할 사이에 빵과 크림이 모두 사라지니까.

주소 250 Moo 1 Chai Kong Soi 9
전화 +66 89 180 1021
오픈 08:00~소진 시 영업 끝
휴무 부정기 휴무
예산 1세트 80B(카드 사용 불가)
교통 Chai Rd.의 Soi 9으로 걷다가 오른쪽.
홈페이지 www.facebook.com/SangkayahKhunmae
map p.44-B

위드 어 뷰 호텔 앤 카페
With A View Hotel & Café

맛 좋은 커피를 마실 수 있는 강변 카페

오래된 2층 목조 건물 내부를 리노베이션해 호텔과 카페를 함께 운영한다. 1층이 카페로 입구 반대편, 강변 쪽 벽이 확 트여 있다. 1층은 뒤쪽 테라스와 연결될 뿐 아니라 바람이 오가는 길목으로, 에어컨이 없어도 덥지 않다.
와이파이와 맛 좋은 커피를 마실 수 있는 것도 장점. 에스프레소 기계를 이용해 내린 커피를 마실 수 있으며 케이크와 빵도 맛있다.

주소 185 Moo 2 Chai Kong Rd.
전화 +66 42 810 696
오픈 10:00~20:00 휴무 부정기 휴무
예산 음료 50B~, 커피 60B~(카드 사용 불가)
교통 Chai Kong Rd.의 Soi 14와 Soi 15 사이에 위치.
홈페이지 www.facebook.com/withaviewhotel
map p.44-B

매 남 미 콩 카페
Mae Nam Mee Kang Coffee

갤러리 카페 & 게스트하우스

흰색으로 칠한 목조 건물이 돋보이는 갤러리 카페. 주인의 작품은 물론 지역 예술가들의 그림도 함께 전시한다.

빈티지 가구와 소품으로 멋스럽게 꾸민 실내가 인상적이다. 커피와 차, 와플이 이 집의 추천 메뉴. 게스트하우스를 함께 운영해 웨스턴식 아침 식사 메뉴도 판매한다.

주소 274 Chaikhong Rd.(Soi Sri Chiangkhan 19)
전화 +66 81 824 4274
오픈 월·화·목요일 08:00~23:30, 금~일요일 06:00~12:00 휴무 수요일
예산 음료 60B~, 와플 80B~(카드 사용 불가)
교통 Chai Kong Rd.의 Soi 19으로 들어가는 모퉁이에 위치.
홈페이지 www.facebook.com/Mae-Nam-Mee-Kang-Guesthouse-at-Chiangkhan
map p.44-C

시 아이 249
See I 249

마카롱 & 티 세트

프랑스에서 직접 배워 온 마카롱 전문점

태국 채널 3에서 영화배우가 진행하는 TV 프로그램에도 소개된 꽤 유명한 카페다. 2012년 태국인 부부가 문을 열었다.

프랑스에서 배운 레시피로 만드는 마카롱이 주메뉴로 5개 세트로 되어 있다. 만다린 오렌지, 멀베리, 스트로베리, 라임, 밀크 등의 맛으로 구성된 마카롱과 차를 함께 낸다. 차 종류는 직접 선택할 수 있다.

주소 249 Khan Soi 9
전화 +66 42 821 381
오픈 09:00~21:00
휴무 부정기 휴무
예산 마카롱 5개 세트 250B, 마카롱·차 세트 400B
교통 Chai Kong Rd.의 Soi 9으로 들어가 왼쪽.
홈페이지 www.facebook.com/seel249
map p.44-B

크루아 숨칸
Khraw Sumkan

태국의 가정식을 맛보다!

카오피악

태국 음식을 파는 작은 로컬 식당으로 아침에만 문을 연다. 우리에게는 '끈적 국수'로 잘 알려진 카오피악과 덮밥류가 주메뉴다. 맛도 맛이지만, 30~40B 정도면 든든하게 한 끼를 해결할 수 있는 저렴한 가격도 이 집의 큰 장점이다. 주머니가 가벼운 대식가들에게 매력적인 곳이다. 주인 아저씨가 직접 타주는 태국식 커피도 맛있다. 영어 메뉴는 없고 의사소통이 되지 않는 것이 유일한 단점이다.

주소 263/3 Moo 1 Tambon Chiang Khan
오픈 07:00~13:00
휴무 부정기 휴무
예산 식사 35~40B, 단품 60~80B(카드 사용 불가)
교통 Chai Kong Rd.의 Soi 9을 따라 강변 반대쪽으로 올라가 길을 건너 맞은편, 약국 옆 위치.
map p.44-B

더 마스크
The Mask

치앙칸 유일의 세계 맥주와 스테이크 전문점

불록 스테이크(Bullock Steak)가 2015년 더 넓은 장소로 옮기며 더 마스크로 새롭게 태어났다. 치앙칸에서 꼭 방문해봐야 할 레스토랑 중 하나다. 스테이크를 시작으로 스파게티, 독일식 포크 너클과 단품 안주류를 판매한다.

작은 브루어리의 수제 맥주도 있지만, 치앙칸에서 만나기 쉽지 않은 세계 맥주를 취급하는 곳이기도 하다. 색다른 저녁 식사를 즐기고 싶을 때, 제대로 된 스테이크를 맛보고 싶을 때 찾아가보자. 오전에는 영업하지 않는다. 저녁 시간에만 문을 여니 유의할 것.

주소 304 Moo 1 Soi 9
전화 +66 87 232 5259
오픈 17:00~24:00 휴무 부정기 휴무
예산 스테이크 300~350B, 스파게티 120~150B, 맥주 120~190B, 안주 100~200B
교통 Chai Kong Rd.의 Soi 9 길 중간 왼쪽에 위치.
map p.44-B

치앙칸 나이트라이프

Night life

강추
조 플러스 비어
Jo+Beer

제멋대로 수제 맥줏집

주인인 조(Jo)가 직접 만들어 파는 수제 맥줏집. 맥주 가격이 만만치 않지만 일일이 직접 홈 브루(Home Brew) 방식으로 만드는 치앙칸의 수제 맥주 맛이 궁금하지 않을 수 없다. 병맥주와 탭맥주 모두 판매한다. 탭맥주는 총 8가지로 IPA라 불리는 영국식 맥주부터 사이더와 스타우트까지 맛볼 수 있다. 태국의 청춘들도 치앙칸에서 꼭 가야 할 장소로 손꼽을 만큼, 저녁 시간에는 발 디딜 틈 없이 사람들로 북적인다. 메콩 강을 바라보며 오직 치앙칸에서만 맛볼 수 있는 수제 맥주를 경험을 꼭 해보자.

주소 60/1 Chai Kong Rd.
전화 +66 81 565 4330
오픈 17:00~24:00 휴무 부정기 휴무
예산 생맥주 100~120B, 병맥주 80B~(카드 사용 불가)
교통 강변 산책로에서 강을 보고 왼쪽으로 쭉 걷다 보면 나온다.
홈페이지 www.facebook.com/jo.beer.thailand
map p.44-A

주인장이 만든 다양한 수제 맥주들

치앙라이 마사지

Massage

강추
바 콤 고이 마사지
Ba Kom Goi Massage

30년 경력의 발로 하는 마사지

전통 타이 마사지와 발로 하는 마사지를 접목한 것이 특징인 마사지 숍. 손을 이용해 가볍게 근육의 긴장을 완화시키고, 발뒤꿈치로 신체의 여러 지점을 시원하게 풀어준다. 천장에 매달린 줄을 달아 그 끝을 잡고 압력을 조절해 동일한 압력을 가한다.
덩치 좋은 마사지사들이 사람의 몸을 꾹꾹 밟는 모습이 낯설고 무섭기도 하겠지만, 손맛 못지않은 '발 맛'을 느끼게 될 것이다.

구글 지도 17.896843, 101.659797
전화 +66 87 376 968
오픈 10:00~20:00
휴무 부정기 휴무
요금 1시간 300B(카드 사용 불가)
교통 Chai Kong Rd.의 Soi 19와 Soi 20 사이에 위치.
map p.44-C

치앙칸 쇼핑

아침 시장
Morning Market

현지 사람들과 함께 여는 아침

현지인들이 아침 장을 보는 시장. 골목이나 길거리가 아닌 지붕이 있는 건물 안에 여러 가게가 모여 있는 상설시장 형태다. 온종일 문을 여는 상점도 있지만 신선 식품을 판매하는 상점들은 대부분 오전에만 문을 연다. 죽과 국수 등 아침 식사를 파는 곳도 있다. 시장 안에서 가장 사람이 많이 모여드는 곳은 태국의 대표적인 간식거리를 파는 빠떵코 앗싸이 집이다. 빠떵코(Pa Thong Ko)는 소를 넣어 기름에 튀긴 도넛과 비슷한 빵으로 한 끼 식사로도 충분하다.

빠떵코

주소 Chiang Khan Subdistrict
전화 +66 42 821285
오픈 03:00~09:00(상점마다 다르다. 빠떵코 가게는 08:00까지)
휴무 연중무휴
교통 Chai Kong Rd.에서 Soi 9을 따라 강변 반대 방향으로 150m.
map p.44-E

치앙칸의 하루가 시작되는 아침 시장

헌노이
Hearnnoy

자연의 색을 담은 수제 나염 전문점

직접 나염한 의류와 가방, 소품을 판매한다. 푸른색과 갈색, 초록색 등 천연색에 가까운 색을 기본으로 자연스럽게 흘러내리는 듯한 선이 특징이다. 캐리커처나 캐릭터를 그려 넣은 셔츠, 신발도 판매한다. 신발의 경우 한 켤레에 각각 다른 디자인이나 컬러를 넣은 것들이 인기다. 헌노이 역시 가격 압박만 없으면 죄다 사고 싶을 만큼 예쁜 제품으로 가득하다. 상의는 350B~, 하의는 500B~ 정도며, 현금 결제만 가능하다.

주소 365 Moo 1 Chai Kong Rd.
전화 +66 84 534 6881
오픈 10:00~22:00 휴무 부정기 휴무
교통 Chai Kong Rd.의 Soi 9와 Soi 10 사이에 위치.
map p.44-B

이즈 해피
Is Happy

캐릭터 티셔츠 전문점

치앙칸 출신의 젊은 디자이너가 직접 디자인한 캐릭터가 그려진 티셔츠를 판매한다. 민소매와 반소매, 긴소매 등 상의만 판매하며 여성용에는 여자 캐릭터가, 남성용에는 남자 캐릭터가 그려져 있다. 커플 티로 특히 인기 있으며, 원단과 프린팅 품질이 좋아 기념품이나 선물용으로도 손색없다. 티셔츠 가격은 125~200B 정도며, 현금 결제만 가능하다.

구글 지도 17.896580,101.658552
오픈 17:00~23:00
휴무 부정기 휴무
교통 Chai Kong Rd.의 Soi 17 맞은편에 위치.
map p.44-B

팻 캣 앤 마르디
Fat Cat & Mardee

커플이 운영하는 수공예 숍

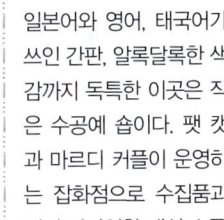 

일본어와 영어, 태국어가 쓰인 간판, 알록달록한 색감까지 독특한 이곳은 작은 수공예 숍이다. 팻 캣과 마르디 커플이 운영하는 잡화점으로 수집품과 직접 디자인한 패션 소품을 판매한다. 고산족의 색감, 일본 빈티지에서 영감을 얻은 유니크한 디자인과 색감이 매력적이다. 다양한 고양이 관련 소품은 고양이 마니아의 심금을 울린다.

구글 지도 17.895022,101.654280
오픈 17:00~23:00
휴무 부정기 휴무
교통 Chai Kong Rd.의 Soi 9와 Soi 10 사이에 위치.
map p.44-B

치앙칸 숙소

반 찬키앙
Ban Chan Khiang

리버뷰 2인실

치앙칸에서 가장 유명한 게스트하우스로 이미 여행자들 사이에서 유명하다. 목조 건물을 히피 스타일로 꾸몄다. 직접 재봉틀과 손바느질로 만든 침구와 커튼이 멋스럽다. 강변을 내려다볼 수 있는 2인 객실은 주말이나 성수기에는 예약하지 않으면 이용하기 어려울 정도 인기 있다. 조식은 제공하지 않으며, 1층은 음료만 판매하는 카페로 운영 중이다. 오래된 목조 건물이다 보니 개미가 많다. 음식을 방 안에 들이지 않는 것이 좋다. 또 모든 객실에는 선풍기만 있을 뿐, 에어컨은 없다. 더위나 벌레에 취약한 사람에게는 추천하기 어렵다.

주소 146 Moo 2 Chykhong Rd.
전화 +66 42 821 096
요금 2인 550B(카드 사용 불가)
교통 Chai Kong Rd.의 Soi 13과 Soi 14 사이에 위치.
홈페이지 www.sites.google.com/site/chankhiang
map p.44-B

푼 사와스디 호스텔
Poon Sawasdi Hostel

1950년에 지은 목조 건물을 리노베이션한 호스텔. 각 객실은 여행을 테마로 한 벽화와 파스텔 톤으로 채색한 패널로 아기자기함을 더했다. 강변이 보이는 위치는 아니지만, 야시장이 열리는 차이콩 로드와 각종 편의 시설이 모여 있는 211번 도로 사이에 위치해 있다. 2인 객실(600~800B)은 에어컨과 개별 욕실이 딸려 있을 뿐 아니라 욕실에는 온수기가 달려 있어 뜨거운 물로 샤워할 수 있다. 또 1일 한정된 시간 동안 자전거를 무료로 대여해준다.

주소 251/2 Moo 1 Soi 9
전화 +66 42 821 114
요금 스탠더드 에어컨 600B~(카드 사용 불가)
교통 Chai Kong Rd.의 Soi 9 안쪽에 위치.
map p.44-B

스탠더드 더블

무이팡 게스트하우스
Muiphang Guesthouse

2012년 문을 연 게스트하우스로 오픈 이래 지금까지 여행자들에게 좋은 평가를 받고 있다. 메콩 강이 내려다보이면서도 워킹 스트리트 야시장이 열리는 지점에서 살짝 벗어난 곳에 자리해 조용히 쉴 수 있다. 테라스가 딸린 2층 객실 전망이 아름다워 특히 인기가 좋다. 강변 전망이 보이지 않는 객실은 창문이 작아 답답한 느낌이 들 수 있다.
샴푸, 치약, 칫솔, 수건 등의 기본 물품은 따로 제공하지 않으므로 각자 준비해야 한다.

주소 93/1 Moo 1 Chai Kong Rd.
전화 +66 81 871 3556
요금 스탠더드 2층 1200B~, 스탠더드 리버 뷰 1400B~ (카드 사용 불가)
교통 Chai Kong Rd.의 Soi 4와 Soi 5 사이에 위치.
홈페이지 www.facebook.com/muiphangatchiangkhan
map p.44-A

논 납 다오 림콩
Norn Nab Dao Rimkhong

건물 사이에 마련된 라운지에서 바라보는 메콩 강이 아름다운 숙소다. 2개 건물에 총 29개 객실을 보유하고 있다. 그중 9개는 원룸 스타일로 방과 거실, 욕실로 나뉘어 있어 가족 여행객이 머물기 좋다. 목조 분위기를 잘 살리면서도 현대식으로 마감해 청소 상태가 좋고, 서비스 수준도 높은 편이다.
숙박비에 조식을 비롯한 기본 물품 비용이 포함되어 있고 와이파이 사용도 자유롭다. 단점을 꼽자면 워킹 스트리트 야시장이 열리는 소이 8과는 도보로 10분 이상 떨어져 있다는 것.

주소 48 Moo 1 Chai Kong Rd.
전화 +66 89 883 2516
요금 스탠더드 더블·트윈 1300B~
교통 Chai Kong Rd.의 Soi 3와 Soi 4 사이에 위치.
홈페이지 www.norn-nab-dao.com
map p.44-A

르언 램 룽마이
Reun Raem Loogmai

예약 사이트에서는 예약할 수 없는 숙소로, 방문 또는 전화로만 예약이 가능하다. 치앙칸에서 쉽게 볼 수 있는 목조 건물이 아닌 콜로니얼 양식의 건물이라는 점, 넉넉한 객실 크기와 깔끔함이 돋보이는 곳이다.
주인이 수집한 앤티크 소장품을 전시한 1층 로비의 작은 갤러리도 매력적이다. 자전거와 따뜻한 차를 무료로 제공한다. 객실 요금은 평일과 주말, 비수기와 성수기에 따라 차이가 나는데 흥정을 잘하면 할인해주기도 한다.

주소 112 Moo 1 Chai Kong Rd.
전화 +66 86 234 0011
요금 2인실 1200B~(카드 사용 불가)
교통 Chai Kong Rd.의 Soi 5와 Soi 6 사이에 위치.
map p.44-A

디럭스 리버뷰

타오깨 라오
Tao Kae Lao

목조 건물이지만 깔끔하게 관리해 전체적으로 청결하다. 규모는 작은 편으로, 강변 전망의 객실을 포함해 1층에 1개, 2층에 3개, 총 4개 객실을 운영한다. 모든 객실에는 에어컨이 비치되어 있으며, 욕실은 공용으로 사용한다. 운영자가 영어를 유창하게 해 의사소통이 비교적 쉬운 것도 장점. 1층 홀에는 빈티지 수집품을 전시해 놓았고, 지역 작가들의 그림과 사진으로 만든 엽서도 판매한다. 각 테이블에는 필기구를 비치해 놓아 구입한 뒤 바로 엽서를 써서 보낼 수 있다.

주소 92 Moo 1 Chai Kong Rd.
전화 +66 81 311 9754
요금 2인실 600B~(카드 사용 불가)
교통 Chai Kong Rd.의 Soi 5와 Soi 6 사이에 위치.
map p.44-A

반 하오
Ban Hao

차이콩 로드에서 벗어나 한 블록 떨어진 곳에 자리한 호텔. 메콩 강 전망만 포기한다면 합리적인 요금으로 좋은 객실에서 머물 수 있다. 객실 청소 상태도 좋고 온수도 잘 나와 만족도가 높다. 특히 영어가 잘 통하지 않지만, 살뜰히 챙겨주는 주인 할머니에 대한 칭찬이 자자하다. 가족적인 분위기의 게스트하우스를 선호하는 여행자에게 추천한다.
인터넷 예약 사이트를 이용할 경우에는 카드 사용이 가능하지만, 그 외에는 현금으로만 결제가 가능하다.

주소 101 Moo 1 Srichiangkhan Rd.
전화 +66 81 311 9754
요금 2인실 600~800B(카드 사용 불가)
교통 Chiang Khan Rd.에서 Soi 5를 따라 걸어 나와 길 건너 맞은편.
map p.44-D

허즈번드 앤 와이프 게스트하우스
Husband & Wife Guesthouse

패밀리룸(공용욕실사용)

꾸밈새로 보나 명성으로 보나 치앙칸을 대표하는 게스트하우스로 2009년 문을 열었다. 목조 건물과 빈티지 감성을 느끼기에 최적화된 숙소로 이곳에 머물렀던 여행자들의 칭찬이 자자하다. 1층에서는 수공예점과 카페를 함께 운영한다. 강변을 볼 수 있는 전망은 아니지만 2~3분만 걸어가면 메콩 강 산책로가 나온다. 워킹 스트리트 야시장이 시작되는 지점이라 크게 시끄럽지도, 너무 조용하지도 않은 것이 장점. 숙박객에게는 자전거를 무료로 대여해주며, 온종일 차와 물을 제공해 마음껏 마실 수 있다. 모든 객실에 에어컨이 있다. 개별 욕실의 유무에 따라 숙박비가 달라진다.

주소 241 Moo 1 Chai Kong Rd.
전화 +66 63 614 6995
요금 가족실 비수기 1360B, 성수기 1600B / 개인실 욕실 2인 비수기 765B, 성수기 900B / 공용 욕실 2인 비수기 680B, 성수기 800B(카드 사용 불가)
교통 Chai Kong Rd.의 Soi 8과 Soi 9 사이에 위치.
홈페이지 www.facebook.com/HusbandandWifeGroup
map p.44-B

수네타 호스텔
Suneta Hostel

2009년 차이콩 로드에 문을 연 호스텔로 총 15개 객실을 갖춘 규모있는 숙소다. 티크목으로 지은 건물과 내부가 고전적이고 빈티지한 느낌을 물씬 풍긴다. 워킹 스트리트 야시장과 강변 산책을 즐기기 좋은 곳에 위치해 있다. 1층 라운지에서 자전거를 무료로 대여할 수 있으며 식수도 제공한다. 숙박비에 조식 쿠폰이 포함되어 있는데 수네타 호스텔뿐 아니라 인근 식당에서 사용할 수 있다. 1층의 강변 쪽 객실의 경우 산책로 바로 앞이라 외부 시선에서 자유롭지 않다. 1층보다는 강변 방향의 2층 객실을 추천한다. 목조 건물의 특성상 개미가 많고 배수와 수압이 낮은 점 등을 단점으로 꼽을 수 있다.

주소 187/2 Moo 2 Chai Kong Rd.
전화 +66 42 821 669
요금 슈페리어 1000B~, 스위트 1800B~(카드 사용 불가)
교통 Chai Kong Rd.의 Soi 14과 Soi 15 사이에 위치.
map p.44-B

스탠다드

슈페리어

Basic Information

태국 기초 정보

태국 기초 정보 302
태국의 축제 305
태국의 관습과 예절 307
태국 북부의 역사 308
태국 입국하기 310
트러블 대처하기 312

태국을 여행하는 데 알아두면 좋은 정보를 알아보자. 기억해 두면 더욱 알차고 즐거운 여행을 즐길 수 있다.

■ 한국에서 비행시간
인천 국제공항에서 직항편을 이용하면 치앙마이까지 약 5시간 소요된다.

■ 시차
치앙마이는 한국보다 2시간 느리다.

국명
정식 명칭은 태국 왕국(Kingdom of Thailand). 1938년까지 시암(Siam)이라고 불렸다.

국기
파란색은 국왕, 흰색은 종교, 붉은색은 민족을 상징한다.

수도
방콕. 정식 명칭은 길며 보통은 줄여서 앞부분의 '끄룽텝 마하 나콘(천사의 도시, 위대한 도시)'이라고 한다.

지리
인도차이나 반도의 중심부에 자리 잡고 있으며, 적도에서 북쪽으로 약 1,530km 떨어진 곳에 있다. 국토 면적은 51만 4,000km^2이다.

정치
입헌군주제. 현재 태국의 국가 원수는 국왕으로 라마 10세 마하 와치랄롱꼰(Maha Vajiralongkorn) 왕이 2016년 즉위했다.

도량형
길이는 센티미터(cm)와 미터(m), 무게는 그램(g)과 킬로그램(kg)을 사용한다.

> **TIP 태국 통화**
> 태국의 통화 단위는 밧(Baht, B로 표기)으로, 2018년 8월 기준 100B은 약 3400원이다. 보조 단위는 사땅(Satang)이며, 1B은 100사땅. 일반적으로 사땅은 잘 쓰이지 않는다.

화장실

태국의 일반적인 화장실은 화장지가 없으며, 물통으로 퍼낸 물이나 비데 비슷한 수세기구를 이용해 씻어내는 방식이다. 호텔 외의 장소는 대부분이 태국식이므로 가능하면 호텔에서 용변을 해결하고, 외출할 때는 휴대용 티슈를 준비한다. 또한 휴지를 사용할 경우는 변기에 버리지 말고 비치된 휴지통에 버려야 한다.

전압과 플러그

전압은 220V, 주파수는 50Hz. 우리나라 전자제품은 멀티플러그 없이 그대로 사용할 수 있다. 플러그 형태는 BF 또는 C 타입이다.

기후

열대 몬순 기후. 가장 더운 시기는 평균 최고 기온 30℃ 이상이다. 계절은 우기(5월 중순~10월), 건기(10월~2월 중순), 혹서기(2월 중순~5월 중순)로 나눌 수 있다. 비가 적게 내리고 비교적 기온도 낮은 건기가 여행자에게 인기 있다.

인터넷

외국인 관광객이 많이 모이는 지역에는 인터넷 카페, 인터넷 전문점이 반드시 있다. 많은 고급 호텔에는 객실 내에 인터넷 설비가 되어 있으나, 인터넷 이용을 전제로 호텔을 선택할 사람은 반드시 예약 시에 확인하자. 객실에 따라서는 인터넷 이용을 할 수 없는 경우도 있기 때문이다.

전화 거는 방법

■ 언어

공용어는 타이어. 영어가 잘 통하는 편이다.

■ 인구

약 6,8200만 명(2016년 기준).

■ 종교

국민의 약 94%가 불교 신자(상좌불교)다. 된다.다 2시간 느리다.

■ 플러그 타입

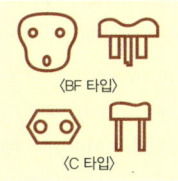

⟨BF 타입⟩

⟨C 타입⟩

태국의 국가 번호는 66번이다.

■ 신용카드 사용하기

최근 태국에서도 신용카드 이용률이 높아지고 있다. 동시에 신용카드와 관련된 범죄도 급증하고 있으므로 신용카드 사용 시 주의가 필요하다.

서민 식당이 많은 빠이, 치앙라이, 치앙칸에서는 아직도 신용카드를 사용할 수 없는 경우가 많다. 현금이 부족하지 않게 챙겨가거나, ATM을 이용하자.

■ 신용카드를 분실했을 경우

신용카드를 분실했을 경우에는 우선 카드 회사에 연락해 카드 사용을 정지한다. 재발급에는 보통 2~3주 정도 소요된다.

ATM에서 현금 인출

태국에서도 ATM(현금 자동 지급기)이 보급되어 있어서 국제현금카드나 신용카드로 태국 통화를 인출할 수 있다. ATM은 은행과 환전소 내는 물론이고 도심과 관광지처럼 사람이 많이 모이는 장소에서 쉽게 찾을 수 있다. 최근에는 24시간 이용할 수 있는 ATM도 급증하고 있다.

ATM 조작법

첫 화면에서 영어(ENGLISH)를 선택하면 똑같다고는 할 수 없지만, 아래와 같은 표시가 나온다. 표시 순서와 단어에 주의해 조작한다(괄호 안은 신용카드로 현금을 인출할 경우).

순서	화면에 나오는 영어	조작 방법
1	Insert Your Card 또는 Enter Card	**카드 삽입** 그 후 표시 언어를 선택하는 경우도 있는데 한국어는 없다.
2	Enter PIN	**비밀번호 입력** 숫자 키로 입력한다.
3	WITHDRAWAL (CASH ADVANCE)	**거래 선택** 국제현금카드는 WITHDRAWAL(예금에서 인출)을, 신용카드는 CASH ADVANCE(현금서비스)를 선택한다.
4	SAVING ACCOUNT (CASH CARD)	**계좌 선택** 국제현금카드는 SAVING ACCOUNT(보통예금)를, 신용카드는 CASH CARD를 선택한다.
5	AMOUNT	**금액** 금액의 선택지가 6종류 정도 나오므로 선택한다(숫자 키로 입력하는 경우도 있으며 OTHER를 선택하고 나서 입력하는 형태도 있다).
6	TAKE CASH	**현금이 나옴**
7	Another Transaction?	**계속 / 종료** 계속해서 다른 거래를 할 것인지를 묻는 질문이다. 마칠 경우는 NO를 누른다.
8	Take your card and receipt	**카드와 명세서가 나옴** 잊지 말고 가지고 가도록 한다.

1월 2~3일 신정 ★
국민을 향한 총리의 신년 인사 등이 행해진다.

1월 셋째주 치앙마이 보상 우산 축제 ★
수작업으로 만든 화려한 우산 퍼레이드가 펼쳐진다.

2월 첫째주 치앙마이 꽃 축제
다채로운 꽃의 향연을 만날 수 있는 축제로, 40년의 역사를 자랑한다.

2월 11~13일 마카푸차 ★
만불제. 부처의 제자들이 한자리에 모인 것을 축하하는 날.

4월 6일 차끄리 왕조 기념일
현 왕조의 초대 차끄리 왕이 즉위한 날.

4월 13~15일 송끄란 ★
태국의 정월로 물싸움 축제라고도 불린다. 승려가 성수를 뿌리는 종교적인 의식에서 시작되었다고 한다.

5월 1일 노동절
노동자들의 휴식 날.

5월 5일 국왕 즉위 기념일 ★
국왕이 즉위한 날을 기념하는 날.

5월 10일 위사카부차(석가탄신일) ★
부처의 탄신을 축하하는 날.

5~6월 치앙마이 인타낀 페스티벌 ★
치앙마이 지역의 복을 비는 기우제로, 왓 체디루앙을 중심으로 열린다.

7월 8~10일 아살라부차(삼보절) ★
석가가 5명의 제자에게 깨달음을 설법하고 불·법·승의 '삼보'를 완성한 날.

태국의 축제 FESTIVAL

물싸움을 벌이는 송끄란과 바나나 잎으로 만든 배에 초나 동전, 향을 실어 강에 띄우는 로이끄라통 등 태국의 축제는 세계 각국의 여행자들이 몰릴 만큼 세계적으로 유명하다. 단, 축제 기간에는 교통, 숙박 등이 매우 혼잡하므로 주의해야 한다.

송끄란 축제

■ 수린 코끼리 축제

태국 동북부 수린에서 열리는 축제로, 매년 11월 하순에 개최된다. 원래는 가난한 농업 경제를 살리기 위해 실시된 코끼리 축제가 매스컴에 크게 보도되면서 인기를 끌어, 지금은 주요 축제로 떠올랐다.

8월 12~14일 어머니의 날 ★

현 왕비의 탄생일

10월 채식주의 축제 ★

화교 커뮤니티를 중심으로 치앙마이에서는 타패 게이트 또는 와로롯 시장에서 열린다.

10월 23일 출라롱콘 대왕 기념일 ★

태국의 근대화를 이룬 출라롱콘 대왕(라마 5세)의 서거를 기념하는 날.

11월 중순(보름) 러이끄라통 ★

태국에서 가장 유명한 축제. 보름 밤에는 전국의 강과 연못, 운하가 끄라통(쪽배)으로 뒤덮이는 광경이 환상적이다. 바나나 잎이나 종이로 만든 쪽배에 동전과 촛불, 향을 실어 수면에 흘려보낸다. 수코타이 왕조 시대에 시작된 역사가 깊은 축제다.

12월 첫째주 치앙마이 님만해민 아트 앤 디자인 산책로 ★

님만해민 곳곳에서 감각적인 예술품을 판매, 전시하는 축제.

12월 5일 고 푸미폰 아둔 야뎃 전 국왕 탄생일 ★

2016년 12월 서거한 고 푸미폰 아둔 야뎃 전 국왕(라마 9세)의 탄신일.

12월 10~11일 헌법 기념일 ★

태국 최초의 헌법을 공포를 기념하는 날.

★는 해마다 날짜가 달라진다.

러이끄라통 축제가 열리기 전부터 오프닝 세레모니가 진행된다.

러이끄라통

태국의 종교

태국의 국교인 불교는 한국이나 중국과 달리 실론(현 스리랑카)에서 도래한 테라와다(상좌부) 불교다. 대다수 국민들이 불교 신자이며, 전국 어디서나 쉽게 불교 사원을 만날 수 있다. 도심에서도 사원 일대에서는 승려가 새벽부터 탁발(태국어로 탁밧)을 다니고, 집집마다 문 앞에서 서민들이 무릎을 꿇고 공양하는 광경을 많이 볼 수 있다.

한편 예로부터 전해오는 애미니즘도 태국 사회 구석구석에 살아 있다. 여행하다 보면 토지 신이나 집 신을 받드는 풍습을 자주 볼 수 있다. 이들 불교와 정령 신앙이 혼합되어 태국 사회의 도덕과 가치관의 뿌리를 이룬다.

'미소의 나라'라 불릴 정도로 친절한 태국에도 외국인이 지켜야 할 예절이 있다.

태국 왕실

태국 왕실은 국민들로부터 절대적인 존경을 받고 있다. 왕실의 가십과 소문이 무성하지만, 서민들의 신뢰감은 흔들릴 줄 모른다. 그러므로 여행자 또는 외국인이라 하더라도 왕실에 대한 경의를 소홀히 해서는 절대 안 된다. 특히 왕실 수호 사원에서는 복장에 신경을 써야 한다.

영화나 공연을 관람할 때도 왕실 예찬 노래가 흘러나오는데, 태국인 모두 자연스럽게 자리에서 일어난다. 이때 여행자도 일어나는 것이 바람직하다. 운이 나쁘면 불경죄가 적용될 수도 있으니 주의하자.

태국의 금기

태국인들은 사람의 머리에는 혼이 깃들어 있다고 믿기 때문에 머리에 함부로 손을 대서는 안 된다. 우리는 귀여운 아이를 보면 무심코 머리를 쓰다듬는 습관이 있으므로 특히 조심해야 한다. 아이의 머리를 쓰다듬는 정도라면 태국인도 할 수 있을 법한 행동이지만, 손윗사람이나 연장자의 머리에 손을 대거나 여성이 남성의 머리에 손을 대는 것은 금기해야 할 행동이다.

머리와는 정반대로 발바닥은 불교에서 부정하다고 여기므로 발 마사지를 받을 때 자칫 발이 머리에 닿지 않도록 조심한다. 여성들은 승려를 만날 때 특히 조심해야 한다. 승려가 여성과 잠깐이라도 닿으면 그때까지의 수행이 모두 물거품이 된다고 믿기 때문이다.

■ 한국과 태국 불교의 차이점

태국 불교는 인도에서 실론(스리랑카), 버마(미얀마)를 통해 전해졌으나, 한국의 불교는 중국을 통해 전해졌다. 한국 불교는 부처를 믿으면 구원받는 '대승불교'이며, 태국 불교는 엄격한 수행을 쌓은 승려만 구원받는 '상좌부 불교'다.

태국의 불교는 남자만 출가가 가능하며, 태국 남성은 누구나 한 번은 의례적으로 불교에 입문한다. 일정한 수행을 쌓는 것으로 성인식을 치르는 것이다.

태국 북부의 역사

태국 북부의 역사

1262년 멩라이 왕, 치앙라이를 시작으로 란나 왕국을 열다.
1281년 위앙쿰캄으로 수도 천도
1296년 치앙마이 수도 천명
1558년 버마의 란나 왕국 점령
1578년 버마에 의한 직접 통치 시작,
200년 간의 문화 암흑기
1775년 시암의 탁신 왕의 도움으로 버마 통치 종식과 동시에
시암 왕국의 일부가 됨.
1939년 시암 왕국에서 태국으로 국호 변경
란나 왕국의 마지막 통치왕자 서거, 태국으로 완전히 편입

'천 개의 논'이라는 뜻의 란나, 태국 북부의 풍요로움을 기반으로 찬란한 문화를 꽃피웠던 란나 왕국(Lanna Kingdom)의 시작과 함께 치앙마이도 역사의 전면에 등장한다.
란나 왕국은 2개의 산과 강, 비옥한 농토를 중심으로 독자적인 문화를 발전시켰다. 란나 왕국과 함께 태국 북부의 문화, 예술은 물론 교역의 중심지로 성장했던 치앙마이의 역사를 간략히 알아보자.

란나 왕조의 시작, 그들은 어디서 왔을까?

란나 왕국을 건설한 멩라이 왕(Mengrai, 1259~1317)은 중국 남부에서 남하한 타이위안(Tai Yuan)족의 후예라고 전해진다. 분명한 것은 태국 중남부에 왕국을 건설했던 아유타야 왕조 혹은 수코타이 왕조와는 다른 원류를 가지고 있다는 점이다.
멩라이 왕은 언양 지역(Ngoen Yang, 현재의 치앙샌)의 언양 왕조(Ngoen Yang Dynasty)의 왕이다. 언양족의 인구가 늘어나 남하하게 되면서 멩라이 왕은 자신의 이름을 딴 치앙라이를 건설해 수도로 천명하고 란나 왕조의 첫 번째 왕(1262년)이 된다.

치앙마이가 란나 왕조의 수도가 되기까지

1262년 멩라이 왕이 란나 왕국을 건설한 이후 치앙마이에 도달하는 데는 30년이 넘는 시간이 걸린다. 남으로 정복 전쟁을 거듭하며 하리푼차이(Hariphunchai, 현재의 람푼)와 위앙쿰캄(Wiang Kum Kam)을 거쳐 치앙마이가 최후의 수도로 자리 잡게 된다.

수텝 산과 푸이 산이 사방을 병풍처럼 두르고, 비옥한 평원과 삥 강이 흐르는 완벽한 배산임수의 도시 치앙마이에 기틀을 마련한 란나 왕국은 멩라이 왕의 치세 아래 급속히 성장하며 16세기 초까지 종교와 문화의 중심지가 되었다.

침입과 수탈의 역사, 란나 왕국의 몰락

란나 왕국 수립 260여 년 만에 버마(미얀마)에 의해 정복당하면서 란나 문화는 정체기를 맞는다(1558년). 버마는 란나 왕국을 점령하면서, 남진(南進)의 기지를 마련하고 1569년 아유타야까지 정복한다.

결국 1578년, 란나 왕국은 버마에 의한 직접 통치가 시작되며 속국으로 전락한다. 이후에도 버마와 아유타야 사이에서 200년간 세력 다툼의 볼모로 영욕의 세월을 보낸다.

태국이 되다

1775년, 시암 왕조(Siam Dynasty)의 딱신 왕(Taksin)의 도움으로 200년 만에 버마의 속국에서 벗어난다. 독립에 도움을 준 시암 왕조의 조공국으로 란나 왕국은 반 독립국으로 명맥을 잇는다.

버마의 통치를 벗어나면서 치앙마이는 빠른 재건과 함께 새로운 중흥기를 맞는다. 1939년, 란나 왕조의 마지막 통치 왕자가 사망하자 태국 정부는 도지사를 보내 란나 왕국을 태국으로 완전히 편입하게 된다.

태국 제 2의 도시, 치앙마이

독자적인 문화를 가졌던 치앙마이의 매력은 여전하다. 200년 간의 문화, 예술의 암흑기도 치앙마이의 깊은 향취를 없애지 못했다. 오히려 1921년 방콕과 치앙마이 간 철도 건설이 완료되고 1930년 대 후반 태국에 완전히 편입되면서 태국 제2의 도시로 거듭났다.

■ 란나 왕국

치앙샌 출신의 왕인 멩라이가 세운 나라. 1296년 건설된 치앙마이를 수도로, 도시 연합국가적인 성격이 강했다. 영역은 치앙마이, 치앙라이, 매홍손, 난, 프래, 람푼, 람팡 등에 미쳤으며, 태국 북부 지역을 지배했다.

14세기 버마와의 전쟁에 패하며 약 200년간 속국이 되었다. 18세기 일시 독립했지만, 라따나꼬신 왕조의 속국 같은 관계에 놓여 최종적으로 1939년 태국으로 합병되었다.

역사와 문화적으로는 아유타야, 방콕 두 왕조에 대항한 타이족의 국가이며, 언어와 풍습에 독자성이 강한 문화를 유지해왔다. 버마 통치 시대의 영향을 짙게 받아 버마 양식의 불탑이 현재도 많이 남아있다.

태국 입국 절차

■ 출입국 카드와 세관 신고서

태국에 입국할 때는 출입국 카드를 반드시 제출해야 한다. 세관 신고서는 신고할 물품이 있는 경우에만 제출한다. 용지는 비행기를 이용할 경우는 기내에서 배포된다. 기내에 상비하고 있는 용지가 부족해 받지 못했을 때는 도착 후에 입국 심사를 받는 로비에 용지가 준비되어 있으므로 그곳에서 기입한다. 비행기 이외의 교통편으로 입국하는 경우는 출입국 관리소에서 카드를 받는다. 기입 자체에는 어려운 내용이 없으며, 사인 외에는 모두 알파벳 대문자로 기입한다.

■ 도착에서 세관을 통과할 때까지

치앙마이 국제공항

1. 비행기에서 내려 입국 심사 카운터로
비행기에서 내려 공항 빌딩으로 들어가면 입국 심사(Passport Control) 안내 표지를 따라 입국 심사 로비로 간다. 외국인용 카운터(Foreign Passport)에 줄을 서서 입국 심사를 받는다.

2. 입국 심사
여권과 출입국 카드를 제출한다. 관광이 목적이라면 거의 질문을 받지 않는다. 출입국 카드 중 출국 카드(Departure Card)는 여권과 함께 돌려주는데 출국할 때 이 카드를 회수하므로 잘 보관해야 한다. 여권에 입국 스탬프를 받으면 심사가 끝난다. 테러 방지를 위해 외국인 입국자는 원칙적으로 얼굴을 촬영하게 되어 있어 입국 심사에는 시간이 걸린다.

3. 수하물 찾기
짐을 맡긴 사람은 입국 심사 후에 수하물 수취 구역(Baggage Handling Area)의 컨베이어 벨트에서 짐을 찾는다. 컨베이어 벨트는 여러 대 있으므로 자신이 탔던 비행기의 편명이 표시된 곳을 확인한다. 옆에서 기다리고 있다가 차례로 나오는 짐 가운데 자신의 것을 찾으면 된다. 만약 짐이 나오지 않을 때는 항공권에 첨부된 클레임 태그(Claim Tag, 수하물 보관표)를 배기지 클레임(Baggage Claim) 창구에 제시하고 신고한다(왼쪽 참고).

4. 세관 심사
수하물 수취 구역 바로 앞에 세관 카운터가 있다. 신고할 것이 없으면(Nothing to Declare) 녹색 카운터로, 세관 신고(Goods to Declare)할 사람은 빨간색 카운터로 간다. 녹색 카운터에서는 가끔 불시에 짐을 검사하는 경우도 있다. 빨간색 카운터에서는 검사 후 세액을 정산받는다. 세관을 통과하면 태국 입국을 위한 절차가 모두 끝난 것이므로 공항 로비로 나오면 된다.

출입국 카드 작성하기

❶ 성
❷ 이름과 미들 네임(있는 사람만)
❸ 국적
❹ 성별(남자는 Male, 여자는 Female에 체크)
❺ 여권 번호
❻ 생년월일(일, 월, 년 순으로 기입)
❼ 비자 번호(비자를 취득한 사람만)
❽ 태국 내 주소(체류하는 호텔 이름. 체류할 곳이 미정이라면 체류 예정 호텔명을 기입)
❾ 사인(여권에 있는 대로 적는 것이 무난하다)
❿ 입국할 때의 비행기 편명
⓫ 입국할 때의 비행기 종류(전세 비행기라면 Charter, 일반 비행기라면 Schedule에 체크)
⓬ 태국 방문 여부
⓭ 패키지 투어 여부
⓮ 태국에서 숙박할 시설의 종류(해당란에 체크)
⓯ 입국 목적(해당란에 체크)
⓰ 연 수입(해당란에 체크)
⓱ 직업
⓲ 거주지(도시명)

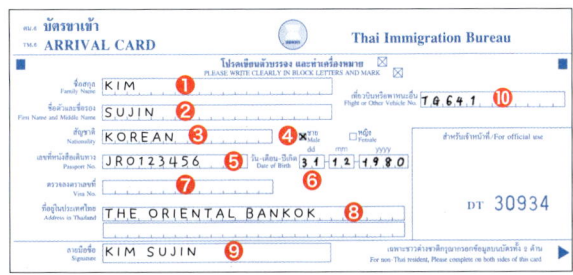
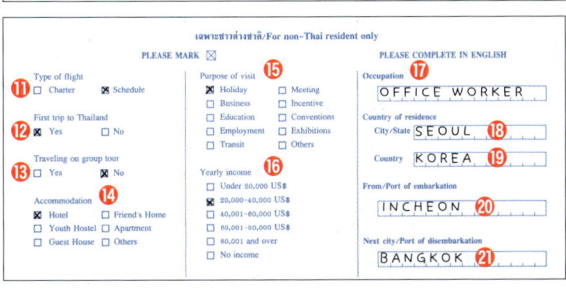
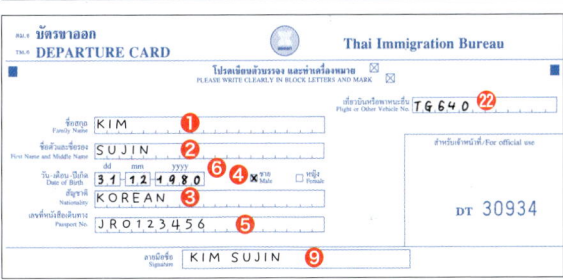

⓳ 거주국
⓴ 태국 입국 전 출발지(예: INCHEON)
㉑ 태국 도착지(예: BANGKOK)
㉒ 출국할 때의 비행기 편명

태국으로 가지고 들어갈 수 있는 면세 범위

물품	면세 범위
담배	궐련 200개비 또는 250g
알코올류	1병(1L)
기타(개인적인 일용품과 가전제품 등)	담배와 알코올 외에는 전부 2만B 이내의 물품일 경우 원칙적으로 신고는 필요 없다.

트러블 대처하기
TROUBLE

치앙마이를 비롯한 태국 북부 지역은 비교적 안전한 지역에 속하지만, 소매치기나 사기 등의 범죄가 일어나기도 한다. 관광객을 노린 대표적인 범죄 유형을 알아두어 주의하자.

소매치기

보통 소매치기는 여러 명이 함께 몰려 다닌다. 한 명이 길을 물어보는 척하면서 다가와 주의를 끌고 나머지 일당이 물건을 훔쳐 간다. 특히 ATM이나 은행에서 현금을 인출하고 나올 때 소매치기의 대상이 되기 쉬우므로 주의한다. 갑자기 나타나 부딪히거나 물건을 떨어뜨리면서 주의를 끄는 등의 행동이 전형적인 수법이다.

대책 | 귀중품은 가급적 들고 다니지 말고 현금은 그날 필요한 만큼만 소지하도록 한다. 늦은 밤이나 사람이 많이 모이는 곳에서는 특히 조심하고, 만일 위험이 느껴진다면 가까운 상점이나 주변 사람에게 적극적으로 도움을 요청한다.

장거리 버스의 경우, 여행자들을 상대로 짐 바꿔치기 사고가 일어나기도 한다.

버스에서 짐 바꿔치기

빠이, 치앙라이, 치앙칸 등으로 갈 때 탑승하게 되는 버스의 안전사고가 늘고 있다. 일부 구간의 도로 사정이 좋지 않고 장거리 이동이 주원인이다. 또한 잠이 든 여행자를 대상으로 소매치기 또는 짐 바꿔치기 사고가 일어나기도 하므로 각별히 주의한다.

대책 | 가급적 주간에 운행하는 버스를 이용하고 귀중품은 소매치기 방지용 안전 가방에 넣도록 한다.

너무 과한 요금을 요구한다면 다른 택시를 이용하자.

택시 이용 시 주의하기

택시 운전사가 너무 터무니 없는 요금을 요구하면 상대하지 말고 다른 택시를 찾자. 택시를 이용할 경우 야간에 여자 혼자 타는 것은 금물. 또 차에서 내려 손님을 기다리는 택시는 뭔가 꿍꿍이가 있는 경우가 많다.

대책 | 돌아다니는 택시를 잡거나 호텔 종업원에게 부탁하도록 한다.

밤 늦게 혼자 다니지 않기

심야에 사람들의 왕래가 적은 어두운 길을 혼자 돌아다니지 않도록 한다.

대책 | 밤에는 여러 명이 그룹으로 움직이고 사람들이 많은 길로 다니도록 한다.

이런 사람을 주의하자

말을 걸어오는 상대는 조심하는 것이 철칙이다. 혼자 여행하는 경우는 특히 타겟이 되기 쉬우므로 어느 정도 긴장을 늦추지 않는 편이 좋다. 많은 피해 사례의 공통점은 '부자연스러울 정도의 친밀한 태도로 접근한다', '영어를 유창하게 한다', '자신의 지위나 신분을 강조한다'는 것이다.

질병에 대한 대처

태국에서 감염될 위험이 있는 병의 증상에 대해 어느 정도 알아 두어 몸 상태가 나빠졌을 때 당황하지 말고 대처하자.

대표 질병과 증상

말라리아 말라리아 원충을 가진 모기에 물려 감염된다. 말라리아는 체내에 원충이 들어간 후 7~30일 후에 발병한다. 오한과 40도 이상의 고열이 주요 증상이다.

광견병 개에게 물려 타액 속 병원균에 의해 감염된다. 태국의 개는 광견병 예방접종을 하지 않은 경우가 많아 강아지라도 들개는 절대 만지지 않는다.

뎅기열 말라리아와 마찬가지로 모기가 원인이다. 잠복기는 5~7일이며, 발열과 두통, 손발에 발진이 나타난다.

급성 설사 익숙하지 않은 음식에 위장이 놀라서 일어나는 것이 대부분이다. 1~2일 안정을 취하고 상태를 지켜보면서 증상이 나아지지 않으면 병원에 간다.

병원성 간염 음식물이나 식수 중의 바이러스로 감염된다. 고열과 권태감, 구토 등이 주요 증상이다. 치료가 늦어질수록 완치에 시간이 걸리므로 바로 병원으로 간다. 잠복기는 15~50일로 귀국 후에 발병하는 경우도 있다.

장티푸스 음식물이나 물이 감염원이 된다. 잠복 기간은 1~3주이며 증상은 발열, 배와 가슴에 발진, 변비 등이 나타난다. 진행되면 변기가 설사로 바뀌거나 혼수상태에 빠지는 경우도 있으므로 빨리 치료해야 된다. 법정 전염병으로 귀국 후에 격리 또는 입원하게 된다.

■ **치앙마이 주요 병원**

람 병원 Lam Hospital
주소 8 Bunrueang Rit, Tambon Si Phum, Amphoe Mueang Chiang Mai
전화 +66 53 920 300

마하라 나콘 병원 Maharaj Nakorn Chiang Mai Hospital
주소 110 Suthep Rd, Tambon Su Thep, Amphoe Mueang Chiang Mai
전화 +66 53 936 150

란나 병원 Lanna Hospital
주소 Chang Phuak Amphoe Mueang Chiang Mai
전화 +66 53 999 777

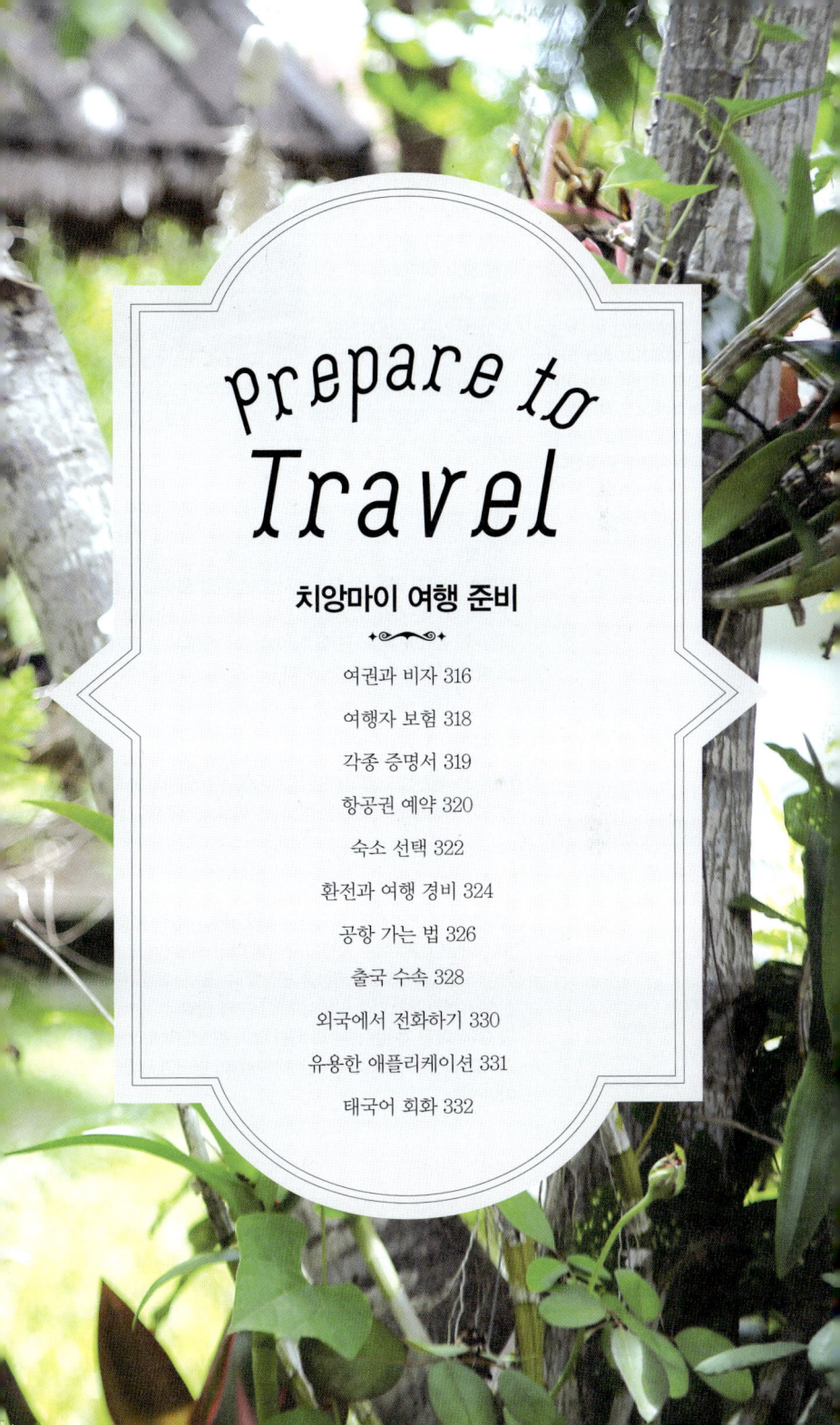

Prepare to Travel

치앙마이 여행 준비

여권과 비자 316

여행자 보험 318

각종 증명서 319

항공권 예약 320

숙소 선택 322

환전과 여행 경비 324

공항 가는 법 326

출국 수속 328

외국에서 전화하기 330

유용한 애플리케이션 331

태국어 회화 332

여권과 비자
PASSPORT & VISA

보안성을 극대화하고 위·변조와 도용을 억제하기 위해 비접촉식 IC칩을 내장한 전자 여권은 신원과 바이오 인식 정보를 저장하고 있다. 바이오 인식 정보는 얼굴과 지문 등을 뜻한다.

여권 발급에 필요한 서류

1. 여권 발급 신청서
2. 여권용 사진 1매
3. 신분증
4. 여권 발급 수수료(5년 초과 10년 이내 복수 여권) 48면 5만 3000원, 24면 5만 원, 단수 여권 1만 5000원
5. 병역 의무 해당자는 병역 관계 서류(☎ 1588-9090 또는 홈페이지 www.mma.go.kr에서 확인)
6. 18세 미만 미성년자는 여권 발급 동의서 및 동의자 인감증명서, 가족관계증명서(단, 미성년자 본인이 아닌 동의자 신청 시 여권 발급 동의서, 동의자 인감증명서 생략 가능)

여권 신청

여권 발급 신청은 자신의 본적이나 거주지와 상관없이 가까운 발행 관청에서 신청할 수 있다. 서울 25개 구청과 광역시청, 지방도청의 여권과에서 접수를 받는다. 신분증을 소지하고 인근 지방자치단체를 직접 방문해야 한다.

대리 신청은 불가하다. 평일 09:00~18:00에 접수가 가능하다. 그러나 직장인들을 위해 관청별로 특정일을 지정해 야간 업무를 보거나 토요일에 발급하기도 한다.

여권 종류

일반적으로 복수 여권과 단수 여권으로 나뉜다. 복수 여권은 특별한 사유가 없는 한 5년 내지 10년 동안 횟수에 제한 없이 외국에 나가는 것이 가능하다. 단수 여권은 단 한 번만 외국에 나갈 수 있으며 유효기간이 1년이다. 만 18세 이상 30세 이하인 병역 미필자 등에게 발급한다.

여권 발급 소요 기간

보통 3~4일 정도 걸리지만, 성수기에는 10일까지 소요될 수 있으니 여행을 가기로 마음먹었다면 바로 신청한다.

유효기간 연장

2008년 6월 28일 이전 발급받은 일반 복수 여권의 유효기간이 10년 미만인 경우에는 종전의 규정에 따라 최초 발급일부터 10년이 되는 날까지 유효기간을 연장할 수 있다. 유효기간 연장 신청은 여권 유효기간 만료일 1년 전부터 만료 후 1년 내에 해야 한다. 여권 기간은 횟수의 제한 없이 총 10년까지 연장 신청이 가능하지만, 만료일이 지난 지 6개월이 넘으면 재발급을 받아야 한다.

여권 재발급

여권을 분실했거나 훼손한 경우, 사증(비자)란이 부족할 경우, 주민등록 기재 사항이나 영문 성명의 변경·정정의 경우는 재발급을 받아야 한다. 재발급 여권은 구여권의 남은 유효기간을 그대로 받게 되며, 수수료는 2만 5000원이다. 단, 남은 유효기

간이 1년 이하이거나 자신이 원하는 경우에는 유효기간 5년의 신규 여권을 발급받을 수도 있다(수수료 4만5000원).

여권 사진 촬영 시 주의할 점

가로 3.5cm, 세로 4.5cm인 6개월 이내에 촬영한 상반신 사진이어야 한다. 바탕색은 흰색이어야 하고, 포토샵으로 보정한 사진은 사용할 수 없다. 즉석 사진 또는 개인이 촬영한 디지털 사진 역시 부적합하다. 양쪽 귀가 드러나야 하며 치아가 보이지 않도록 자연스럽게 입을 다물어야 한다. 배경색과 비슷한 색상의 옷을 착용하는 것도 안 된다. 해외에서 생길 마찰의 소지를 줄이기 위해서라도 본인의 실제 모습과 가장 비슷한 사진을 준비하자.

여권 발급 문의

■ 외교통상부 해외안전여행 서비스

여권 발급과 해외안전여행에 관한 정보를 얻을 수 있다. 여권 관련 민원 서식도 다운받을 수도 있다.

☎ 02-2100-2114 홈페이지 www.0404.go.kr

■ 영사 콜센터

24시간 운영되므로 해외에서도 언제든지 연락이 가능하다.

국내 이용 시

☎ 800-2100-0404

■ 치앙마이 여행 중 여권 분실 시 재발급 절차

여권을 분실했다면 즉시 관할 경찰서에 찾아가 분실 신고를 하고 사건경위서를 작성, 분실증명서를 발급받는다. 그리고 태국 대한민국 대사관을 방문해 여권을 재발급 받아야 하는데, 치앙마이에는 대한민국 대사관이 없으므로 방콕을 방문해 재발급 수속을 밟아야 한다. 이때 분실증명서와 재발급 신청서, 재발급 비용, 여권용 증명사진, 신분증 등을 챙겨 가야 한다. 만일의 경우를 대비해 여행 전 여권 사본을 따로 준비하거나 여권 번호를 적어두면 좋다.

비자

대한민국 여권 소지자는 최대 90일 동안 무비자로 태국에 체류할 수 있다. 단 여권 유효 기간이 6개월 이상 남아 있어야 하며, 왕복 항공권을 소지해야 한다. 취업을 목적으로 체류가 불가능하며, 인접국으로 출국한 후 재입국하면 다시 90일간 체류할 수 있다.

여권 유효기간 연장 시 필요한 서류

1. 여권 기재 사항 변경 신청서
2. 여권용 사진 1장(여권 발급 신청 전 6개월 이내 촬영한 것)
3. 주민등록등본 1부(행정 전산으로 확인 불가능 시)
4. 여권 및 여권 사본 1부
5. 만 18세 미만인 경우 부 또는 모의 여권 발급 동의서 및 인감증명서(부모가 신청 시 제외)
6. 병역 의무 해당자의 경우 병역 관계 서류

■ **태국 대한민국 대사관**

주소 23 Thiam-Ruammit Rd., Ratchadapisek, Huay-Kwang, Bangkok

전화 +662 247 7540~41

비상연락처 +66 81 914 5803(근무시간 외)

운영 08:30~12:00, 13:30~17:00

휴무 토·일요일, 한국·태국 공휴일

■ **주한 태국 대사관**

주소 서울 용산구 대사관로 43 태국대사관

전화 02 795 3098

운영 07:00~17:00(비자 발급은 12:00까지)

휴무 토·일요일, 한국·태국 공휴일

여행자 보험 TRAVEL INSURANCE

여행자 보험은 여행 중 발생할 수 있는 항공기 사고, 납치, 천재지변 등의 큰 사건은 물론 도난, 교통사고 등 개인적인 일까지 갖가지 사건·사고에 대한 손해를 보상한다.

가입은 어디서
보험설계사, 보험사 영업점·대리점을 통해 가입할 수 있다. 각 보험 회사의 온라인 사이트에서도 가입할 수 있다. 미리 보험에 가입하지 못했다면 비행기에 탑승하기 전 공항 내 보험 서비스 창구를 이용해 가입한다.

보험료
7일 이하의 단기 여행자는 최소 5000원부터 최고 3만 원 선. 여행 기간 3개월까지는 1회 단기 상품 가입이 가능하지만, 3개월 이상이라면 매달 납입하는 장기 상품에 가입해야 한다. 성별과 나이, 여행 기간에 따라 요금 차이가 있다.

■ **여행자 보험 일반 보상 금액**
- 사망 및 후유 장애 5000만~3억 원
- 상해 의료비 500만~5000만 원
- 질병으로 인한 사망 1000만~2000만 원
- 질병 의료비 500만~5000만 원
- 휴대품 손해 및 도난 1개당 최대 20만 원(총 5개까지)

미리 여행자 보험에 가입하지 못했다면 공항에서 출국장에 들어가기 전에 가입하자.

여행자 보험 Q&A
Question & Answer

Q 여행 기간이 끝난 후에는 보상받을 수 없나?
A 여행하는 동안 일어난 사고에 한하지만, 여행 중 발생한 질병으로 인해 보험 기간이 끝난 후 30일 이내에 사망할 경우 보상받기도 한다.

Q 다른 보험과 중복 적용받을 수 있나?
A 의료 실비 보험에 가입했다면 여행자 보험과 별도로 치료비의 40%까지 보상받을 수 있다. 단, 2009년 10월 이후 가입했다면 중복 적용이 안 된다. 단체 여행자 보험과 개별 여행자 보험에 동시에 가입했다면 보장 한도에 따라 각각 보험금을 받을 수 있다. 사망할 경우 가입한 모든 보험 회사에서 사망 보험금을 받을 수 있다.

Q 보상을 받기 위해 필요한 서류는?
A 현지 병원이 발급한 진단서와 치료비 영수증, 약제품 영수증, 처방전 등을 챙긴다. 도난 사고가 발생한 경우라면 현지 경찰이 발급한 도난증명서(사고증명서)가 필요하다. 여행 중 구입한 상품을 도난당했다면 물품 구입처와 가격이 적힌 영수증을 준비한다.

Q 여행자 보험은 어느 나라에서든 적용되나?
A 국가에서 지정한 여행 금지 지역과 여행 제한 지역은 보험 가입과 보상이 불가능하다. 여행을 떠나기 전 외교통상부 해외안전여행 사이트(www.0404.go.kr)에서 확인할 수 있다.

Q 레저를 즐기다 다치면 보상받을 수 있나?
A 스쿠버다이빙, 번지점프, 자동차 및 오토바이 경주, 골프 등 스포츠나 레저 활동을 하다가 사고가 나면 보상받지 못한다.

국제학생증

학생을 위한 특권이라 할 수 있는데 관광지 입장료, 교통비, 숙박비 등을 할인받을 수 있다. 환전 시 우대하는 은행도 있고 현지에서 긴급 의료 서비스를 받을 수 있다. 국제학생증은 크게 ISIC와 ISEC로 나뉜다. 두 가지 모두 세계에서 공신력 있는 국제학생증으로 통하지만 발급 기관이 다르고 혜택의 차이가 조금씩 있으니 알아보고 선택한다.

증명서마다 발급 비용이 들어가므로 효용을 따져본다. 무턱대고 발급받아놓고 제대로 써보지도 못한 채 유효기간을 넘길 수 있기 때문이다.

유스호스텔 회원증

저렴한 여행을 즐기는 배낭여행자에게 첫손으로 꼽히는 숙소는 뭐니 뭐니 해도 유스호스텔이다. 유스호스텔을 이용하려면 회원증이 필요하다. 회원증은 유럽, 호주, 미주 지역을 여행할 때 특히 유용하다. 세계에서 유스호스텔이 가장 발달한 곳이며, 세계유스호스텔연맹에 가입한 호스텔에서 회원에게 다양한 혜택을 제공하기 때문이다. 회원증이 있는 사람만 투숙 가능한 곳이 있고, 회원가와 비회원가가 따로 책정된 곳도 많다. 회원증은 센터 방문 시 즉시 발급 가능하며, 웹사이트 신청 시 2~3일 후 택배로 받을 수 있다.

■ **국제학생증 발급받기**

발급처 ISIC, ISEC 사무실 및 제휴 대학교, 제휴 은행, 제휴 여행사
비용 1만 4000원
유효기간 발급받은 달로부터 13개월(ISIC), 1~2년(ISEC)
문의 전화 02-733-9393(ISIC)
1688-5578(ISEC)
홈페이지 www.isic.co.kr
www.isecard.co.kr

■ **유스호스텔 회원증 발급받기**

발급처 방이동 중앙연맹, 제휴 여행사, 웹사이트
비용 2만 2000~3만 3000원
유효기간 1년 / 2년 / 3년 / 평생
문의 전화 02-725-3031
웹사이트 www.kyha.or.kr

국제운전면허증

여행 방법이 점차 다양해지고 있다. 현지 대중교통을 이용해 다니는 것도 의미 있지만 직접 운전하며 이동하는 것도 꽤 낭만적이다. 라오스는 13번 국도를 따라 렌터카 여행이 가능하다. 단, 라오스 북부나 남부로 갈수록 간선도로의 경우 비포장 도로가 많고 도로 사정이 좋지 않으므로 주의할 것. 자동차 여행을 계획하고 있다면 국제운전면허증이 필요하다. 발급 요령은 다음과 같다. 대한민국 운전면허증 소지자라면 가까운 운전면허 시험장에서 즉시 발급받을 수 있고 위임장을 구비하면 대리 신청도 가능하다. 참고로 현지에서 차량을 대여해 운전하고 다닐 때 국제운전면허증과 여권을 함께 지참하지 않으면 무면허 운전으로 처벌받을 수 있다.

■ **국제운전면허증 발급받기**

발급처 운전면허 시험장
준비 서류 여권(사본 가능), 운전면허증, 여권용 사진 1매(반명함판 사진 가능)
비용 8500원
유효기간 발급일로부터 1년
문의 전화 1577-1120

항공권 예약
AIR TICKET

항공권을 구입하는 일도 일종의 쇼핑이나 다름없다. 발품을 팔아야 마음에 쏙 드는 물건을 저렴하게 구입할 수 있듯 부지런을 떨어야 보다 싼 항공권을 손에 거머쥘 수 있다. 항공권 가격을 결정하는 몇 가지 상식을 소개한다.

■ 치앙마이까지 비행시간
직항편으로 약 5시간

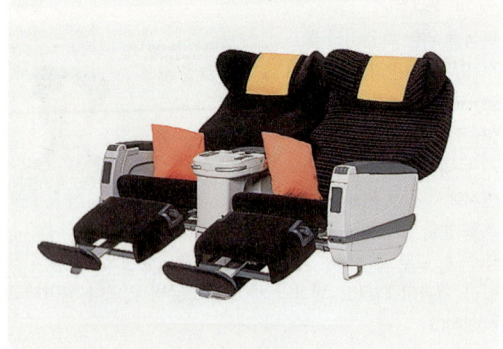

비즈니스 클래스의 예

클래스
최근 항공사마다 특별한 전략을 내세우며 다양한 클래스를 내놓기도 하지만 퍼스트, 비즈니스, 이코노미, 세 가지 등급을 기본으로 한다. 가장 저렴한 것은 이코노미 클래스이며 이코노미 클래스도 여러 가지 조건에 따라 가격이 천차만별이다.

부가 조건
돌아오는 날짜 변경(리턴 변경) 가능 여부, 마일리지 적립 여부, 연령대, 유효기간, 경유 여부 등이 대표적인 부가 조건이다. 날짜 변경과 마일리지 적립이 불가능하고, 연령대가 낮게 제한되어 있으며, 유효기간이 짧고, 어딘가를 경유하는 항공권이 가장 저렴하다고 볼 수 있다.
위와 같은 조건은 인터넷 구매 시 비고 항목이나 전화 상담을 통해 미리 확인한다. 무조건 제일 싼 항공권이 만사형통은 아니므로 마일리지 적립에 따른 이익과 돌아오는 날짜를 변경할 때 드는 수수료 등 비고 항목을 반드시 확인한다.

땡처리 항공권
땡처리 항공권은 출발 날짜가 임박한 티켓을 뜻하는데, 유효기간이 짧은 것이 대부분이고 조건도 까다롭다. 즉 예약 즉시 현금으로 입금해야 하거나 환불 및 날짜 변경이 절대 안 되며, 날짜가 임박한 상품이기 때문에 충분히 여행 준비를 할 시간적 여유가 없다는 단점이 있다.
또한 마일리지 적립이 불가한 경우도 있다. 그러나 그 어느 할인 항공권보다도 저렴한 요금에 구입할 수 있다는 것이 최대 장점이다.

할인 항공권이란?
보통 항공권 사이트 또는 여행사 사이트에서 구매하는 항공권은 할인 항공권이다(항공사 홈페이지에서 '할인 항공권' 섹션을 운영하기도 한다). 항공권 전문 판매업체나 여행사는 항공사로부터 다량의 좌석을 정상가보다 저렴하게 확보한 후 왕복 등 특정 조건을 적용해 보다 싼값에 내놓는다. 따라서 편도로 구매하는 일반 항공권은 좀 더 비싸다.

저가 항공 이용법

대한항공 외에도 태국 저가 항공사인 에어아시아에서 방콕-치앙마이 취항을 시작하면서 활발한 마케팅과 서비스를 제공하고 있다. 기존 항공 요금에 비해 저렴하게 여행할 수 있어 국내 여행객에게 인기를 얻고 있다. 다채로운 할인 행사와 프로모션을 진행하므로 이때를 이용하면 싼값에 항공권을 구입할 수 있다. 예약은 항공사 홈페이지에서 가능하다. 다만 운항 스케줄은 인천공항 출발인 경우 현지 도착 시간이 대한항공 22:50으로 늦은 편이다.

■ 목적지와 일정은 확실하게
비용이 저렴한 대신 환불 또는 날짜 변경이 불가능한 경우가 종종 있다. 무조건 싸다고 구입하기보다는 꼼꼼히 살펴보고 여행 계획에 맞춰야 한다. 유류 할증료 포함 여부도 반드시 확인하도록 한다. 유류 할증료 등의 세금이 항공권보다 훨씬 비쌀 수 있기 때문이다. 환불이 가능하더라도 수수료가 상당히 비쌀 수 있으니 주의한다.

■ 수시로 체크할 것
항공권 가격은 무척 유동적이다. 좌석 수급 상황에 따라 편차가 큰 것은 물론 같은 날이라도 시간대에 따라 달라진다. 수시로 항공권 요금을 체크하면 보다 저렴하게 구입할 수 있다.

■ 조금 일찍 서두를 것
일반 항공권에 비해 체크인 절차가 다소 불편하다. 그러니 평소보다 30분 정도 일찍 공항에 도착하도록 한다. 사람들이 많이 몰리는 성수기에는 더욱 서두르는 것이 좋다.

■ 수하물은 최소한으로
저가 항공사는 일반 항공사보다 초과하는 수하물에 대해 엄격한 규정을 적용한다. 무거운 짐 때문에 요금을 더 낼 수도 있다.

저가 항공 이용 시 주의할 점

저가 항공은 항공 스케줄이 자주 변경된다. 항공편이 사전에 공지 없이 변경 또는 취소되는 경우가 있다. 스케줄 변경 시 예약 당시 기입한 휴대전화나 이메일로 변경 사항을 알려주는데 출발 몇 시간 전에 보내는 경우가 다반사. 마지막까지 휴대폰 메시지나 이메일을 확인하도록 하자.

■ 한국~치앙마이 직항 운행 항공사
대한항공 kr.koreanair.com
델타항공 ko.delta.com/?lang=ko&loc=kr

여행을 떠나기 전 숙소를 예약하는 것이 좋다. 애써 찾아간 숙소에 빈방이 없을 때의 난감함은 말로 다 못할 지경이다. 성수기에는 이런 난감한 일이 숱하게 발생한다.

■ 해외 호텔 예약 사이트

호텔패스 www.hotelpass.com
한국 사람들에게 익숙한 페이지 구성과 정보

아고다 www.agoda.co.kr
예약이 편리한 호텔 예약 사이트의 글로벌 강자

트립어드바이저 www.tripadvisor.co.kr
세계 각국 여행자들의 호텔 리뷰와 생생한 정보가 강점

익스피디아 www.expedia.co.kr
항공부터 숙박까지, 해외여행 시 필요한 예약을 한 번에

■ 비딩 사이트

프라이스라인닷컴 www.priceline.com
꼼꼼하고 신중한 여행자들에게 아주 유용한 사이트

■ 소셜 네트워크 활용은 이곳에서

에어비앤비 www.airbnb.co.kr
현지 분위기를 경험할 수 있는 숙소 예약 사이트

카우치서핑 www.couchsurfing.com
세계 이용자들이 무료로 서로 잘 곳을 제공하는 커뮤니티

해외 호텔 예약 사이트 이용하기

우리나라에서 운영하는 해외 호텔 예약 사이트를 비롯해 여행사, 오픈 마켓 등에서 예약이 가능하다. 최근에는 아고다, 익스피디아, 트립어드바이저 등 글로벌 호텔 예약 사이트에서 한

아고다

국어 서비스를 제공하니 선택의 폭이 넓어진 셈. 각 사이트 마다 제시하는 요금과 조건(공항 픽업, 조식 포함 여부 등)이 다를 수 있으니 잘 비교한 후 예약한다.

호텔에 가격을 제시하는 비딩 사이트

비딩 사이트는 역경매 방식으로 호텔을 예약할 수 있는 사이트다. 내가 원하는 지역과 등급의 호텔을 선택하고 가격을 제시하는 것. 그러다 보니 일반 호텔 요금보다 저렴하게 예약할 수 있

프라이스라인닷컴

다. 비딩(입찰)은 한 번 성사되면 환불되지 않으니 신중히 신청할 것.

에어비앤비 이용하기

세계 각국의 현지 호스트와 게스트가 서로 홈스테이 정보를 교환하고 예약한다. 홈페이지에서 숙소 사진을 확인하고 다른 여행자들의 리뷰를 확인할 수 있다. 홈페이지 내 메시지 시스템을

에어비앤비

통해 여행 전부터 호스트와 소통이 가능하다. 현지 문화를 좀 더 가까이 접하고 싶은 사람들에게 추천한다.

치앙마이 숙소 고르기

한정된 예산에 맞는 편한 숙소를 찾는 일은 여행의 질을 판가름 짓는 가장 중요한 요소 중 하나다. 이럴 때 필요한 체크리스트를 살펴보자.

■ 냉방
태국 북부지역의 한 낮 더위는 젊은 사람들도 견디기 힘들 정도로 뜨거우므로 숙소를 선택할 때 어떤 종류의 냉방기기가 설치되어 있는지 꼭 따져보자. 에어컨과 선풍기 등 어떤 냉방기기가 설치되어 있는지에 따라 요금 차이가 크다.

낮에 숙소에 머물지 않을 예정이라면 선풍기만 있어도 크게 문제가 되지 않는다. 건기인 11~2월에는 선풍기 만으로도 충분하다. 해당 기간 여행 시 숙박비를 절감하고 싶다면 선풍기만 설치되어 있는 저렴한 방을 선택하자.

■ 온수
날씨가 매우 덥다 보니 온수가 나오지 않는 숙소가 많다. 한국은 온수 시스템이 기본이기 때문에 온수가 나오지 않을 거라는 상상조차 못하는 여행자들이 많다. 꼭 따뜻한 물로 샤워해야 하는 사람이라면, 숙소를 정할 때 온수기가 설치되어 있는지 확인하도록 하자.

■ 편의용품
보통의 대형 호텔이나 브랜드 호텔 등은 치약, 비누, 샴푸, 바디클렌저 등 기본적인 편의용품을 제공하지만, 호스텔과 게스트하우스는 제공하지 않는 경우가 많다. 샴푸는 비치되어 있지만 린스가 없거나, 바디 클렌저는 있지만 바디 로션은 없는 경우가 대부분이다. 숙소 예약 전 어떤 용품들이 기본으로 제공되는지 미리 알아보자.

최근 지은 숙소들은 샤워시설이 잘 정비되어 있다.

■ 무료 대여
치앙마이는 대중교통 시스템이 발달하지 않은 지역으로 여행자들은 자전거를 많이 이용한다. 대부분의 숙소에서는 자전거를 무료 또는 저렴한 요금으로 자전거를 대여해준다. 날씨가 더운 나라인 만큼 물을 많이 마시는데, 물도 무료로 제공하는 숙소도 많은 편. 자전거나 물 등 치앙마이 여행에 유용한 것들을 무료 또는 저렴한 가격에 제공하는지도 꼼꼼히 따져보고 숙소를 예약하자.

자전거를 무료로 대여해주는 숙소가 많다.

환전과 여행 경비
MONEY TALK

치앙마이는 신용카드를 취급하지 않는 작은 상점이나 식당이 많다. 안전을 위해서라도 신용카드는 호텔이나 면세점, 대형 쇼핑센터, 은행 ATM에서만 사용하자.

현금 환전

■ 한 번만 바꾸는 게 유리

태국 통화인 바트(B)는 대부분 시중 은행에서 갖추고 있으니 여행 전에 환전하도록 하자. 미얀마 라오스를 함께 여행할 예정이라면 챠트(MMK)와 키프(LAK)를 환전해야 가야 한다. 챠트와 키프는 특수 통화로 규모가 큰 은행이나 KEB하나은행에 찾아 가야 한다.
10일 미만의 여행 일정이라면 현지 화폐로 환전을 하고 신용카드를 적절하게 사용하는 것이 적당하다.

■ 미국달러는 이럴 때

장기간 여행하며 여러 나라를 옮길 계획을 하고 있거나, 특수 국가의 통화가 우리나라에선 가치가 현저히 떨어지는 경우에는 미국달러로 환전하는 것이 현명하다.

■ 여러모로 유용한 EXK카드

여행 경비를 모두 환전해야 하는지 고민되는 사람이라면 해외 인출 시 수수료 혜택을 받을 수 있는 EXK카드를 활용하자. 국제 브랜드 사 이용 시 부과되는 거래 금액 당 1%의 수수료가 없다(미국, 필리핀 제외). 신한은행, KEB하나은행, 우리은행, 시티은행은 신용카드 기능을 추가할 수 있다. 각 은행마다 차이가 있지만 우리은행의 경우 태국 카시콘 ATM을 이용하면 출금수수료가 무료다.

EXK 카드 www.exk.kftc.or.kr

■ 환전 수수료 체크하기

창구에서 환율 우대 혜택이 있는지 먼저 문의한다. 묻지 않으면 우대해주지 않는 경우가 종종 있으므로 꼭 확인한다.
환율 우대를 높게 받고 싶다면 각 은행에서 운영하는 환전 관련 클럽에 가입한다. 대표적으로 KEB하나은행 환전 클럽이 있다. 이곳에 가입하면 언제나 70% 안팎의 환율 우대를 받을 수 있다. 번거롭다면 주거래 은행에서 환전한다. 월급 통장을 갖고 있는 경우라면 50% 정도 환율 우대를 받을 수 있으며, 실적에 따라 할인율이 달라진다.

외국에서도 사용 가능한 신용카드인지 확인할 것

■ 인터넷 환전

환율이 불리하게 적용되는 공항에서 돈을 바꿀 게 아니라면 은행 업무 시간 중에 가야 그나마 경제적으로 환전할 수 있다. 그런데 은행을 찾아갈 시간이 없다면? 인터넷 환전으로 눈을 돌리자. 은행 창구에서 환전하는 것보다 수수료가 싼 데다 인터넷으로 환전을 신청한 뒤 공항 지점에서 환전한 돈을 찾을 수 있어 바쁜 직장인에게 요긴한 서비스다. 일부 은행은 업무가 끝나는 저녁 시간과 주말에도 환전이 가능하도록 인터넷 환전 서비스를 확대했다. 취급하는 외화 종류도 늘어나는 추세다.

신용카드

보안상의 문제나 수수료 부담이 있지만 가장 편리하고 보편적인 보조 결제 수단으로 사용된다. 게다가 신분증 역할까지 한다. 호텔, 렌터카, 단거리 항공권을 예약할 때 대부분 신용카드 제시를 요구한다. 현지에서 현금이 필요할 때 ATM을 통해 현금 서비스를 받을 수도 있다. 국제 카드 브랜드 중에선 가맹점이 많은 비자, 마스터 카드가 무난하다. 자신의 카드가 외국에서도 사용 가능한지도 반드시 확인해야 한다. 또 외국은 카드 뒷면의 사인을 확인하므로 꼭 서명해둔다.

■ 수수료 감안하기

신용카드로 결제한 금액과 청구 금액이 최고 3%까지 차이가 날 수 있다. 각종 수수료가 붙기 때문인데 이런 수수료 부담을 덜어주는 국제 선불 카드나, 국제 카드 수수료를 없앤 국내 카드사의 해외 사용 특화 카드가 속속 출시되고 있다.

■ 신용카드 사용 시 환율 체크하기

환율이 떨어지는 추세라면 신용카드를 꺼낼 찬스다. 신용카드 승인은 바로 되지만 신용카드 회사에 정산되어 넘어가는 것은 1~2일 후이다. 만일 환율이 계속 떨어지고 있다면 결제할 때 좀 더 싼 환율로 계산된다는 뜻이다.

■ 스키밍에 유의하기

스키밍이란 신용카드 결제 단말기에 작은 칩을 부착해 타인의 신용카드 정보를 빼내는 것을 말한다. 위조 신용카드를 비롯한 신용카드 범죄의 원인이 된다.

현금카드로 인출

신용카드를 감당하기 어렵다면 국제 현금카드를 준비한다. 한국에서 발행한 국제 현금카드를 이용해 현지 ATM에서 현지 통화로 인출한다. 현금을 들고 다니는 것보다 안전하고, 신용카드보다 알뜰한 소비가 가능하다. 단, 신용카드처럼 신분증 기능은 하지 못한다. 씨티은행, KEB하나은행, 국민은행에서 발급 가능하며 비자(VISA), 시러스(Cirrus), 플러스(PLUS) 등의 금융기관 마크가 붙어 있다. 현지에서 자신의 카드 금융기관 마크와 일치하는 ATM을 찾아 인출하면 된다.

국제 현금카드

■ 신용카드 수수료 계산하기

국제 카드 브랜드 수수료 `1%`
비자, 마스터에서 청구하는 수수료. JBC는 이 수수료를 받지 않는다. 단, 가맹점이 많지 않다.

국내 카드사의 환가료 `0.2~0.75%`
현지에서 카드로 결제하면 카드사는 가맹점에 외화로 비용을 미리 지불한다. 고객에게 돈을 받으려면 결제일까지 시간이 걸리므로 그 기간 동안 부여하는 이자 명목의 수수료다.

지불 통화 변경에 따른 환가 수수료 `0.5% 내외`
킵으로 물건을 구매했다면 이 금액이 국제 카드사를 통해 국내 카드사로 청구되는 과정에서 킵→달러→원화로 통화가 바뀌게 된다.
이때 기준 환율보다 높은 환율이 적용돼 금액이 조금씩 올라간다.

씨티은행 ATM은 한국어 서비스도 가능

■ 현금카드 수수료 계산하기

해외 이용 수수료
`인출 금액의 1~2%`
씨티은행 현금카드 소지자는 전 세계 씨티은행에서 출금할 때 이 수수료를 물지 않는다. 몇몇 은행은 출금 금액에 따라 수수료를 다르게 받는다.

해외 ATM 인출 수수료 `US$ 2~3`
이 항목 때문에 될 수 있으면 큰 액수를 한 번에 인출하는 것이 좋다.

국제선을 타려면 늦어도 비행기 출발 2시간 전에는 공항에 도착해야 한다. 공항으로 가는 방법도 여러 가지. 나에게 맞는 교통편을 찾아보자.

■ 인천국제공항 제2터미널 개장!
출발 전 터미널을 꼭 확인하자
2018년 1월부터 인천국제공항 터미널이 제1터미널, 제2터미널로 나뉘어 운영된다. 두 터미널이 멀찍이 떨어져 있는 데다 각각 취항 항공사가 다르므로, 출발 전 반드시 전자항공권(e-티켓)을 통해 어느 터미널로 가야 하는지 확인해야 한다. 자칫 터미널을 잘못 찾을 경우 비행기를 놓치는 불운이 생길 수도 있다. 새로 개장한 제2터미널로 이전하는 항공사는 대한항공, 델타항공, 에어프랑스, KLM네덜란드항공이다. 기존의 제1터미널은 아시아나항공, 기타 외국항공사와 저가항공사들이 취항한다. 터미널 간 이동은 5분 간격으로 운행되는 무료 순환버스를 이용할 수 있다. 제1터미널 3층 중앙 8번 출구, 제2터미널 3층 중앙 4~5번 출구 사이에서 출발하며 15~18분 소요된다. 공항철도는 제1터미널에서 제2터미널까지 약 6분 소요되며, KAL리무진을 제외한 일반 공항리무진(서울, 경기, 지방 버스)은 제1터미널을 지나 제2터미널에 도착한다.

인천공항 가는 법

■ **리무진 버스**
인천국제공항으로 가는 가장 대표적인 교통수단이다. 서울, 수도권, 인천은 물론 경기도 북부와 충청남북도, 경상남북도, 전라남북도, 강원도에서 인천국제공항까지 한 번에 오는 노선이 있다. 서울 시내에서 출발하는 리무진 버스는 김포공항과 주요 호텔을 경유해 인천공항까지 오는데, 제1터미널까지 50분, 제2터미널까지 65분 정도 걸린다. 요금은 서울 및 수도권 기준으로 1만~1만5000원 정도다. 정류장, 시각표, 배차 간격, 요금 등은 인천국제공항 홈페이지(www.airport.kr)나 공항리무진 홈페이지(www.airportlimousine.co.kr)를 참고한다.

■ **공항철도**
서울역과 인천국제공항을 연결하는 공항철도는 리무진 버스 다음으로 대중적인 공항 교통수단이다. 공항철도는 모든 역에 정차하는 일반 열차와 서울역에서 인천공항까지 무정차로 운행하는 직통열차로 나뉜다. 일반열차는 6~12분 간격에 58분이 소요되고, 요금은 서울역에서 출발할 경우 인천공항1터미널역까지 4150원, 인천공항2터미널역까지 4750원이다. 직통열차는 일반열차와 달리 지정 좌석제로 승무원이 탑승해 안내 서비스를 제공한다. 30분~1시간 간격 운행에 43분 소요되고 요금은 8000원이다.

■ **자가용**
인천공항에 가려면 공항 전용 고속도로인 인천국제공항 고속도로를 이용해야 한다. 제2터미널을 이용할 경우는 표지판을 따라 신설 도로로 진입한다. 일단 진입한 뒤에는 인천공항과 영종도 외에는 다른 곳으로 가는 것이 불가능하다. 통행료는 경차 3300원, 소형차 6600원, 중형차 1만 1300원, 대형차 1만 4600원. 여객 터미널 출발층 진입로는 승용차와 버스 진입로가 서로 다르니 주의.

■ **택시**
당장 출발하지 않으면 비행기를 놓칠 경우 선택하는 최후의 교통수단이다. 가장 가깝다는 인천에서 이용하는 택시비는 2만5000~3만원이고, 서울 도심에서는 미터 요금만 4만~6만원에 공항 고속도로 이용료까지 부담해야 한다. 만약 4명이 함께 탑승한다면 리무진 버스 요금과 비슷하니 택시를 이용하는 것도 괜찮다.

그 외의 공항, 이렇게 간다

■ **김포공항** gimpo.airport.co.kr
김포공항역에서 바로 연결된다. 공항 리무진버스도 다양한 노선이 운행되고 있다.

인천국제공항

■ **청주공항** cheongju.airport.co.kr
대전에서는 고속버스, 천안과 충주에서는 시외 직행버스를 이용한다. 서울에서 출발할 때는 강남센트럴시티나 남부터미널에서 수도권 시외버스를 이용한다. 철도는 충북선으로 연결되는데 청사 바로 앞에 '청주공항역'이라는 간이역이 있다.

김포공항

■ **김해공항** gimhae.airport.co.kr
부산 시내버스, 공항 리무진버스, 시외버스를 이용할 수 있다. 지하철을 이용할 경우 307번 좌석버스나 마을버스로 한 번 갈아타야 하며, 기차를 이용할 경우 구포역에서 하차해 307번 좌석버스를 이용한다.

청주공항

■ **광주공항** gwangju.airport.co.kr
리무진버스와 시내버스가 각각 1개 노선씩 운행한다. 버스는 22:00 전후로 끊기기 때문에 늦은 시각에 공항을 이용하려면 택시를 탄다.

광주공항

■ **대구공항** daegu.airport.co.kr
대구 시내 및 인근은 물론 전국을 잇는 고속버스 노선을 편리하게 이용할 수 있다. 동대구역에서 시내버스를 이용하거나 지하철 아양교역에서 버스나 택시로 환승해도 된다.

대구공항

■ **무안공항** muan.airport.co.kr
광주에서 리무진버스가 1일 5회 운행한다.

TRAVEL TIP

도심에서 여유롭게 수속하고 떠나자

도심공항터미널 서울 삼성동에 있는 도심공항터미널에서도 탑승 수속, 법무부 출국 심사를 할 수 있다. 다만 국내 취항 중인 몇 개의 항공사만이 이곳에서 탑승 수속을 하므로 가능한지 미리 알아보고 가야 실수가 없다. 출발 3시간 30분 전에는 도착해야 출국 수속을 하고 인천국제공항까지 늦지 않게 갈 수 있다. 도심공항터미널에서 인천국제공항까지는 1시간 10분~1시간 20분 소요된다.
☎ 02-551-0077~8 홈페이지 www.kcat.co.kr

서울역 서울역-인천국제공항역 개통과 함께 공항 철도 서울역에서 도심공항터미널(카르스트) 서비스를 실시한다. 지하 2층 카르스트에는 대한항공, 아시아나항공, 제주항공 등 3개 항공사의 체크인 카운터와 출국 심사대, 환전소 등이 들어서 있다. 6개의 체크인 카운터에서는 탑승 수속과 수하물 탁송 서비스를 제공한다. 출발 3시간 전까지 탑승 수속을 마칠 것.
☎ 02-364-7788 홈페이지 www.karst.or.kr

출국 수속
DEPARTURE

주말이나 성수기는 출국 수속을 하는 데 더 많은 시간이 걸리므로 여유 있게 하는 것이 안전하다. 공항 면세점을 이용할 생각이라면 좀 더 서둘러야 한다.

01. 공항 도착
출발 2시간 전에는 도착한다. 대한항공은 제2터미널, 아시아나항공과 저가항공은 제1터미널을 이용한다.

 start!

07. 보딩 패스와 배기지 태그 받기

항공사마다 수하물 규정이 다르므로 꼭 체크할 것!

06. 좌석 선택 후 짐 부치기
※보조배터리는 부치는 짐에 넣을 수 없으니, 기내에 들고 타야 한다.

Go! Go!

08. 출국장 들어가기
출국장으로 들어갈 때는 여권과 보딩 패스를 제시.

노트북, 태블릿 PC는 따로 빼서 통과.

09. 세관 신고 · 보안 검색
신고할 물건이 있으면 여행자 휴대물품 반출 신고서를 작성한다. 엑스레이 검색대를 거친다.

02. 카운터 확인
전광판에서 해당 항공사의 카운터를 확인.

03. 카운터 도착
줄을 서서 차례를 기다린다.

셀프 체크인을 이용하면 빠르게 수속을 마칠 수 있다.

Go! Go!

05. 여권과 항공권 제시
여권과 e티켓 프린트를 제시

04. 체크인 시작
부치는 짐이 없고 모바일 보딩패스가 있다면 바로 출국장으로 간다.

The End!

10. 출국 심사
직원에게 여권과 보딩 패스를 건넨다. 심사가 끝나면 다시 돌려받는다. 자동출입국심사를 이용해도 된다.

11. 출발 게이트로 이동
면세품을 찾거나 면세점에서 쇼핑한 후 출발 시각 30분 전까지 게이트 앞에 도착.

외국에서 전화하기
OVERSEAS CALL

외국에 가서도 내 번호 그대로 사용할 수 있는 휴대전화 서비스, 로밍. 로밍 종류와 방법 그리고 요금을 절약할 수 있는 방법을 알아본다.

자동 로밍

현재 출시된 대부분의 휴대전화는 자동 로밍 서비스 이용이 가능하다. 스마트폰의 경우 현지에 도착해 전원을 껐다 켜면 자동적으로 로밍 상태가 된다. 로밍 안내 멘트, 데이터 로밍 요금제 신청 등은 출국 전 고객센터로 문의하거나 모바일 앱 고객센터 이용 또는 공항 로밍센터에서 할 수 있다.

포켓 와이파이 단말기

선불형 심카드와 함께 최근 여행자들이 애용하는 방법으로 휴대용 포켓 와이파이 단말기를 대여해 자유롭게 무선 인터넷을 이용할 수 있다. 단말기 1대로 최대 10명까지 사용할 수 있다. 또한 로밍 상태를 유지할 수 있다.

선불형 심카드

장기 여행자라면 선불형 해외 심카드를 구입하는 게 통신료를 아끼는 방법이다. 휴대전화에 해외 심카드를 끼우면 로밍 서비스를 이용하지 않아도 된다.

그 밖의 국제전화 수단

■ **무료 전화 앱** 스마트폰 사용자의 경우 와이파이를 무료로 사용할 수 있는 환경이라면 스카이프(Skype)나 바이버(Viber) 등의 무료 전화 앱을 이용해보자. 아이폰의 경우는 자체 화상전화 기능인 페이스타임(Facetime)을 이용해도 좋다.

■ **국제전화 선불카드** 국제전화를 자주 이용할 예정이라면 선불카드를 구입해 가자. 일반 전화나 로밍 전화와는 비교가 안 될 정도로 저렴하다.

■ **현지 국제전화카드** 현지 공항은 물론 편의점, 신문 가판대에서 손쉽게 구할 수 있다. 요금은 공중전화나 로밍 서비스보다 저렴한 편이다.

■ **현지 공중전화** 전화카드를 사는 비용조차 부담이 된다면, 그리고 집에 안부 전화만 한 통 짧게 걸 거라면 그냥 현지 공중전화를 이용하자.

■ **돈 한 푼 안 드는 컬렉트 콜** 컬렉트 콜은 전화받는 쪽에서 요금을 부담한다. 그 어떤 경우보다도 요금이 비싸다는 단점이 있다.

■ 로밍 요금 상한제

요금 폭탄이 걱정된다면 로밍 사용 요금이 일정 액수에 도달할 경우 더 이상 로밍 서비스를 이용할 수 없는, 일종의 로밍 정액 요금제에 가입한다. 로밍 요금을 실시간으로 계산할 수 있는 앱을 함께 이용하면 편리하다.

■ 컨트리락, 확인 또 확인!

해외 심카드를 삽입했는데 휴대전화가 먹통이 되었다고? 컨트리락이 걸린 게 아닌지 확인하자. 국내에서 구입한 휴대전화로 해외 이동통신 사업자의 서비스 이용을 제한하는 것을 컨트리락이라고 한다. 컨트리락이 해제된 단말기여야 해외 심카드를 인식할 수 있다. 만약 락코드 설정 방식으로 제작되었더라도 통신사 고객센터에 요청하면 해제할 수 있는 기종이 있으니 확인해본다.

유용한 애플리케이션 APPLICATION

여행을 할 때 적절한 스마트폰 앱은 많은 도움이 된다. 지도와 사진, 동행매칭 앱들을 적극적으로 활용하면 여행하면서 겪게 되는 많은 시행착오를 피할 수 있는 것은 물론 합리적인 가격으로 투어에 참여할 수 있는 기회를 제공한다.

치앙마이 버스 가이드 Chiang Mai Bus Guide

치앙마이 공공 송태우 노선 및 실시간 위치 서비스를 제공한다.

시티 맵스 투 고 CityMaps2Go

인터넷을 이용할 수 없는 지역에서도 지도를 사용할 수 있는 애플리케이션. 지도를 다운받아야 하는 번거로움이 있지만, 인터넷 사용이 원활하지 않은 태국 북부 지역에서 매우 유용하다.

우버 Uber

치앙마이 외곽이나 공항 이동 시 유용한 우버 택시를 이용할 수 있는 애플리케이션이다.

스카이스캐너 Skyscanner

국내선은 물론 국제선까지 항공권 가격을 비교할 수 있다. 관심 노선을 입력해두면 가격이 변동될 때마다 알람을 받을 수 있어 편리하다.

설레 여행

페이스북을 기반으로 하는 여행 동행자 매칭 어플. 같은 기간 같은 지역을 여행하는 사람들과 자동으로 매칭해준다. 여행 전문 SNS로도 활용되며 가입자들의 여행기를 볼 수 있어 여행 정보를 얻기에도 유용하다.

9캠 9cam

전문 사진가의 결과물처럼 만들어주는 카메라 애플리케이션. 세련된 필터 효과로 예쁜 여행 사진과 인생 셀카를 찍어 SNS에 자랑해보자.

환율계산기

실시간으로 환율 정보가 업데이트되는 환율 계산기 애플리케이션을 활용하면 골치 아픈 계산에서 벗어날 수 있다.

여행을 하다 보면 현지인들과 의사 소통을 해야 할 경우가 있다. 일반적으로 태국에서는 외국인이 많은 고급 호텔이나 레스토랑 외에는 영어로 대화하기 힘드므로 한두 마디쯤은 태국어를 배워 보는 것도 좋을 것이다. 외우기 힘들다면 책을 보여주며 손가락으로 짚어 주자.

필수 단어 & 회화

★태국어 발음은 최대한 현지 발음에 가깝게 표기했다.

안녕(낮·헤어질 때)
สวัสดี • ลาก่อน [ค่ะ/ครับ]
싸왓디·라껀[카/캅]

예
ใช่ [ค่ะ/ครับ]
차이[카/캅]

아니오
ไม่ใช่ [ค่ะ/ครับ]
마이차이[카/캅]

고맙다
ขอบคุณ [ค่ะ/ครับ]
컵쿤[카/캅]

천만에요
ไม่เป็นไร [ค่ะ/ครับ]
마이뻰라이[카/캅]

미안합니다
ขอโทษ [ค่ะ/ครับ]
커톳[카/캅]

얼마입니까
เท่าไร [ค่ะ/ครับ]
타올라이[카/캅]

나
ดิฉัน • ผม
디찬(여성)·폼(남성)

당신
คุณ
쿤

당신의 이름은 무엇입니까?
คุณชื่ออะไร [ค่ะ/ครับ]
쿤 츠 아라이[카/캅]

[이것을] 주세요
ขอ [อันนี้] [ค่ะ/ครับ]
커 [안니][카/캅]

[빈방]은 있습니까?
มี [ห้องว่าง] ไหม [ค่ะ/ครับ]
미 [헝왕] 마이[카/캅]

기본 단어

1	หนึ่ง 능	오늘	วันนี้ 완니	나쁘다	ไม่ดี 마이디	환전	แลกเงิน 렉 응언
2	สอง 썽	내일	พรุ่งนี้ 푸룽니	많다	มาก 막	편도	เที่ยวเดียว 티여우
3	สาม 쌈	어제	เมื่อวานนี้ 므어완니	적다	น้อย 이	병원	โรงพยาบาล 롱파야반
4	สี่ 씨	아침	เช้า 차오	비싸다	แพง 팽	호텔	โรงแรม 롱램
5	ห้า 하	밤	กลางคืน 깡큰	싸다	ถูก 툭	매표소	ที่ขายตั๋ว 티 카이 뚜어
6	หก 혹	주	อาทิตย์ 아팃	택시	แท็กซี่ 택씨	우체국	ไปรษณีย์ 빠이싸니
7	เจ็ด 쩻	일	วัน 완	역	สถานี 싸타니	모르겠습니다	ไม่เข้าใจ 마이 카오 짜이
8	แปด 뻿	상	บน 본	공항	สนามบิน 싸남빈	버스 정류장	ป้ายรถเมล์ 빠이 롯 메
9	เก้า 까오	하	ล่าง 랑	선착장	ท่าเรือ 타르아	버스 터미널	สถานีขนส่ง 싸타니 콘 쏭
10	สิบ 씹	좌	ซ้าย 싸이	왕복	ไปกลับ 빠이 깝		
100	ร้อย 러이	우	ขวา 콰	경찰	ตำรวจ 땀루엇		
1000	พัน 판	좋다	ดี 디	사원	วัด 왓		

여행 기본 단어

- [메모를 보이고] 이곳으로 가 주세요
[ให้ดูกระดาษโน๊ต] ไปที่นี่ [ค่ะ/ครับ]
빠이티 니[카/캅]

- [왕궁]까지 50밧으로 갈 수 있습니까?
ไป [พระราชวัง] 50 บาทได้ไหม [ค่ะ/ครับ]
빠이[프라 라 차왕] 하씹 밧 다이 마이[카/캅]

- 여기에 가격을 써 주세요.
ช่วยเขียนราคาที่นี่ [ค่ะ/ครับ]
추어이 키안 라카 티 니 [카/캅]

- 미터기를 작동시켜 주세요.
ช่วยใช้มิเตอร์ด้วย [ค่ะ/ครับ]
촛 미떠 두어이[카/캅]

- 이곳은 아닙니다.
ไม่ใช่ที่นี่ [ค่ะ/ครับ]   마이 차이 티 니 [카/캅]

- 이곳에서 왼 [오른]쪽으로 도세요.
เลี้ยวซ้าย [ขวา] ที่นี่ [ค่ะ/ครับ]
리여우 싸이[콰] 티 니[카/캅]

- 여기에서 멈추세요.
จอดที่นี่ [ค่ะ/ครับ]   쩟 티 니 [카/캅]

- 거스름돈이 부족합니다.
เงินทอนไม่ครบ [ค่ะ/ครับ]
턴 응언 마이 크롭 [카/캅]

- 가격이 약속과 다릅니다.
ราคาไม่ตรงกับที่ตกลงไว้ [ค่ะ/ครับ]
라카 마이 똥 깝티 똑롱 와이[카/캅]

- [공항]으로 가는 버스 정류장은 어디입니까?
ป้ายรถเมล์ที่ไป [สนามบิน] อยู่ที่ไหน [ค่ะ/ครับ]
빠이 롯 메 티 파이[사남빈] 유 티 나이[카/캅]

- 이 버스는 [씨암 스퀘어]로 갑니까?
รถเมล์คันนี้ไป [สยามสแควร์] ไหม [ค่ะ/ครับ]
롯 메 칸 니 빠이[싸얌 스퀘어] 마이 [카/캅]

- [치앙마이]까지 얼마입니까?
ไป [เชียงใหม่] เท่าไหร่ [ค่ะ/ครับ]
빠이[치앙마이] 타오 라이[카/캅]

- 몇 시에 차가 떠납니까?
รถออกกี่โมง [ค่ะ/ครับ]
롯 옥 끼몽[카/캅]

- [활람퐁역]에 도착하면 알려 주세요.
ถึง [สถานีหัวลำโพง] แล้วช่วยบอกด้วย [ค่ะ/ครับ]
싸 타니[활람퐁] 레우 추어이 벅 두어이[카/캅]

- 좀 더 싸게 해주세요.
ลดอีกหน่อยนะ [ค่ะ/ครับ]
롯 익 노이나[카/캅]

- 예, 주세요.
ค่ะ เอาอันนี้ [ค่ะ/ครับ]   카 아오 안니 [카/캅]

- 아니오, 필요없습니다.
ไม่เอา [ค่ะ/ครับ]   마이 아오 [카/캅]

- [포장마차에서] 이것을 얹어 주세요.
ช่วยยกอันนี้ขึ้น [ค่ะ/ครับ] 추어이 욧 안니 두어이[카/캅]

- 저 사람과 똑같은 것을 주세요.
ขอที่เหมือนกับของคนนั้น [ค่ะ/ครับ]
커 으먼 껑콘 난 [카/캅]

- 몇 시까지 영업합니까?
เปิดถึงกี่โมง [ค่ะ/ครับ]   뻣 틍 끼몽[카/캅]

- 좀더 큰[작은] 것이 있습니까?
มีขนาดใหญ่ [เล็ก] กว่านี้ไหม [ค่ะ/ครับ]
미 야이[렉] 콰 미 마이[카/캅]

- [화장실]은 어디입니까?
[ห้องน้ำ] อยู่ที่ไหน [ค่ะ/ครับ]   [헝남] 유 티 나이[카/캅]

- 한번 더 말해 주세요.
ช่วยพูดอีกที [ค่ะ/ครับ]   추어이 풋 익티 [카/캅]

- 사진을 찍어도 됩니까?
ถ่ายรูปได้ไหม [ค่ะ/ครับ]   타이 룹 다이 마이[카/캅]

태국어의 표기와 억양에 관하여

태국어는 표기가 동일하더라도 억양에 따라 의미가 달라진다. 발음은 원음에 가깝도록 표기했으나, 실제로 태국인이 알아듣기 어려운 경우도 있다는 것을 알아 두자. 긴 문장으로 의사 표현을 하려고 노력하지 말고, 가능한 한 짧은 단어를 나열하는 식으로 회화를 이어가는 것이 요령이다. 상대편도 태국어에 능통하지 않은 외국인이라는 사실을 알고 있으므로, 발음이 어눌하더라도 단어의 의미로 대략적인 내용은 이해할 것이다. 또한 태국어에는 남성과 여성의 표현이 다르다. 기본적으로 문장 마지막에서 남성은 '캅', 여성은 '카'를 붙이면 공손한 표현이다.

긴급할 때 회화

여행지에서는 어떤 일이 일어날지 예상할 수 없다. 긴급할 때 사용하는 기본문장을 기억해 놓자.
긴급한 상황에서는 이 책을 펴볼 여유가 없다.

필수 단어 & 회화

- 필요없습니다.
ไม่เอา [ค่ะ/ครับ]
마이 아오 [카/캅]

- 도와 줘요!
ช่วยด้วย
추어이 두어이

- 사진기를 도난당했습니다.
ถูกขโมยกล้องถ่ายรูป [ค่ะ/ครับ]
툭 카모이 껑 타이 룹 [카/캅]

- 경찰서에 데려다 주세요.
ช่วยไปสถานีตำรวจหน่อย
추어이 파 빠이 사타니 땀 루엇 이

- 여권을 잃어 버렸습니다.
ดิฉัน [ผม] พาสปอร์ตหาย [ค่ะ/ครบ]
디첸폼] 파 사 뽓 하이[카/캅]

- 경찰을 불러 주세요.
ช่วยเรียกตำรวจให้หน่อย [ค่ะ/ครับ]
추어이 리약 땀루엇 너이 [카/캅]

- 구급차를 불러 주세요.
ช่วยเรียกรถพยาบาลให้หน่อย [ค่ะ/ครับ]
추어이 리약 롯 파야 반 하이 너이 [카/캅]

- 도둑이야!
ขโมย
카 모이

- 아야!(아플 때)
เจ็บ
쩹

- 위험해!
อันตราย
안 딸 라이

- 메스껍습니다.
อาการไม่ดี [ค่ะ/ครับ]
아 깐 마이 디 [카/캅]

- 병원에 데려다 주세요.
ช่วยพาไปโรงพยาบาลหน่อย [ค่ะ/ครับ]
추아이 파 빠이 롱 파야 반 이 [카/캅]

- 그만두세요.
หยุดนะ [ค่ะ/ครับ]
윳 나 [카/캅]

- 흥미없습니다.
ไม่สนใจ [ค่ะ/ครับ]
마이 쏜 짜이 [카/캅]

- 마시고 싶지않습니다.
ไม่อยากดื่ม [ค่ะ/ครับ]
마이 약 듬 [카/캅]

- 나가 주세요.
กรุณาออกไป [ค่ะ/ครับ]
까루나 옥 빠이 [카/캅]

- 이것이 전부입니다.
นี่ทั้งหมด [ค่ะ/ครับ]
니 탕 못 [카/캅]

- 말한 대로 하겠습니다.
จะทำตามที่บอก [ค่ะ/ครับ]
짜 탐 땀 티 복 [카/캅]

영어

- 여권을 잃어 버렸습니다.
I lost my passport.　아이 로스트 마이 패스포트

- 도난 증명서를 발행해 주세요.
May I have a report of the theft?
메이 아이 해브 어 리포트 오브 더 세프트?

- 한국 대사관은 어디입니까?
Where is the Korean embassy?
훼어 이즈 더 코리언 엠버시?

- 여행자 보험에 가입되어 있습니다.
I have travel insurance.　아이 해브 트래블 인슈어런스

- 가방을 도난당했습니다.
My bag has been stolen.　마이 백 해즈 빈 스톨른

- 택시 안에서 지갑을 놓고 내렸습니다.
I have left my purse(wallet) in the taxi.
아이 해브 레프트 마이 퍼스(월렛) 인 더 택시

- 신용 카드를 취소해 주세요.
Please cancel my credit card.
플리즈 캔슬 마이 크레딧 카드

- 여행자 수표를 재발행해 주세요.
Please reissue my traveller's checks.
플리즈 리이슈 마이 트래블러스 첵스

- 경찰을 불러 주세요.
Please Call the police.
플리즈 콜 더 폴리스

- 병원에 데려가 주세요.
Please take me to a hospital.
플리즈 테이크 미 투 어 호스피틀

- 구급차를 불러 주세요.
Please call an ambulance.　플리즈 콜 언 앰뷸런스

- 열이 있습니다.
I have a fever.　아이 해브 어 피버

- 배가 아픕니다.
I have a pain in my stomach.
아이 해브 어 페인 인 마이 스터머크

- 설사를 합니다.
I have a diarrhea.　아이 해브 어 다이어리어

- 고장 났으니까 교환해 주세요.
This one doesn't work. Please change it.
디스 원 더즌트 워크 플리즈 체인지 잇

- 인천행 비행기를 놓쳤습니다.
I have missed the flight to Incheon.
아이 해브 미스트 더 플라이트 투 인천

- 탑승 가능한 비행편을 예약해 주세요.
Please make a reservation for the next available flight.
플리즈 메이크 어 레저베이션 포 더 넥스트 어베일러블 플라이트

- 환불해 주세요.
Please give me a refund.　플리즈 기브 미 어 리펀드

INDEX

관광 & 액티비티

TCDC 디자인 센터	153
고산족 박물관	255
골든 트라이앵글	257
그랜드 캐년 치앙마이	183
나이트 바자	153
도이 매살롱	257
도이 몬쨈	182
도이 인타논 국립공원	48
도이뚱 로열 빌라 & 매파루앙 가든	254
도이푸이 몽족 마을	49
매홍손	236
머빵 폭포	208
멩라이 왕 기념비	255
무엉 팽 온천	207
무에타이 클래스	56
바이크 라이딩	50
반럭타이 호수	239
반짜보 언덕 전망대	238
반캉왓 예술마을	111
빠이 시티 투어	213
빠이 캐년	207
빠이 홋스프링 스파 리조트 수영장	209
사이 능암 온천	206
삼왕 동상	73
신악 오토바이 투어	53
싱하 파크	256
엘리펀트 푸푸페이퍼 파크	54
여행자 거리 야시장	210
와로롯 시장	154
왓 남후	211
왓 도이 능암무앙	259
왓 롱쿤	253
왓 수안독	74
왓 스리쿤 므앙	288
왓 우몽	109
왓 체디루앙	72
왓 쳇욧(치앙라이)	259
왓 쳇욧(치앙마이)	108
왓 치앙만	72
왓 클랑	211
왓 클랑위앙	260
왓 파랏	47
왓 판타오	74
왓 프라깨우	254
왓 프라싱(치앙라이)	260
왓 프라싱(치앙마이)	71
왓 프라탓 도이수텝	46
왓 프라탓 도이캄	47
왓 프라탓 매옌	210
왓 프라탓 체디루앙	258
왓 프라탓 푸카오	258
왓 훼아 플라캉	259
워킹 스트리트 야시장	288
윤라이 전망대	208
정글 번지점프	53
집라인	51
찬 차이 무에타이	213
초위 퐁 차 농장	257
치앙마이 대학교	110
치앙마이 동물원	110
칸똑 디너쇼	48
캥쿳쿠 유원지	288
코끼리 자연공원	52
쿠킹 스쿨	55
타 빠이 브리지	211
타이 마사지 클래스	57
타패 게이트	73
탁 밧	287
튜빙 앤 뱀부 래프팅	214
팸복 폭포	209
펭귄 빌리지	119
푸톡 산	287
푸핑 팰리스	49
황금 시계탑	255
훼이뚱따오 호수 공원	183

레스토랑 & 카페

49 가든	117
가가가 사카바	126
겁디 카페	115
고한야	82
굿 뷰	156
그래프 카페	84
그래프 테이블	81
그룬지 버거	220
금붕어 식당	118
꾸어이잡 남콘 삼까삿	78
꾸에이띠여우 카이 툰	290
나스 키친	216
남니여유 빠누안	262
넘버 39 카페	115

네오 카페	188	매응암 임아러이	289
누들 지미 앤 와라	121	멜트 인 유어 마우스 치앙라이	266
느아툰 롯 이얌	125	무스 카츠	127
닌자 라멘	124	무카타 수콘타	124
다 빈치	264	므앙 텅 레스토랑	262
더 듀크스	157	바랍	262
더 레스토랑 라차만카	79	바이 핸드 피자 카페	82
더 마스크	292	반 빠이나 빠이따	215
더 미팅 룸 아트 카페	161	반 왕끼여우	216
더 반이터리 앤 디자인	128	버드 네스트 카페	83
더 올드 치앙마이 카페 앤 에스프레소 바	113	베스트 망고 스티키 라이스	78
더 컨테이너 앳 빠이	224	베어풋 카페	127
더 하이드아웃	84	베이글 하우스 카페	85
데크 원	158	부키타	116
도이창 앳 아트 카페	266	블루 다이아몬드 브렉퍼스트 클럽	80
두앙 레스토랑	217	비긴 어게인	116
땡 능	79	비엠 줌온 티 하우스	160
라 테라쎄 프렌치 비스트로	157	비지 시스트 카페	85
라몬 카페	128	빅스 리틀 카페	218
라밍 티 하우스 시암 셀라톤	160	빠이 빌리지 조식 뷔페	219
라차 바미끼여우	218	사무라이 키친	159
라타나스 키친	155	사얏	78
라폰타나	81	사하롯	261
란까이양 위치앙 부리	121	살라 매림	184
람람	186	살라 카페	184
랍 까이 므앙 판웬	76	상카야 쿤매	291
랜드 스플릿	221	샌프란 버거 앤 비어	264
러브 앳 퍼스트 바이트	161	샐러드 콘셉트	122
러브 스트로베리 빠이	222	샤린 홈메이드 파이	128
러스틱 앤 블루	129	소라오	123
럼펑 아트 스페이스	118	솜땀 소이 14	289
럿 롯 레스토랑	80	솜키앗 카페	117
로맨스 카페	224	스마일리 키친	125
로컬 카페	130	스시 지로	126
록 미 버거	158	시 아이 249	292
롯이얌 비프 누들	77	시아 피시 누들	123
룩 무 스테이크	221	실휴떼 바이 리브레 시암	218
리스트레이토 커피	129	싸이롬쩌이	77
리틀 쿡	81	아룬 라이 레스토랑	156
림핑 보트 누들	157	아리랑	265
마야 버거 퀸	220	아이 야 아이스크림	263
마오앙 야키니쿠 앤 바	263	아이베리 가든	127
마칠 커피	161	아줌마	187
마크 우동	126	아트 인 차이 카페	223
마하사멋 라이브러리 카페	113	에스에스1254372 카페	130
매남미콩 카페	291	오카주 오가닉 레스토랑	186

올레 고메 멕시칸	159	폰가네스 에스프레소	85
옴 가든 카페	219	폴라 블랑제리 앤 파티셰리	266
왓 타 크록 옆 국숫집	290	프루트 팩토리	223
요도이 커피 앤 티	265	플로어 플로어	130
우 카페 아트 갤러리	155	하양캇 무카타	125
위드 어 뷰 호텔 앤 카페	291	해브 어 허그 카페	185
이사라 카페	222	헬시 비 카페	131
이싼 빠이	216	홈 앤 가든 카페 앤 레스토랑	261
자심제	217	홈 어스 레스토랑	156
제니 스쿱	131	홈 카페	131
제임스 누들	217	핫팟 수프 앤 수프 스파이시	261
조호니	162	흐언 파이 캄	289
준준 숍 앤 카페	187	흐언 펜	76
줄 사갓 라오	215		
지라솔레	82	**나이트라이프**	
지앙 피시볼 누들	159	THC 루프톱 바	88
쪽 솜펫	75	남톤스 하우스 바	163
쪽톤파용	121	노스 게이트 재즈 코옵	87
차이니스 키친	160	더 리버사이드 바 앤 레스토랑	163
차이니토 홈메이드 레스토랑	122	더 비어 리퍼블릭	135
청 도이 로스트 치킨	120	라이즈 루프톱 바 맷 아키라 호텔	135
치빗 타마 다 커피 하우스	265	람야이 바	267
치앙마이 라이스 라이프 카페	188	루츠 록 레게	88
치킨 라이스 코이	120	마야 힐 루프톱 바	134
칫 솜땀 까이양	290	버스 바	164
카오쏘이 매싸이	123	보이 블루스 바	164
카오타 커피	222	비어 랩	135
카지	162	빠이 레게 하우스	225
카페 마우스필	129	에디블 재즈 바	226
카페 치토	219	올모스트 페이머스	226
칸자나	79	웜 업 카페	134
커피 인 러브	224	인피니티 클럽	134
콩 이야기	187	조 인 옐로	87
크레이지 누들	124	조 플러스 비어	293
크루아 숨칸	292	지 데이 바	225
클레이 스튜디오	83	직 코 바	226
털보 아저씨네 죽집	220	촉 디 바	267
테라스 앳 포시즌스	185	캣 바	267
토스트 오피스 빠이	221	타패 이스트	164
팜 스토리 하우스	75	피엠 스프리트 바	225
패스트 퍼펙트	114		
팻 캣	223	**마사지 & 스파**	
펀 포레스트 카페	84	나띠 릴랙스 마사지	228
페이퍼 스푼	115	나카라 스파	167
포르도이 카페	188	님만 하우스 타이 마사지	136
포토	122	더 데바 스파	189

더 스파 르 메르디앙	167	아농버런	169
더 스파 포시즌스	189	아침 시장(치앙라이)	270
라린진다 웰니스 스파	167	아침 시장(치앙칸)	294
라파스 마사지	138	언 더 로즈	113
레츠 릴렉스 스파	166	워킹 스트리트 마켓 & 일요일 야시장	269
릴라 마사지	89	이즈 해피	295
마마론 마사지	228	진저 앤 더 하우스 숍	92
문무앙 란나 마사지	268	치앙라이 나이트 바자	270
바 콤 고이 마사지	293	캉왓 갤러리	112
센스 마사지 앤 스파	89	켁코 북스	93
스리만트라 스파	166	쿤 나이 툰 사이	229
스파 베란다	189	크래피티	170
아리사라 타이 마사지	268	토요일 & 일요일 야시장	91
오아시스 스파 치앙마이	136	팻 캣 앤 마르디	295
자바이 타이 마사지 앤 스파	166	피엠 스피리트 숍	230
초깨우 타이 마사지	268	필 굿	230
치 스파 앳 샹그릴라 호텔	165	핸드 바이 분	190
치바 스파	137	허브 베이직	92
코제트 뷰티 네일 살롱 앤 스파	138	헌노이	295
코지 네일	138		
키요라 스파	165	**숙소**	
타마 마사지	137	137 필라스 하우스	173
파 란나 스파	90	60 블루 하우스	97
프라옴 헬스 마사지	90	99 더 갤러리 호텔	96
피티티엠 마사지	227	나나네 호스텔	147
		낙 나카라 호텔	272
쇼핑		냅 인 치앙마이 호텔	176
갓 수언깨우	139	논 납 다오 림콩	297
나나이로	93	님만 존 숙	142
나인 숍 99	270	더 다라 데비 호텔	192
데이 오프 데이	118	더 라차만카	94
딥디 바인더	168	더 레전드 치앙라이	271
레인보 워터	91	더 만트리니 부티크 리조트	271
림삥 슈퍼마켓	169	더 아락 베드 바 앤 호스텔	100
마린 플라자	140	더 아만타 란나 치앙마이 호텔	172
마야 라이프스타일 쇼핑센터	139	더 임페리얼 리버 하우스 리조트	273
미트니홈	168	더 쿼터 호텔	232
부꾸 스튜디오	114	라린진다 웰니스 스파 리조트	171
사만탄	140	라밍 로지 호텔	175
센트럴 에어포트 플라자	190	러스틱 리버 부티크	174
센트럴 페스티벌	169	로맨스 언더 스토리 인 빠이	231
센트럴 플라자 치앙라이	269	르 메르디앙 리조트	271
솝 앤 센트	170	르 파타 치앙라이 호텔	272
스튜디오 포엠 바이 문트리	229	르온 램 룽마이	97
싱크 파크	140	리틀 란나 카페 앤 프리미어 게스트하우스	100
쌩통 아람 마켓	230	마나오 하우스	235

마르요 리조트	273
마윈 호텔	175
마크텔 앤 커피	176
머시 호스텔	275
메이 플라워 그랜드 호텔	144
무이팡 게스트하우스	297
바이 나이 펀 호텔	235
반 넌 프런	275
반 세이라 게스트하우스	148
반 애오 빠이	234
반 잉 핑	173
반 찬키양	296
반 타랑 앳 치앙마이	145
반 포르디딘 게스트하우스	275
반 하니바	101
반 하오	298
반라오 셰누스	100
반자이 가든 게스트하우스	98
반타이 빌리지 호텔	173
베드 님만 호텔	145
베란다 치앙마이 더 하이 리조트	191
베이크 룸 호스텔	147
벨레 빌라 리조트 빠이	233
보드히 셰린 호텔	95
부리 시리 부티크 호텔	143
분톰싸탄 게스트하우스	148
빌라 타패	96
빠이 아일랜드 리조트	232
샹그릴라 호텔	171
수네타 호스텔	299
쉐워 와나 부티크 리조트 앤 스파	174
슬립 게스트하우스	98
슬립 박스	174
실휴떼 바이 리브레 시암	231
아난타라 치앙마이 리조트	172
아르텔 님만 호텔	141
아마카 베드 앤 브렉퍼스트	99
아키라 매너 호텔	143
아트 마이 갤러리 님만 호텔	142
앳 핑나콘 호텔	146
양 컴 빌리지 호텔	175
에덴 워킹 스트리트 호스텔	101
에스17 앳 님만	143
예스터데이 호텔	146
올인원 게스트하우스	98
옵운 홈스테이	193
요마 호텔	233
우르 유 빠이 게스트하우스	235
우유 게스트하우스	147
원스 어폰 어 타임 부티크 홈	95
위앙 인 호텔	272
유안 호스텔	148
이너프 포 라이프	112
잇 슬립 카페 앤 베드	274
지에스타 치앙마이	145
차이요 호텔	141
치앙라이 료칸 앤 카페	274
쿨 다운 리조트	193
키리나 레트로 하우스	235
타마린 빌리지	94
타오깨 라오	298
탄나티 부티크 호텔	97
톱 가든 부티크 게스트하우스	99
팍 치앙마이	102
판비만 스파 리조트	193
패밀리 하우스 젠 부티크 리조트	234
펨벌리 하우스	144
포시즌스 리조트 치앙마이	191
플런 플런 베드 앤 바이크	144
핀래이 하우스	176
핑 나카라 호텔	172
해피니스트 호스텔	273
허즈번드 앤 와이프 게스트하우스	299
호시하나 빌리지	192
호텔 데 아티스트 로즈 오브 빠이	232
호텔 야이	142
흐언 찬 팁	274

나만의 특별한 시간을 선사하는
도쿄 카페 234곳

도쿄의 감성과 트렌드를 담아낸
최신 인기 카페를 만나다
도쿄 카페 놀이

아사히신문출판 저 | 256쪽 | 14,000원

시공사

타이완의 24시간을 책임지는 퍼펙트 가이드북

지금껏 어디서도 보지 못한
새로운 스타일의 타이완을 만나다

복잡한 계획도, 코스도 필요없다
시간대별로 안내하는 스케줄 가이드북
타이완 24시

아사히신문출판 저 | 192쪽 | 15,000원

시공사

여행에 여유로움과
감성을 더한
새로운 여행 무크지

마실
시리즈

아날로그적인 분위기와 세련된 감각을 동시에 갖춘
감성 스폿들을 선별해 여러분과 공유합니다.
마실 시리즈는 바쁘고 지친 일상에 힐링이 필요하거나
계절마다 여행 욕구에 몸서리치는 이들에게
짧지만 긴 여운의 여행을 선물할 것입니다.

Volume 01 도쿄 마실

정꽃보라·정꽃나래 지음 | 276쪽 | 값 15,000원

Volume 02 제주 마실

김주미 지음 | 196쪽 | 값 12,000원

지 금 서 점 에 있 습 니 다

시공사

Just go 해외여행 가이드북 56

치앙마이 · 빠이 · 치앙라이 · 치앙칸

2017년 6월 15일 초판 1쇄 발행
2018년 9월 14일 초판 2쇄 발행

지은이 | 김주영
발행인 | 이원주
편집 | 정은영
마케팅 | 이재성

발행처 | ㈜시공사
출판등록 | 1989년 5월 10일(제3-248호)

주소 | 서울시 서초구 사임당로 82(우편번호 06641)
전화 | 편집 (02)2046-2897 · 영업 (02)2046-2877
팩스 | 편집 (02)585-1755 · 영업 (02)588-0835
홈페이지 | www.sigongsa.com

ⓒ 김주영 2017

ISBN 978-89-527-7853-6 14980
   978-89-527-4331-2(세트)

본서의 내용을 무단 복제하는 것은 저작권법에 의해 금지되어 있습니다.
파본이나 잘못된 책은 구입하신 서점에서 교환해 드립니다.
값은 뒤표지에 있습니다.

Contents

태국 북부 추천 일정	2
치앙마이 주요 명소 찾아보기	6
동남아시아 전도	22
태국 북부 지도	24
치앙마이 전도	26
치앙마이 바이크 라이딩 & 사원 순례 지도	28
올드 시티 지도	30
님만해민 중심부 지도	32
반캉왓 지도	33
삥 강 & 나이트 바자 지도	35
치앙마이 외곽 지도	36
빠이 전도	38
빠이 중심부 지도	40
매홍손 가는 길 지도 & 골든 트라이앵글	41
치앙라이 전도	42
치앙칸 중심부 지도	44
태국 여행 회화	45

— Best Plan For Northern Thailand —

란나 왕조 유산을 따라가는 역사 여행

치앙마이 - 치앙라이
4박 5일

란나 왕조 유적과 태국의 굴곡진 근현대사 현장을 찾아가보자. 역사에 관심이 많은 여행자나, 많은 시간을 낼 수 없는 여행자에게 추천하는 일정이다.

여행 일차	도시	여행 일정
1일 차	치앙마이 → 치앙라이 비행기 35분 / 버스 3시간	태국 북부를 효율적으로 돌아보기 위해 치앙마이에 도착하자마자 바로 치앙라이로 이동한다.
2일 차	치앙라이	도이 매살롱과 초위 퐁 차 농장, 도이뚱 로열 빌라와 골든 트라이 앵글 등 태국의 근현대사를 따라가보자.
3일 차	치앙라이 → 치앙마이 비행기 35분 / 버스 3시간	이른 아침 왓롱 쿤과 치앙라이 시내의 유명 사원을 돌아본 후 오후 늦게 치앙마이로 출발한다.
4일 차	치앙마이	오전에는 올드 시티의 주요 사원과 타패 게이트 등을 란나 왕조 유적을 관광한다. 저녁에는 나이트 바자에서 쇼핑 즐긴다.
5일 차	치앙마이 → 인천	님만해민과 반캉왓의 카페와 갤러리, 마야 쇼핑센터에서 시간을 보낸다. 저녁 늦게 인천으로 출국한다.

- 여행 일정이 여유롭지 않으므로 지역간 이동 시 항공편을 이용한다.
- 치앙마이 체류 시 주말이 끼어 있다면 나이트 바자보다 토요일 야시장이나 일요일 야시장을 돌아보는 것도 좋다. 숙소와 가까운 장소를 선택하는 것이 요령이다.
- 왓 롱쿤은 아침부터 관광객들로 북새통을 이룬다. 가능하면 이른 새벽에 찾을 것을 권한다. 여유롭게 감상할 수 있을 뿐 아니라 오전에 치앙라이 시티 투어 트램을 이용할 시간을 벌 수 있다.

— Best Plan For Northern Thailand —

치앙마이 - 빠이
9박 10일

또 다른 일상으로 떠나는 쉼표 여행

치열한 도시의 삶에서 벗어나 자연의 속에서 여유롭게 쉬고 싶은 사람들을 위한 여행 일정. 추천 식당과 카페를 돌아보며, 치앙마이와 빠이가 가진 느림의 미학을 느껴보자.

여행 일차	도시	여행 일정
1일 차	치앙마이	오후에 도착한다. 저녁을 먹고 숙소에서 휴식을 취한다.
2일 차	치앙마이	자전거를 타고 올드 시티의 주요 사원 둘러보자. 오후에는 왓 프라탓 도이수텝에서 일몰을 감상한다.
3일 차	치앙마이 외곽	훼이뚱따오 호수 공원에서 한가로운 시간을 보낸 뒤 몬쨈에서 일몰을 감상한다.
4일 차	치앙마이	님만해민과 반캉왓의 카페를 돌아본다. 저녁에는 야시장 쇼핑 또는 칸똑 쇼를 관람한다.
5일 차	치앙마이 외곽	1일 투어로 도이 인타논 국립공원과 고산족 마을을 돌아본다.
6일 차	치앙마이 → 빠이 비행기 30분 / 버스 4시간	치앙마이에서 오전에 출발하면 점심쯤 빠이에 도착한다. 여행자 거리를 둘러보고, 왓 프라탓 매옌에서 일몰을 감상한다.
7일 차	빠이	아침 일찍 윤라이 전망대에서 일출을 보고 싸이 능암 온천에 들른다. 저녁에는 바에서 라이브 공연을 관람한다.
8일 차	빠이 외곽	이사라 카페에서 반나절을 보내고, 빠이 핫스프링 스파 리조트에서 휴식을 취한다. 오후에는 빠이 캐년 일몰을 구경한다.
9일 차	빠이 외곽	바이크를 타고 외곽을 돌아본다. 돌아오면서 반짜보 언덕 전망대에 들러 운해를 바라보며 하루를 마무리 한다.
10일 차	빠이 → 인천	출발 시간에 맞춰 빠이에서 출발한다. 아야 서비스를 이용하면 치앙마이 공항 앞에서 하차할 수 있다.

· 치앙마이~빠이 항공편은 반드시 사전에 예매해야 한다.
· 치앙마이~빠이 버스편은 도로 상태가 좋지 않다. 차 멀미를 할 수 있으니 이동 전 과식을 피하고, 멀미 약을 복용할 것을 권한다.
· 오토바이를 타고 이동하는 전제하에 추천한 일정이다. 오토바이 운전을 할 수 없는 사람들은 여행사 투어 상품이나, 운전 기사가 포함된 차량 렌트를 이용하자.
· 빠이는 송태우나 툭툭이 많지 않아 투어 프로그램이 다양하다. 여행자 거리에 있는 여행사들의 투어 가격과 코스를 꼼꼼히 비교해보고 본인에게 맞는 투어 프로그램을 선택하자.

욕심쟁이를 위한 여행 일정

치앙라이-치앙마이-빠이
9박 10일

볼 건 다 봐야겠다는 욕심쟁이 여행자들을 위한 추천 일정이다. 여행자들이 강력 추천하는 명소를 중심으로 한 지역당 짧은 시간 체류하므로 체력이 따르지 못하면 고난의 길이 될 수 있다.

여행 일차	도시	여행 일정
1일 차	치앙마이 → 치앙라이 비행기 35분 / 버스 3시간	치앙마이에 도착하자마자 바로 치앙라이로 이동한다.
2일 차	치앙라이	도이 매살롱과 초위 퐁 차 농장, 도이뚱 로열 빌라와 골든 트라이 앵글 등 태국 근현대사의 역사적 현장을 따라가보자.
3일 차	치앙라이 → 치앙마이 비행기 35분 / 버스 3시간	새벽에 왓 롱쿤을 관광한 후 치앙라이 시내의 유명한 사원들을 돌아본 후 오후 늦게 치앙마이로 출발한다.
4일 차	치앙마이	낮에는 올드 시티를 산책하고 밤에는 야시장에서 아이쇼핑을 즐겨보자.
5일 차	치앙마이	투어를 활용해 도이 인타논 국립공원과 왓 프라탓 도이수텝, 도이뿌이 몽족 마을을 관광한다.
6일 차	치앙마이 → 빠이 비행기 30분 / 버스 4시간	오전에는 님만해민과 반캉왓에서 시간을 보낸 후 오후 4시쯤 빠이로 이동한다.
7일 차	빠이	윤라이 전망대와 싸이 능핫 온천, 빠이 캐년을 돌아본다.
8일 차	빠이	이사라 카페에서 휴식을 취한 후, 빠이 핫스프링 스파 리조트에서 온천욕과 수영 즐긴다.
9일 차	빠이	아침에 반짜보 언덕 전망대에서 운해를 구경하고 오후에는 삥 강 주변 레스토랑에서 여유로운 시간을 보낸다.
10일 차	빠이 → 인천	야야 서비스를 이용해 치앙마이 공항까지 바로 간다.

 · 치앙라이와 빠이에서는 운전 기사가 포함된 차를 렌트할 수 있다. 외곽으로 나갈 때 활용하자. 차량 1대에 4인까지 이용할 수 있어 동행이 있을 경우 유리하다.

— Best Plan For Northern Thailand —

태국 북부 주요 지역을 빠르게 돌아보는 여행 일정

치앙마이 - 치앙라이 - 치앙칸 - 치앙마이 13박 14일

빠이에 큰 미련이 없는 여행자에게 추천한다. 란나 왕조 유적지와 태국 근현대사의 주요 명소들은 물론 치앙칸 강변의 고즈넉함까지 모두 즐길 수 있는 일정이다.

여행 일차	도시	여행 일정
1일 차	치앙마이	첫 날은 무리하지 않고 휴식을 취한다.
2일 차	치앙마이	자전거를 대여해 올드 시티의 사원들을 돌아본다.
3일 차	치앙마이 외곽	훼이뚱따오 호수 공원과 몬잼을 관광한다.
4일 차	치앙마이	님만해민과 반캉왓의 세련된 숍과 카페를 방문한다. 저녁에는 야시장을 둘러보거나 칸똑 쇼를 관람한다.
5일 차	치앙마이 외곽	1일 투어를 활용해 치앙마이 외곽의 관광명소를 방문한다.
6일 차	치앙마이	타패 로드의 예쁜 숍들과 와로롯 시장, 야시장에서 쇼핑을 즐긴 후 TCDC 디자인 아트 센터에 들러 치앙마이 예술의 현주소를 알아본다.
7일 차	치앙마이 → 치앙라이 비행기 35분 / 버스 3시간	오전에 치앙라이로 출발한다. 왓 롱쿤, 싱하 파크, 나이트 바자 관광을 즐긴다.
8일 차	치앙라이	도이 매살롱, 초위 퐁 차 농장, 도이퉁 로열 빌라, 골든 트라이앵글 등 태국의 근현대사를 엿볼 수 있는 관광지들을 돌아본다.
9일 차	치앙라이 → 치앙칸 야간 버스 11시간	시티 투어 트램을 타고 치앙라이의 명소들을 구경한다. 강변에서 점심을 먹은 후 치앙칸으로 출발한다.
10일 차	치앙칸	이른 아침 치앙칸에 도착한다. 숙소에서 짐을 푼 후 강변과 여행자 거리인 차이콩 로드를 둘러보자.
11일 차	치앙칸	전날의 여독을 풀고 느지막이 일어나 강변을 산책하며 하루를 보낸다. 저녁에는 조스 비어에서 치앙칸의 수제 맥주 맛에 빠져본다.
12일 차	치앙칸	푸톡 산에서 일출을 본 뒤 아침 시장을 찾아 아침 식사를 맛본다. 오후에는 캥쿳쿠 유원지를 방문한다.
13일 차	치앙칸 → 치앙마이 야간 버스 9시간 30분	이른 새벽 승려들의 탁 밧 감상 후, 숙소에 와서 단잠을 청한다. 오후에는 강변 카페에서 온전히 휴식을 즐긴다.
14일 차	치앙마이 → 인천	인천으로 출국한다.

- 치앙라이에서 치앙칸으로 가기 위해서는 러이에서 환승해야 한다.
- 치앙칸에 이른 아침 도착하게 되므로 얼리 체크인이 가능한 숙소를 예약하는 것이 좋다.
- 일정에 여유가 있다면 14일째 치앙마이에 도착한 후 하루 정도 휴식 후 귀국할 것을 추천한다.
- 위 일정 중 마지막 날 치앙마이에서 휴식 후 빠이로 향하면 총 19일 일정을 만들 수 있다.

주요 명소 찾아보기

올드 시티

	장소	추천도	지도 페이지	본문 페이지	개방 시간	휴무
관광 명소	왓 프라싱 Wat Phra Singh	★★★	p.30-F ●휴대지도-F	p.71	05:30~20:00	연중무휴
	왓 체디루앙 Wat Chedi Luang	★★★	p.31-G ●휴대지도-F	p.72	06:00~18:00	연중무휴
	왓 치앙만 Wat Chiang Man	★	p.31-F ●휴대지도-F	p.72	06:00~18:00	연중무휴
	타패 게이트 Thapae Gate	★★★	p.31-H ●휴대지도-G	p.73	—	—
	왓 판타오 Wat Phan Tao	★★★	p.31-G ●휴대지도-F	p.74	06:00~17:00	연중무휴
	왓 수안독 Wat Suan Dok	★★	p.26-E ●휴대지도-D	p.74	06:00~22:00	연중무휴
	삼왕 동상 Three King's Monument	★	p.31-G ●휴대지도-F	p.73	—	—
식당 & 카페	팜 스토리 하우스 Farm Story House	강추	p.31-G	p.75	월·금~일요일 09:00~19:00, 화~목요일 11:00~19:00	부정기 휴무
	쭉 솜펫 Jok Sompet		p.31-C	p.75	24시간	부정기 휴무
	흐언 펜 Huen Phen	강추	p.30-J ●휴대지도-F	p.76	08:30~16:00, 17:00~22:00	부정기 휴무
	랍 까이 므앙 판웬 Lap Kai Muang Panwaen		p.30-J	p.76	10:00~21:30	부정기 휴무
	롯이얌 비프 누들 Rote Yiam Beef Noodle	강추	p.31-D ●휴대지도-G	p.77	08:30~17:00	부정기 휴무
	사이롬쩌이 Sailomjoy		p.31-H ●휴대지도-G	p.77	07:30~16:00	부정기 휴무
	베스트 망고 스티키 라이스 Best Mango Sticky Rice	강추	p.31-G	p.78	10:00~16:00	부정기 휴무
	사앗 Sa Ard		p.31-G ●휴대지도-F	p.78	07:00~18:00	부정기 휴무
	꾸어이잡 남콘 삼까삿 Guay Jab Nam Khon Sam Kaset		p.31-G	p.78	08:30~17:00	부정기 휴무
	땡 능 Tang Nueng	강추	p.31-G ●휴대지도-F	p.79	08:30~20:3	부정기 휴무
	칸자나 Kanjana		p.31-G ●휴대지도-F	p.79	09:00~21:00	토요일
	더 레스토랑 라차만카 The Restaurant Racha-mankha		p.30-F ●휴대지도-F	p.79	11:00~15:00, 18:00~22:00	부정기 휴무
	럿롯 레스토랑 Lert-Ros Restaurant	강추	p.31-H ●휴대지도-G	p.80	12:00~21:00	부정기 휴무

	장소	추천도	지도 페이지	본문 페이지	개방 시간	휴무
식당 & 카페	블루 다이아몬드 브렉퍼스트 클럽 Blue Diamond Breakfast Club	강추	p.31-D	p.80	07:30~21:30	일요일
	리틀 쿡 Little Cook	강추	p.30-B	p.81	18:00~21:00	일요일
	그래프 테이블 Graph Table		p.31-H ●휴대지도-G	p.81	09:00~17:00	부정기 휴무
	라폰타나 La Fontana		p.31-L	p.81	11:30~22:30	화요일 (성수기에는 연중무휴)
	바이 핸드 피자 카페 By Hand Pizza Café	강추	p.31-D	p.82	17:00~22:30	일요일
	지라솔레 Girasole		p.31-G ●휴대지도-F	p.82	월~토요일 07:30~23:00 일요일 11:00~23:00	부정기 휴무
	고한야 Gohanya		p.31-D	p.82	11:30~22:00	부정기 휴무
	클레이 스튜디오 Clay Studio Coffee in the Garden	강추	p.31-K	p.83	08:00~18:00	부정기 휴무
	버드 네스트 카페 Birds Nest Cafe	강추	p.30-B	p.83	08:30~18:00	부정기 휴무
	그래프 카페 Graph Café	강추	p.31-H	p.84	09:00~17:00	부정기 휴무
	펀 포레스트 카페 Fern Forest Café		p.30-B ●휴대지도-F	p.84	08:30~20:30	부정기 휴무
	더 하이드아웃 The Hideout		p.31-D ●휴대지도-G	p.84	08:00~17:00	월요일
	폰가네스 에스프레소 Ponganes Espresso		p.31-G	p.85	10:00~16:30	수요일
	베이글 하우스 카페 Bagel House Café		p.31-D ●휴대지도-G	p.85	08:15~17:00	부정기 휴무
	비지 시스트 카페 Vigie Sist Café		p.31-C	p.85	08:00~20:00	부정기 휴무
나이트 라이프	노스 게이트 재즈 코옵 North Gate Jazz Co-Op	강추	p.31-C ●휴대지도-F	p.87	9:00~24:00	부정기 휴무
	조 인 옐로 Zoe In Yellow		p.31-G	p.87	17:00~24:00	부정기 휴무
	THC 루프톱 바 THC Rooftop Bar	강추	p.31-H	p.88	18:00~24:00	부정기 휴무
	루츠 록 레게 Roots Rock Reggae		p.31-G	p.88	09:00~01:00	부정기 휴무
마사지 &스파	릴라 마사지 Lila Massage	강추	p.31-G ●휴대지도-F	p.89	10:00~22:00	연중무휴
	센스 마사지 앤 스파 Sense Massage and Spa		p.31-A	p.89	13:00~23:00	연중무휴
	파 란나 스파 Fah Lanna Spa		p.31-C	p.90	10:00~22:00	연중무휴

	장소	추천도	지도 페이지	본문 페이지	개방 시간	휴무
마사지 &스파	프라놈 헬스 마사지 Pranom Health Massage	강추	p.31-G	p.90	10:00~22:00	연중무휴
쇼핑	토요일 & 일요일 야시장 Saturday Market & Sunday Market		토요일 야시장 p.31-K, 일요일 야시장 p.30-F ●휴대지도-F	p.91	17:00~23:00	월~ 금요일
	레인보 워터 Rainbow Water	강추	p.31-H	p.91	11:00~18:00	부정기 휴무
	진저 앤 더 하우스 숍 Ginger & The House Shop	강추	p.31-D	p.92	11:00~22:00	부정기 휴무
	허브 베이직 Herb Basics		p.31-G	p.92	월~토요일 09:00~18:00, 일요일 14:00~22:00	부정기 휴무
	나나이로 Nanairo	강추	p.31-H	p.93	11:00~18:00	부정기 휴무
	켁코 북스 Gecko Books		p.31-H ●휴대지도-G	p.93	09:00~20:00	부정기 휴무

님만해민 & 산티땀

	장소	추천도	지도 페이지	본문 페이지	개방 시간	휴무
관광 명소	왓 쳇욧 Wat Jet Yot	★★★	p.36-F ●휴대지도-A	p.108	06:00~18:00	연중무휴
	왓 우몽 Wat Umong	★★★	p.36-J	p.109	06:00~18:00	연중무휴
	치앙마이 대학교 Chiang Mai University	★★★	p.36-F	p.110	—	연중무휴
	치앙마이 동물원 Chiang Mai Zoo	★★	p.36-F ●휴대지도-D	p.110	08:00~17:00	연중무휴
식당 & 카페	청 도이 로스트 치킨 Cherng Doi Roast Chicken	강추	p.32-B ●휴대지도-B	p.120	11:00~22:30	부정기 휴무
	치킨 라이스 코이 Chicken Rice Koyi	강추	p.32-E ●휴대지도-E	p.120	07:30~15:00	부정기 휴무
	누들 지미 앤 와라 NoodleJimmy and Wara	강추	p.30-A ●휴대지도-A	p.121	09:00~18:00	부정기 휴무
	란까이양 위치앙 부리 Ran Kayang Wichiang Buri		p.32-B ●휴대지도-B	p.121	09:00~16:00	부정기 휴무
	쫙톡파욤 Jok Ton Payom		p.32-B ●휴대지도-B	p.121	24:00~13:00, 17:00~24:00	부정기 휴무
	차이니토 홈메이드 레스토랑 Cainito Homemade Restaurant		p.32-B ●휴대지도-B	p.122	10:00~22:00	부정기 휴무
	샐러드 콘셉트 Salad Concept		p.32-B ●휴대지도-B	p.122	09:00~22:00	부정기 휴무

	장소	추천도	지도 페이지	본문 페이지	개방 시간	휴무
식당 & 카페	포토 Potto		p.32-E ● 휴대지도-E	p.122	11:00~21:00	부정기 휴무
	카오쏘이 매싸이 Khaosoy Maesai	강추	p.32-C ● 휴대지도-C	p.123	08:00~16:00	부정기 휴무
	시아 피시 누들 Sia Fish Noodles		p.32-B ● 휴대지도-B	p.123	10:00~16:30	부정기 휴무
	소라오 Solao		p.32-B ● 휴대지도-B	p.123	10:00~20:00	부정기 휴무
	닌자 라멘 Ninja Ramen	강추	p.32-B ● 휴대지도-B	p.124	11:00~15:00, 18:00~22:00	부정기 휴무
	크레이지 누들 Crazy Noodle		p.32-F ● 휴대지도-F	p.124	10:00~17:30	부정기 휴무
	무카타 수콘타 Muukatha Sukontha		p.32-B ● 휴대지도-B	p.124	17:30~22:00	부정기 휴무
	하양캇 무까타 Ha Yang Kad Mukatha	강추	p.32-B ● 휴대지도-B	p.125	17:00~04:00	부정기 휴무
	스마일리 키친 Smiley Kitchen		p.32-B ● 휴대지도-B	p.125	11:30~15:00, 17:30~21:30	일요일
	느아뚠 롯 이얌 Neau-Toon Rod Yiam		p.32-E ● 휴대지도-E	p.125	월~금요일 10:00~20:00, 토·일요일 10:00~18:00	부정기 휴무
	가가가 사카바 Gagaga Sakaba	강추	p.32- ● 휴대지도-11	p.126	18:00~22:00	부정기 휴무
	스시 지로 Sushi Jiro		p.32-C ● 휴대지도-C	p.126	11:30~14:00, 17:30~23:00	7·17·27일
	마크 우동 Mark Udon		p.26-A ● 휴대지도-A	p.126	16:30~21:45	부정기 휴무
	무스 카츠 Mu's Katsu	강추	p.32-E ● 휴대지도-E	p.127	12:00~21:00 (주문 마감 20:30)	화요일
	베어풋 카페 Barefoot Café		p.26-A ● 휴대지도-A	p.127	11:00~21:00	부정기 휴무
	아이베리 가든 Iberry Garden		p.32-E ● 휴대지도-E	p.127	10:30~22:00	부정기 휴무
	더 반이터리 앤 디자인 The Barn Eatery And Design	강추	p.32-E ● 휴대지도-E	p.128	10:00~01:00	연중무휴
	라몬 카페 Lamon Café		p.32-D ● 휴대지도-D	p.128	화~일요일 09:00~18:00	월요일
	샤린 홈메이드 파이 Charin Homemade Pie		p.32-E ● 휴대지도-E	p.128	08:00~21:00	부정기 휴무
	리스트레이토 커피 Ristr8to Coffee		p.32-B ● 휴대지도-B	p.129	본점 07:00~18:00, 2호점 08:30~19:00	본점 부정기 휴무, 2호점 화요일
	러스틱 앤 블루 Rustic & Blue	강추	p.26-B	p.129	화~금요일 08:30~21:00, 토·일요일 08:30~22:00	월요일
	카페 마우스필 Cafe Mouthfeel		p.26-B	p.129	10:00~20:00	부정기 휴무

	장소	추천도	지도 페이지	본문 페이지	개방 시간	휴무
식당 & 카페	에스에스1254372 카페 SS1254372 Café	강추	p.32-E ●휴대지도-E	p.130	08:00~18:00	월요일
	로컬 카페 LOCAL CAFÉ		p.32-B ●휴대지도-B	p.130	10:30~22:00	부정기 휴무
	플로어 플로어 Flour Flour	강추	p.32-E ●휴대지도-E	p.130	월·수~금 8:30~16:00, 화요일 08:00~15:00, 토·일요일 8:00~17:00	부정기 휴무
	홈 카페 Hohm Café	강추	p.32-B ●휴대지도-B	p.131	11:00~18:00	목요일
	헬시 비 카페 Healthy B Café		p.32-B ●휴대지도-B	p.131	08:00~17:00	부정기 휴무
	제니 스쿱 Janie Scoop		p.32-B ●휴대지도-B	p.131	13:00~21:30	부정기 휴무
나이트 라이프	마야 힐 루프톱 바 Maya Hill Rooptop bar	강추	p.32-B ●휴대지도-B	p.134	18:00~02:00	부정기 휴무
	웜 업 카페 Warm Up Café		p.32-E ●휴대지도-E	p.134	18:00~02:00	부정기 휴무
	인피니티 클럽 Infinity Club		p.32-A ●휴대지도-A	p.134	18:00~24:30	부정기 휴무
	라이즈 루프톱 바 앳 아키라 호텔 RISE Rooftop Bar at Akyra Hotel		p.32-B ●휴대지도-B	p.135	13:00~01:00	부정기 휴무
	비어 랩 Beer Lab		p.32-E ●휴대지도-E	p.135	17:30~24:00	부정기 휴무
	더 비어 리퍼블릭 The Beer Republic		p.32-B ●휴대지도-B	p.135	16:00~24:00 (주문 마감 23:30)	부정기 휴무
마사지 &스파	님만 하우스 타이 마사지 Nimman House Thai Massage	강추	p.32-E ●휴대지도-E	p.136	10:30~22:00	부정기 휴무
	오아시스 스파 치앙마이 Oasis Spa Chiang Mai		p.32-E ●휴대지도-E	p.136	10:00~22:00	부정기 휴무
	타마 마사지 Thamma Massage	강추	p.32-E ●휴대지도-E	p.137	10:00~22:00	부정기 휴무
	치바 스파 Cheeva Spa		p.32-E ●휴대지도-E	p.137	10:00~21:00	부정기 휴무
	라파스 마사지 Lapas massage		p.32-B ●휴대지도-B	p.138	10:00~21:00	부정기 휴무
	코제트 뷰티 네일 살롱 앤 스파 Coquette Beauty Nail Salon & Spa		p.32-B ●휴대지도-B	p.138	10:00~20:00	부정기 휴무
	코지 네일 Cozy Nail		p.32-E	p.138	10:00~20:00	부정기 휴무
쇼핑	마야 라이프스타일 쇼핑센터 MAYA Lifestyle Shopping Center	강추	p.32-B ●휴대지도-B	p.139	월~금요일 11:00~22:00, 토·일요일 10:00~22:00	연중무휴

	장소	추천도	지도 페이지	본문 페이지	개방 시간	휴무
쇼핑	갓 수안깨우 Kat Suan Kaew		p.32-C ●휴대지도-C	p.139	10:00~21:00	부정기 휴무
	싱크 파크 Think Park	강추	p.32-B ●휴대지도-B	p.140	월~금요일 11:00~22:00, 토·일요일 10:00~22:00	부정기 휴무
	마린 플라자 Malin Plaza	강추	p.24-A ●휴대지도-A	p.140	18:00~23:00	연중무휴
	사만탄 Samantan		p.32-E ●휴대지도-E	p.140	1:00~20:00	부정기 휴무

반캉왓

장소	추천도	지도 페이지	본문 페이지	전화
이너프 포 라이프 Enough For Life	강추	p.33-B	p.112	—
캉왓 갤러리 Kang Wat Gallery		p.33-B	p.112	+66 98 427 0666
우위와엣 홈 Uwiwa@ Home		p.33-B	p.112	+66 89 431 7607
패스트 퍼펙트 Past Perfect		p.33-B	p.113	+66 95 451 6699
부꾸 스튜디오 Boo Koo Studio	강추	p.33-B	p.113	+66 95 691 0888
언 더 로즈 Orn The Rose		p.33-B	p.114	—
마하사멋 라이브러리 카페 Mahasamut Library Cafe		p.33-B	p.114	+66 81 620 6524
더 올드 치앙마이 카페 앤 에스프레소 바 The Old Chiang Mai Cafe' & Espresso Bar		p.33-B	p.114	+66 86 924 4424
페이퍼 스푼 Paper Spoon	강추	p.33-B	p.115	+66 87 0427 666
컵디 카페 CupDee Café		p.33-A	p.115	+66 85 869 6664
넘버 39 카페 No.39 Café		p.33-B	p.115	+66 86 879 6697
비긴 어게인 Begin Again		p.33-B	p.116	+66 99 762 0006
부키타 Bhukitta		p.33-B	p.116	+66 81 895 2688
솜키앗 카페 Somkiat Café	강추	p.33-A	p.117	+66 87 042 7666
49 가든 49 Garden		p.33-B	p.117	+66 88 267 7354
럼펑 아트 스페이스 Rumpueng Art Space		p.33-B	p.118	+66 81 681 2767
데이 오프 데이 Day off Day		p.33-B	P.118	+66 094 613 1222
금붕어 식당 Keumbungeo Kitchen		p.33-B	P.118	+66 094 613 1222

삥 강 & 나이트 바자

	장소	추천도	지도 페이지	본문 페이지	개방 시간	휴무
관광 명소	TCDC 디자인 센터 Thailand Creative & Design Center	★★★	p.34-B	p.153	10:30~18:00	월요일

	장소	추천도	지도 페이지	본문 페이지	개방 시간	휴무
관광 명소	나이트 바자 Night Bazaar	★★★	p.34-E ●휴대지도-G	p.153	18:00~24:00	연중무휴
	와로롯 시장 Warorot Market	★★★	p.34-B ●휴대지도-G	p.154	06:00~20:00	연중무휴
식당 & 카페	우 카페 아트 갤러리 Woo - Cafe Art Gallery	강추	p.34-B	p.155	10:00~22:00	부정기 휴무
	라타나스 키친 Ratana's Kitchen		p.35-D	p.155	07:30~23:30	부정기 휴무
	굿 뷰 Good View		p.34-B	p.156	10:00~01:00	부정기 휴무
	아룬 라이 레스토랑 Aroon Rai Restaurant		p.35-D	p.156	10:00~22:00	부정기 휴무
	홀 어스 레스토랑 Whole Earth Restaurant		p.35-D ●휴대지도-K	p.156	11:00~22:00	부정기 휴무
	림핑 보트 누들 Rimping Boat Noodle	강추	p.34-I ●휴대지도-L	p.157	09:00~18:00	부정기 휴무
	라 테라쎄 프렌치 비스트로 La Terrasse French Bistro		p.35-D ●휴대지도-K	p.157	17:00~23:00	일요일
	더 듀크스 The Duke's		p.34-E ●휴대지도-H	p.157	10:30~23:30	부정기 휴무
	데크 원 Deck 1	강추	p.34-B ●휴대지도-G	p.158	07:00~24:00	부정기 휴무
	록 미 버거 Rock Me Burgers	강추	p.35-D	p.158	11:00~23:30	부정기 휴무
	올레 고메 멕시칸 Ole Gourmet Mexican	강추	p.34-E	p.159	14:00~22:30	일요일
	사무라이 키친 Samurai Kitchen		p.34-B	p.159	17:00~22:30	부정기 휴무
	지앙 피시볼 누들 Jiang Fish Ball Noodle		p.35-H ●휴대지도-K	p.159	08:00~16:00	부정기 휴무
	차이니스 키친 Chiness Kichen	강추	p.35-H ●휴대지도-K	p.160	11:30~14:30, 18:00~22:00	월요일
	비엥 줌온 티 하우스 Vieng Joom on Teahouse	강추	p.34-B	p.160	10:00~19:00	부정기 휴무
	라밍 티 하우스 시암 셀라톤 Raming Tea House Siam Celadon		p.35-D	p.160	09:30~18:00	부정기 휴무(송끄란 축제 기간에는 휴무)
	마칠 커피 Ma-Chill Coffee	강추	p.35-G ●휴대지도-K	p.161	08:00~17:00	부정기 휴무
	더 미팅 룸 아트 카페 The Meeting Room Art Café		p.34-B	p.161	09:00~18:00	부정기 휴무
	러브 앳 퍼스트 바이트 Love at First Bite		p.34-F ●휴대지도-H	p.161	10:30~18:00	월요일
	조호니 Johoney	강추	p.34-F ●휴대지도-H	p.162	11:00~18:00	부정기 휴무
	카지 Khagee	강추	p.34-F ●휴대지도-H	p.162	10:00~17:00	월·화요일

	장소	추천도	지도 페이지	본문 페이지	개방 시간	휴무
나이트 라이프	남톤스 하우스 바 Namton's House Bar	강추	p.34-I ●휴대지도-L	p.163	15:00~23:00	수요일
	더 리버사이드 바 앤 레스토랑 The Riverside Bar & Restaurant	강추	p.34-I	p.163	10:00~01:00	부정기 휴무
	타패 이스트 Thapae East		p.34-E ●휴대지도-G	p.164	18:00~24:00	일요일
	버스 바 Bus Bar		p.34-E ●휴대지도-K	p.164	20:00~01:00	일요일
	보이 블루스 바 Boy Blues Bar		p.34-E	p.164	19:00~24:00	부정기 휴무
마사지 &스파	치 스파 앳 샹그릴라 호텔 Chi Spa at Shangri-La Hotel	강추	p.35-H ●휴대지도-K	p.165	10:00~22:00	연중무휴
	키요라 스파 Kiyora Spa		p.35-H	p.165	10:00~22:00	연중무휴
	자바이 타이 마사지 앤 스파 Zabai Thai Massage & Spa	강추	p.34-E	p.166	10:00~22:00	연중무휴
	레츠 릴렉스 스파 Let's Relax Spa		p.34-E	p.166	10:00~24:00	연중무휴
	스리만트라 스파 Srimantra Spa		p.34-E ●휴대지도-K	p.166	10:00~22:00	연중무휴
	나카라 스파 Nakara Spa	강추	p.34-I	p.167	10:00~22:00	연중무휴
	더 스파 르 메르디앙 The Spa Le Meridien		p.34-E ●휴대지도-G	p.167	10:00~22:00	연중무휴
	라린진다 웰니스 스파 Rarinjinda Wellness Spa		p.34-C	p.167	10:00~22:00	연중무휴
쇼핑	딥디 바인더 Dibdee Binder	강추	p.34-E	p.168	09:00~21:00	부정기 휴무
	미트니욤 Mitniyom		p.34-A ●휴대지도-G	p.168	11:00~18:00	부정기 휴무
	림삥 슈퍼마켓 Rimping Supermarket	강추	p.34-F ●휴대지도-L	p.169	08:00~21:00	부정기 휴무
	센트럴 페스티벌 Central Festival		p.35-C ●휴대지도-D	p.169	월~목요일 11:00~21:30, 금요일 11:00~22:00, 토·일요일 10:00~22:00	연중무휴
	아농버런 Anongbhorn		p.34-E ●휴대지도-G	p.169	09:00~17:00	부정기 휴무
	크래피티 Crafitti		p.34-B ●휴대지도-G	p.170	10:00~18:00	부정기 휴무
	솝 앤 센트 SOAP-n-SCENT		p.34-I ●휴대지도-K	p.170	본점 08:30~12:00, 13:00~17:00 OP 플레이스 11:00~22:00	본점 일요일 OP 플레이스 부정기 휴무

치앙마이 외곽

	장소	추천도	지도 페이지	본문 페이지	개방 시간	휴무
관광명소	왓 프라탓 도이수텝 Wat Phra That Doi Suthep	★★★	p.26-A ●휴대지도-D	p.46	일출~17:00	연중무휴
	왓 프라탓 도이캄 Wat Phra That Doi Kham	★★★	p.36-J	p.47	06:00~18:00	연중무휴
	왓 파랏 Wat Pha Lat	★★★	p.36-F	p.47	06:00~18:00	연중무휴
	도이 인타논 국립공원 Doi Inthanon National Park	★★★	p.26-D ●휴대지도-D	p.48	—	—
	칸똑 디너쇼 Khantoke dinner	★★★	—	p.48	07:00~22:00	연중무휴
	도이푸이 몽족 마을 DoiPui Tribal Village	★★★	p.26-D ●휴대지도-D	p.49	08:00~17:00	연중무휴
	푸핑 팰리스 Bhu Ping Palace	★★★	p.26-D ●휴대지도-D	p.49	08:30~16:30 (11:30~13:00에는 티켓 구입 및 입장 불가)	1~3월 (왕족의 별장 방문 기간)
	도이 몬잼 Doi Mon Cham	★★★	p.36-A	p.182	—	부정기 휴무
	훼이뚱따오 호수 공원 Huay Tung Tao Lake & Park	★★★	p.36-F	p.183	07:00~19:00 (일출~일몰)	연중무휴
	그랜드 캐년 치앙마이 Grand Canyon Chiang Mai	★★	p.36-I	p.183	08:30~18:00	연중무휴
식당 & 카페	살라 매림 Sala Mae Rim	강추	p.36-B	p.184	12:00~22:00	연중무휴
	살라 카페 Sala Café	강추	p.36-B	p.184	08:00~18:00	부정기 휴무
	해브 어 허그 카페 Have a Hug Café	강추	p.37-C	p.185	09:00~20:00	부정기 휴무
	테라스 앳 포시즌스 Terraces at Four Seasons		p.36-B	p.185	11:00~23:00 (런치 11:00~16:40)	부정기 휴무
	람람 Lum Lum	강추	p.36-J	p.186	11:00~10:00	부정기 휴무
	오카주 오가닉 레스토랑 Ohkajhu Organic Restaurant		p.36-J	p.186	09:30~21:30	부정기 휴무
	준준 숍 앤 카페 Junjun Shop & Café	강추	p.37-G	p.187	08:00~17:00	월요일
	콩 이야기 Bean Story		p.36-J	p.187	08:00~21:00	일요일
	아줌마 Azuma		p.36-J	p.187	10:00~22:00	부정기 휴무
	포르도이 카페 Pordoi Café		p.36-B	p.188	08:00~18:00	부정기 휴무
	네오 카페 Neo Café		p.36-F	p.188	09:00~20:00	부정기 휴무
	치앙마이 라이스 라이프 카페 Chiang Mai Rice Life Café		p.37-G	p.188	09:00~18:00	부정기 휴무

	장소	추천도	지도 페이지	본문 페이지	개방 시간	휴무
마사지 &스파	더 스파 포시즌스 The Spa Four Seasons	강추	p.36-B	p.189	09:00~21:00	연중무휴
	더 데바 스파 The Dheva Spa		p.37-G	p.189	09:00~22:00	연중무휴
	스파 베란다 Spa Veranda		P.36-I	p.189	09:00~19:00	연중무휴
쇼핑	센트럴 에어포트 플라자 Central Airport Plaza		p.36-J	p.190	월~금요일 11:00~21:00, 토·일요일, 공휴일 10:00~21:00	연중무휴
	핸드 바이 분 Hand By Boon	강추	p.37-G	p.190	09:00~18:00	일요일

빠이

	장소	추천도	지도 페이지	본문 페이지	개방 시간	휴무
관광 명소	사이 능암 온천 Sai Ngam Hot Spring	★★★	p.39-L	p.206	06:00~18:00	부정기 휴무
	빠이 캐넌 Pai Canyon	★★	p.39-L	p.207	—	연중무휴
	무엉 팽 온천 Mueang Paeng Hotspring	★★	p.39-K	p.207	—	연중무휴
	윤라이 전망대 YunLai View point	★★★	p.38-D	p.208	일출~일몰	연중무휴
	머빵 폭포 Mor Paeng Waterfall		p.38-D	p.208	—	연중무휴
	팸복 폭포 Pam Bok Waterfall	★★★	p.39-F	p.209	—	연중무휴
	빠이 홋스프링 스파 리조트 수영장 Pai Hotspring Spa Resort Swimming Pool	★★	p.39-L	p.209	09:00~18:00	연중무휴
	여행자 거리 야시장 Walking Street Night Market	★★★	p.40-B	p.210	17:30~23:00	연중무휴
	왓 프라탓 매옌 Wat Phra That Mae Yen	★★	p.40-F ●휴대지도-L	p.210	07:00~19:00	연중무휴
	왓 남후 Wat Nam Hoo	★	p.38-D	p.211	—	연중무휴
	왓 클랑 Wat Klang	★	p.40-B	p.211	—	연중무휴
	타 빠이 브리지 Tha Pai Bridge	★	p.39-L	p.211	—	연중무휴
식당 & 카페	반 빠이나 빠이따 Ban Paina Paita	강추	p.40-A ●휴대지도G	p.215	08:30~18:00	부정기 휴무
	죽 사깟 라오 Jok Sompet	강추	p.38-E	p.215	11:00~18:00	부정기 휴무
	나스 키친 Na's Kitchen	강추	p.40-B ●휴대지도-H	p.216	17:00~22:00	부정기 휴무

	장소	추천도	지도 페이지	본문 페이지	개방 시간	휴무
식당 & 카페	이싼 빠이 Issan Pai		p.40-E ●휴대지도-K	p.216	10:00~18:00	부정기 휴무
	반 왕끼여우 Baan Wang Kheow		p.39-I	p.216	08:00~16:00	부정기 휴무
	제임스 누들 James Noodle	강추	p.40-E	p.217	17:00~22:00	부정기 휴무
	두앙 레스토랑 Duang Restaurant		p.40-B ●휴대지도-H	p.217	08:00~15:00, 18:00~22:00	부정기 휴무
	자심제 Chew Xin Jai		p.40-E ●휴대지도-K	p.217	08:00~19:00	부정기 휴무
	실후떼 바이 리브레 씨암 Silhouette By Reverie Siam	강추	p.40-E	p.218	12:00~23:0	부정기 휴무
	빅스 리틀 카페 Big's Little Café		p.40-C ●휴대지도-I	p.218	09:00~14:00	부정기 휴무
	라차 바미끼여우		p.40-B ●휴대지도-H	p.218	09:00~16:00	
	옴 가든 카페 Om Garden Café	강추	p.40-E ●휴대지도-K	p.219	08:00~16:30	월요일
	카페 치토 Café Cito		p.40-E	p.219	9:00~17:00	목요일
	빠이 빌리지 조식 뷔페 Pai Village Breakfast Buffet		p.40-C ●휴대지도-I	p.219	08:00~22:30	연중무휴
	털보 아저씨네 죽집	강추	p.40-A ●휴대지도-G	p.220	07:00~09:00	부정기 휴무
	그룬지 버거 Grunge Burger		p.40-C ●휴대지도-I	p.220	11:00~22:00	부정기 휴무
	마야 버거 퀸 Maya Burger Queen		p.40-C ●휴대지도-I	p.220	11:00~22:00	부정기 휴무
	토스트 오피스 빠이 Toast Office Pai	강추	p.40-E	p.221	09:00~20:00	일요일
	룩 무 스테이크 Look Moo Steak		p.40-D ●휴대지도-J	p.221	18:00~22:00	부정기 휴무
	랜드 스플릿 Land Split		p.39-J	p.221	09:00~18:00	부정기 휴무
	이사라 카페 Isara Café	강추	p.38-C	p.222	09:00~18:00	부정기 휴무
	러브 스트로베리 빠이 Love Strawberry Pai		p.39-L	p.222	07:00~18:00	부정기 휴무
	카오타 커피 Khaotha Coffee		p.40-E	p.222	09:00~17:00	부정기 휴무
	팻 캣 Fat Cat	강추	p.38-F	p.223	09:00~16:00	부정기 휴무
	아트 인 차이 카페 Art In Chai Café		p.40-B ●휴대지도-H	p.223	09:00~22:00	화요일
	프루트 팩토리 Fruit Factory		p.40-E	p.223	10:00~18:30	부정기 휴무
	더 컨테이너 앳 빠이 The Container @ Pai	강추	p.39-F	p.224	10:00~18:00	부정기 휴무

	장소	추천도	지도 페이지	본문 페이지	개방 시간	휴무
식당 & 카페	커피 인 러브 Coffee In Love		p.39-F	p.224	07:00~17:00	부정기 휴무
	로맨스 카페 Romance Café	강추	p.38-C	p.224	09:00~18:00	수요일
나이트 라이프	피엠 스프리트 바 PM Sprite Bar	강추	p.40-B ●휴대지도-H	p.225	18:30~24:00	부정기 휴무
	빠이 레게 하우스 Pai Raggae House		p.40-E ●휴대지도-K	p.225	13:00~22:00	월요일
	지 데이 바 G. Day Bar		p.40-C ●휴대지도-I	p.225	18:00~24:00	부정기 휴무
	에디블 재즈 바 Edible Jazz Bar	강추	p.40-B ●휴대지도-H	p.226	12:00~24:00 (라이브 공연 19:00~23:00)	부정기 휴무
	직코 바 Jik Ko Bar		p.40-B ●휴대지도-H	p.226	18:00~24:00	부정기 휴무
	올모스트 페이머스 Almost Famous		p.40-C ●휴대지도-I	p.226	19:00~24:00	부정기 휴무
마사지	피티티엠 마사지 Pttm Massage	강추	p.40-C ●휴대지도-I	p.227	09:00~21:00	부정기 휴무
	나띠 릴랙스 마사지 Natee Relax Massage	강추	p.40-B ●휴대지도-H	p.228	09:00~23:30	부정기 휴무
	마마론 마사지 Mamaron Massage		p.40-C ●휴대지도-I	p.228	10:00~23:00	부정기 휴무
쇼핑	쿤 나이 뚠 사이 Khun Nai Tern Sai	강추	p.38-F	p.229	10:00~17:00	부정기 휴무
	스튜디오 포엠 바이 문트리 Studio POEM by Moontree		p.40-C ●휴대지도-I	p.229	17:00~22:00	부정기 휴무
	피엠 스피리트 숍 Pm Spirit Shop	강추	p.40-B ●휴대지도-H	p.230	18:30~24:00	부정기 휴무
	필 굿 Feel Good		p.40-C ●휴대지도-I	p.230	10:00~22:00	부정기 휴무
	쌩통 아람 마켓 Saeng Thong Aram Markets	강추	p.40-E ●휴대지도-K	p.230	08:00~19:00	부정기 휴무

치앙라이

	장소	추천도	지도 페이지	본문 페이지	개방 시간	휴무
관광 명소	왓 롱쿤 Wat Rong Khun	★★★	p.42-J	p.253	월~금요일 08:00~17:00, 토·일요일 08:00~17:30	연중무휴
	왓 프라깨우 Wat Phra Kaew	★★★	P.42-E	p.254	—	—
	도이뚱 로열 빌라 & 매파루앙 가든 Doi Tung Royal Villa & Mae Fah Luang Garden	★★★	p.43-C	p.254	도이뚱 로열 빌라 07:00~18:00 매파루앙 가든 06:30~18:00 기념관·수목원 08:00~18:00	연중무휴

	장소	추천도	지도 페이지	본문 페이지	개방 시간	휴무
관광 명소	황금 시계탑 Gloden Clock Tower	★	P.42-J	p.255	24시간	연중무휴
	멩라이 왕 기념비 King Mengrai Monument	★	p.43-G	p.255	—	—
	고산족 박물관 Hilltribe Museum	★	p.43-K	p.255	월~금요일 09:00~18:00, 토 · 일요일 10:00~ 18:00	연중무휴
	싱하 파크 Singha Park	★★	p.42-I	p.256	09:30~17:00	연중무휴
	도이 매살롱 Doi Mae Salong	★★★	p.42-A	p.256	—	—
	초위 퐁 차 농장 Choui Fong Tea Farm	★★	p.42-B	p.257	08:30~17:30	연중무휴
	골든 트라이앵글 Golden Triangle	★★★	p.42-A	p.257	—	—
	왓 프라탓 푸카오 Wat Phra That Pu Khao	★	p.42-A	p.258	—	—
	왓 프라탓 체디루앙 Wat Phra That Chedi Luang	★	p.42-A	p.258	—	연중무휴
식당 & 카페	홋폿 수프 앤 수프 스파이시 Hotpot Soup & Soup Spicy	강추	p.43-K	p.261	17:00~24:00	부정기 휴무
	사하롯 Saha Rod		p.42-J	p.261	06:00~24:00	부정기 휴무
	홈 앤 가든 카페 앤 레스토랑 Home & Garden Café & Restaurant		p.42-I	p.261	09:00~21:00	부정기 휴무
	남니여우 빠누안 Nam-Ngiew Pa-Nuan	강추	p.43-K	p.262	10:00~17:00	부정기 휴무
	바랍 Barrab		p.42-J	p.262	10:00~21:00	부정기 휴무
	므앙 텅 레스토랑 Muang Thong Restaurant		p.42-J	p.262	09:00~다음 날 03:00	부정기 휴무
	아이 야 아이스크림 Ai Ya Ice Cream	강추	p.43-K	p.263	06:00~재고 소진 시 영업 종료	부정기 휴무
	샌프란 버거 앤 비어 Sanfran Burger&Beer		p.42-J	p.264	18:00~22:00	부정기 휴무
	마오양 야키니쿠 앤 바 MAO YANG Yakiniku & Bar		p.42-J	p.264	17:30~22:00 (주문 마감 21:45)	월요일
	다 빈치 Da Vinci		p.42-J	p.264	11:30~23:30	부정기 휴무

	장소	추천도	지도 페이지	본문 페이지	개방 시간	휴무
식당 & 카페	치빗 타마 다 커피 하우스 Chivit Thamma Da Coffee House	강추	p.43-D	p.265	08:00~21:00	부정기 휴무
	아리랑 Arirang		p.42-J	p.265	10:00~20:30	부정기 휴무
	요도이 커피 앤 티 Yoddoi Coffee & Tea		p.42-J	p.265	06:00~부정기적	부정기 휴무
	멜트 인 유어 마우스 치앙라이 Melt In Your Mouth Chiang Rai	강추	p.42-C	p.266	08:00~20:30	부정기 휴무
	도이창 앳 아트 카페 Doi Chaang@Art Café		p.42-J	p.266	07:00~20:00	부정기 휴무
	폴라 블랑제리 앤드 파티셰리 Polar Boulangerie and Patisserie		p.42-J	p.266	08:00~18:00	토요일
나이트 라이프	캣 바 Cat Bar		p.42-J	p.267	14:00~다음 날 01:00	부정기 휴무
	촉 디 바 Chook Dee Bar		p.42-J	p.267	17:00~24:00	부정기 휴무
	람야이 바 Lamyai Bar		p.42-J	p.267	17:00~24:00	부정기 휴무
마사지 & 스파	초깨우 타이 마사지 Cho Kaew Thai Massage	강추	p.42-J	p.268	10:00~24:00	연중무휴
	아리사라 타이 마사지 Arisara Thai Massage		p.43-K	p.268	10:00~22:00	연중무휴
	문무앙 란나 마사지 Monmuang Lanna Massage	강추	p.42-J	p.268	10:00~23:30	연중무휴
쇼핑	센트럴 플라자 치앙라이 Central Plaza Chiang Rai		p.43-K	p.269	10:00~21:00	연중무휴
	워킹 스트리트 마켓 & 일요일 야시장 Walking Street Market & Sunday Market	강추	워킹 스트리트 마켓 p.42-J, 일요일 야시장 p.43-K	p.269	17:30~23:00	워킹 스트리트 마켓 월~금 / 일요일 / 일요일 야시장 월~토요일
	치앙라이 나이트 바자 Chiang Rai Night Bazaar	강추	p.43-K	p.270	17:00~24:00	연중무휴
	아침 시장 Morning Market		p.43-K	p.270	05:00~노점마다 다름 / 상설 시장 05:00~16:00	노점마다 다름
	나인 숍 99 Nine Shop 99		p.42-F	p.270	06:00~11:00	부정기 휴무

치앙칸

	장소	추천도	지도 페이지	본문 페이지	개방 시간	휴무
관광명소	탁밧 Tak Bat	★★★	—	p.287	—	—
	푸톡 산 Phu Thok	★★	p.25-B	p.287	05:00~17:00	연중무휴
	워킹 스트리트 야시장 Walking Street Night Market	★★★	p.44-B	p.288	17:00~24:00	연중무휴
	왓 스리쿤 므앙 Wat Sri Khun Muean	★	p.44-B	p.288	—	—
	캥쿳쿠 유원지 Kaeng Khut Khu	★★	p.44-C	p.288	—	—
식당 & 카페	매응암 임아러이 Maengam Imaroi	강추	p.44-B	p.289	08:00~23:00	부정기 휴무
	흐언 파이 캄 Huen Fai Kham		p.44-B	p.289	10:00~22:00	부정기 휴무
	솜땀 소이 14 Somtum Soi 14		p.44-B	p.289	08:00~21:00	부정기 휴무
	칫 솜땀 까이양 Jit Somtum Kai Yang	강추	p.44-C	p.290	07:00~18:00	부정기 휴무
	왓 타 크록 옆 국숫집	강추	p.44-C	p.290	18:00~23:00	부정기 휴무
	쿼 티아오 카이 툰 Kew Theyew Kai Thun		p.44-B	p.290	10:00~16:00	부정기 휴무
	상카야 쿤매 Sangkhaya Khunmae	강추	p.44-B	p.291	08:00~소진 시 영업 끝	부정기 휴무
	위드 어 뷰 호텔 앤 카페 With A View Hotel & Café		p.44-B	p.291	10:00~20:00	부정기 휴무
	매 남 미 콩 카페 Mae Nam Mee Kang Cofee		p.44-C	p.291	월·화·목요일 08:00~23:30, 금~일요일 06:00~12:00	수요일
	시 아이 249 See I 249		p.44-B	p.292	09:00~21:00	부정기 휴무
	크루아 숨칸 Khraw Sumkan		p.44-B	p.292	07:00~13:00	부정기 휴무
	더 마스크 The Mask		p.44-B	p.292	17:00~24:00	부정기 휴무
나이트라이프 & 스파	조 플러스 비어 Jo+Beer	강추	p.44-A	p.293	17:00~24:00	부정기 휴무
	바 콤 고이 마사지 Ba Kom Goi Massage	강추	p.44-C	p.293	10:00~20:00	부정기 휴무
쇼핑	아침 시장 Morning Market	강추	p.44-E	p.294	03:00~09:00	연중무휴
	헌노이 Hearnnoy		p.44-B	p.295	10:00~22:00	부정기 휴무
	이즈 해피 Is Happy		p.44-B	p.295	17:00~23:00	부정기 휴무
	팻 캣 앤 마르디 Fat Cat & Mardee		p.44-B	p.295	17:00~23:00	부정기 휴무

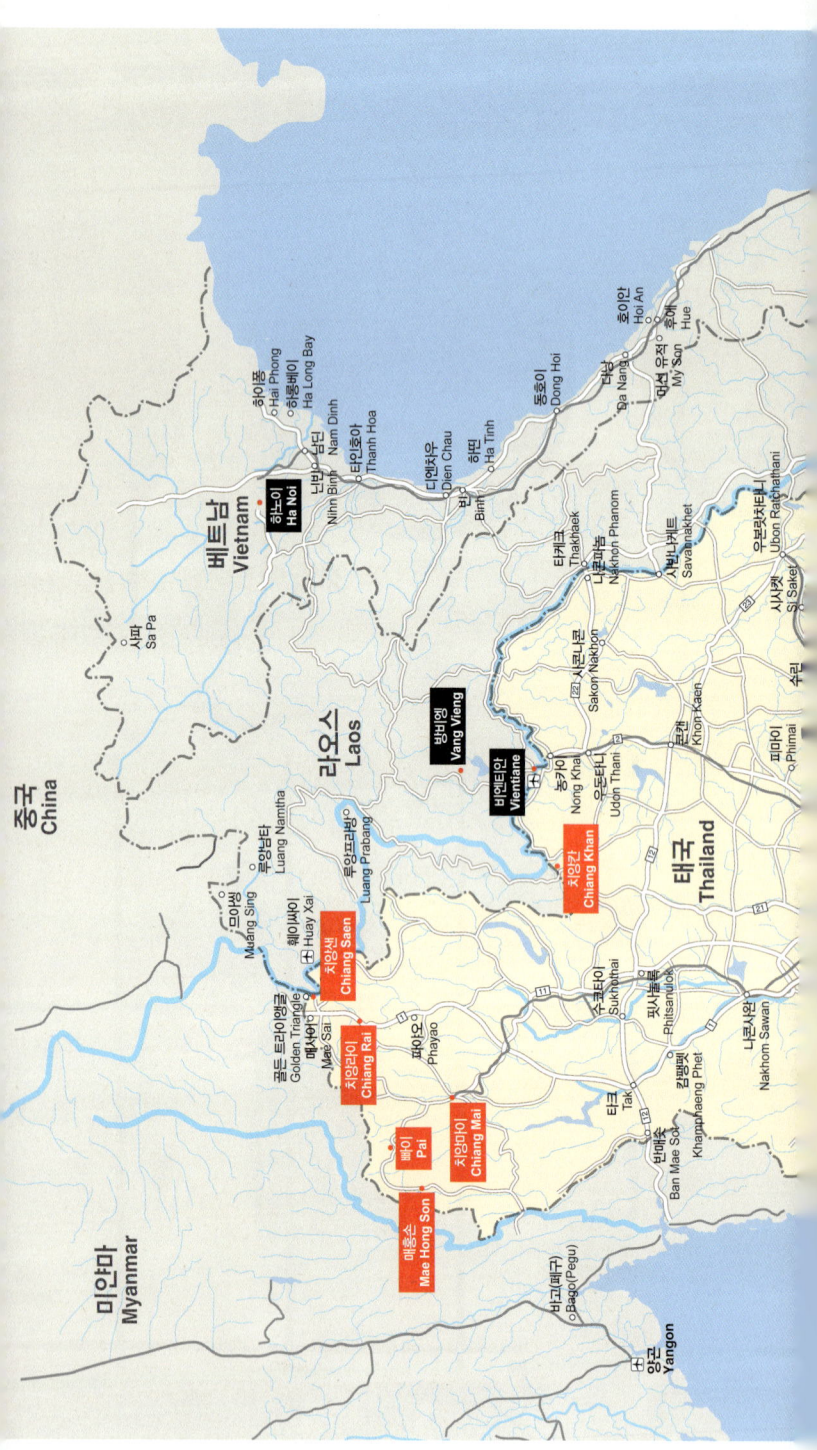

1001
4034
Maejo University
Wat Thung Muen Noi
1001
Wat Thung Muen Noi
Chic 39 Bed Bar & Bakery
삥 강
Ping River
매림 방향
Wat Don Kaeo
Coffee @ Tamarind
해브 어 허그 카페
주유소
Chotand Rd.
1001
Chiang Mai Outer Ring Rd.
121
121
님만해민
마야 라이프스타일 쇼핑센터 방향
치앙마이 라이딩 코스
해브 어 허그 카페
0
2km
N

치앙마이 라이딩 코스 / 몬잼
0
2km
N
The Pavana Chiang Mai Resort
매안 마을
Baan Mea Ann Village
Sukantara Cascade Resort & Spa
Wat Khiri Banpot
몬잼
Mon Cham
Baan Mon Muan
Pong Yang Zipline & Jungle Coaster
PTT 주유
Zombi Café
4051
Mae Sa Waterfall
Maesa Elephant Camp
1096
몬잼에서 돌아오는 길
몬잼으로 가는 길
올드 시티 방향

치앙마이 라이딩 코스
그랜드 캐년 치앙마이
0 2km
N
왓 프라탓 도이수텝 방향
반캉왓 방향
님만해민 방향
왓 람펑
Wat Ram Poeng
B2 Premier Chiang Mai Resort & Spa
121
왓 퐁노이
Wat Pong Noi
3035
그랜드 캐년 치앙마이
Grand Canyon Chiang Mai
Asama Café Chiang Mai
Saturday Organic Market
왓 프라탓 도이캄 방향
Wat Mai Huai Sai
치앙마이 국제공항 방향
군사 기지
군사 기지
Kruakrutoy Toy Kitchen
Mount Coffee Shop
그랜드 캐년 가는 길
그랜드 캐년에서 돌아오는 길
3035

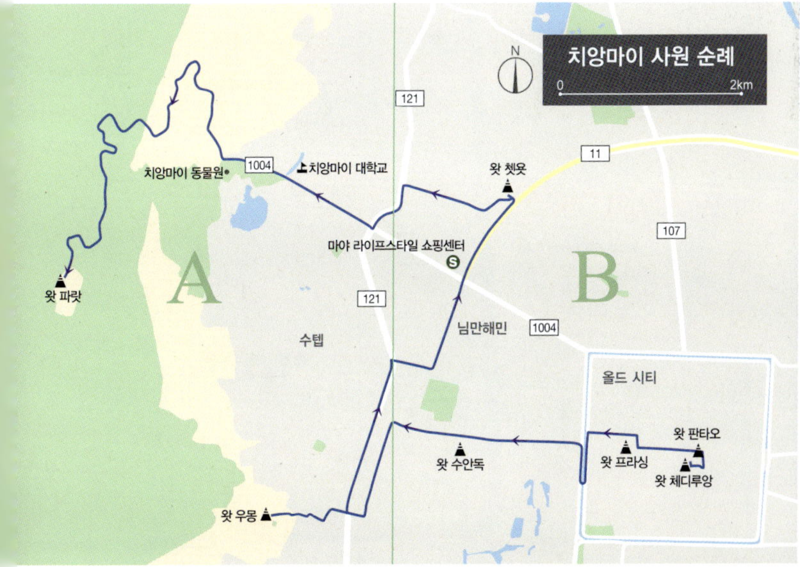
치앙마이 사원 순례
0 2km
N
121
11
치앙마이 동물원
1004
치앙마이 대학교
왓 쳇욧
107
마야 라이프스타일 쇼핑센터
A
B
왓 파랏
121
님만해민
1004
수텝
올드 시티
왓 판타오
왓 수안독
왓 프라싱
왓 체디루앙
왓 우몽

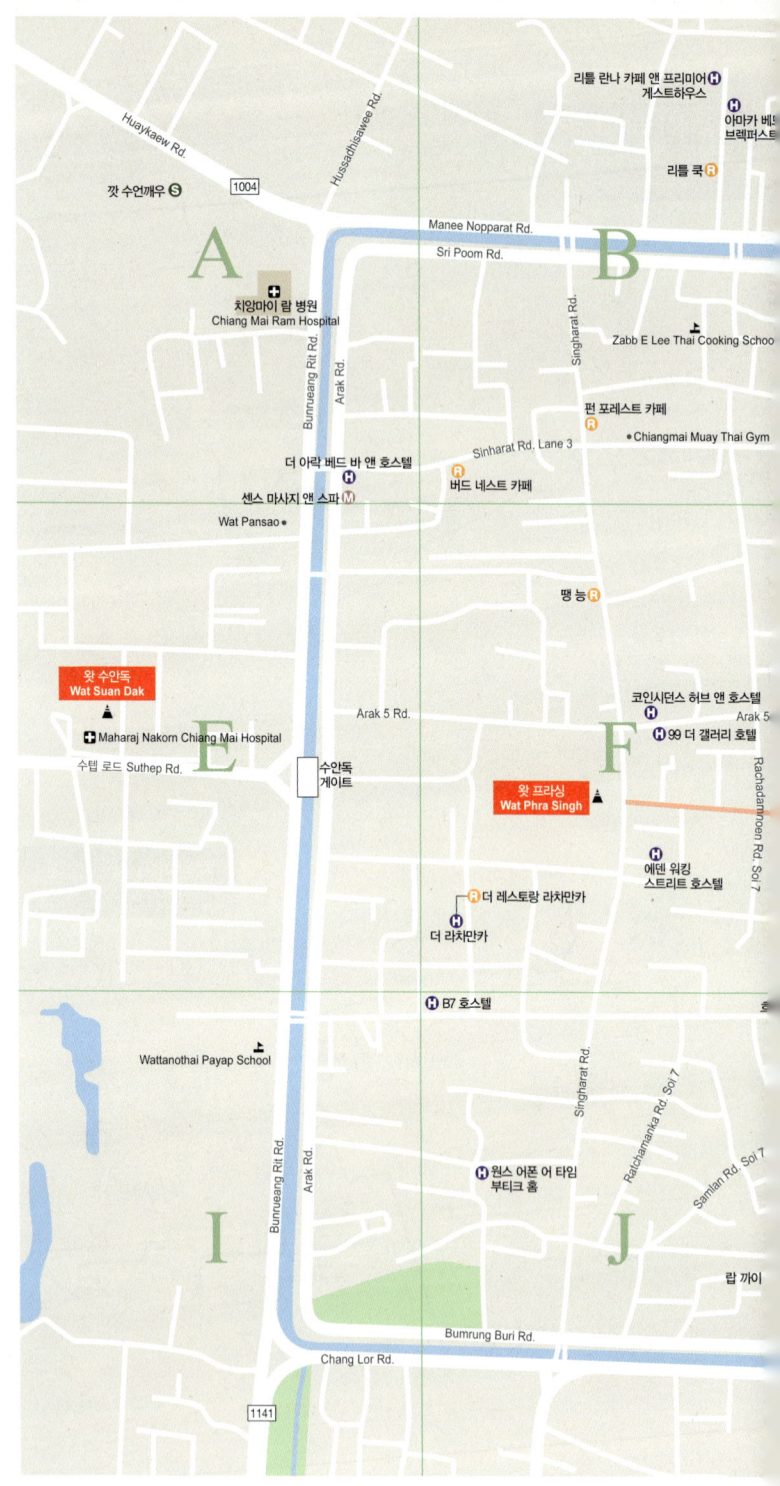

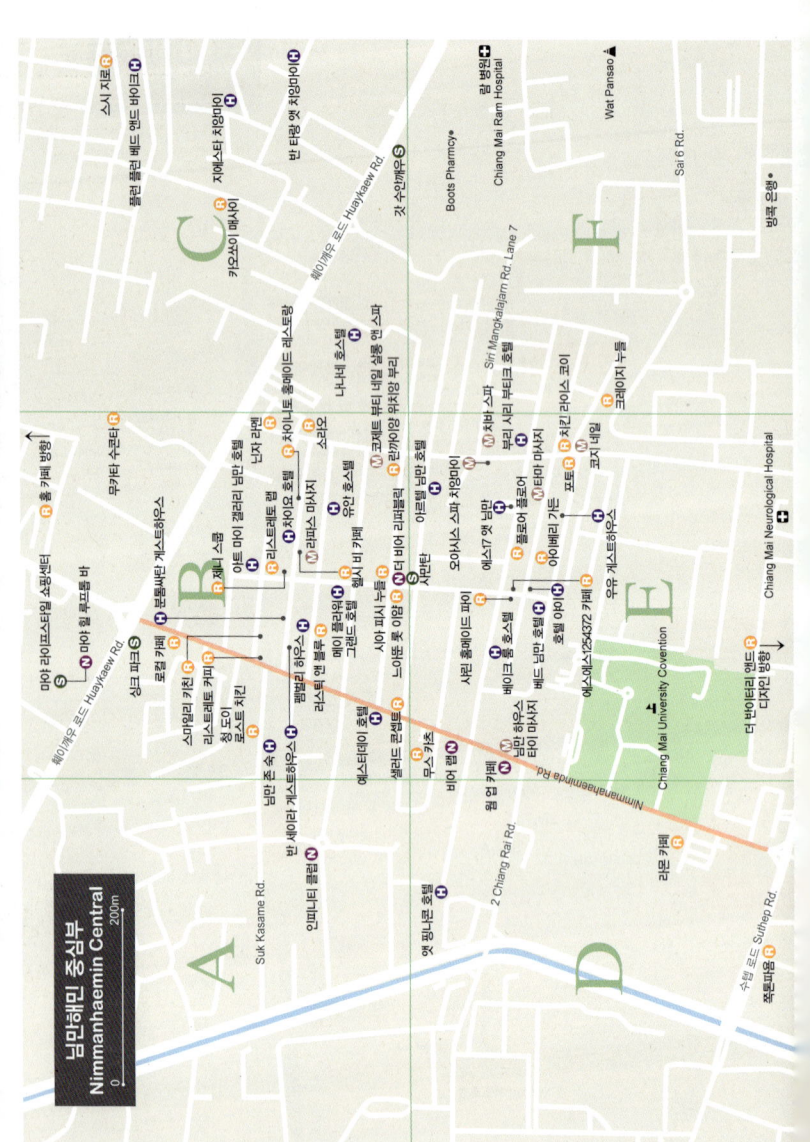

반캉왓
Baan Kang Wat
0
500m
왓 우몽
Wat Umong
페이퍼 스푼
넘버 39 카페
비긴 어게인
패스트 퍼펙트
이너프 포 라이프
군사 기지
더 올드 치앙마이 카페
앤 에스프레소 바
부꾸 스튜디오
언 더 로즈
A
B
Chonprathan Rd.
Chiang Mai Outer Ring Rd.
치앙마이
국제공항 방향
Viva Chiang Mai Home Stay
럼펑 아트 스페이스
49 가든
부키타
캉왓 갤러리
마하사멋 라이브러리 카페
왓 람풍
Wat Ram Poeng
겁디 카페
데이오프 데이
Minor & Lanna Closet Home Studio
이너프 포 라이프 2호점
솜키앗 카페
Cotton Hut Bike Rent Shop
왓 퐁노이
Wat Pong Noi
금붕어 식당
약국 Unicity

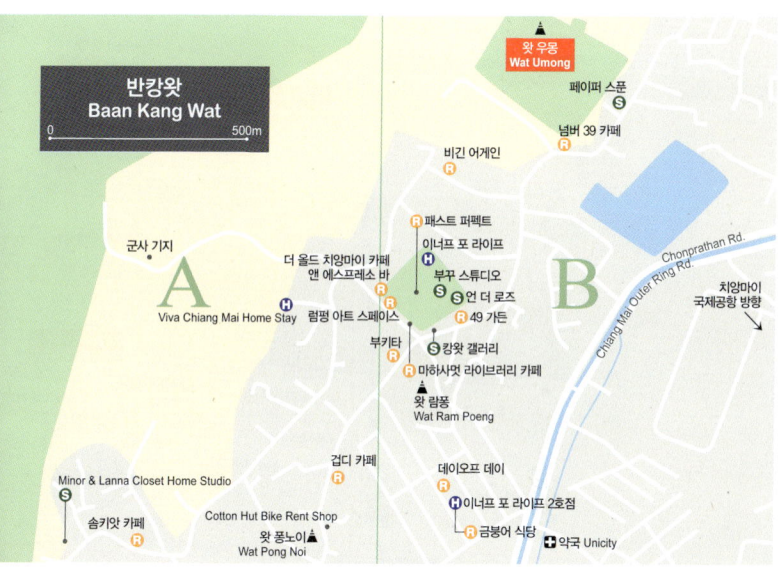

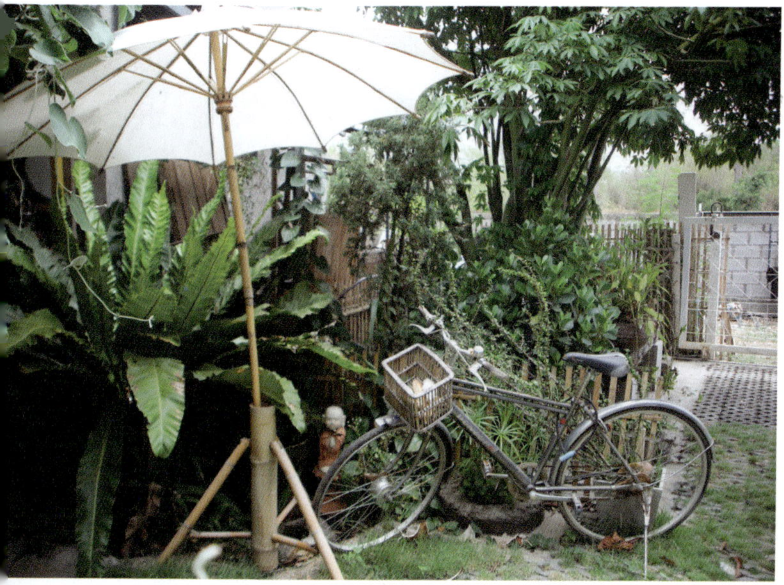

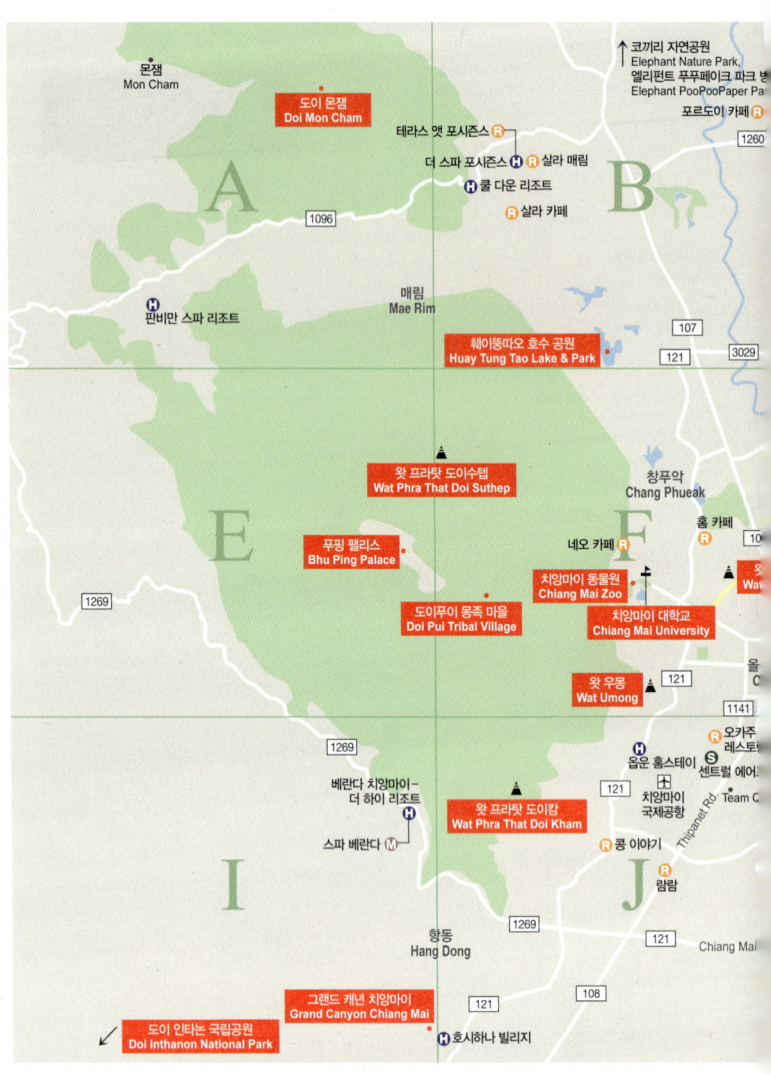

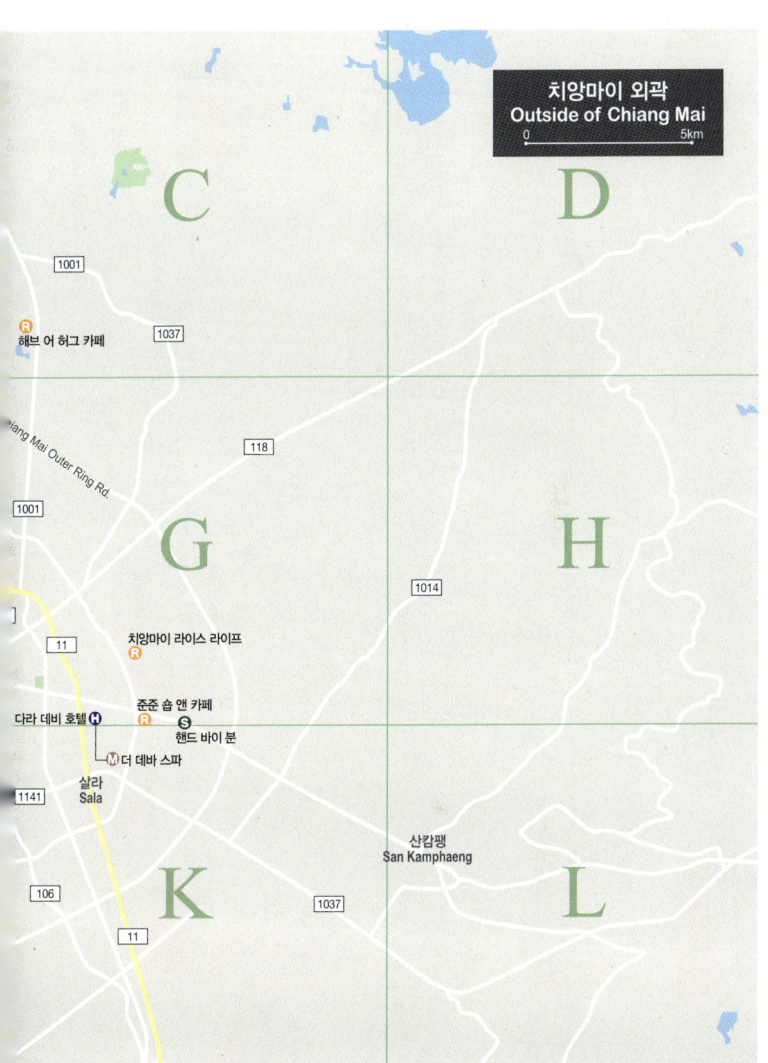

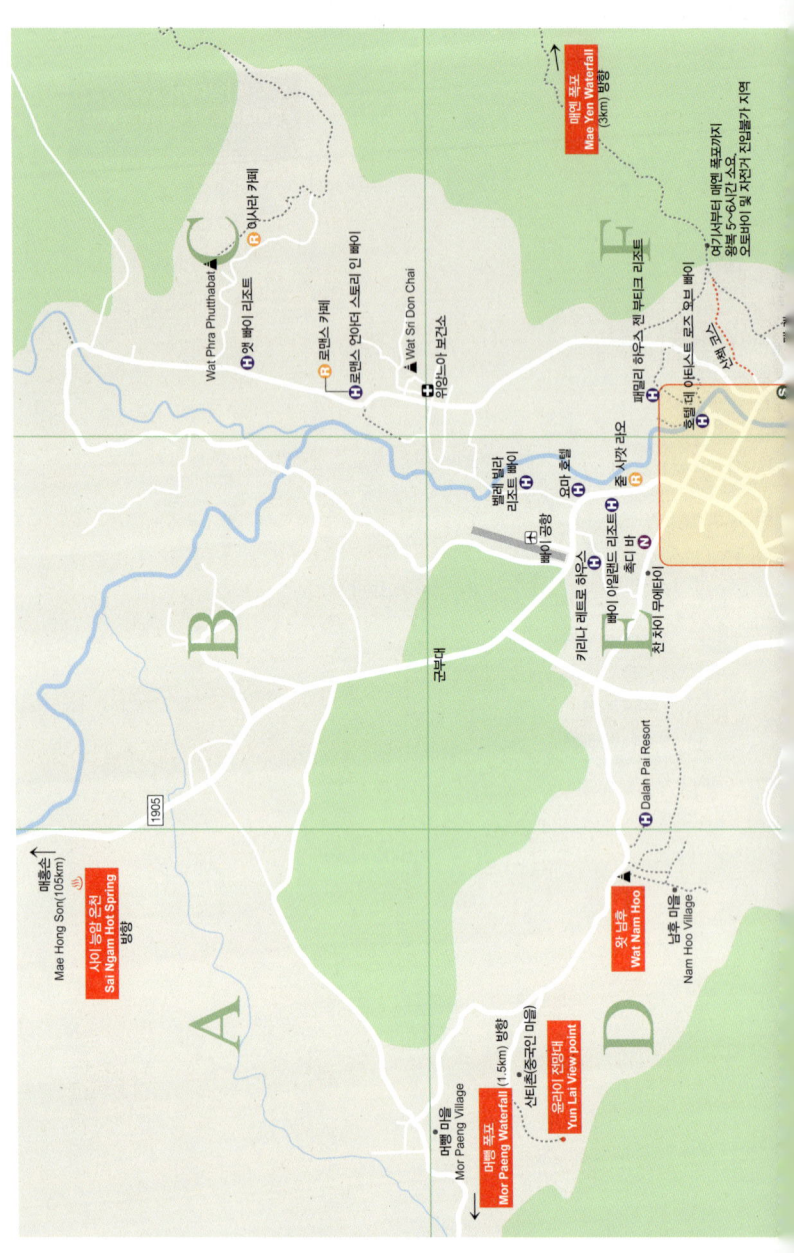

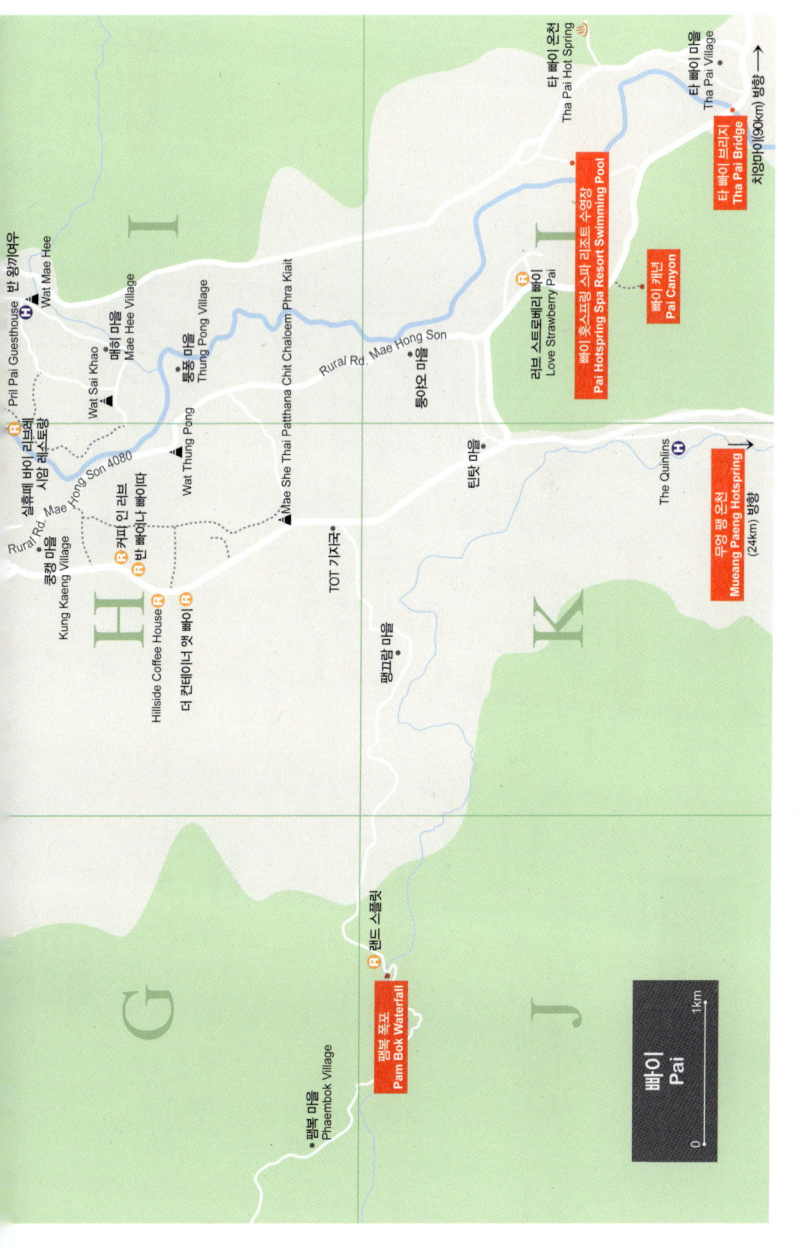

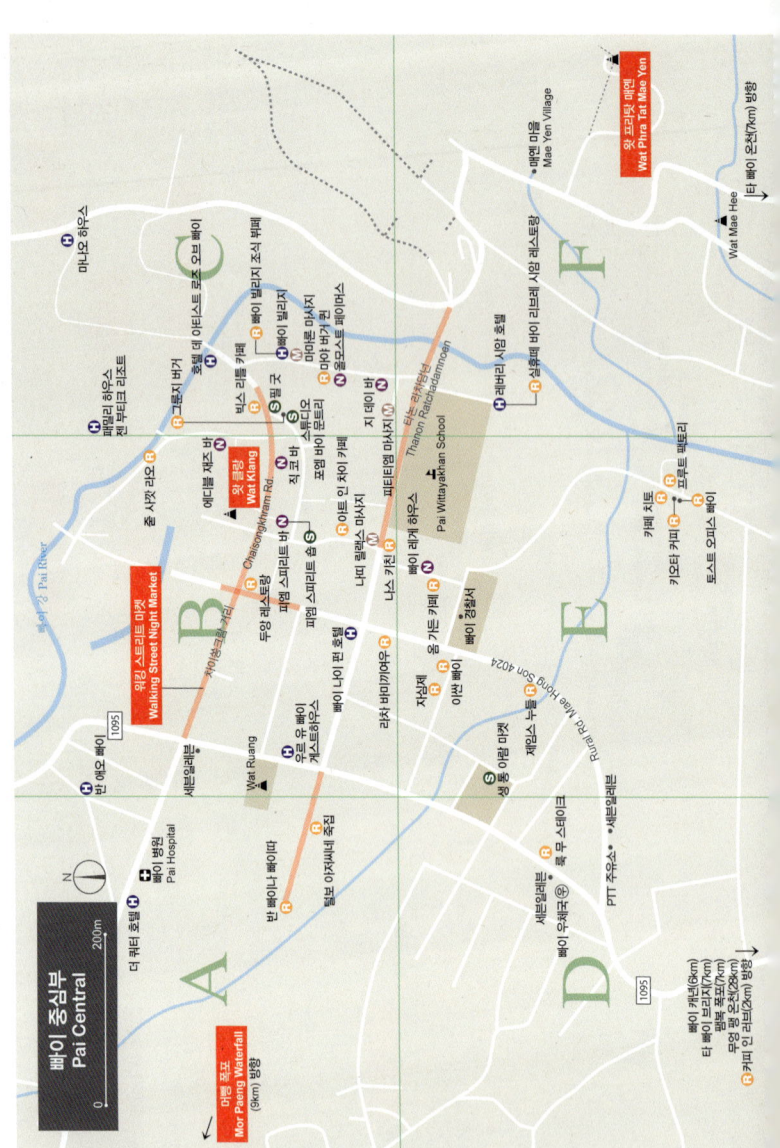

태국어 회화
CONVERSATION

여행을 하다 보면 현지인들과 의사 소통을 해야 할 경우가 있다. 일반적으로 태국에서는 외국인이 많은 고급 호텔이나 레스토랑 외에는 영어로 대화하기 힘드므로 한두 마디쯤은 태국어를 배워 보는 것도 좋을 것이다. 외우기 힘들다면 책을 보여주며 손가락으로 짚어 주자.

필수 단어 & 회화

★태국어 발음은 최대한 현지 발음에 가깝게 표기했다.

안녕(낮·헤어질 때)
สวัสดี · ลาก่อน [ค่ะ/ครับ]
싸왓디·라껀 [카/캅]

예
ใช่ [ค่ะ/ครับ]
차이 [카/캅]

아니오
ไม่ใช่ [ค่ะ/ครับ]
마이차이 [카/캅]

고맙다
ขอบคุณ [ค่ะ/ครับ]
컵쿤 [카/캅]

천만에요
ไม่เป็นไร [ค่ะ/ครับ]
마이 뻰 라이 [카/캅]

미안합니다
ขอโทษ [ค่ะ/ครับ]
커 톳 [카/캅]

얼마입니까
เท่าไร [ค่ะ/ครับ]
타올 라이 [카/캅]

나
ดิฉัน · ผม
디찬(여성)·폼(남성)

당신
คุณ
쿤

당신의 이름은 무엇입니까?
คุณชื่ออะไร [ค่ะ/ครับ]
쿤 츠 아라이 [카/캅]

[이것을] 주세요
ขอ [อันนี้] [ค่ะ/ครับ]
커 [안니] [카/캅]

[빈방]은 있습니까?
มี [ห้องว่าง] ไหม [ค่ะ/ครับ]
미 [헝 왕] 마이 [카/캅]

기본 단어

หนึ่ง 능	오늘 วันนี้ 완니	나쁘다 ไม่ดี 마이디	환전 แลกเงิน 렉 응언
สอง 썽	내일 พรุ่งนี้ 푸룽니	많다 มาก 막	편도 เที่ยวเดียว 티여우디여우
สาม 쌈	어제 เมื่อวานนี้ 므어완니	적다 น้อย 너이	병원 โรงพยาบาล 롱파야반
สี่ 씨	아침 เช้า 차오	비싸다 แพง 팽	호텔 โรงแรม 롱램
ห้า 하	밤 กลางคืน 끌랑큰	싸다 ถูก 툭	매표소 ที่ขายตั๋ว 티카이뚜어
หก 혹	주 อาทิตย์ 아팃	택시 แท็กซี่ 택씨	우체국 ไปรษณีย์ 빠이싸니
เจ็ด 쩻	일 วัน 완	역 สถานี 싸타니	모르겠습니다 ไม่เข้าใจ 마이 카오 짜이
แปด 뺏	상 บน 본	공항 สนามบิน 싸남빈	버스 정류장 ป้ายรถเมล์ 빠이롯메
เก้า 까오	하 ล่าง 랑	선착장 ท่าเรือ 타르아	버스 터미널 สถานีขนส่ง 싸타니콘쏭
สิบ 씹	좌 ซ้าย 싸이	왕복 ไปกลับ 빠이 깝	
ร้อย 러이	우 ขวา 콰	경찰 ตำรวจ 땀루엇	
พัน 판	좋다 ดี 디	사원 วัด 왓	

여행 기본 단어

- [메모를 보이고] 이곳으로 가 주세요
[ให้ดูกระดาษโน้ต] ไปที่นี่ [ค่ะ/ครับ]
빠이 티 니 [카/캅]

- [왕궁]까지 50밧으로 갈 수 있습니까?
ไป [พระราชวัง] 50 บาทได้ไหม [ค่ะ/ครับ]
빠이 [프라 라 차 왕] 하 씹 밧 다이 마이 [카/캅]

- 여기에 가격을 써 주세요.
ช่วยเขียนราคาที่นี่ [ค่ะ/ครับ]
추아이 키안 라카 티 니 [카/캅]

- 미터기를 작동시켜 주세요.
ช่วยใช้มิเตอร์ด้วย [ค่ะ/ครับ]
쯧 미떠 두아이 [카/캅]

- 이곳은 아닙니다.
ไม่ใช่ที่นี่ [ค่ะ/ครับ]   마이 차이 티 니 [카/캅]

- 이곳에서 왼[오른]쪽으로 도세요.
เลี้ยวซ้าย [ขวา] ที่นี่ [ค่ะ/ครับ]
리여우 싸이[콰] 티 니 [카/캅]

- 여기에서 멈추세요.
จอดที่นี่ [ค่ะ/ครับ]   쩟 티 니 [카/캅]

- 거스름돈이 부족합니다.
เงินทอนไม่ครบ [ค่ะ/ครับ]
턴 용언 마이 크롭 [카/캅]

- 가격이 약속과 다릅니다.
ราคาไม่ตรงกับที่ตกลงไว้ [ค่ะ/ครับ]
라카 마이 똥 깝티 똑롱 와이 [카/캅]

- [공항]으로 가는 버스 정류장은 어디입니까?
ป้ายรถเมล์ที่ไป [สนามบิน] อยู่ที่ไหน [ค่ะ/ครับ]
빠이 롯 메 티 파이 [싸남빈] 유 티 나이 [카/캅]

- 이 버스는 [씨암 스퀘어]로 갑니까?
รถเมล์คันนี้ไป [สยามสแควร์] ไหม [ค่ะ/ครับ]
롯 메 칸 니 빠이 [싸얌 스퀘어] 마이 [카/캅]

- [치앙마이]까지 얼마입니까?
ไป [เชียงใหม่] เท่าไหร่ [ค่ะ/ครับ]
빠이 [치앙마이] 타오 라이 [카/캅]

- 몇 시에 차가 떠납니까?
รถออกกี่โมง [ค่ะ/ครับ]
롯 옥 끼 몽 [카/캅]

- [활람퐁역]에 도착하면 알려 주세요.
ถึง [สถานีหัวลำโพง] แล้วช่วยบอกด้วย [ค่ะ/ครับ]
싸 타니 [훌람퐁] 레우 추아이 벅 두아이 [카/캅]

- 좀 더 싸게 해주세요.
ลดอีกหน่อยนะ [ค่ะ/ครับ]
롯 익 노이 나 [카/캅]

- 예, 주세요.
ค่ะ เอาอันนี้ [ค่ะ/ครับ]   카오 안 니 [카/캅]

- 아니오, 필요없습니다.
ไม่เอา [ค่ะ/ครับ]   마이 아오 [카/캅]

- [포장마차에서] 이것을 얹어 주세요.
ช่วยยกอันนี้ขึ้น [ค่ะ/ครับ]   추아이 욧 안니 두아이 [카/캅]

- 저 사람과 똑같은 것을 주세요.
ขอที่เหมือนกับของคนนั้น [ค่ะ/ครับ]
아오 므언 껍 콘 난 [카/캅]

- 몇 시까지 영업합니까?
เปิดถึงกี่โมง [ค่ะ/ครับ]   뻣 틍 끼 몽 [카/캅]

- 좀더 큰[작은] 것이 있습니까?
มีขนาดใหญ่ [เล็ก] กว่านี้ไหม [ค่ะ/ครับ]
미 야이 [렉] 콰 미 마이 [카/캅]

- [화장실]은 어디입니까?
[ห้องน้ำ] อยู่ที่ไหน [ค่ะ/ครับ]   [헝남] 유 티 나이 [카/캅]

- 한번 더 말해 주세요.
ช่วยพูดอีกที [ค่ะ/ครับ]   추아이 풋 익티 [카/캅]

- 사진을 찍어도 됩니까?
ถ่ายรูปได้ไหม [ค่ะ/ครับ]   타이 룹 다이 마이 [카/캅]

태국어의 표기와 억양에 관하여

태국어는 표기가 동일하더라도 억양에 따라 의미가 달라진다. 발음은 원음에 가깝도록 표기했으나, 실제로 태국인이 알아듣기 어려운 경우도 있다는 것을 알아 두자. 긴 문장으로 의사 표현을 하려고 노력하지 말고, 가능한 한 짧은 단어를 나열하는 식으로 회화를 이어가는 것이 요령이다. 상대편도 태국어에 능통하지 않은 외국인이라는 사실을 알고 있으므로, 발음이 어눌하더라도 단어의 의미로 대략적인 내용은 이해할 것이다. 또한 태국어에는 남성과 여성의 표현이 다르다. 기본적으로 문장 마지막에서 남성은 '캅', 여성은 '카'를 붙이면 공손한 표현이다.

긴급할 때 회화

여행지에서는 어떤 일이 일어날지 예상할 수 없다. 긴급할 때 사용하는 기본문장을 기억해 놓자. 긴급한 상황에서는 이 책을 펴볼 여유가 없다.

필수 단어 & 회화

필요없습니다.
เปล่า [ค่ะ/ครับ]
쁘 라오[카/캅]

도와 줘요!
ช่วยด้วย
추어이 두어이

사진기를 도난당했습니다.
เขาขโมยกล้องถ่ายรูป [ค่ะ/ครับ]
카오 카모이 껑 타이 롭[카/캅]

경찰서에 데려다 주세요.
ช่วยพาไปสถานีตำรวจหน่อย
추어이 파 빠이 사타니 땀 루앗 이

여권을 잃어 버렸습니다.
ฉัน [ผม] พาสปอร์ตหาย [ค่ะ/ครับ]
찬[폼] 파 사 뻿 하이[카/캅]

경찰을 불러 주세요.
ช่วยเรียกตำรวจให้หน่อย [ค่ะ/ครับ]
추어이 리약 땀루엇 하이 너이[카/캅]

●구급차를 불러 주세요.
ช่วยเรียกรถพยาบาลให้หน่อย [ค่ะ/ครับ]
추어이 리약 롯 파야 반 하이 너이[카/캅]

●도둑이야!
ขโมย
카모이

●아야!(아플 때)
เจ็บ
쩹

●위험해!
อันตราย
안 딸 라이

●메스껍습니다.
อาการไม่ดี [ค่ะ/ครับ]
아 깐 마이 디[카/캅]

●병원에 데려다 주세요.
ช่วยพาไปโรงพยาบาลหน่อย [ค่ะ/ครับ]
추아이 파 빠이 롱 파야 반 이[카/캅]

●그만두세요.
หยุดนะ [ค่ะ/ครับ]
윳 나[카/캅]

●흥미없습니다.
ไม่สนใจ [ค่ะ/ครับ]
마이 쏜 짜이[카/캅]

●마시고 싶지않습니다.
ไม่อยากดื่ม [ค่ะ/ครับ]
마이 약 듬[카/캅]

●나가 주세요.
กรุณาออกไป [ค่ะ/ครับ]
까루나 옥 빠이[카/캅]

●이것이 전부입니다.
นี่ทั้งหมด [ค่ะ/ครับ]
니 탕 못[카/캅]

●말한 대로 하겠습니다.
จะทำตามที่บอก [ค่ะ/ครับ]
짜 탐 땀 티 벅[카/캅]

영어

여권을 잃어 버렸습니다.
I lost my passport. 아이 로스트 마이 패스포트

도난 증명서를 발행해 주세요.
May I have a report of the theft?
메이 아이 해브 어 리포트 오브 더 세프트?

한국 대사관은 어디입니까?
Where is the Korean embassy?
웨어 이즈 더 코리언 엠버시?

여행자 보험에 가입되어 있습니다.
I have travel insurance. 아이 해브 트래블 인슈어런스

가방을 도난당했습니다.
My bag has been stolen. 마이 백 해즈 빈 스톨른

택시 안에서 지갑을 놓고 내렸습니다.
I've left my purse(wallet) in the taxi.
아이브 레프트 마이 퍼스(월릿) 인 더 택시

신용 카드를 취소해 주세요.
Please cancel my credit card.
플리즈 캔슬 마이 크레딧 카드

여행자 수표를 재발행해 주세요.
Please reissue my traveller's checks.
플리즈 리이슈 마이 트래블러스 첵스

경찰을 불러 주세요.
Please Call the police.
플리즈 콜 더 폴리스

●병원에 데려가 주세요.
Please take me to a hospital.
플리즈 테이크 미 투 어 호스피틀

●구급차를 불러 주세요.
Please call an ambulance. 플리즈 콜 언 앰뷸런스

●열이 있습니다.
I have a fever. 아이 해브 어 피버

●배가 아픕니다.
I have a pain in my stomach.
아이 해브 어 페인 인 마이 스터먹

●설사를 합니다.
I have a diarrhea. 아이 해브 어 다이어리어

●고장 났으니까 교환해 주세요.
This one doesn't work. Please change it.
디스 원 더즌트 워크. 플리즈 체인지 잇

●인천행 비행기를 놓쳤습니다.
I have missed the flight to Incheon.
아이 해브 미스트 더 플라이트 투 인천

●탑승 가능한 비행편을 예약해 주세요.
Please make a reservation for the next available flight.
플리즈 메이크 어 레저베이션 포 더 넥스트 어베일러블 플라이트

●환불해 주세요.
Please give me a refund. 플리즈 기브 미 어 리펀드